“互联网+”时代的电子商务模式

凤羽翚　叶琼伟　等编著

電子工業出版社
Publishing House of Electronics Industry
北京 · BEIJING

内容简介

电子商务的精髓是商务模式的创新。历经 20 多年发展的电子商务，其商务模式历经多次浪潮的历练和完善。随着电子商务应用的不断深入，电子商务模式的教材也需要有新的体现。本书集成了作者多年来对电子商务及其商务模式发展的跟踪、教学实践经验的积累、科研成果的总结。本书继承了经典电子商务模式，并进一步从“互联网+”视角出发，对多年来 Internet 的创新发展进行了提炼，从更新、更广的角度展现新的电子商务模式，揭示了电子商务发展的路径，对未来发展趋势提供了启迪。

为了有效地进行电子商务模式的学习、策划和报告撰写，本书提出了可统一描述、便于比较的电子商务模式框架，并提供了有效的电子商务模式分析方法及工具，展示了极具可操作性的创新方法，并给出了电子商务模式策划书框架。与此同时，本书还提供了数字化的计算机电子商务建模和模拟运算方法，并进一步介绍了基于“互联网+”时代的电子商务模式的新视角。

本书适合作为高等院校电子商务等相关专业的教材，也可作为企业管理者及业务人员、咨询师、科技工作者、相关行业部门管理者和有关培训机构人员的参考用书。

图书在版编目（CIP）数据

“互联网+”时代的电子商务模式 / 凤羽翚等编著. —北京：电子工业出版社，2022.12

ISBN 978-7-121-44530-9

Ⅰ. ①互… Ⅱ. ①凤… Ⅲ. ①电子商务—模式—高等学校—教材 Ⅳ. ①F713.36

中国版本图书馆 CIP 数据核字（2022）第 213532 号

责任编辑：王志宇
印　　刷：涿州市般润文化传播有限公司
装　　订：涿州市般润文化传播有限公司
出版发行：电子工业出版社
　　　　　北京市海淀区万寿路 173 信箱　邮编　100036
开　　本：787×1 092　1/16　印张：17.75　字数：490 千字
版　　次：2022 年 12 月第 1 版
印　　次：2023 年 9 月第 3 次印刷
定　　价：55.00 元

凡所购买电子工业出版社图书有缺损问题，请向购买书店调换。若书店售缺，请与本社发行部联系，联系及邮购电话：（010）88254888，88258888。

质量投诉请发邮件至 zlts@phei.com.cn，盗版侵权举报请发邮件至 dbqq@phei.com.cn。

本书咨询联系方式：（010）88254523，wangzy@phei.com.cn。

前言

商务模式是电子商务的灵魂，因此只有分析清楚商务模式，并在此基础上创新，电子商务才能成功地实现并持续运行。在实际的电子商务项目中，不乏种种失败的案例。事实证明，没有科学的方法，没有逻辑的思维，没有适合企业实情的调研和设计，没有针对企业个性化设计的商务模式，没有针对性开发的系统，是做不好电子商务的。本书提供了一些可操作的方法和工具，期望能帮助读者正确、有效地从事电子商务模式的描述、分析和创新。

随着互联网的迅速发展，社会各行各业也进入了快速变革的发展模式，因此拓宽思路，从传统电子商务中零售业狭窄的流通环节顺着供应链层层深入，发现在“互联网+”时代从制造、设计到流通渠道的整体变化，从而重新定位，更好地适应时代的发展潮流。

本书集成了作者多年来对电子商务及其商务模式发展的跟踪、教学实践经验的积累、科研成果的总结，继承了经典电子商务模式，并进一步从“互联网+”视角出发，对多年来电子商务模式的创新发展进行了提炼，从更新、更广的角度展现了新的电子商务模式，揭示了电子商务发展的路径，提供了电子商务未来发展趋势的启迪。

为了有效地进行电子商务模式的学习、策划和报告撰写，本书提出了可统一描述、便于比较的电子商务模式框架，并提供了有效的电子商务模式分析方法及工具，展示了具有可操作性的创新方法，并给出了电子商务策划书的编写框架。与此同时，本书还提供了数字化的计算机电子商务建模和模拟运算方法，并进一步介绍了基于“互联网+”时代的电子商务模式的新视角。希望人们根据实际企业对象，采用上述方法真正建立有效的商务模式。

另外，本书还融入了作者在评审众多电子商务项目中发现的不足的弥补方法，同时也加入了帮助项目策划书撰写者进一步掌握的知识。因时代发展太快，书中会有论述不到之处，希望读者不吝赐教。

本书由凤羽翚编写了第 1、3～11、13、14 章，由叶琼伟编写了第 2、12 章，也有不少研究生参与了编写和提供素材。在编写过程中，作者还参阅了大量文献，在此向著作者表示诚挚的感谢。也要感谢出版社的编辑们，是你们辛苦工作才成就了本书。

编著者

第 1 篇　经典电子商务模式

第 2 篇 电子商务模式运作

第 3 篇 电子商务模式整合

第 4 篇 电子商务模式创新

·第 1 篇·

经典电子商务模式

第 1 章　电子商务模式的定义

1.1 什么是模式

什么是模式，先看一个例子。

波尔加三姐妹，是匈牙利著名国际象棋棋手苏珊·波尔加、索菲亚·波尔加和朱迪特·波尔加的合称。这三姐妹个个是神童，在幼年时就表现出超凡的国际象棋天赋。她们从小就喜欢跟男孩下棋，都获得过某个年龄组的男子世界冠军，而且最终都获得了"男子国际特级大师"的称号。这不仅是国际棋坛的一个奇特现象，也是人类其他领域罕见的现象。由此可见，多胞胎不仅有相似的相貌，而且有相似的思维和行为模式。

此外，就下棋来说，象棋之争的实质是模式之争，头脑中记忆的模式越多，对模式了解得越深，取胜的概率就越大。

再看如图 1-1 所示的例子，中间的符号如果以英文手写体的模式来看，它就是字母"B"；如果以数字的模式来看，它则成为数字"13"。其中存在某种规律关系，只是规律的规则不同而已。

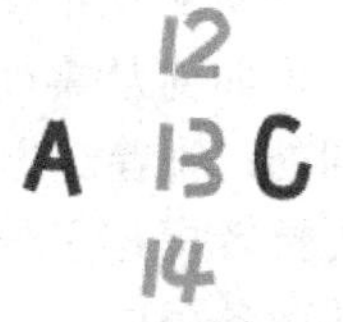

模式一词范围甚广，它标志了物件之间隐藏的规律关系，而这些物件并不必然是图像、图案，也可以是数字、抽象的关系，甚至是思维的方式。模式强调的是形式上的规律，而非实质上的规律。

12
A 13 C
14

图 1-1　不同模式的符号

模式是前人积累的经验的抽象和升华。简单地说，就是从不断重复出现的事件中发现和抽象出的规律，类似解决问题的经验的总结。只要是一再重复出现的事物，就可能存在某种模式。各个学科和行业均有自己固定的模式，但任何模式都是在不断发展和创新的。

模式（Model）是对所研究对象的一种简约性概括，是对客观事物的特征和变化规律的一种科学抽象。"模式"一词来源于拉丁文 modus，意思是与手有关的定型化的操作样式。它最初只是指对操作过程的经验性概括，之后这一词语上升到更抽象的意义，一般通用为"方式"。到了 20 世纪末，随着社会活动的多样化，人们又把"模式"从"方式"中分离出来，意指某种方式中的具体的定型化活动形式或活动结构。在现代汉语中，模式则指"某种事物的标准形式或使人可以照着做的标准样式"。

更具体一些的模式（Pattern）是解决某一类问题的方法论。把解决某一类问题的方法总结归纳到理论高度，那就是模式。模式是一种参照性指导方略。在一个良好的模式指导下，有助于高效地完成任务，有助于按照既定思路快速地做出一个优良的设计方案，达到事半功倍的效果，并且会得到解决问题的最佳办法。

Alexander（1977）给出的经典定义是，"每个模式都描述了一个在我们的环境中不断出现的问题，然后描述了该问题的解决方案的核心。通过这种方式，你可以无数次地使用那些已有的解决方案，无须再重复相同的工作"，"模式是指明问题的通常解决途径"。

1.2 什么是商务模式

商务模式（Business Model），又称为"商业模式"。它已经成为挂在创业者和风险投资者嘴边的一个名词。有一个好的商务模式，成功就有了一半的保证。一般认为商务模式就是公司经营取得收益的途径或方式。简而言之，饮料公司通过卖饮料来赚钱；快递公司通过送快递来赚钱；网络公司通过点击率来赚钱；通信公司通过收话费来赚钱；超市通过商品、平台和仓储来赚钱等。只要有赚钱的地儿，就有商务模式存在。简单地说，商务模式就是企业"做生意或赚钱的方式"。

对于商务模式，网络上给出的解释如下。

商务模式是一种包含了一系列要素及其关系的概念性工具，用于阐明某个特定实体的业务逻辑。它描述了公司能为客户提供的价值以及公司的内部结构、合作伙伴网络和关系资本（Relationship Capital）等借以实现（创造、推销和交付）这一价值并产生可持续盈利收入的要素。

我们通常用模型来对现实世界中的复杂个体进行简单的、具有代表性的描述。模型使得我们可以抛开所有复杂的特点，直接理解个体的本质。从这个思路出发，可以抛开诸如战略、过程、战略单元、规则、制度、工作流程和系统等复杂的细节，认为商务模式就是一种简化的业务逻辑。

一些文献中使用商务模式这一名词时，往往模糊了两种不同的含义：一种简单地用它来指公司如何从事商业的具体方法和途径，另一种则更强调模型方面的意义。这两者实质上是不同的：前者泛指一个公司从事商业的方式，而后者指的是这种方式的概念化。后一种观点的支持者提出了一些由要素及其之间关系构成的参考模型（Reference Model），用于描述公司的商务模式。

商务模式概念的发展，徐迪（2005）做了研究，认为：从最一般意义上讲，商务模式就是企业"做生意或赚钱的方式"。这是任何一家企业从诞生之日起就面临的问题，因此商务模式的历史可以追溯到企业的历史起点。虽然关于企业的性质已经有较为完整和成熟的经济学理论，经济学家分别从劳动分工、企业的范围、雇佣关系以及企业的融资和控制权等角度，系统阐述了企业的经济性质，而在包括战略、生产、财务、营销和人力资源管理等企业运作的各个职能方面也都有专门化的管理理论和方法。但是，作为企业最基本的"做生意或赚钱的方式"的问题，一直没有得到充分的重视，更谈不上系统化的理论和方法。

从源头上看，商务模式作为一个专用术语最早出现在管理领域的文献中大约是在 20 世纪 70 年代中期。Konczal（1975）和 Dottore（1977）在讨论数据和流程的建模时，首先使用了

“Business Model”这个术语。此后，在信息管理领域，商务模式被应用在信息系统的总体规划中，用于描述支持企业日常事务的信息系统的结构，即描述信息系统的各个组成部分及其相互关系，从而对企业的流程、任务、数据和通信进行建模。

20 世纪 80 年代，商务模式的概念开始出现在反映 IT 行业动态的文献中，而直到互联网在 20 世纪 90 年代中期形成并成为企业的电子商务平台之后，商务模式才作为企业界的时髦术语开始流行并逐步引起理论界的关注。但是，此时的商务模式的内涵已经悄然发生了变化，即从信息管理领域扩展到了企业管理领域更广阔的空间。

目前，商务模式是 IT 业界人们谈论最多的话题之一，基于 IT 技术的各种新兴商务模式层出不穷。Dell 公司基于客户定制的直销和零库存运作模式、Amazon 的点击订购网上书店和 Yahoo 的搜索引擎等都是商务模式创新的典范，有的甚至注册为专利。尤其在互联网上，商务模式已经成为出现最多的行业术语之一，许多商业网站都在主页上说明其商务模式。在一定程度上，商务模式已成为企业的核心竞争力之一，决定着商务活动的业绩。

1.3 什么是电子商务模式

电子商务模式是指在网络虚拟空间中运作的商务模式，尤指针对 IT 商务运作特点的、具有创新性的商务模式。

当前网络虚拟空间主要指网络环境和大数据环境。网络环境不仅包括计算机、网络设备等硬件，还包括含有各种通信协议、语义协议的软件，更包括网络文化等。

电子商务继承了传统商务模式的成果，在网络运作中充分加以运用，并根据 IT 技术的优势和发展，不断对传统商务模式进行创新。

综上所述，从企业的角度，我们认为：**电子商务模式**是企业确定细分市场和目标顾客后，根据企业在价值链中的定位，运用信息技术，对企业内部特定的组织结构、生产结构及业务流程的持续改进，与价值网上的各合作成员整合相关的流程，最终满足顾客的需要，为目标市场提供价值并给企业带来盈利的方式。

第 2 章 电子商务模式的主要理论

2.1 交易成本理论

2.1.1 概念

交易成本理论（Transaction Cost Theory），也称交易费用理论。交易成本理论是用比较制度分析方法研究经济组织制度的理论。它是英国经济学家罗纳德·哈里·科斯（R. H. Coase）1937年在其重要论文《论企业的性质》中提出来的，其基本思路是：围绕交易费用节约这一中心，把交易作为分析单位，找出区分不同交易的特征因素，然后分析什么样的交易应该用什么样的体制组织来协调。

科斯认为，交易成本是获得准确的市场信息、谈判和经常性契约所需要的费用。也就是说，交易成本由信息搜寻成本、信息成本、议价成本、决策成本、监督履约情况成本、可能发生的处理违约行为成本所构成。

科斯在尝试解释企业何以存在时为经济理论“发现”的就是这种反复发生的交易成本。他的结论是，通过建立一种无限期的、半永久性的层级性关系，或者说通过将资源结合起来形成像企业那样的组织，可以减少在市场中由于转包而投入的成本。一种多少具有持久性的组织关系，如一个雇员与企业的关系，对于企业来说，能节省每天去市场上招聘雇员的成本；对于雇员来说，能减少每天去市场上应聘的成本和失业风险的成本。这种“持久性的组织关系”就是制度，包括契约，也包括政策等。因此，依靠体制组织、契约以及其上的政策等制度，采纳和利用标准化的度量衡，能降低交易成本的水平。

由于交易成本理论中的制度在经济分析中的重要性，使许多经济学者重构了制度经济学，并把它与19世纪末20世纪初德国“历史学派”和美国制度主义理论家的那种注重对制度作描述性分析的研究区分开来，冠之以“新制度经济学”（New Institutional Economics），但我们仍然习惯地称之为制度经济学或制度分析学派。制度经济学研究经济生活与制度之间的双向关系，关心的是分析各种具有协调功能的规则和规则集等。制度经济学家也普遍关注公共政策与制度之间的互动关系。公共政策意味着通过政治的和集体的手段系统地追求某些目标，其不仅由政府主体（议会、政治家、行政官员）来实施，还由有组织集团的代表，像工会、行业协会、消费者和福利方面的院外集团、官僚和某些个人来实施。这些集团的代表左右着集体行动。集体行动涉及两个以上伙伴之间的协议，并往往涉及隐含于一个共同体内千万人当中的协议。这种“协议”就是规则，而制度被定义为由人制定的规则，那么这种“协议”就是制度。它抑制着人际中可能出现的任意行为和机会主义行为；它为一个共同体所共有并总是依靠某种惩罚而得以贯彻。由此可知，公共政策也是一种制度。同时，公共政策知识有助于根据特定目标在现实世界中形成各种制度。经济学家可以就如何才能在不同制度集的基础上更有效率地追求特定目标提出政策建议。公共政策——在追求某些目标上对政治手段的系统应用——通常是在既定的制度约束中展开的，但它也可以靠努力改变制度的方式来实施。制度变革既可以通过明确的直接

方式来实现，也可以表现为公共政策行动的一种副效应。

交易成本理论对于公共政策学的发展产生了重大的影响。它告诉我们，政策或制度的产生源于交易成本的降低，能够协调组织行为，走向公正、秩序和安全，使我们从另一个角度去了解公共政策的特征性及其必要性。在此基础上形成的制度分析学派，对于公共政策的研究和分析发挥着越来越重要的作用。但由于过分强调“成本”或“制度”概念，往往也使公共政策的合理性和价值性受到怀疑。

科斯的交易成本理论的根本论点在于对厂商的本质加以解释。由于经济体系中厂商的专业分工与市场价格功能的运作，产生了专业分工的现象；但是使用市场价格功能的成本相对偏高，因而形成了厂商机制，它是人类追求经济效率所形成的组织体。

由于交易成本泛指所有为促成交易发生而形成的成本，因此很难进行明确的界定与列举，不同的交易往往涉及不同种类的交易成本。总体而言，简单地分类可将交易成本区分为以下几项。

（1）信息搜寻成本：收集商品信息与交易对象信息的成本。

（2）信息成本：取得交易对象信息和与交易对象进行信息交换所需的成本。

（3）议价成本：针对契约、价格、质量讨价还价的成本。

（4）决策成本：进行相关决策与签订契约所需的内部成本。

（5）监督履约情况成本：监督交易对象是否依照契约内容进行交易的成本，例如追踪产品、监督、验货等。

（6）可能发生的处理违约行为成本：违约时所需付出的事后成本。

Williamson（1975）进一步将交易成本加以整理区分为事前与事后两大类。

（1）事前交易成本：签约、谈判、保障契约履行等成本。

（2）事后交易成本：

① 适应性成本——签约双方对契约不能适应所导致的成本。

② 讨价还价的成本——双方调整适应不良的谈判成本。

③ 建构及营运的成本——为解决双方的纠纷与争执而必须设置的相关成本。

④ 约束成本——为取信于对方所需的成本。

Dahlman（1979）则将交易活动的内容加以类别化处理，认为交易成本包含：搜寻信息成本、协商与决策成本、契约成本、监督成本、执行成本和转换成本。交易成本的种类及其内涵见表 2-1。简而言之，所谓交易成本就是指“当交易行为发生时，所随同产生的信息搜寻、条件谈判与交易实施等的各项成本”。

2.1.2　交易成本产生的原因

交易成本产生的原因，是人性因素与交易环境因素交互影响下所产生的市场失灵现象，造成交易困难所致。Williamson 指出六项交易成本产生的原因：

（1）有限理性（Bounded Rationality）：指交易参与的人，因为身心、智能、情绪等限制，在追求效益极大化时所产生的限制约束。

（2）投机主义（Opportunism）：指参与交易的各方，为寻求自我利益而采取的欺诈手法，同时增加彼此不信任与怀疑，因此导致交易过程监督成本的增加而降低经济效率。

（3）不确定性与复杂性（Uncertainty and Complexity）：由于环境因素中充满不可预期性和各种变化，交易双方均将未来的不确定性及复杂性纳入契约中，使交易过程增加不少签订契约时的议价成本，并使交易困难度上升。

表 2-1 交易成本的种类及其内涵

交易成本的种类	交易成本的内涵
事前（ex ante）交易成本	
1. 搜寻信息成本	欲交易者，寻找最适合的交易对象，查询其提供的服务与产品所需要支付的成本
2. 协商与决策成本	交易双方为达成交易所做的议价、协商、谈判并做出决策所产生的成本。由于交易双方的不信任及有限理性，常需耗费大量协商与决策成本
3. 契约成本	当交易双方达成协议准备进行交易时，通常会签订契约，并对契约内容进行磋商所产生的成本
事后（ex post）交易成本	
4. 监督成本	为了预防对方由于投机主义产生违背契约的行为，故在签订契约之后，会在执行过程中相互监督所产生的成本
5. 执行成本	契约签订之后，交易双方相互进行必要的检验以确定对方确实遵守契约，当对方违背契约时，强制对方履行契约交易所产生的成本
6. 转换成本	当交易双方完成交易之后，可能持续进行交易。此时若有一方更换交易对象所产生的成本

（4）少数交易（Small Numbers）：某些交易过程过于专属性（Proprietary），或因为异质性（Idiosyncratic）信息与资源无法流通，使交易对象减少及造成市场被少数人把持，使得市场运作失灵。

（5）信息不对称（Information Asymmetric）：因为环境的不确定性和自利行为产生的机会主义，交易双方往往握有不同程度的信息，使市场的先占者（First Mover）拥有较多的有利信息而获益，并形成少数交易。

（6）气氛（Atmosphere）：指交易双方若互不信任，且又处于对立立场，则无法营造一个令人满意的交易关系，使交易过程过于重视形式，徒增不必要的交易困难及成本。

而上述交易成本的发生原因，进一步追根究底可发现源自交易本身的三项特征。这三项特征形成三个构面影响交易成本的高低。

2.1.3 交易的三项特征

（1）交易商品或资产的特殊性（Asset Specificity）：交易所投资的资产本身不具市场流通性，或者契约一旦终止，投资于资产上的成本难以回收或转换使用用途。

（2）交易的不确定性（Uncertainty）：指交易过程中各种风险的发生概率。由于人类有限理性的限制使得面对未来时，人们无法完全事先预测。加上交易过程中买卖双方常发生交易信息不对称的情形，交易双方只能通过契约来保障自身的利益。因此，交易不确定性的升高会伴随着监督成本、议价成本的提升，使交易成本增加。

（3）交易的频率（Frequency of Transaction）：交易的频率越高，相对的管理成本与议价成本也越高。交易频率的升高会使企业将该交易的经济活动内部化，以节省企业的交易成本。

2.2 业务流程再造理论

20 世纪末到 21 世纪，由于企业的环境发生了如下变化，因此从企业管理上产生了一种企业业务流程再造理论。

2.2.1 经济全球化

经济全球化的发展使企业生产经营在地域上延伸和扩大，必然带来管理的全球化。这就要

求企业组织扁平化、柔性化和网络化，从而提高组织效率，增强竞争能力；企业对外部提供快速、及时的产品或服务；企业能够与其他企业协同工作。

2.2.2　企业信息化

从 1962 年第一台数字计算机的面世到 20 世纪 80 年代初微型计算机的诞生，普及了计算机在企业管理中的应用，再到 1995 年网景公司（Netscape Communications Inc.）的 Web 浏览器普及到 Internet 应用，不到半个世纪，信息技术以其强有力的渗透力极大地改变了人们的生活和工作方式，改变了企业的运作管理乃至企业本身。

信息技术带来了产业的兴衰，也带来了空前残酷的竞争。对比 1980 年和 1998 年《幸福》杂志的全球 500 家大企业排行榜，就会看到已有 40%的公司因为对市场的冲击反应迟钝而被无情淘汰。因此，企业信息化成了关乎企业生存与发展的必然之路。

莫顿把企业信息化带来的革命性变革归纳为以下六个方面：

（1）企业信息化给企业生产、管理活动的方式带来根本性变革；

（2）企业信息技术将企业组织内外的各种经营管理职能、机制有机地结合起来；

（3）企业信息化的到来在多方面改变了产业的竞争格局和态势；

（4）企业信息化给企业带来了新的、战略性的机遇，促使企业对其使命和活动进行反思；

（5）为了成功地运用信息技术，必须进行组织结构和管理方法的变革；

（6）对企业管理的重大挑战是如何改造企业，使其有效地运用信息技术，适应信息社会，在全球竞争中立于不败之地。

2.2.3　企业组织形态的变化

20 世纪 90 年代以后，由于经济全球化和企业信息化的冲击，市场竞争日趋激烈。传统企业组织以职能来构建金字塔式的垂直分工组织形态，各部门各自组织，层层向直属上级汇报，彼此之间不易协调，已不能满足市场瞬息万变的要求。从信息技术在企业中的应用来看，由企业基层的生产自动化逐渐扩展到管理组织结构和方式，甚至到高层决策。由于网络技术、通信技术、数据库技术、商务智能等的普及应用，打破了部门之间的界限，从产品的研发、设计、生产等流程来看，更需要部门间的协同。因此横向整合能缩短产品的开发周期、缩短部门间的协调时间、提高市场的反应速度。水平组织形态如图 2-2 所示，竖线分割的部门构成以三角形为传统组织的形态，横线表明了以信息技术建立跨部门协同的业务关系。

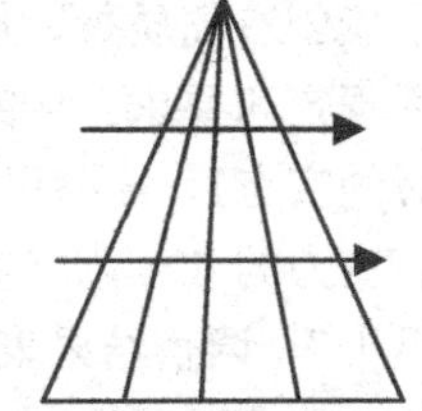

图 2-2　水平组织形态

2.2.4　适应于信息技术

在传统的组织结构里，各部门之间的信息交流主要是传统纸质文件。即使是采用了计算机管理后，不同的业务部门也有其自己的管理系统和数据库，信息难以相互沟通。

2.2.5　培育企业核心竞争力

首先阐述企业核心竞争力（Core Competence）概念的是美国管理学家普拉哈拉德与哈默尔。其在 1990 年发表于《哈佛商业评论》上题为“公司核心竞争力”的文章中提出，核心竞争力是指企业内部经过整合的知识和技能，尤其是协调各方面资源的知识和技能。

企业核心竞争力主要有如下三个特征。

（1）明显的竞争优势。它能为客户带来长期的关键性利益，为企业创造长期的竞争主动权，为企业创造超过同行业平均利润水平的超值利润。企业是否具备核心竞争力是影响企业长期竞争优势的关键因素。

（2）扩展应用的潜力延展性。企业核心竞争力能支持企业向更有生命力的新事业领域延伸。它是基础能力，是坚实的平台。

（3）竞争对手难以模仿的独特性。企业核心竞争力是企业独有的，是企业在发展过程中长期培育和积淀形成的。它孕育于企业文化，融合于企业内部，难以被其他企业模仿和替代。

经济全球化和信息技术的飞速发展，使企业间的竞争日益激烈。能够长期强盛的企业都具有核心竞争力，如优良的生产制造过程、卓越的质量控制方法、提供更佳服务的能力、开发新产品的创造力、低成本生产的诀窍等。企业核心竞争力为企业提供进入多个市场的潜在途径，为企业把握市场机会增长了实力，能引导企业满足客户多种不同的需求，并给企业带来丰厚的利润。它能够优化企业的资源配置，使企业节约竞争成本，实现利润最大化，是竞争对手难以效仿的，并在企业中是最有价值的资产。

在当前，一些企业仍然把注意力放在企业管理和市场营销上，而没有从企业核心竞争力的角度研究企业内部体制与文化环境，而这些往往决定着企业的兴衰与成败。

提高企业核心竞争力可以从提高企业产品质量的价值保障、具备创新意识、创建独特的企业文化等方面入手，但更重要的是要认真研究企业的业务流程，抓住并优化具有优势的流程部分，舍弃没有竞争能力的部分，也可以将没有竞争力的部分外包出去或者与业务伙伴构成价值联盟。

20 世纪 90 年代，前麻省理工学院计算机教授、现麻省剑桥 Hammer and Company 顾问公司经理迈克尔·哈默（Michael Hammer）和 CSC Index 顾问公司执行长詹姆斯·钱皮（James Champy）在广泛深入企业调研中发现，一些公司通过改变它们的工作方法在一些领域取得了较大的成就。它们并没有改变业务本身，而是改变了实现业务的过程或者取消了一些陈旧的业务过程。调查表明，公司职员所完成的许多任务与满足顾客的需求无关，他们所做的许多事情并不能创造高质量、低价格的产品，也不能提供出色的服务，而只是简单地满足公司本组织的内部规定和要求。1993 年，迈克尔·哈默和詹姆斯·钱皮联名出版了《企业再造工程——管理革命的宣言》，该书引起了异乎寻常的反响。1994 年，CSC Index 顾问公司抽取了北美和欧洲最具有实力的 621 家（美国 497 家、欧洲 124 家）公司作为调查样本，来编写“再造工程实施情况报告”。调查结果表明，美国公司和欧洲公司中各有 69%和 75%的企业推行了一项或多项不同的企业流程再造项目，余下的企业中有半数将企业流程再造工程列入了议事日程。

迈克尔·哈默和詹姆斯·钱皮对企业业务流程再造的定义为：“再造（Reengineering），就是对公司的流程、组织结构、文化进行彻底的、急剧的重塑（Redesign），以达到极致的飞跃。”“再造就是对战略、增值营运流程，以及支撑它们的系统、政策、组织、结构的快速、彻底、急剧的重塑，以达到工作流程和生产率的最优化。”“对业务流程（Process）进行根本性的（Fundamental）再思考和彻底性的（Radical）再设计，以便在成本、质量、服务和速度等衡量企业绩效的重要指标上取得显著性的（Dramatic）进展。”哈默在他的《超越变革》中更进一步把企业流程再造发展到将以职能为核心的传统企业改造成以流程为核心的新型企业。

1990 年，迈克尔·哈默在《哈佛商业评论》上发表了一篇文章，在文中迈克尔·哈默提出一个论断，称管理者最主要的挑战是去除非增值的工作，而并不是使用科技使工作变得自动化。这个论断从一个侧面批评了把精力放错地方的管理者，也就是主要运用统称的科技和更加具体化的信息技术使流程自动化，而不是将这些技术作为一种工具来去除非增值的工作。迈克尔·哈默的论断很简单：人们进行的大部分工作没有给客户带来价值，这部分工作是要去除的，而

并不是通过自动化来提速的。同时，公司应该重新审视他们的流程，从而使客户价值最大化，使传输产品或服务所消耗的资源降到最低。1990 年，即在迈克尔·哈默发表上述论断的同一年，《斯隆管理周刊》的成员托马斯·达文波特和 J. 邵特也提出了相似的论断。

业务流程再造（Business Process Reengineering，BPR）思想有四个基本要素：

（1）业务流程再造的对象——流程；

（2）业务流程再造的相关对象——支持系统、组织等；

（3）业务流程再造的目标——显著提高企业绩效；

（4）业务流程再造的途径——彻底变革。

BPR 的实质可以说是对企业的一种系统变革，其核心领域为业务流程，其根本目标是要对被专业分工和官僚体制分割得支离破碎的流程进行重新设计和再造，核心思想是要打破企业按职能设置部门的管理方式，代之以业务流程为中心，重新设计企业管理过程，从整体上确认企业的作业流程，追求全局最优，而不是个别最优。BPR 强调整体大于部分之和，继承了工作丰富论对分工论的批判。因此，BPR 的实质是对工业社会中的劳动分工和管理分工的整合。

2.3 经济学的市场分类

大众市场（Mass Market）模式，在不同客户细分之间没有多大区别，价值主张、渠道和客户关系聚焦于一个较大范围的客户群，客户具有大致相同的需求和问题，例如，消费类电子行业。

利基市场（Niche Market）模式，针对特定需求定制。例如，供应商-采购商（supplier-buyer）关系中，汽车零部件厂商严重依赖汽车生产工厂的采购。

区隔化市场/细分市场（Segmented Market）模式，市场细分群体间有差别。例如，银行 10 万元资产与 50 万元资产的群体不同；瑞士微型精密系统公司服务于钟表、医疗和工业行业，其价值主张均不同。

多元化市场（Diversified Market）模式，服务于多个具有不同需求和困扰的客户细分群体。例如，亚马逊通过云计算销售在线存储和按需服务器业务，迎合完全不同价值主张的客户细分群体：网站和公司。

多边平台或多边市场（Multi-sided Platforms / Multi-sided Markets）模式，服务于多个相互依存的客户细分群体。例如，信用卡公司需要大范围的信用卡拥有者，同时也需要大范围可以受理其信用卡的公司。

第 3 章 电子商务模式的分类

3.1 各类电子商务模式分类法

3.1.1 按交易对象或交互性对电子商务分类

企业-企业（Business-to-Business，B2B）。所有参与者都是企业或其他组织的电子商务模式。例如，戴尔和玛莎百货公司与其各自供应商间的部分贸易就属于 B2B 电子商务的应用。

企业-消费者（Business-to-Consumer，B2C）。一种企业面向个体消费者提供产品或服务的零售商务模式。例如，戴尔在线或亚马逊网站的典型购买者是个人消费者或顾客。这种类型的电子商务也称电子零售。

B2C 模式是大家在日常生活中非常熟悉的一种商务模式。这种模式是指，企业通过互联网为消费者提供一个虚拟的购物场所。这种新型的购物环境，使得消费者可以足不出户就能购物并支付。这种模式的优势显而易见，一方面大大节约了客户和企业的时间，提高了交易效率；另一方面由于互联网对商品的详细分类，还提供了搜索浏览功能和多媒体界面，使消费者很容易查找到适合自己需要的产品，并能够对产品有更深入的了解。另外，商品的品种较之现实世界更齐全，你甚至可以买到在实体店买不到的东西，这对消费者来说更具有吸引力。正是因为这些优势的存在，使得 B2C 模式成为电子商务发展最快的模式。

企业-企业-消费者（Business-to-Business-to-Consumer，B2B2C）。一家企业向另一家客户企业提供某些产品或服务，以便客户企业维持自己的客户群，这些客户群可以是企业的内部员工，对于他们来说，所购买的产品或服务没有添加任何附加价值。B2B2C 的其中一个例子就是一家公司为其员工向美国在线服务公司（AOL）支付入网费，而非让每位员工直接向 AOL 交付入网费。另外一个例子就是从批发商到零售商再到消费者的销售模式，如航空公司和旅行公司向其商业合作伙伴（如旅行社等）提供预订飞机票、旅馆房间等旅行服务，商业合作者再向顾客提供服务。最后一个例子就是 Godiva 公司直接把巧克力出售给客户公司，然后这些客户公司再将巧克力出售给其他公司或作为礼物分发给本公司员工。术语 B2B 通常也包括了 B2B2C。

消费者-企业（Consumer-to-Business，C2B）。这种电子商务模式既包括个人消费者利用互联网向企业销售产品或服务，又包括个人消费者寻求卖主，以对产品或服务进行报价。Priceline.com 就是一家著名的 C2B 交易组织。

消费者-消费者（Consumer-to-Consumer，C2C）。在这一模式下，消费者直接与其他消费者进行交易，如个人消费者利用互联网上分类广告出售房屋所有权和汽车等。互联网上个人服务广告以及个人知识与经验的网上销售是 C2C 的另一类应用。此外，一些拍卖网站允许个人将商品放在其网站上进行拍卖。

所谓 C2C 就是消费者对消费者的交易。具体来讲，就是指在这个交易模式中没有企业的参与，买家和卖家都是消费者。消费者自己为其他消费者提供商品或者服务。消费者与消费者之间通过互联网或专用网提供的渠道进行贸易和交易。实际上，C2C 模式也有很大的发展前景，因为 C2C 模式就相当于为消费者提供了一个大卖场，在这里参与者可以将自己买来但是无用的商品出售，或者相互交易产品，由于参与的人数庞大，C2C 电子商务的商品种类丰富，并且消费者之间沟通快捷及时，购买方式灵活多样，支付方式也多样便捷，再加上现代物流业的鼎力支持，使 C2C 网络购物的成交额呈直线上升。

企业-员工（Business-to-Employee，B2E）。该模式是企业内部电子商务的一个子集，在这种电子商务模式下，组织向其员工传递服务、信息或产品。其中一类主要的员工是在外流动工作的员工，如区域代表。支持这类员工的电子商务称为 B2ME（Business-to-Mobile Employees）。

电子政务（E-Government）。在电子政务系统中，政府可以向企业（G2B）或个人（G2C）购买或提供商品、服务或信息。

交易所-交易所（Exchange-to-Exchange，E2E）。公共电子市场中的一次交易涉及多家买方和卖方，随着 B2B 交易的增加，各种交易之间都存在着相互联系。E2E 的电子商务是一个联结两个或更多个交易场所的正式系统。

应用-应用（Application-to-Application，A2A）。某企业计算机应用系统与另一家企业的应用系统间的自动交互处理。企业之间为交换信息而相互通信。这种概念被用在 B2B、工作流和跨企业集成中。例如，设想一条垂直供应链，在链上一家企业为了满足它的客户需求而需要调用其提供者的服务，而一些提供者需要沿供应链进一步下行来调用其他企业的服务。

端到端（Peer-to-Peer，P2P）。P2P 技术使得互联网的端点计算机之间可以直接共享数据文件和过程。例如，在 C2C 端点应用中，人们可以通过电子方式来互换音乐、视频、软件或其他的数字化商品。

线下线上（Online to Outline/Online to Offline，O2O）。又称离线商务模式，是指线上营销/购买带动线下经营/消费。通过打折、提供信息、服务预订等方式，把线下商店的消息推送给互联网用户，从而将他们转换为自己的线下客户，特别适合必须到店消费的商品和服务，比如餐饮、健身、电影和演出、美容美发等。

线上线下融合（Online Merge Offline，OMO）。通过互联网实现网络与线下实体的即时互动。例如，共享单车装有太阳能、全球定位系统（GPS）、加速器、蓝牙和热探测器等智能元件，用户通过智能手机激活车上的近场通信和麦克风。用手机扫描单车上的二维码，智能锁就会自动打开。在骑行过程中，各种传感器会把用户的移动坐标和其他数据传输到云计算服务器。每天，数百万智能单车会产生大量的数据并反馈到云服务器上，从而将人、自行车、道路和目的地连接起来，构成了全球最大的“物联网”网络。服务器采用人工智能来分析交通状况并平衡供需关系，从而实现效率最大化。由此，线上线下的界限将越来越模糊。

3.1.2　按交易方式分类

Weill 和 Vitale（2001），Currie（2004），Rossi 等（2003），Afuah 和 Tuai（2003）讨论的典型电子商务经营模式有如下几种。

在线直销。这是最典型的模式，即网上销售产品或服务。它可由制造商将商品或服务直接销售给顾客，以消除中间商或实体商店的存在；也可由零售商销售给消费者，以提高商品的配送效率（如沃尔玛）。

电子招投标系统。私营企业和公共大企业，常采取招投标（Tendering）系统（亦称逆向拍卖）来进行大批量或大价值的采购。一些政府机构规定政府的大部分采购活动必须通过电子招投标系统来完成。

开价模式（Name-Your-Own-Price Model）。允许购买者为某一特定的产品或服务指定他所愿意支付的价格。该模式又叫作“采集需求”模式。

寻找最优价格。该模式又称搜索引擎模式。首先，顾客明确说明自己的需求，然后中介公司在数据库中搜索与顾客需求相匹配的信息，确定最低价格的定位，并将此价格递交给顾客，顾客将会有 30～60 分钟的时间来决定是否接受此价格。该模式的一个变相应用的例子，就是购买保险。消费者可以向多个保险公司提交购买保险的需求，可同时接收到多种报价。许多公司应用类似的模式来寻找最低的价格。

关联营销（Affiliate Marketing）。关联营销是指营销合作商（可以是一家公司、一个组织或个人）将消费者引导到销售公司的网站上。引导主要是通过在关联公司的网站上放置销售公司的横幅（Banner）和标识（LOGO）来实现。只要被引导到销售公司网站上的顾客在该网站购买了商品，则关联公司将得到 3%～5%的回扣。换句话说，销售公司通过利用关联营销创造了一批虚拟代销员。

病毒营销。该模式是通过引导人们发送信息给他人或吸收朋友加入某个程序的方式来增加企业知名度或销售产品与服务。这基本上属于一种基于网络的口头传播的营销方式。

群体采购（Group Purchasing）。在传统商务中，通常只有大量采购才能享受到折扣。电子商务创造的“需求集成”概念也能够使个人或中小企业享受到折扣。它由第三方寻找个人或中小企业（Small-to-Medium Enterprises，SME）的订单，并将这些订单集中起来形成一个数目较大的订单。第三方与供应商进行协商以实现最好的交易结果。这种模式又叫“大批量采购模式”。网上采购的群体也称 E-Co-Ops。

网上拍卖。电子拍卖有很多种形式，采用的模式也不相同。其中最流行的一种拍卖方式就是网上购物者对各种产品和服务连续开价，最高开价者将会得到所拍卖的商品。

定制（Customization）产品和服务（客户定制化）。定制产品和服务是指按照购买者所要求的规格来生产产品和提供服务。定制并不是一个新模式，新的只是以不高出非定制化产品太多的成本快速在网站上为顾客定制出产品和服务的能力。定制又称“按单生产”，也可以通过“大规模定制”来实现。

电子市场和电子交易。得到良好的组织和管理的电子市场将给购买者和销售商带来巨大的利益。电子市场往往是只关注一个行业的垂直市场。

信息中介。信息中介主要提供隐私、诚信、匹配、搜索、内容和其他服务（如 Bizrate.com、Google.com）。

实物交换。企业之间以实物交换的方式来交换其不需要的过剩物品。市场经济人（如 Web-barter.com 或 Tradeaway.com）负责安排这类交易。

深度折扣。像 Half.com 这类的公司，能以将近五折的零售价格提供产品和服务。

会员制。在传统离线模式中只有会员才能享受的折扣制度在网上也能获得（如 Netmarket.com 和 NYTimes.com）。

价值链集成商。这种模式给顾客提供了全面的、包含多种富含信息产品的增值性服务。

价值链服务提供商。这些提供商专门提供供应链功能方面的服务。

供应链改进者。电子商务的一个重大贡献就是创造了可以改变或改善供应链管理的新模式。最主要的是将低效率、高成本、含有错误倾向的线型供应链变成网状供应链。

社交网络、社区和博客。许多公司都从发展社交网络、社区和博客中获得了商业利润（例如，付费广告或作为一个销售渠道）。

制造商直销。制造商去掉所有的中间商直接销售产品给顾客。

谈判。互联网上的智能代理为顾客之间或者企业之间提供了讨价还价的便利和能力。

3.1.3　基于价值链分类

Paul Timmers（1998）提出了基于价值链整合的分类，把商务模式整合功能是否齐全，以及商务模式创新程度如何纳入分类时应综合考虑的因素中。他将电子商务模式分为：电子商店、电子商城、电子拍卖、电子采购、虚拟社区、协作平台、第三方市场、价值链整合商、价值链服务供应商、信用服务、信息中介、其他服务等。

3.1.4　混合分类

Miehael Rappa（2003）把电子商务模式分为九大类，包括：经纪商、信息中介商、销售商、广告商、制造商、社区服务提供商、合作附属商务模式、内容订阅服务提供商、效用服务提供商。

其中经纪商又细分为市场交易、商业贸易社区、买/卖配送、经销商、购买者集合、后中介商、虚拟商城、搜索代理、反向拍卖经纪商、拍卖经纪人、分类广告等。

3.1.5　基于 Internet 商务功用分类

Crystal Dreisbach 和 Staff Writer 根据 Internet 商务功用分为：基于服务销售的商务模式、基于产品销售的商务模式、基于信息交付的商务模式。

3.1.6　基于控制方分类

麦肯锡管理咨询公司认为当前已经出现了三种新兴的电子商务模式，根据控制方的不同，可以分为：买方控制模式、卖方控制模式、第三方控制模式。

这种分类方式最大的优点就是在市场交易的过程中谁处于相对主导的地位一目了然，对于交易控制的程度很容易把握。

3.1.7　B2C、B2B 的细分模式

这是中国社科院财贸所课题组在充分考察了企业在市场中的发展情况和交易情况之后做出的分类。根据为消费者提供服务的内容不同，他们把 B2C 模式细分为七大类，包括网上预订、网上发行、电子经纪、电子直销、网上金融、远程教育、电子零售，把 B2B 模式则分为八大类，包括 B2B 和 B2C 兼营模式、供应链模式、名录模式、拍卖模式、交换模式、中介服务模式、政府采购、公司采购。

3.2　B2B 电子商务模式

3.2.1　B2B 电子商务模式的概念和特点

作为电子商务的重要商务模式之一，B2B 电子商务有其自身的特点和优势，对 B2B 电子商务的模式和分类研究已成为电子商务领域的热点之一。采用这一模式的典型企业包括阿里巴巴（传统型）、慧聪（传统型）、金银岛（纯电子商务模式）、买麦网（后起之秀，声称融合了阿里巴巴和慧聪的模式）等。

1. B2B 电子商务模式的概念

B2B 模式是企业对企业的电子商务模式，是一种以企业为交易主体，以银行电子支付和结

算为手段，以企业数据为依托的商务模式。这种交易可能是在企业及其供应链成员间进行的，也可能是在企业和任何其他企业间进行的。这里的企业可以指代任何组织，包括私人的或者公共的、营利性的或者非营利性的。

B2B 电子商务的内涵是企业通过内部信息系统平台和外部网站将面向上游的供应商的采购业务和下游代理商的销售业务都有机地联系在一起，从而降低彼此之间的交易成本，提高满意度。

企业与企业之间的电子商务将是电子商务业务的主体，约占电子商务总交易额的 90%。就目前来看，电子商务在供货、库存、运输、信息流通等方面大大提高了企业的效率，电子商务最热心的推动者也是商家。企业和企业之间的交易是通过引入电子商务能够产生大量效益的地方。对于一个处于流通领域的商贸企业来说，由于它没有生产环节，电子商务活动几乎覆盖了整个企业的经营管理活动，是利用电子商务最多的企业。通过电子商务，商贸企业可以更及时、准确地获取消费者信息，从而准确订货、减少库存，并通过网络促进销售，以提高效率、降低成本，获取更大的利益。

2. B2B 电子商务模式的特点

与其他电子商务模式相比，B2B 电子商务具有以下特点。

（1）交易次数少，交易金额大。B2B 一般涉及企业与客户、供应商之间的大宗货物交易，其交易的次数较少，但交易金额远大于 B2C 和 C2C。

（2）交易对象广泛。交易对象可以是任何一种产品，可以是原材料，也可以是半成品或产成品。相对而言，B2C 和 C2C 较集中于生活消费用品。

（3）交易操作规范。与其他电子商务模式相比，B2B 电子商务的交易过程最复杂，从查询到谈判，尤其是结算，要经历最严格和规范的流程，包括合同和 EDI 标准等。

3.2.2 B2B 电子商务模式交易的优势

与传统商务活动相比，B2B 电子商务模式具有下列竞争优势。

（1）使买卖双方信息交流低廉、快捷。信息交流是买卖双方实现交易的基础。传统商务活动的信息交流是通过电话、电报或传真等工具，这与 Internet 信息以 Web 超文本（包含图像、声音、文本信息）传输是不可同日而语的。

（2）降低企业间的交易成本。首先，对于卖方而言，电子商务可以降低企业的促销成本。即通过 Internet 发布企业相关信息（如企业产品价目表、新产品介绍、经营信息等）和宣传企业形象，与传统的电视、报纸广告相比，可以更省钱，更有效。因为在网上提供企业的照片、产品档案等多媒体信息有时胜过传统媒体的“千言万语”。据 IDC 调查，在 Internet 上做广告促销，可以提高销售数量 10 倍，而费用只是传统广告的 1/10。其次，对于买方而言，电子商务可以降低采购成本。传统的原材料采购是一个程序烦琐的过程。而利用 Internet，企业可以加强与主要供应商之间的协作，将原材料采购和产品制造过程二者有机地结合起来，形成一体化的信息传递和处理系统。据通用电气公司的报告称，其利用电子商务采购系统，可以节约采购费用 30%，其中人工成本降低 20%，材料成本降低 10%。另外，借助 Internet，企业还可以在全球市场上寻求最优价格的供应商，而不是只局限于原有的几个商家。

（3）减少企业的库存。企业为应对变幻莫测的市场需求，通常需要保持一定的库存量。但企业高库存政策将增加资金占用成本，且不一定能保证产品或材料是适销货品；而企业低库存政策，可能使生产计划受阻，交货延期。因此寻求最优库存控制是企业管理的目标之一。以信息技术为基础的电子商务则可以改变企业决策中信息不确切和不及时的问题。通过 Internet

可以将市场需求信息传递给企业决策生产，同时也把需求信息及时传递给供应商而适时得到补充供给，从而实现“零库存管理”。

（4）缩短企业生产周期。一个产品的生产是许多企业相互协作的结果，因此产品的设计开发和生产销售最可能涉及许多关联企业，通过电子商务可以改变过去由于信息封闭而无谓等待的现象。

（5）24 小时/天无间断运作，增加了商机。传统的交易受到时间和空间的限制，而基于 Internet 的电子商务则是一周 7 天、一天 24 小时无间断运作，互联网上的业务可以开展到传统营销人员和广告促销所达不到的市场范围。

3.2.3　B2B 电子商务模式交易模式分类

1. 按电子市场的类别划分

目前企业采用的 B2B 可以分为以下两种模式。

（1）面向制造业或面向商业的垂直 B2B。垂直 B2B 可以分为两个方向，即上游和下游。生产商或零售商可以与上游的供应商之间形成供货关系，比如 Dell 电脑公司与上游的芯片和主板制造商就是通过这种方式进行合作的。生产商与下游的经销商可以形成销货关系，比如 Cisco 与其分销商之间进行的交易。简单地说，这种模式下的 B2B 网站类似于在线商店，这一类网站其实就是企业网站，就是企业直接在网上开设的虚拟商店，通过这样（自己）的网站可以大力宣传自己的产品，用更快捷、更全面的手段让更多的客户了解自己的产品，促进交易。或者也可以是商家开设的网站，这些商家在自己的网站上宣传自己经营的商品，目的也是用更加直观便利的方法促进、扩大交易。

（2）面向中间交易市场的水平 B2B。水平 B2B 是将各个行业中相近的交易过程集中到一个场所，为企业的采购方和供应方提供一个交易的机会，如 Alibaba、B26168、环球资源网等。这类网站其实自己既不是拥有产品的企业，也不是经营商品的商家，它只提供一个平台，在网上将销售商和采购商汇集在一起，采购商可以在其网站上查到销售商的有关信息和所销售商品的有关信息。

2. 按企业参与方式划分

（1）名录模式。名录模式主要是介绍各类公司的经营特点，推荐产品，宣传企业的业绩。

（2）兼营模式。兼营模式是指既作 B2B，又作 B2C。

（3）政府采购和公司采购模式。政府采购和公司采购的数量极其庞大。

（4）供应链模式。《做数字商场的主人》一书作者奥尔德里奇认为零担货物的运输服务会增长。通过供应链模式建立一个全国性的面包连锁店可以节省 1 500 万美元，同时，控制技术安装到位，可以有大约 5 000 万美元的货物免遭偷窃。

（5）中介服务模式。

信息中介模式。这种模式与名录模式有类似的特点。其实，名录模式也应属于信息中介模式。

CA 中介服务。CA（Certificate Authority，证书授权中心或称证书授权机构），作为电子商务交易中受信任的第三方，承担公钥体系中公钥的合法性检验的责任。CA 中介服务代理客户办理 CA 业务。

网络服务模式。提供开展电子商务的技术支持，为落实商业计划提供整套的网络服务自助餐。

银行中介服务。它们提供相关的金融服务，包括境内的代收货款、承兑汇票、银行汇款等，境外的信用证、DA、DP、TT。

（6）拍卖模式。

（7）交换模式。

3. 应用较广泛的B2B电子商务模式类型

目前应用较广泛的 B2B 电子商务模式主要有电子市场、电子分销商、服务提供商及信息中介四种类型。

（1）电子市场。电子市场有时称为交易中心，由于其潜在的市场规模，成为电子商务中最成熟和最有前景的商务模式。一个电子市场就是一个数字化的市场形态，供应商和商业采购均可以在此进行交易。对于买方来说，利用电子市场只要在一个地方就能够收集信息，检验供应商，收集价格，并根据最新发生的变化进行更新；而对于卖方来说，则能够从与买方的广泛接触中不断优选，因为潜在的购买者越多，销售的成本越低，成交的机会和利润也就越高。从电子市场的整体来看，可以最大限度地减少识别潜在的供应商、客户和合作伙伴，以及在双方和多方开展交易所需要的成本和时间等。因此，电子市场的出现，可以降低交易成本，简化交易手续，获得更多的交易机会。目前全球的电子市场，主要出现了两种细分模式：综合型电子市场和垂直型电子市场。综合型电子市场又称为水平市场，主要针对较大范围的企业进行产品销售和服务。在中国，阿里巴巴是综合交易平台最为成功的企业之一，慧聪网、买麦网也是综合型电子市场的重要代表。而垂直型电子市场主要针对特定的行业，如钢铁、汽车、化学或者物流配送等，这些行业多为生产资料性行业，成交量大、专业性强，垂直电子市场可迅速成为这些行业商业信息、物资信息的集成地。目前中国较为成熟的垂直型电子市场有中国纺织网、中国化工网等。

（2）电子分销商。电子分销商是直接向各企业提供产品和服务的企业。电子分销商与电子市场的不同之处在于：电子市场是将许多企业招徕到一起，使它们有机会与其他公司做生意；而电子分销商则是由一家寻求为多个客户服务的企业所建立的。

（3）服务提供商。服务提供商是指向其他企业提供业务服务的企业。它们主要通过整合各方资源，提供集中物流服务、公共服务、信用保障服务、支付服务、信息服务的一站式服务，将供应链运作整体解决方案提交给客户，并对客户决策产生影响。从本质上看，服务提供商是为企业级采购、分销等供应链过程提供服务的。

（4）信息中介。信息中介的电子商务的模式是收集消费者信息并将其出售给其他企业。目前的信息中介主要为面向供应商模式，中介将消费者信息收集给供应商，供应商利用这些信息向不同的消费者有针对性地提供产品、服务和促销活动。面向供应商的信息中介可分为受众代理和商机制造者两类。受众代理是收集消费者的信息，并用来帮助广告商向最适合的受众做广告。商机制造者收集消费者信息，通过数据挖掘形成消费者的特征、偏好，然后指导供应商将符合消费者需求的产品和服务销售给消费者。信息中介的盈利主要靠信息出售费和数据挖掘后的咨询费等。

四种 B2B 电子商务的模式类型见表 3-1。

表 3-1　B2B 电子商务的模式类型

模式类型	特　点	盈利来源
电子市场	将买卖双方集合在一起，降低交易成本	交易费
电子分销商	直接为企业提供产品或者服务	产品销售
服务提供商	通过网络向其他企业提供业务服务	交易费、租金等
信息中介	收集消费者信息并出售给其他企业	信息出售费、咨询费等

B2B 电子商务案例——阿里巴巴

阿里巴巴集团是全球电子商务的领导者，是中国最大的电子商务公司，成立于 1999 年。公司电子商务业务主要集中于 B2B 的信息流，它以中小企业为客户群体，是提供电子商务信息服务的第三方平台。创建至今，阿里巴巴随着市场及客户的需求不断地调整发展布局。

阿里巴巴对客户实行会员制度，主要开展“诚信通”会员和“中国供应商”会员有偿服务。会员企业可以通过网站阅读行业新闻，了解行业市场动态，及时掌握供求状况，查询和发布供求信息。会员采购商和供应商通过阿里巴巴网站进行自由供需对接，达成企业间的合作与贸易。阿里巴巴作为平台提供者不介入会员企业间的交易行为。

阿里巴巴的收入主要来源于“中国供应商”会员服务。公司通过各种渠道和资源帮助“中国供应商”。会员对其产品和企业进行全球化推广，达到拓展国际贸易、提升出口利润的目的。

阿里巴巴网站分为中文、英文（国际）和日文网站，后增加淘宝网和支付宝网站，共 5 个站点。在企业运作模式上，阿里巴巴采用直销模式在 5 年内为阿里巴巴积累了众多的会员。

2002 年年末，公司宣布首次实现盈利 600 万元，并于 2003 年 5 月推出了个人网上交易平台——淘宝网，进入 C2C 电子商务市场，随后又推出第三方支付平台——支付宝，用于解决电子商务交易的支付问题。2005 年 8 月阿里巴巴宣布全面收购雅虎中国全部资产，与雅虎公司达成战略联盟关系，雅虎出资 10 亿美元成为公司的股东之一。

阿里巴巴以 B2B 的模式以经营电子商务的信息流为切入点，强调访问量，形成了以技术推动、利用风险资本、以服务取胜的一种电子商务模式，获得企业成长。在过去几年中，阿里巴巴创立了自己的品牌，为中小企业赢得了新的发展空间，在中国企业和国际买家中间起到了桥梁作用，其模式已逐渐得到社会的承认，在国内和国际社会产生了一定的影响。

3.3 B2C 电子商务模式

3.3.1 B2C 电子商务模式的概念

B2C 即企业对消费者的电子商务模式，是指企业与消费者之间依托互联网等现代信息技术手段进行的产品、服务及信息的交换等商务活动。B2C 电子商务一般以网络零售业为主，主要指企业借助互联网开展的在线销售活动。企业和商家可以充分利用电子商城提供的网络基础设施、支付平台、安全平台、管理平台等共享资源，有效地、低成本地开展自己的商业活动。

B2C 模式是我国最早出现的电子商务模式，也是我国当今电子商务市场中一种重要的商务模式。据中国互联网络信息中心（CNNIC）发布的 2015 年中国网络购物市场研究报告显示，2015 年，全国网络零售交易额达到 3.88 万亿元，同比增长 33.3%，相当于社会消费品零售总额的比重继续增长至 12.9%。其中，B2C 交易额 2.02 万亿元。在 B2C 这种商务模式下，企业通过互联网为消费者提供一个新型的购物环境——网上商店，消费者足不出户，即可通过网络选购商品，并进行网上支付。这种模式节省了企业和客户的时间，大大提高了交易效率，节省了各类不必要的开支。此外，对于商家来说，通过网络将商品以图文方式展示销售，可以降低库存成本，便于商家及时把握销售动态。我国比较成功的 B2C 电子商务企业有当当、京东商城、天猫、苏宁易购、1 号店等。

3.3.2 B2C 电子商务模式的主要类型

企业开展电子商务，通过 Internet 向个人网络消费者直接销售产品和服务的经营模式，就是电子商务的 B2C，即网上零售。它常由三部分组成：为顾客提供在线购物的商场网站、负责为顾客所购商品进行商品配送的配送系统、负责顾客身份确认及货款结算的银行和认证系统。

B2C 电子商务模式，是企业通过网络针对个体消费者实现价值创造的商务模式，是目前电子商务发展最为成熟的商务模式之一。目前发展较为成熟的电子商务模式类型主要有门户网站、电子零售商、内容提供商、交易经纪人、社区服务商等。

1. 门户网站

门户网站是在一个网站上向用户提供强大的搜索工具，以及集成为一体的内容与服务提供者。网络发展的初期，网站数量比较少，特别是人们对网上信息的搜寻能力较低、搜寻成本较高的时候，门户网站为人们了解更多的网络信息提供了方便。而今天，网络经济不断发展，尤其是信息搜索技术不断提高，门户网站这种商务模式成为网络的重要终点网站，在保持强大的网络搜索功能以外，可向人们提供一系列的高度集成的信息内容与服务，如新闻、电子邮件、即时信息、购物、软件下载、视频流等。从广义来理解，门户网站是搜索的起点，向用户提供易用的个性化界面，帮助用户找到相关的信息。目前在中国，公认的三大门户网站是新浪网、搜狐网、网易网。

但并非每个门户网站都能有很好的收益。究其原因，很多排名靠前的门户网站都是最早开展网上业务的，因而具有先行者的优势，从而不断积累出非常好的品牌知名度。消费者信任可靠的网络服务提供商，如果转移到其他网络服务商的网站，他们会承担很大的转移成本，因此造成消费者对品牌门户网站更为偏好。

2. 电子零售商

电子零售商是在线的零售店，其规模各异，内容也相当丰富，既有像当当网一样大型的网上购物商店，也有只有一个界面的本地小商店。

由于电子零售具有为消费者省时间、给消费者以方便、帮消费者省金钱、向消费者送信息等优点，因此，对于这种新的零售模式，无论在国内还是在国外，消费者都表现出了相当的热情。

3. 内容提供商

内容提供商是通过信息中介商向最终消费者提供信息、数字产品、服务等内容，或直接给专门信息需求者提供定制信息的信息生产商。其通过网络发布信息内容，如数字化新闻、音乐、流媒体等。内容提供商将市场定位为信息内容的服务上，因此，成功的信息内容是内容提供商模式的关键因素。信息内容的定义很广泛，包含知识产权的各种形式，即以有形媒体（如书本、光盘或网页等）为载体的各种形式的人类表达。

内容提供商的盈利方式主要是收取内容订阅费、会员推荐费以及广告费用等。由于内容服务的竞争日趋激烈，一些内容服务商的网络内容并不收费，如一些报纸和杂志的在线版纷纷采取了免费的举措，它们主要通过网络广告或者借助网络平台进行企业促销、产品销售链接发布以及网友自助活动等获得收入。

4. 交易经纪人

交易经纪人是指通过电话或者电子邮件为消费者处理个人交易的网站。采用这种模式最多的是金融服务、旅游服务及职业介绍服务等。

在中国，金融服务方面，招商银行、工商银行等推出的网上银行服务成为金融个人服务的新亮点；旅游服务方面，以携程网、春秋旅行网等为代表的旅游电子商务网站纷纷通过电话或者邮件形式为旅游者提供便利；职业介绍服务方面，中华英才网、前程无忧等是网上职业经纪人的代表。

交易经纪人的盈利方式主要是通过在每次交易中收取佣金。比如，网上股票交易中，无论是按单一费率还是按与交易规模相关的浮动费率，每进行一次股票交易，交易经纪人就获得一次收入；旅游电子商务中，在线成交一次机票、景点门票以及酒店客房的预订，旅游电子商务企业便按一定比例获得提成；职业介绍网站一般是预先向招聘企业收取招聘职位排名的服务费，然后向求职者收取会员注册费用等，再对招聘企业和求职者进行撮合、配对等服务，如果流量大的网站则用流量变现的模式获得费用。

5. 社区服务商

社区服务商是指那些创建数字化在线环境的网站，有相似兴趣、经历以及需求的人们可以在社区中交易、交流及相互共享信息。

网络社区服务商的构想来源于现实的社区服务，但实际的社区服务通常受到地域限制，并不能够很好地整合需求，从而无法实现个性化的服务。而网络社区服务商通过构建数字化的在线环境，将有相似需求的人联系在一起，从而利用在线身份扮演一些虚幻的角色。社区服务商的关键价值在于建立一个快速、方便、一站式的网站，使得用户可以在这里关注他们最感兴趣、最关心的事情。社区服务商的盈利方式较为多样化，包括收取信息订阅费，获得销售收入，收取交易费、会员推荐费以及广告费等。

B2C 电子商务的模式类型见表 3-2。

表 3-2 B2C 电子商务的模式类型

模式类型	特点
门户网站	提供集成的综合性服务与内容，如搜索、新闻、购物、娱乐等
电子零售商	在线的零售商店，提供在线的零售服务
内容提供商	以提供信息和娱乐服务为主，是网络中的传媒资讯提供商
交易经纪人	在线的交易处理人，帮助客户完成在线交易
社区服务商	建立网上平台，集中有共同兴趣、爱好、需求的人交流、交易

3.3.3 B2C 电子商务企业的类型

企业建立 B2C 电子商务模式能否成功的关键，要看网站所提供的内容是否超凡脱俗、有效方便，能否推动网上的虚拟商务活动以达到极大带动企业运作的效果，即企业在网站建设方面所采取的策略、网站的目的、网站的目标顾客和市场定位策略、网站的内容和服务策略、网站的管理和维护策略及网站的促销策略等，总之，建立 B2C 模式的电子商务企业要注意树立品牌、减少存货、降低成本、利用定制营销，以及正确定价等。

经营着离线商店的 B2C 零售企业。这类企业有着实实在在的商店或商场，网上的零售只是作为企业开拓市场的一条渠道，它们并不依靠网上的销售生存。如美国的 Wal-Mart、中国的上海书城、上海联华超市、北京西单商场等。

没有离线商店的虚拟 B2C 零售企业。这类企业是 Internet 商务的产物，网上销售是它们唯一的销售方式，它们靠网上销售生存。如美国的 Amazon 网上书店，中国的当当网、卓越网等。

商品企业制造商。商品的制造商采取网上直销的方式销售其产品，不仅给顾客带来了价格上的优势及商品客户化，而且减少了商品库存的积压。例如，Dell 计算机制造商是商品企业制造商网上销售最成功的例子。

网络交易服务提供商。网络交易服务是指网络交易平台提供商为交易当事人提供缔结网络交易合同所必需的信息发布、信息传递、合同订立和存管等服务。网络交易服务提供商是指以盈利为目的，从事网络交易平台运营和为网络交易主体提供交易服务的法人，这类企业专门为多家商品销售企业展开网上售货服务，如阿里巴巴等。

3.3.4 B2C 电子商务的收益模式

B2C 电子商务企业的收益模式主要有以下两种：经营无形产品和劳务的电子商务收益模式与经营实物商品的电子商务收益模式。

1. 经营无形产品和劳务的电子商务收益模式

经营无形产品和劳务的电子商务收益模式又可分为以下五种。

（1）网上订阅模式。企业通过网站向消费者提供在互联网上直接浏览信息和订阅的电子商务模式。在线出版、在线服务、在线娱乐是这种模式的三种主要形式。网上订阅模式主要被商业在线机构用来销售报刊、有线电视节目等。

（2）收取服务费模式。该模式主要是向网上商店或消费者收取服务费的收益模式。如付费方式的订阅服务费。

（3）付费浏览模式。企业通过网站向消费者提供计次收费的信息浏览和信息下载的电子商务模式。

（4）广告支持模式。在线服务商免费向消费者提供在线信息服务，其营业收入完全靠网站上的广告来获得。这种模式是目前最成功的电子商务模式之一。

（5）网上赠予模式。一些软件公司将测试版软件通过 Internet 向用户免费发送，用户自行下载试用，如果满意则有可能购买正式版本的软件。采用这种模式，软件公司不仅可以降低成本，还可以扩大测试群体，改善测试效果，提高市场占有率。

2. 经营实物商品的电子商务收益模式

实物商品指的是传统的有形商品，这种商品和劳务的交付不是通过计算机作为信息载体的，而是通过传统的方式来实现。实际上，大多数企业的经营模式并不是单一的，而是将各种模式综合起来实施电子商务的。

不同类型的 B2C 电子商务通过网络平台销售自己生产的产品或加盟厂商的产品。商品制造企业主要是通过这种模式扩大销售，从而获取更大的利润，如海尔电子商务网站。

（1）销售衍生产品。销售与本行业相关的产品，如中国饭网出售食品相关报告、就餐完全手册；莎啦啦除销售鲜花外，还销售健康美食和数字产品。

（2）产品租赁。提供租赁服务，如太阳玩具开展玩具租赁业务。

（3）拍卖。拍卖产品收取中间费用，如汉唐收藏网为收藏者提供拍卖服务。

（4）销售平台。接收客户在线订单，收取交易中介费，如九州通医药网、书生之家。

（5）特许加盟。运用该模式，一方面可以迅速扩大规模，另一方面可以收取一定的加盟费，如当当网、莎啦啦、E 康在线等。

（6）会员。收取注册会员的会费。大多数电子商务企业都把收取会员费作为一种主要的盈利模式。网络交易服务公司一般采用会员制，按不同的方式和服务的范围收取会员的会费。

采取收费会员模式。在其平台上，用户只有成为收费会员，登录付费账号后才能看到要购

买的产品资讯，采取网上店长和实体店长双重连锁的服务模式。

会员制可视化网络购物。消费者通过视频可以清楚地看到产品从原料、生产、设计理念、使用体验的每个细节，以确保商品产地的真实性和商品的满意度。

（7）上网服务。为行业内企业提供相关服务，如中国服装网、中华服装信息网。

（8）信息发布。发布供求信息、企业咨询等，如中国药网、中国服装网、亚商在线、中国玩具网等。

（9）广告。为企业发布广告，目前广告收益几乎是所有电子商务企业的主要盈利来源。这种模式成功与否的关键是其网页能否吸引大量的广告，以及能否吸引广大消费者的注意。

（10）咨询服务。为业内厂商提供咨询服务，收取服务费，如中国药网、中药通网站等。

电子商务案例——当当网

当当网成立于 1999 年，在短短 7 年时间内成长为全球最大的中文网上商城。卖书的生意绝对不新鲜，但是当当把它搬到网络平台上，最大化地利用了网络通路广、成本低、直接和出版社签合同等方面的优势。现在，当当网的产品线已经从最初的图书、音像扩展到百货、数码。

从商务模式上看，当当网是“鼠标+水泥”的典型代表；从行业形态上看，当当网是一个零售卖场，只不过是借助了在线平台；从管理上看，当当网既有电子商务等新经济的特征，又有实体零售卖场的传统经济特征。在一定程度上，可以说当当网是在互联网浪潮中成长起来的一家用技术手段武装的传统企业。

3.4 C2C 电子商务模式

3.4.1 C2C 电子商务模式的概念和发展

C2C 模式即消费者对消费者的电子商务模式，是一种个人对个人的网上交易行为。C2C 电子商务的运作是通过第三方企业搭建网络个人拍卖平台，个人消费者可以在网上注册成为会员，注册成功后可以做卖主或买主。C2C 的盈利来源多样化，主要是通过为买卖双方搭建拍卖平台，按比例收取交易费用；或者提供商务平台给个人在此平台开店，以会员制方式收费；或者是对店铺装修或宣传时收取增值服务费用等。

C2C 最成功、影响最大的是最早出现在美国的 eBay，1995 年由奥米迪尔创办，是目前最著名的网上拍卖站点之一。我国的 C2C 电子商务以 1999 年易趣网的成立为标志，目前典型的 C2C 平台包括淘宝网、拍拍网等。

C2C 电子商务模式就是通过为买卖双方提供一个在线交易平台，使卖方可以主动提供商品上网售卖或拍卖，而买方可以自行选择商品进行购买或竞价。

国内 C2C 模式最初脱胎于国外的电子商务模式，是以 eBay 和亚马逊为榜样的。C2C 最大的特点就是利用专业网站提供的大型电子商务平台，以免费或比较少的费用在网络平台上销售自己的商品，主要特点就是可以给用户带来便宜的商品，无论是外企白领、大学生还是下岗女工都可以在家营业，网上开店不需要店铺租金，不受地域、时间的限制，却可以面对来自全国甚至全世界的客户。

3.4.2 C2C 电子商务的主要运作模式

1. 拍卖平台运作模式

目前，eBay（B2C、C2C）、淘宝（C2C）都为网上拍卖提供平台，其利用多媒体手段提供产品资讯，供买方参考和竞价，最后卖家再根据买家信誉和出价拍出货品。而网站本身并不参与买卖，免除了烦琐的采购、销售和物流业务，只利用网络提供信息传递服务，并向卖方收取中介费用。

电子拍卖是传统拍卖形式的在线实现。卖方可以借助网上拍卖平台运用多媒体技术来展示自己的商品，这样就可以免除传统拍卖中实物的移动。竞拍方也可以借助网络，足不出户进行网上竞拍。该方式的驱动者是传统的拍卖中间商和平台服务提供商（PSP）。

电子拍卖具有两大优势：价廉物美与即买即得。选购的物品多集中在手机、计算机和女性用品（服装、化妆品）。目前，电子拍卖参与者主要还是消费者，企业参与还比较少，所以主要还是 B2C 形式。已具雏形的，如西祠胡同的网上二手交易市场，平均每天有 700 条的拍卖信息。

2. 店铺平台运作模式

店铺平台运作模式是电子商务企业提供平台方便个人在平台上面开店铺，以会员制的方式收费，也可通过广告或其他服务收取费用。这种平台也可称作网上商城。

入驻网上商城开设网上商店不仅需要依托网上商城的基本功能和服务，而且顾客也主要来自该商城的访问者，因此，平台的选择非常重要。用户在选择网上商城时往往存在一定的风险，尤其初次在网上开店，由于经验不足以及对网上商城了解比较少等原因而带有很大的盲目性。有些网上商城没有基本的招商说明，收费标准也不明确，只能通过电话咨询，这也为选择网上商城带来一定的困惑。

不同网上商城的功能、服务、操作方式和管理水平相差较大，理想的网上商城应具有以下基本特征。

（1）良好的品牌形象、简单方便的申请手续、稳定的后台技术、快速周到的顾客服务、完善的支付体系、必要的配送服务，以及售后服务保证等。

（2）有尽可能高的访问量，具备完善的网店维护和管理、订单管理等基本功能，并且可以提供一些高级服务，如对网店的推广、网店访问流量分析等。

（3）收费模式和费用水平也是重要的影响因素之一。

不同的个人可能对网上销售有不同的特殊要求，选择适合本商店产品特性的网上商城需要花费不少精力，完成对网上商城的选择确认过程大概需要几个小时甚至几天的时间。不过，这些前期研究的时间投入是值得的，可以最大可能地减少盲目性，增加成功的可能性。

由于网上商店的建设和经营具有一定的难度，需要经验的积累，因此在初次建立网上商店时，最好进行多方面的调研，选择适合自己产品特性和经营者个人爱好且又具有较高访问量的网上商城，同时，在资源许可的情况下，不妨在几个网上商城同时开设网上商店。

小资料：在《互联网信息服务管理办法》第七条中规定，从事经营性互联网信息服务，应当向省、自治区、直辖市电信管理机构或者国务院信息产业主管部门申请办理互联网信息服务增值电信业务经营许可证（以下简称经营许可证）。

3.4.3 C2C 电子商务的交易过程

C2C 网站的购物方式大同小异，一般网上购物流程如图 3-1 所示。

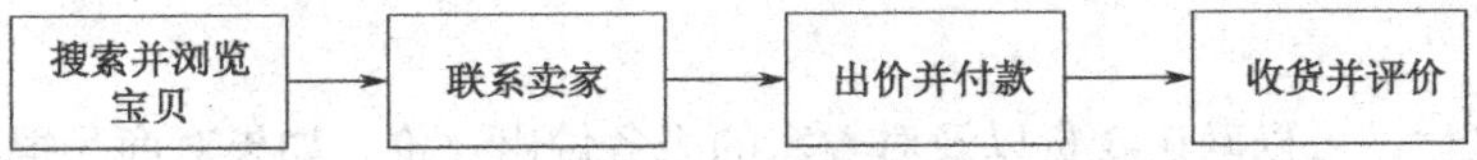

搜索并浏览宝贝 → 联系卖家 → 出价并付款 → 收货并评价

图 3-1　网上购物流程

1. 搜索

搜索有以下几种方法。

（1）明确搜索词。只需要在搜索框中输入要搜索的宝贝或店铺掌柜名称，然后按回车键或单击“搜索”按钮即可得到相关资料。

（2）用好分类。许多搜索框的后面都有下拉菜单，有宝贝的分类、限定的时间等选项，用鼠标轻轻一点，就不会混淆分类了。比如搜索“火柴盒”会发现有很多汽车模型，原来它们都是“火柴盒”牌的。当搜索时选择了“居家日用”分类，就会发现真正色彩斑斓的火柴盒。

（3）妙用空格。在词语间加上空格，即可用多个词语搜索。

（4）精确搜索。使用双引号，比如搜索“佳能相机”则只会返回网页中有“佳能相机”这四个字连在一起的商品，而不会返回诸如“佳能 ixus 数码相机包”之类的商品。使用加减号，在两个词语间用加号，意味着准确搜索包含这两个词的内容；相反，使用减号，意味着避免搜索减号后面的那个词。

（5）不必担心大小写。淘宝的搜索功能不区分英文字母大小写，即无论输入大写字母还是小写字母，都可以得到相同的搜索结果，如输入“nike”或“NIKE”，结果是一样的。

2. 联系卖家

在看到感兴趣的宝贝时，先和卖家取得联络，多了解宝贝的细节，询问是否有货等。多沟通能增进对卖家的了解，避免很多误会。

（1）发站内信件给卖家。站内信件是只有买家和卖家能看到的，相当于某些论坛里的短消息。买家可以询问卖家关于宝贝的细节、数量等问题，也可以试探性地询问是否有折扣。

（2）给卖家留言。每件宝贝的下方都有一个空白框，在这里写上要问卖家的问题。注意：只有卖家回复后这条留言和答复才能显示出来。因为这里显示的信息所有人都能看到，建议买家不要在这里公开自己的手机号码、邮寄地址等私人信息。

（3）利用聊天工具。不同网站支持不同的聊天工具，淘宝是旺旺，拍拍是 QQ，可利用它们直接找卖家进行沟通。

3. 与卖家达成共识后，确定购买

在买卖双方达成共识后，买家确认购买。C2C 通过支付宝购买商品的流程如图 3-2 所示。

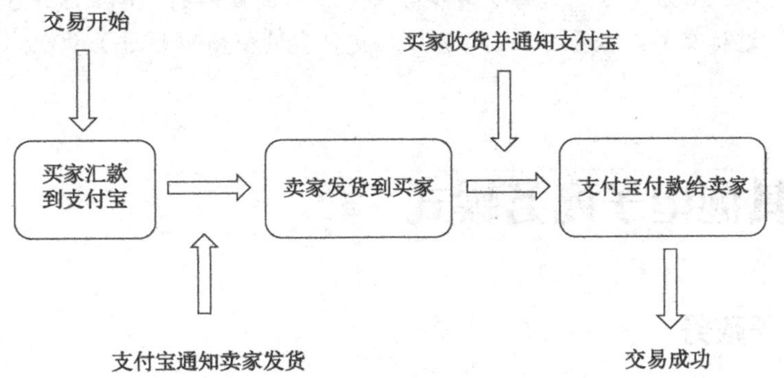

图 3-2　C2C 通过支付宝购买商品的流程

4. 评价

拿到商品之后，可以确认收货以及对卖家的服务做出评价。如果对商品很不满意，可以申请退货，或者是换货。

电子商务案例——淘宝网的诞生

淘宝网是由阿里巴巴（中国）网络技术有限公司投资4.5亿元创办的，于2003年9月4日通过注册审核，属浙江湾宝网络有限公司所有。浙江淘宝网络有限公司设有北京、杭州、香港三个分部，共有200多名正式员工。

淘宝网自成立以来就一直坚持免费的原则，降低了买卖双方进行网上个人交易的门槛，并因此积聚了人气，取得了飞速的发展。淘宝网建立了诚信认证系统，并通过"支付宝"作为网上买卖双方的中介，对买卖双方的诚信进行监督。"支付宝"成为国内第一个主动全额赔付以保障用户利益的电子商务网站，在很大程度上给予了交易双方安全性保障，降低了双方的成交风险。

同时，淘宝网与公安部"全国居民身份证号码查询服务中心"合作，通过先进的技术手段避免不诚信和欺诈行为的发生。

商务模式：淘宝网为商家与个人、个人与个人之间搭建了交易的平台，包括拍卖、一口价、讨价还价和张贴海报等个人网上交易的所有方式。淘宝是一家C2C电子商务网站，但部分交易仍是通过商家对个人来实现的，所以，淘宝网和经典的eBay的C2C模式有很大的不同，它执行的是B2B2C。

结算模式：淘宝网引入独立机构——银行，在诚信建设中作为第三方监督者，建立了诚信交易的网上银行支付结算模式，并开创了C2C信用担保式合作的全新尝试。

行业地位:淘宝网在个人网上交易的多项重要指标都曾占据了国内行业第一的位置。2004年9月公布的在C2C网站具有关键性意义的交易额、成交率、日新增商品数、注册用户数和网页浏览量5项指标中，淘宝网占据了4项行业第一。易观国际的《2005年第三季度C2C市场数据监测》报告显示，淘宝网占据国内C2C市场57.1%的市场份额。

业务规模：截至2004年6月，淘宝网的有效在线商品数量达到近200万件。2004年9月全月的交易额达到1.6亿元人民币，10月最高日成交金额突破千万元，成为国内首家单天成交商品量超过千万元的C2C网站。2005年前三个季度的成交金额分别为10.2亿元、16.5亿元和23.4亿元。

支付宝使用率：2005年2月，淘宝网490余万元在线商品的70%（超过350万元人民币）通过"支付宝"进行交易。截至2005年7月，支付宝的使用率超过了90%。

3.5 其他电子商务模式

3.5.1 电子政务

电子政务（E-Government）是利用信息技术和电子商务运作模式，让公民和组织更加方便地获得政府信息和服务，有效地向公民、商务伙伴及政府机构成员提供公共服务。它有助于提高政府机构与公民及企业开展服务的效率、提高政府机构之间的工作效率、增加政府信息的透明度。

电子政务设计多个成分之间的关系，工作内容有所不同，典型的有政府与企业（G2B）、政府与公民（G2C）、政府内部的效率与效益（IEE）、政府内部的办公及公文流转系统（OA）等。下面主要介绍常见的 G2B 和 G2C。

G2B 电子商务模式。G2B 是指政府与企业之间的电子政务，即政府通过网络进行采购与招标，快捷、迅速地为企业提供各种信息服务。企业通过网络进行税务通报、办理证照、参加政府采购、对政府工作的意见反馈等，政府向企业发布各种方针、政策、法规、行政规定等。

G2C 电子商务模式。G2C 是指政府通过电子网络系统为公民提供各种服务。例如，G2C 的应用使得公民能够方便地向政府机构提出问题并得到答复，纳税、缴费并得到回执，以及确定接受服务的时间。政府机构可以通过网络发布信息、安排培训、帮助公民寻找就业机会等。

3.5.2 A2A 电子商务模式

A2A 模式是指企业之间（如某企业与另一企业）应用系统间的自动交换信息、自动交互处理。系统间都遵守某些国际协议和标准，如 SOA 系列的 WSDL（Web Services Description Language，Web 服务描述语言）、SOAP（Simple Object Access Protocol，简单对象访问协议）、UDDI（Universal Description，Definition and Integration，统一描述、定义和集成），从而达到异构的系统间在互联网环境中能互相寻找、互相链接、相互协作，完成既定的任务。A2A 这种概念被用在 B2B、工作流和跨企业集成中。

另一种 A2A 电子商务模式是指互联网上的所有人对互联网上的所有人的一种模式，即 All to All。其实在电子商务中 A2A 的应用已经出现，它的基础是 B2B2C，但不同于点对点的关系，是多点对多点的供求关系。A2A 基本模式从企业信息化和电子商务的真实作用上考察是十分看好的，因为目前电子商务的发展已超出了仅仅从 Web 页面或 E-mail 上抓信息，然后上网查上下家搞交易撮合的阶段。更多的是基于一个交易平台，或者是综合的服务平台，实现将所有人的信息进行整合，然后针对所有人进行信息提供。这种信息并不是广播式的，而是可定制和可选择的。A2A 的好处还在于信息的跨域性，无论是 B2B 还是 B2C 的平台，都有极大的限制性，用户只能查找和发布专项信息，对于综合性和交叉性的信息就很难发布和查找。而 A2A 的电子商务模式就不拘泥于单一的产品或信息，类似于你自己建立的文件夹，如果文件过多，你只需搜索就可以了，方便了用户的信息发布与信息获得。

3.5.3 P2P 电子商务模式

1. P2P 技术及其应用

P2P 即对等网络。P2P 工作组对 P2P 的定义是通过在系统之间的直接交换实现计算资源和服务的共享。这里所谓的资源和服务包括文件的信息、处理周期、高速缓冲存储器和磁盘存储。P2P 网络由许多相互连接的同位体（Peer）组成，Peer to Peer 意味着各个 Peer 之间的关系是平等的，不同于 C/S（Client/Server）、B/S（Browser/Server）模式，其最大的特点是能抛开应用服务器的束缚，用户之间直接通信、共享资源或协同工作。这项技术可应用于企业内部或企业之间的任何特定人群间的对等交流。

P2P 技术的出现不仅使我们在网络上自由互联，传送数据更加惬意，而且带来了新一轮的电子商务变革。P2P 技术向后可以整合进入企业内部信息管理市场，向前可以进入企业外部电子商务市场，它克服了基于C/S、B/S模式的传统电子商务的缺陷，使虚拟商务更加贴近现实人际交流，将在企业及电子商务中发挥越来越重要的作用。P2P 技术在新型电子商务上的应用包括以下几项。

（1）电子商务集市。一家名为 Lightshare 的公司推出一种服务，让计算机使用者直接通过其计算机销售数字产品，而不用经由 eBay 或 Amazon 的中央服务器。这种服务从 eBay 脱胎，转化成点对点模式。任何交换的内容其实都不在该公司的计算机内，该公司做的只是加速资料的交换过程而已。Lightshare 以全球资讯网为营运据点，让任何想买卖数字产品的人通过 Lightshare 的网站进行交易，该技术直接通过买卖双方的计算机进行交换，就像用 Napster 互换音乐文件不必经过 Napster 公司的服务器一样。

（2）广告行销。通过 P2P 应用程序可了解用户对信息的偏好，这是一种很好的客户信息收集系统。通过 P2P 让广告商首次挖掘到消费者对音乐、电影、软件等任何可交换的数字文件的偏好，其广告效力高于传统的标题式广告或电子邮件。

（3）IP 电话。一些知名的 IP 电话团体利用 P2P 技术来驾驭 PC 网络，让大众通过网络把打国际电话变成了打市内电话。这类方式把点对点技术扩大到让消费者彼此分享"通信网络"。

2. 基于 P2P 技术的 B2B 电子商务新模式

企业运用 P2P 技术帮助另外的企业建立自己的电子商务系统。互联网上任意两个企业都可建立实时的联系，建立一个安全、共享的虚拟空间，无论每个企业处在何种地理位置，只要拥有网络，双方存在信息沟通的要求，就可以利用 P2P 软件协调双方的行为。供应链的整合和网上平移直接剔除一些传统的中间环节，使传统企业之间的销售和采购直接进行，从而大大提高了业务运作的效率，企业将内部网络有限度地对商务伙伴开放，允许已有的或潜在的商务伙伴有条件地通过互联网进入自己的网络，最大限度地实现商业信息传输和处理的自动化。从简单的会议工程安排、公文往来，到报价、询价订货系统、订单跟踪、电子化交易、信息的种类等均可以通过软件来表达，这样企业与企业之间信息交流更加灵活。对于 B2B 电子商务，企业可以通过方便的互访实现企业间的信息共享和数据互动，同时能更好地把握自身的安全和隐私，可以实时进行信息传达、商务交易。

如图 3-3 所示为值得信赖的合作伙伴模式。企业有多个值得信赖的合作贸易伙伴，当企业 A 有业务需求时，P2P 智能代理软件自动向值得信赖的企业 B、企业 C、企业 D 搜索产品信息（其中企业 B、企业 C、企业 D 是同种商品的生产商），企业 A 获得企业 B、企业 C、企业 D 的产品信息后，P2P 智能代理软件对所有企业反馈的商品信息进行评估比较、筛选，自主选择其中价格最优、产品质量最好的作为企业 A 的交易伙伴，并自动生成订单发给贸易伙伴，贸易伙伴收到订单后立即发货完成电子商务交易。同理企业 H 也是如此。这样企业用最小的成本可以获得同样质量的产品或用同样的成本获得最佳质量的产品。

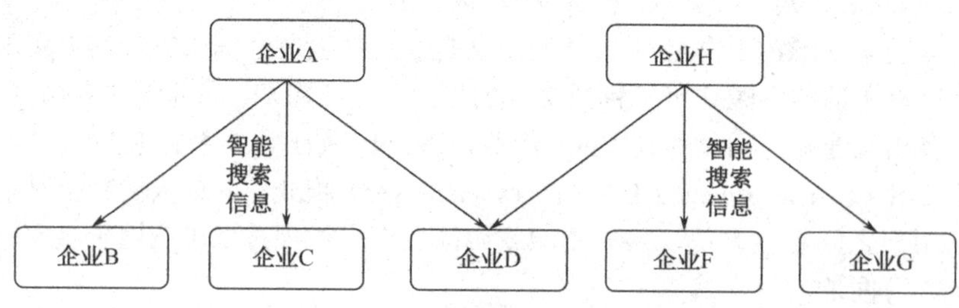

图 3-3 值得信赖的合作伙伴模式

当企业有几种不同的业务时，企业的 P2P 智能代理软件可以向同种业务的不同厂商发布信息，每种业务选择产品最佳、价格最合理的厂商进行商务交易，这样企业相互之间就构成了竞争合作关系。如图 3-4 所示为多种业务商务模式。企业 A 由七家厂商供应货源，其中企业 B1、B2 为 B 类产品的不同厂商，企业 C1、C2、C3 为 C 类产品的不同厂商，企业 D1、D2 为 D 类产品的不同厂商。这样企业 A 可以在每类产品中选择合适产品的厂商进行商务贸易。

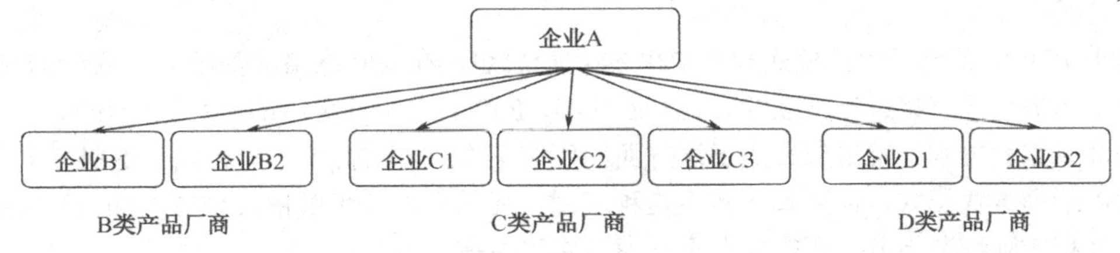

图 3-4　多种业务商务模式

3. 基于 P2P 的电子商务模型的工作机制

基于 P2P 的理念，本文建立的电子商务模型，将企业间数据的管理、企业间数据的交流和企业之间的关系管理分开。

（1）对于企业间数据的管理采取分布式管理的方式。即企业采取各自方便的手段用 ERP 等工具和方法分别管理各自企业的数据。

（2）对于企业间数据的流动采取端对端管理的方式。即数据直接在参与合作的两个企业之间进行流动，不存在其他环节，保证安全性。

如图 3-5 所示为基于 P2P 的电子商务模型的基本结构图。其中，企业 ERP 是此系统的支撑环境。电子商务必须与企业内部 ERP 结合才能更好地发挥作用，才能进一步使供应链扁平化，提高效率，扩大效益。此处的企业 ERP 对于前台 P2P 智能代理的交易信息进行配套操作，存储必要的信息使交易过程可以进行，同时指导生产。

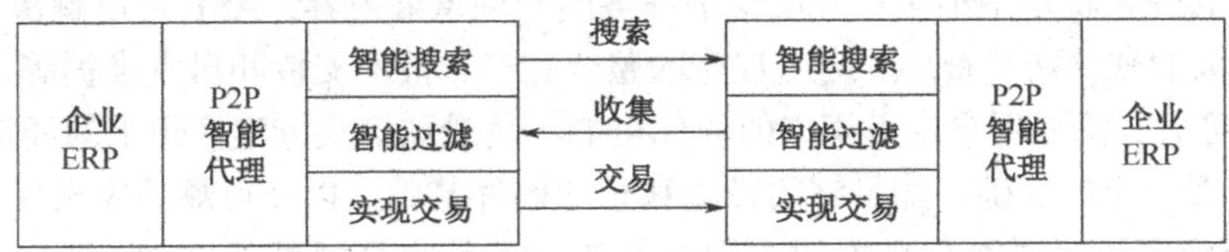

图 3-5　基于 P2P 的电子商务模型的基本结构图

P2P 智能代理是此模型中的关键元素，它有以下基本功能。

（1）搜索值得信赖企业的信息，包括企业最新产品质量、性能、价格信息等。

（2）对于从若干企业咨询收集到的信息，进行比对、分析，协助企业决策。

（3）进行电子商务交易，对于执行的交易操作，反馈到企业 ERP 中。

（4）响应其他企业 P2P 智能代理提出的查询、购买等要求，实现交易过程。

4. 基于 P2P 电子商务模式的收益分析

值得信赖的合作伙伴模式存在于具有长期合作伙伴关系的企业，企业之间能够相互信任，彼此共享对方企业的信息，了解企业需求后能够直接供货。但是这种模式的商品价格相对较高，没有选择性，这样就增加了企业的生产成本。一般潜在合作伙伴商务模式存在于刚刚起步企业或想扩大交易范围和规模的企业，寻找贸易伙伴和交易机会，扩大贸易范围和所占市场的份额，这种方式需要花费大量的精力和时间来了解贸易伙伴，会加大风险成本和时间成本，同时耗费大量的人力资源成本来了解贸易伙伴，因此成本相对很高。

对于值得信赖的合作伙伴模式，企业有更多的选择权，可以从其值得信赖的合作伙伴中做出选择，企业选择产品价格低的企业进行电子商务交易，这样便降低了企业生产成本，同时减少了企业风险成本，对于促进企业利润最大化有重要的作用，企业可因此获得更大的经济效益。如果追求利润不变，企业就可降低产品销售价格，使企业在市场中更有竞争力，更加适合企业的生存和发展。因此，这种基于 P2P 技术的新电子商务模式必将在商务贸易中得到广泛应用。

基于 P2P 的新电子商务模式利用 P2P 技术和思想，在现有网络的基础上，整合 IT 技术，为商务主体提供了直接进行交互的方式。近几年，P2P 在电子商务中的应用已经开始受到重视，也有许多专家和技术开发组织致力于这方面的研究工作。本书提出了一种以 P2P 技术和思想为基础的电子商务亚模式，但要真正实现这种应用，还需要进一步解决安全性、管理和标准等方面的一系列实际细节问题，还需要在电子商务实践中得到检验。

3.5.4 ASP 模式

ASP（Application Service Provider，应用服务提供机构）模式是基于 Internet 的应用服务模式。真正有效的电子商务有赖于企业内部的信息化建设，但内部信息化建设对于大企业来说可能还承担得起，就 R01 分析来说，大企业可能很快由于信息化带来的优势而收回投资。而对于中小企业来说，信息化建设就是一个沉重的负担，很可能是得不偿失。因为中小企业要花巨资去购买财务软件、管理软件，建 ERP（企业资源计划）和 CRM（客户关系管理）等，这些相对巨额的投资是一般中小企业承担不起的，或是不敢轻易投资的。

2000 年 5 月，ITT（美国信息技术联合会）为各大小公司总裁做过一个调查，调查范围从刚注册的小公司到排名世界前 1 000 位的企业。调查发现 1 526 名被访者中有 1/5 正在使用 ASP 并且 23%的总裁计划在一年内对使用 ASP 的价值进行评估，另有 18.7%的公司准备在一年之内全面使用 ASP。

如何利用 ASP，将是中小企业开展电子商务的一项重要内容。ASP 可以解决企业很多头疼的问题，如高额的软件购买费用、应用程序的整合完善、技术支持和日常维护等。而且 ASP 实行租用策略，可大大降低用户由于买来的软件可能不是最佳解决方案而带来的经济风险。同时，ASP 的提供需要一定的基础，如足够的带宽和企业硬件基础，以及可靠的安全保证等。我国的用友集团已经确定了互联网战略框架，用友的软件产品将全面基于 Web 平台，即提供基于 Internet 的在线应用软件服务。

目前，ASP 模式已并入云计算服务中。

3.5.5 X2X 模式

X2X 模式即 Exchange to Exchange，它是随着网上电子交易市场（E-Marketplace）的不断增加，不同交易市场之间也需要实时动态地传递和共享信息，即信息的 Exchange，从而产生了 X2X 的电子商务。X2X 实际上是一个 X 的延伸和扩展，一个独立的 X 有信息、资源和范围的有限性，难以独立完成一个完整的电子商务，这就是 B2B 电子商务还没有完全进入实用阶段的一个主要原因。X2X 可以使一个 X 的交易信息无限地延伸和扩展，从而使买卖双方扩大选择的机会，大大提高了成交的机会。X2X 是 B2B 电子商务的一次深入发展。

XML（Extensible Markup Language，可扩展标记语言）技术是实现 X2X 的基础。XML 其实和 HTML 文件一样，是一个文本文件，是一类比较简单的数据存储语言。第一代电子商务网站都是建立在 HTML 上的，HTML 主要用于数据的静态表示，不能直接支撑企业应用软件和共

享企业之间的数据交换。XML 使数据源与表示方法分离，从而使数据可以在跨平台、跨系统和跨应用软件之间共享。企业电子商务的应用需要一些能精确描述每个商务流程的高水平脚本语言，这些语言是建立在源语言 XML 之上的，而且可以作为电子商务应用的标准。这些标准主要有 Ariba 的 cXML、Commerce one 的 xCBL 和 MicrosoR 的 BizTalk 等。

Commerce one 是 X2X 模式的首先提出者。作为全球最大的 B2B 电子商务站点之一，Commerce one 主要提供网上采购解决方案（Commerce one Buysite Solution）和网上市场构建解决方案（Commerce one Marketplace Solution）。Commerce one 拥有一个全球贸易社区平台 GTW（Global Trading Web），它是一个基于 XML 的大型 B2B 交易社区，由许多协调的门户站点组成，每个门户站点都是独立拥有的，各自在某个地区或某个行业都是网上市场的领导者。

GTW 就是 Commerce one 建立的 X2X 模式，也是 A2A 模式的另一种应用。

3.5.6 ESP 模式

随着电子商务的深入发展，B2B 的电子商务将在企业之间实现端到端（End to End）的综合电子商务解决方案，这个解决方案可使企业在上游供应商和合作伙伴、内部员工以及下游客户之间实现电子数据共享和一体化运作。ESP（电子商务解决方案提供商）将为企业提供一个端到端的完整解决方案，从而使企业面向供应商和合作伙伴的 Extranet、面向内部员工的 Intranet 以及面向客户的 Internet 无缝集成。一个完整的端到端的解决方案将使企业的采购、内部管理和销售等完全实现网上自动化运作。

这实质上也是一种 A2A 的应用。

3.5.7 C2B 模式

C2B 电子商务模式就是消费者对企业的商务模式，这里强调的是消费者的主导性和以消费者为中心的特点。C2B 电子商务模式的关键在于通过 Web 2.0 的聚合技术将规模庞大的消费者聚集起来，形成一股合力，摆脱传统上消费者处于弱势地位的状态。C2B 网站本身作为交易平台，采用 Web 2.0 方式，聚集大量消费者，聚合消费者信息，以消费者为中心，作为消费者和企业的桥梁为消费者服务。

C2B 电子商务业务模式主要应用于三个方面：消费者联盟，个性化、定制化产品，个人经纪人。

1. 消费者联盟

消费者和企业之间的较量从来没有停止过。随着互联网的兴起，消费者能够以更低的成本获取和交换信息，口碑效应也比传统市场表现得更加明显，大量没有利益关系的消费者的共同推荐要比广告更加有效，加之网上发布获取信息的低成本和聚合技术带来的便利性，使得可以通过聚合为数量庞大的消费者形成一个强大的消费者联盟，以此来改变 B2C 模式中用户一对一出价的弱势地位，使之享受到以大批发商的价格买单，消费者联盟具体表现有集体竞价、团购等方式。网上购物不再局限于数码产品、图书、CD 等，各种产品都可以采用网上咨询、洽谈、购买，网下交易的方式进行，如建材、家具、汽车等。

2. 个性化、定制化产品

目前，网络商务模式大多是单向提供产品，造成消费者被动选择的局面。随着社会的发展和生活水平的提高，人们更乐意选择适合个人喜好的特色产品，追求个性化消费，甚至今后很大部分的产品将由消费者自己设计。在传统经济中，遵循“二八法则”，即 80%的利润由 20%的产品或消费者创造，但在互联网经济中，产品更加多样性，众多小批量的个性化产品形成长尾，能累积出很大的销售额。中国秀客网致力于打造中国最大的个性化产品定制网站和创意图片交易平台，2007 年初获得 1 200 万元的风险投资，表明了国内 C2B 电子商务开始受到重视。

3. 个人经纪人

随着用户个人创造积极性的增加，将有很多个人创造出各类作品，比如文学作品、艺术设计、创意方案等，用户会有各种独特的想法和需求，产生为用户个人服务的代理。C2B 网站平台作为用户个人经纪人，通过收集用户的作品寻找商业买家，尽力帮助用户实现目标，同时也获得自己的经济利益。目前，各类交易平台主要是一个信息平台，由于无法保证信息的真实性和准确性，很大程度上降低了交易的成功性。采用 C2B 电子商务模式的个人经纪人，就可以对用户实行一对一服务，提高交易效率。Priceline.com 的买方定价模式，就是用户报出自己想要的产品和愿意支付的价格，由 Priceline 去寻找愿意交易的企业。2006 年，Priceline.com 的总预订量达到 33 亿美元，GAAP（Generally Accepted Accounting Practice，公认会计原则）①基础上的净利润达 7 250 万美元，Priceline 获得了极大的成功。个人经纪人方式也将是各类个人经纪站点的盈利出路。

C2B 必须以消费者为中心，Web 2.0 网站将作为 C2B 电子商务模式的平台，将消费者聚合起来与企业连接。不论在传统商业中，还是互联网经济早期的“眼球经济”“流量经济”，目前的电子商务交易用户都是网站存在的基础，只有吸引到足够多的用户和用户具有足够的黏性，网站才能获得良好的发展。C2B 还需要强大的信息聚合和分析技术，伴随着互联网全民参与时代的到来，网络信息增长更加迅速，也更加良莠不齐。如何采用更先进的技术来提高用户体验、聚合用户信息，并从中挖掘出有效商业信息，将是 C2B 面临的一大挑战。电子商务商务模式经历了门户、B2B、B2C、C2C，将进入 C2B 时代，甚至技术发展的主导权都将从企业转移到个人消费者手中。

3.5.8 B2B2C 模式

传统的电子商务模式将 B2B、B2C、C2C（企业与企业、企业与消费者、消费者与消费者）分得比较清晰，表面上看这是三种市场细分行为，而实际是一个无法分割的有机体，也就是说没有真正意义上完全独立的 B2B、B2C、C2C 模式。随着支付方式的多样化和无线商务市场的不断成熟，B2B2C 模式是必然的趋势。

3.5.9 B2B2B 模式

《2007 中国中小企业信息化发展报告》指出信用服务体系建设越来越得到重视。建设信用体系、营造信任环境是中小企业信息化的重要保障，主要有两种途径：一种是政府为中小企业提供公共信任服务（G2B 模式），另一种是社会机构为中小企业提供信任平台服务（B2B2B 模式）。目前，全国各类征信机构大约有 100 多家，资信评级机构近 80 家，信用担保机构 2 000 多家，其他专业信用服务机构 500 多家。中国人民银行建立了企业信用信息基础数据库，并已实现全国银行间联网查询；国家工商管理总局建立了拥有近 600 万户企业基本信息的共享数据库；国家税务总局正全面实施金税工程三期建设，目标是实现对纳税人进行综合管理和监控；全国整规办建立了“中国反商业欺诈网”，归集和公开市场主体的负面信息；最高人民法院正在

---

① GAAP 适用于不同行业的企业，包括会计的基本概念、基本假设等基本原理，具体会计计量和财务报表的程序及方法的规定。

积极建立全国法院执行案件信息管理系统。社会化信任环境、监督机制正在逐步形成。

3.5.10　O2O 模式

Choi（1997）建立了一个框架，从产品（实体产品到数字产品）、销售（实体销售到数字销售）和传递方式（实体代理人到数字代理人）三个维度来解释电子商务的可能组合。（Choi 1997）在企业组织上有完全实体组织，即砖瓦加水泥组织（Brick-and-Mortar Organization），也就是旧经济组织；完全电子商务组织，即虚拟组织（Virtual or Pure-Play Organization）和鼠标加水泥（或砖瓦）组织（Click-and-Mortar / Click-and-Brick）。并认为，随着电子商务活动的展开，作为额外的销售渠道，许多砖瓦加水泥的企业会向鼠标加水泥（或砖瓦）的企业转变。

O2O 这一概念是由美国一家支付公司 TrialPay 的创始人 Alex RamPell，在 2010 年 8 月 TechCrunch 上发表的一篇文章中提炼出来的。在 2010 年 11 月被引进国内后，就成了一个炙手可热的名词。Alex RamPel 定义的 O2O 商务的核心是：在网上寻找消费者，然后将他们带到现实的商店中。它是支付模式和线下门店客流量的一种结合（其实，对消费者来说，也是一种“发现”线下营销的机制），实现了线下的购买。Alex RamPell 给出的最原始定义仅仅是“线上-线下”（Online to Offline），现在发展了“线下-线上”（Offline to Online）、“线下-线上-线下”（Offline to Online to Offline）、“线上-线下-线上”（Online to Offline to Online）三个新的方向。但 O2O 商务本身是面向生活消费领域的，实际上是生活消费移动互联网化的过程。由于生活消费的移动互联网化，O2O 将直接改变我们每个人作为消费者对生活服务类商品的消费行为，从而使作为消费者的每个人的生活理念从“为产品而消费”改变至“为生活而消费”。

3.5.11　物流服务电子商务模式

物流服务电子商务是物流企业在物流服务中，通过得到的数据，分析购物数量、供货商、物流公司客户等信息，通过直接与供货商大批量采购，并利用自己物流配送的优势，开展电子商务活动的一种形式。如图 3-6 所示，物流公司目前做的电子商务多在其有优势的鲜果等领域。

图 3-6　物流公司电子商务模式

此外，物流公司也会在那些物流园区代理保险等业务，在填写保单等方面有着专业和数据优势，可以减轻被保险公司不熟悉保险条款的负担因为物流公司比保险公司更了解被保险公司的业务情况及保险需求。

物流公司掌握着许多公司的数据，是链接供应链的桥梁。在我国，电子商务的概念多偏重于流通环节的零售业，而企业电子商务往往被忽视。物流是企业供应链的重要环节，只要善用数据和拓展业务，物流可以发挥出更多的作用。

3.5.12 县域电子商务

县域电子商务的一般解释是：广义上指在某个县级行政区域内通过互联网系统开展的商业化活动，狭义上是指买卖双方通过互联网实现售卖货物和购买商品的商业过程。

然而县域电子商务实质是中国以县级行政区划借助电子商务提升生态经济的活动。它主要关注县域主体如何借助电子商务升级转型，探索县域互联网经济中包含的上行电子商务、下行电子商务和商业服务互联网化等内容。

县域电子商务的兴起来自以下几个方面。

（1）经济发展的需要。近年来，在中国国内经济和国际经济环境整体影响下，经济增速放缓。传统经济，尤其是实体消费市场经济增长速度呈现出下降趋势，制造业市场发展不足，但电子商务特别是网络销售市场及其相关产业却一直保持快速增长的势头。

（2）政府的推动。“电子商务国八条”（国务院《关于加快发展电子商务培育经济新动力的意见》）提出让电子商务成为“工业化、城镇化、农业现代化、信息化同步发展的关键性因素”，最终要看县域电子商务的发展。从2014年起县域电子商务发展明显升温，迅速成为经济社会发展转型的重点领域之一，各地纷纷出台政策措施加速推进。

（3）电子商务企业推动。各大电子商务巨头在一线城市市场巩固后，积极布局二三线城市市场。随着网络及智能手机普及，物流（运输、仓储）等配套服务相应完善，各大电子商务企业要抢占的消费市场也逐渐下移到各县域。

（4）以电子商务带动县域经济发展、以县域经济发展促进电子商务繁荣成为趋势。

县域电子商务与农村电子商务发展与电子商务进农村综合示范项目密切相关。政府的主要政策为：支持农村电子商务发展，加快建立农村电子商务服务体系，大力实施电子商务进农村，推进高原特色农业电子商务有关工作，打造绿色、生态农特产品品牌。为农业产业化提供多元化服务，为企业和农户搭建网上交易平台。鼓励农民专业合作社、种养大户、家庭农场、农业企业等利用全国农产品商务信息公共服务平台、淘宝特色中国、苏宁易购等市场影响力大的第三方平台和自建平台开展农产品网络营销。整合万村千乡农家店、供销合作社流通体系和邮政快递物流体系资源，加大农村物流体系建设，推动农民专业合作社上线，实现工业品下乡和农产品进城的双向畅通。扩大电子商务在农村的应用，优先在革命老区、贫困地区和边境地区开展电子商务进农村，帮助农民增加就业和增收渠道。鼓励农村商贸企业建设配送中心，发展第三方配送，提高流通效率。鼓励农民通过“触网”走上“双创”新舞台。

最初，县域电子商务想通过电子商务解决传统农产品销售渠道的问题。由于传统的销售渠道中，农产品需经过多个流通环节，存在交易成本较高、市场信息响应不快、反馈失真等弊端。因此后来的目标发展为：电子商务是桥梁、抓手，核心是促进农产品现代化流通，让生产和市场更直接、更有效对接。

实施特点：农产品上行为主，工业品下行为辅。一县一品，一县一产业，州/市统筹产业发展，产品上行。

服务“三农”：

（1）服务农业（供给侧结构性改革、农业产业转型升级）；

（2）服务农村（农村信息化、公共服务体系）；

（3）服务农民（便利生产生活、增收致富）。

主要的任务：

（1）农村电子商务供应链体系建设与运营。

① 补齐流通设施短板。支持传统商贸流通企业、合作社等新型农业经营主体开展农产品分级、包装、产地预冷、初加工配送等基础设施建设，规范农产品的标准化生产流程和后续的商品化处理流程，促进农产品种、养、加工、包装等品控的标准化。

② 品牌建设。鼓励建立农产品种植、加工生产的地方标准和行业标准；支持开展农产品品牌培育，支持开展农产品“三品一标”等认证。州/市应统筹打造区域公共品牌，建立区域公共品牌运行、管理和使用制度。

（2）农产品的全链条追溯体系建设，鼓励在农村电子商务质量追溯体系建设中加快区块链技术的运用。支持提供网销农产品的检测检验服务。

（3）农村电子商务营销服务体系。支持提供农村产品品牌策划、包装设计、视频拍摄、代运营、运营推广、第三方平台对接、分销体系建设等服务，开展农产品线上线下整合营销，重点开展农批、农超、农社、农企、农校、农餐等的产销对接活动。鼓励利用丰富多样的宣传推介方式推介营销农产品。

（4）公共服务体系建设与运营

① 州/市、县电子商务公共服务中心建设改造。公共服务中心设立数据处理、人才培训、产品展示、企业集聚、创客孵化、政务服务、管理办公室、摄影中心等功能区域，提供县域网络交易数据采集统计分析、培训孵化、产品对接、品牌建设、网络推广、便民服务、农产品上行供应链管理等服务，为区域内企业、网商、服务商等提供业务咨询和技术服务；建设本地农特产品 O2O 展示展销中心，支持消费者通过二维码现场扫描线上购买，线下通过快递物流进行配送，实现农产品销售功能。鼓励充分利用现有各类产业园区、闲置厂房，最大限度利用社会化资源，不鼓励盲目建设电子商务产业园区，造成资源浪费。

② 乡村电子商务服务站建设改造。支持对现有的供销社网点、“万村千乡”农家店、便利店、村民活动中心等服务站点资源进行改造升级。乡村服务站点要具备产品零售、实体体验、网络代购、物流配送、技术服务、农产品收储等功能。拓展代收代缴、代买代卖、小额存取金融服务、保险、生活缴费服务等功能，增强电子商务服务体系的可持续发展能力。加大建档立卡贫困村电子商务服务站点覆盖面，支持贫困户负责站点运营。

（5）农村物流体系建设与运营。

① 建设县、乡、村农村电子商务仓储体系。形成以县域电子商务仓储配送服务中心为枢纽、乡村物流配送中转站为神经末梢的仓储体系。县域电子商务仓储配送服务中心应能为区域内的电子商务企业、商贸物流企业提供开放、共享的仓储、配送、分拣等服务，有特殊需求的生鲜农产品，还应提供保鲜、冷藏等设施和场地，鼓励与传统商贸物流配送中心共享融合。乡村物流配送中转站主要提供电子商务快递包裹的中转和代收代发、农产品上行“最初一公里”的集散储存。

② 建立农村物流信息管理系统。建立县域统一的、适应“工业品下乡、农产品进城”双向流通需要的农村物流管理系统，对接物流需求方与提供方，整合全县物流信息，发挥指挥调度作用，有效管理订单、运单、运力、场站与货物，实现合理、顺畅、高效的货物流转。

③ 整合农村物流配送体系。建立完善的县、乡、村三级物流配送机制，依托县域物流信息化实现与各运力企业系统互通互连，整合全县物流资源，鼓励邮政、供销、商贸流通、城乡公交、第三方物流等各类主体，在充分竞争的基础上，采取市场化的方式建立农村电子商务上下行流通解决方案，降低下行物流成本。通过县域电子商务仓储配送中心，集中统一开展农产品上行，降低上行物流成本。

第 4 章　“互联网+”时代的电子商务模式创新

4.1　“互联网+”的概念

宁家骏（2015）认为“互联网＋”的提法是在“2015 年 3 月 5 日召开的十二届全国人大三次会议上，李克强总理在政府工作报告中首次提出‘互联网+’行动计划”。并认为：“‘互联网+’是以互联网为主的新一代信息技术（包括移动互联网、云计算、物联网、大数据等）在经济、社会生活各部门的扩散、应用与深度融合的过程，本质是传统产业的在线化、数据化”。随后由国务院下文：“‘互联网+’是把互联网的创新成果与经济社会各领域深度融合，推动技术进步、效率提升和组织变革，提升实体经济创新力和生产力，形成更广泛的以互联网为基础设施和创新要素的经济社会发展新形态。”（国务院，2015）业界纷纷表示响应。马化腾（2016）认为“‘互联网+’就是指利用互联网的平台、信息通信技术把互联网和包括传统行业在内的各行各业结合起来，从而在新领域创造一种新生态”。欧阳日辉（2015）认为，“互联网+”是依托移动互联网、云计算、大数据、物联网等信息网络技术的渗透和扩散，以信息的互联互通和信息能源的开发利用为核心，促进信息网络技术与传统产业的深度融合，优化重组设计、生产、流通、消费全过程，创新生产方式和企业组织形式，推动传统产业转型升级和经济发展方式转变，进入互联网经济这种新型经济社会形态的历史过程。

由上看出，“互联网+”（Internet plus）有 3 个关键词：融合、提升、新形态。融合就是将互联网集聚的新技术与传统产业深度融合。融合包括技术进步、效率提升和组织变革。提升是指实体经济的创新力和生产力的提升，新形态是指传统产业经“互联网+”创新提升后形成的新生态实体。

此外，还有一种提法是“+互联网”，它指的是传统企业把互联网当成一个营销渠道，嫁接在传统生产模式里。

案例——小米格力 10 亿元的豪赌

2013 年底，小米公司董事长雷军与格力集团董事长董明珠同时当选了第 14 届“年度经济人物”。在颁奖典礼上，雷军认为小米代表了互联网时代的商务模式。虽然营业额只有 300 多亿元，仅为格力集团的 1/4，但他认为 5 年内一定超过格力。格力集团的董明珠表示不服，认为格力是实业，传统模式加马云的电子商务合作，世界就属于格力。并设下赌局 10 亿元，一时舆论沸腾。

后记：随着小米集团 2018 年财报公布，雷军与董明珠长达 5 年的赌约尘埃落定。小米营收 1749 亿元，格力营收 2 000 亿～2 010 亿元，至少高出小米 251 亿元，显然董明珠赢了。但从这 5 年的增幅来看，小米营收增幅达 6.6 倍，利润增幅 24.8 倍，高于格力营收、利润的 2 倍左右，这不得不说是雷军的成功。

上面案例中，雷军和董明珠的豪赌背后实际体现了“互联网+”还是“+互联网”的不同理念。

随着互联网应用的深入发展，从“+互联网”到“互联网+”还是存在转化的，如图 4-1 所示为互联网影响企业发展的不同阶段（刘宗斌，2016）。

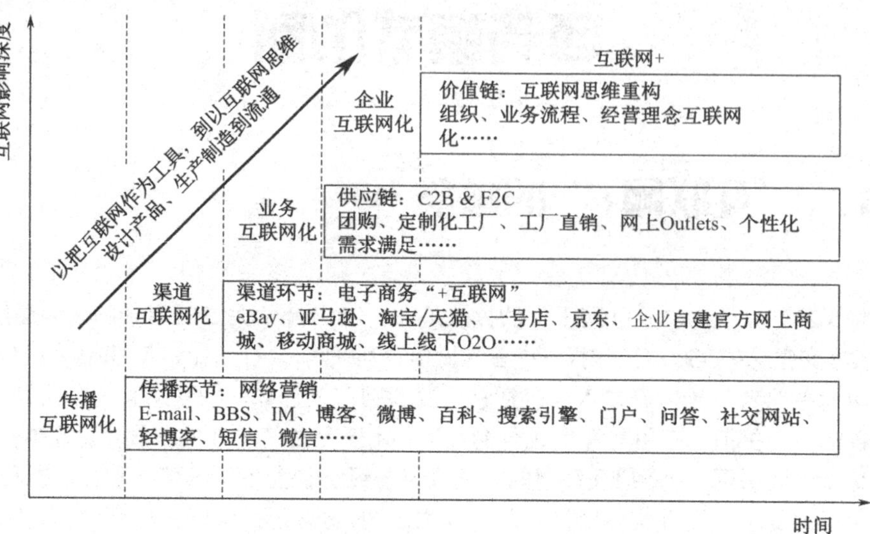

图 4-1　互联网影响企业发展的不同阶段

4.2 互联网思维

互联网思维与传统工业思维有如下五个方面的不同。

4.2.1 用户 vs 客户

用户是使用产品的人，是真正的消费者。客户是购买产品的人，可能不是消费者。

用户思维是指在互联网时代企业的生存和发展必须“以用户为中心”，而在工业时代则是“以客户为关注点”，它颠覆了传统的商务模式。传统的商务模式是基于客户付费的，而互联网时代是基于用户免费的，通过免费、补贴、硬件价格贴近成本价等手段争夺用户，挤垮竞争对手，进而在海量用户的基础上建立新的收费模式。

互联网能够采用免费模式，是因为获得海量用户后，产品的边际成本趋于零，然后再通过广告或者增值服务赚钱。这实际上是创造了新的价值链，将价值链拉长。

传统商务模式中，企业与客户的关系多为一次性买卖，交货后企业恨不得客户再也不来找“麻烦”。而在互联网商务模式中，交货后客户关系才刚刚开始。企业前期的免费等低价交易需要后期的一系列服务来获得收益。

经典案例——淘宝 vs eBay

2003 年，eBay 作为当时世界上最大的电子商务企业以 1.5 亿美元全资收购中国电子商务企业易趣后，以 eBay 易趣进入中国，占据了 90%个人用户的中国电子商务市场。它与中国主流门户网站签订了排他性广告合同。然而它的商务模式是收费的，卖家每上线一件商品，

都要缴纳 1～8 元不等的登录费，成功达成每笔交易后，再缴纳 2%的服务费。

这时，阿里巴巴上线了淘宝，采用免费模式，以争取用户。并通过 Yahoo 等获得注资。更重要的是针对当时人们对网络交易的不信任，推出了自己的安全支付工具——支付宝，以“担保交易模式”使消费者对淘宝上的交易产生信任，这也成为淘宝最赚钱的方式。2004 年推出了阿里旺旺，整合了即时聊天与商务交流，使得商家能够黏住用户，便捷了售后服务，达到了客户关系的维持。2005 年，成交额突破 80 亿美元，超越沃尔玛，甩开了 eBay 易趣。eBay 此后虽引入了 PalPay 等，但大势已去。到 2006 年，淘宝的用户规模达到了 2 000 万，市场份额高出 eBay 易趣两倍多，eBay 易趣用户纷纷转入淘宝。2007 年，淘宝全年成交额 433 亿元，成为亚洲最大的网络零售商圈。2008 年，交易额达 999.6 亿元，成为中国最大的综合卖场。

此后，淘宝商家仍然可以免费开店，但在搜索结果中排在前面，则成了最大问题。因为任意搜索一种商品可能都会得出上万个结果，所以要想排名靠前，就得缴纳增值服务费。这就是通过免费模式创造的新收益模式。

4.2.2 迭代思维 vs 传统成品思维

在工业时代，企业通常的经营方式是研发、生产出成品、推销到市场，这是一种成品思维。这种方式更新换代成本很高。

互联网的迭代思维是指从产品的基本功能建立时，甚至是最初创意阶段就推向市场，和用户共同研发，快速推出一代又一代更完善的新版本产品。

例如 Google 的免费网络邮件服务 Gmail 于 2004 年推出，每几个星期，甚至几天都会有小的改变，近 10 年后才把 Bata（测试版）字样去掉。而此时 Microsoft（微软）还是拿“几年磨一剑”的思维推产品，自然发展艰难。

4.2.3 大数据思维 vs 传统批处理思维

在工业时代，各种管理决策所能依赖的数据和分析处理能力不足，只能基于部分数据做批处理。例如，细分客户只能按年龄、收入水平、地区等数据大致划分。而互联网时代，采用大数据分析，企业可精确到具有独特个性的每一个用户，而不是模糊的某一类人。

大数据（Big Data）是一种数据分析技术，它能够从海量（Volume）的各种形式（Variety）数据中，快速（Velocity）获得有价值（Value）的 4V 特点的信息。

例如物流配送，传统的路线规划会派遣距离最近的车辆去接货。而大数据则不单从 GPS 得到位置信息，还可获得各个车辆的载货信息、实时交通线路状况信息、线路气象信息、社会突发事件信息，然后根据模型和成功数据，规划出几个适合的方案，通过价值判断，再去执行。这样派遣的车辆不一定是最近的车辆，而是能在某一最佳时刻抵达，又恰好能装载这批货物的车辆。

4.2.4 平台思维 vs 传统雇佣思维/自营思维

工业时代的企业管理思维是：

① 对内部员工的管控，是雇佣思维；

② 对外盲目扩张，是一种自营思维，追求大而全的规模经济，范围经济，加重自身负担。

平台思维是指企业根据“开放、共建、共享”的原则，把自身变成整合内部和外部资源的平台。员工个性化、创客化地在用户驱动的信息化管理下自行直接做出服务决策，而不是由传统的金字塔式的层层领导决策。管理者通过数据作为今后改进的评估者，企业则通过平台汇集大量上下游买家和卖家进行交易，并与合作伙伴、第三方服务机构形成生态系统。

4.2.5 跨界思维 vs 传统竞争思维

传统竞争思维，主要跟踪、研究同行，在同行间开展竞争。而互联网能够加速各种连接、融合和技术创新，会出现跨界而来的竞争者成功颠覆传统行业的格局和业务模式。

互联网时代为给用户提供方便、快捷的服务，在传统行业的桎梏中，不得不创新、融合其他行业的业务和技术来实现解决方案。这样客观上会“打劫”相关行业。例如，淘宝为实现安全支付推出支付宝，由此衍生出余额宝，出现了 18 天狂卷 57 亿元存款资金的现象。从支付到信用，抢了银行的饭碗，触发了互联网金融大战。

又如，苹果公司的乔布斯用 MP3 播放器抢了 Sony 公司的传统便携音响市场。他推出了时尚、高雅的 iPod，并与世界 5 大唱片公司签约销售歌曲。用户通过 iTunes 连接到苹果公司指定的网络，每次以 99 美分的价格下载自己喜欢的歌曲并通过 iTunes 录制到 iPod 中，苹果公司再将其中的 65 美分上缴给唱片公司，从而解决了内容问题。唱片公司得到了实惠，改变了对互联网的态度，颠覆了传统便携音响行业。进而，苹果公司结合自己在计算机技术领域的软硬件技术优势，在 iPod 的基础上推出了 iTouch，融进了更多手持电脑的功能。其建立的 App Store、iTouch 能够购买、下载软件，也为开发者建立了软件销售机会，带来了良好的生态环境。时机成熟后，在 iTouch 中加入电话、蜂窝移动数据、GPS 等功能变成了 iPhone。iPhone 能打电话，用户体验又好，功能又强大又灵活，且能运行上万种图片、视频、音频、游戏软件，因此这种电脑型手机颠覆了传统移动通信行业，将 Nokia、Motorola 等巨头公司逼入绝境。

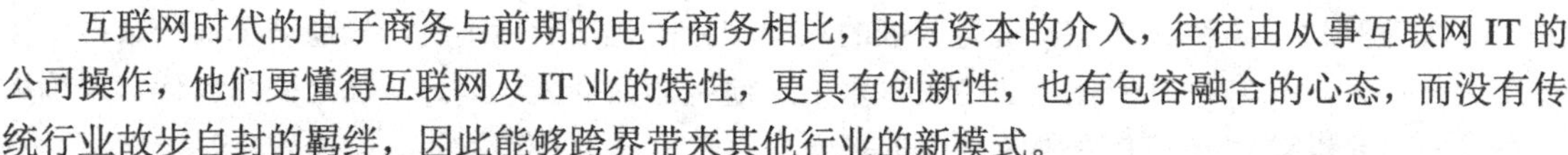

4.3 “互联网+”时代的电子商务模式的特征

互联网时代的电子商务与前期的电子商务相比，因有资本的介入，往往由从事互联网 IT 的公司操作，他们更懂得互联网及 IT 业的特性，更具有创新性，也有包容融合的心态，而没有传统行业故步自封的羁绊，因此能够跨界带来其他行业的新模式。

4.3.1 颠覆性

互联网时代，一方面由于行业进入者多是跨界而来，一般都会带来商务模式和技术的创新，因而必然引起组织结构、业务流程的再造。另一方面对原行业的供应链，从设计、制造到流通都会有所改变，从而改变了整个生态链。这样必然会对行业进行颠覆性改造。

案例——滴滴打车进入出租车行业引发的大战

出租车行业是一个较早的传统行业。18 世纪，英国富商在进行短途旅游时，开始雇佣马车（cabriolet）作为自己的交通工具。1620 年，英国伦敦有了第一家专门从事出租的马车车队。1886 年，卡尔发明了以汽油作为燃料的三轮汽车，三年以后，斯图加特创办了世界上最早的出租汽车公司，由此逐渐形成出租车行业。1903 年，哈尔滨成为中国最早有出租车的城市。

在中国，以往的出租车由国营的出租车公司管理，出租车营运要交钱办理出租车牌照。改革开放以后，我国出租车经营主要有两种方式：一种是司机向公司缴纳“份子钱”，租用公司的出

租车经营权；另一种是出租车由个人提供，但司机每个月要向公司缴纳一定数量的管理费用。后来出租车又收归国有。之后，在原有行业体制下对出租车的管理进行过多次改革。

中国出租车“互联网+”革命起始于 2012 年原型为“摇摇招车”的打车软件，同时还有极具个性和地域色彩的“打车小秘”和“大黄蜂”。另外就是高端商务人士使用的 Uber 和神州专车。2014 年，“滴滴打车”和“快的打车”成功突围，注册用户超 1 亿，在市场中拥有非常高的话语权。

原有出租车行业最大的问题是打车难。因出租车较少，逐渐形成了卖方市场，市场由出租车司机及其机构操纵。互联网企业对资源的解决方式不是在传统出租车业内的存量资源上竞争，而是引入增量资源。采用“互联网+”模式，用连入互联网的手机随时随地连接数量极大的网约车（网络预约车）及驾驶员，以较低的成本动员富裕的社会车辆进入这个市场，变卖方市场为买方市场。互联网给用户的价值主张是便利性，传统出租车模式下，用户采用招手拦车的方式，没有主动权；而在互联网模式下，用户只需在手机 App 上就可预约车辆，并实时看到车辆位置和到达时间，并可以和司机交谈，这就变成了由用户驱动的市场。互联网出租公司的核心能力体现在用互联网联系并撮合用户和出租车买卖双方，通过互联网及 GPS 等技术公司能够即时了解车辆行驶状态、轨迹、履约等情况，对出现的状况能及时处理和有据处罚，比传统的管理更为有效。此外，通过大数据算法，将路线相近的多组乘客进行即时匹配，构造“拼车”服务，从而节省出行费用，提高司机收入，有效缓解拥堵。在深度学习技术基础上，进行超大规模数据智能分析，帮助私家车车主和乘客共享通勤出行，实现跨城顺风车服务；为用户设计最合理的出行方案，提供更经济便捷的专车（高端商用车）服务；还有匹配地理位置最合适的代驾服务。

互联网进入出租车市场，引入了多个行业和组织，提供了强大的服务，并由此获益。移动支付带来了网络支付公司和银行、保险公司，实时导航壮大了手机导航公司，实时交流发展了 QQ、微信等即时交流软件服务商。互联网也改变了原有出租行业的组织结构和业务流程，使利益相关者的权益发生了变化。

4.3.2　整合性

互联网时代，各企业纷纷上网，从最基本的网络营销到消息传递，再到业务协同和更深的业务流程对接。在业务流程对接阶段，可使企业之间在网络上得到整合，形成基于网络的供应链。这就是网络供应链的整合性。一个整合能力好的供应链，具有信息传递快、复杂网络结构的控制能力强、反应灵敏、绩效评价准确等特性。

从微观角度看，企业网络供应链融合能力成了新的要求。好的网络供应链要求节点企业能够快速、高效地完成业务，因而具有优胜劣汰的机制。使得供应链各个节点上的进入企业之间竞争更加激烈，这对企业的信息技术、内部业务的敏捷性、市场反应速度要求更高。

4.3.3　风险投资的大规模资金支持

在互联网时代，每个突出的公司背后都有着风险投资的身影，它们都能够接受或者争取风险投资的支持，所以能够动用庞大的资金进行产品的快速迭代开发，快速抢占市场。风险投资或是采用免费模式，或是采用补贴模式，最终结果往往是逼得对手退败，或是合并。传统跟风的公司都会在后续的洗牌过程中终结，要么直接出局，要么被兼并。这也符合互联网世界只有第一、没有第二的规律。

滴滴打车、快的打车的融资情况见表 4-1，从分别融资以及合并后获得的投资情况可以看到，滴滴打车合并前获得超过 8 亿美元的投资，快的打车获得超过 7.1 亿美元的投资，而两家合并后获得 86.42 亿美元的投资。Uber 的融资情况见表 4-2，Uber 全球获得融资 107 亿美元，Uber 中国获得融资超过 21 亿美元。

表 4-1　滴滴打车、快的打车的融资情况

滴滴打车				快的打车			
时间	轮次	金额	投资方	时间	轮次	金额	投资方
2012.7.1	天使轮	数百万人民币	天使投资人王刚	2012.12.1	天使轮	数百万人民币	阿米巴资本
2012.12.1	A 轮	300 万美元	金沙江创投	2013.4.1	A 轮	400 万美元	阿里
2013.4.1	B 轮	1 500 万美元	腾讯	2013.10.1	A 轮	400 万美元	经纬中国
2014.1.1	C 轮	1 亿美元	腾讯 中信产业基金	2014.4.1	B 轮	数百万美元	阿里、经纬中国
2014.12.9	D 轮	7 亿美元	淡马锡 DST 腾讯	2014.10.18	C 轮	超 1 亿美元	老虎基金（中国）
				2015.1.15	D 轮	6 亿美元	阿里巴巴 老虎基金 软银中国
合并后：滴滴出行							
时间	轮次	金额	投资方				
2015.5.27	E 轮	1.42 亿美元	新浪微博（新浪微创投）				
2015.9.9	F 轮	30 亿美元	中投、中国平安（平安创新投）、阿里巴巴、腾讯、淡马锡、Coatue Management、高瓴资本（Hilhouse Capital Management）				
2016.2.24	F 轮	10 亿美元	北汽产业投资基金、中投、中金甲子、中信资本、赛领资本、鼎晖投资、春华资本 Primavera 及民航股权投资基金				
2016.6.16	F 轮	45 亿美元	中国人寿、苹果公司、蚂蚁金服、阿里巴巴、腾讯、招商银行、软银中国				

表 4-2　Uber 的融资情况

Uber 全球			
时间	轮次	金额	投资方
2010.1	天使轮	150 万美元	First Round Capital、Lowercase Capital
2011.2	A 轮	100 万美元	不详
2011.12	B 轮	3 750 万美元	Menlo Ventures、Benchmark Capital、Jeff Bezos、高盛集团、CrunFund、Troy Carter、Founder Collective
2013.8	C 轮	3.6 亿美元	TPG（德太投资）、Google Ventures、Benchmark Capital
2014.6	D 轮	12 亿美元	富达（Fidelity Investments）、Wellington Management、Kleiner Perkins Caufield & Byers、Summit Partners、Google Ventures、Menlo Ventures
2014.12	E 轮	18 亿美元	百度、Sequoia Capital（红杉海外）、斯道资本（富达亚洲）、KPCB 凯鹏华盈中国、Menlo Ventures、Wellington Management、TPG Growth 新桥资本
2015.7	F 轮	1 亿美元	微软、高瓴资本（债券换股交易）
2015.8	F 轮	12 亿美元	Tata Opportunities Fund、百度、中国人寿、中国太平、老虎环球基金、普信集团等
2016.6	G 轮	60 亿美元	沙特主权财富基金（35 亿）、广汽、丰田等
Uber 中国			
时间	轮次	金额	投资方
2015.10.9	A 轮	超 1 亿美元	海航资本、百度
2016.1.14	B 轮	20 亿美元	海航资本、太平洋保险、广汽集团、中信证券、万科集团、民生银行（民银国际）、宽带资本 CBC、双湖投资

4.3.4 以免费模式或补贴模式迅速占领市场

在互联网时代，互联网经营者大都不从直接业务收费，往往采用免费模式或者补贴模式快速占领市场。如滴滴打车的补贴政策。

案例——滴滴打车 vs 快的打车、滴滴快的 vs Uber 补贴大战

2014 年初，滴滴和快的分别接受腾讯、阿里的投资后，展开了疯狂的补贴烧钱大战。

- 2014 年 1 月 10 日，滴滴打车软件在 32 个城市开通微信支付，使用微信支付，乘客车费立减 10 元、司机立奖 10 元。
- 2014 年 1 月 20 日，快的打车和支付宝宣布，乘客车费返现 10 元，司机奖励 10 元。
- 2014 年 1 月 21 日，快的和支付宝再次提升力度，司机奖励增至 15 元。
- 2014 年 2 月 10 日，滴滴打车宣布对乘客补贴降至 5 元；快的打车表示奖励不变，乘客每单仍可得到 10 元奖励。
- 2014 年 2 月 17 日，滴滴打车宣布，乘客奖 10 元，每天 3 次，北京、上海、深圳、杭州的司机每单奖 10 元，每天 10 单，其他城市的司机每天前 5 单每单奖 5 元，后 5 单每单奖 10 元。新乘客首单立减 15 元，新司机首单立奖 50 元。支付宝和快的也宣布，乘客每单立减 11 元。北京司机每天奖 10 单，高峰期每单奖 11 元（每天 5 笔），非高峰期每单奖 5 元（每天 5 笔）；上海、杭州、广州、深圳的司机每天奖 10 单。
- 2014 年 2 月 18 日，滴滴打车开启“游戏补贴”模式：使用滴滴打车并且微信支付每次能随机获得 12 元至 20 元不等的补贴，每天 3 次。快的打车表示每单最少给乘客减免 13 元，每天 2 次。
- 2014 年 3 月底，滴滴打车公布，自补贴开始，其用户数从 2 200 万增至 1 亿，日均订单数从 35 万增至 521.83 万，补贴达 14 亿元。虽然每单补贴已从最高峰时下降了三分之二，但每个月依然得砸下数亿元。
- 2014 年 5 月 17 日，滴滴打车和快的打车两款软件同时宣布取消乘客的打车补贴。但滴滴打车以两周年庆为名，推出打车红包分享活动：用户通过微信分享，可以抽取红包抵销部分车费；几乎同时，快的打车也推出了积分抵车费活动。两大打车软件的竞争并未停息，只是从“明补”过渡为“暗补”。

依靠给予用户的双向补贴，滴滴打车迅速在市场中占据了领先优势。其中，滴滴打车通过天价补贴，1 年时间就把一个创业公司拉到 100 亿美元市值的规模。2014 年 10 月 11 日，滴滴打车 CEO 程维在接受媒体采访时，毫不讳言地说：“滴滴两年时间花掉 15 亿元。算上上半年的补贴、下半年的红包，我的估算，滴滴和快的大概花出去有 40 亿元人民币。”

滴滴快的合并之后，Uber 曾找到滴滴谈判——要么接受其投资占股 40%的要求，要么 Uber 会在中国投入超过 10 亿美元的现金。背靠阿里和腾讯两座大山的滴滴快的，没有选择和 Uber 合作，而是“拉开架势，正面 PK”。2015 年 3 月，Uber 宣布“人民优步”降价 30%，意味着此前已经比出租车低的价格进一步降低，而司机的收入和乘客的优惠，都是 Uber 自己来承担的。从 Uber 曾经展示过的数据图形看，其中国业务的大幅上涨，就是从优步降价、价格比出租车低 30%时开始的。2015 年 11 月，Uber 展开了新一轮的补贴活动。“感恩节前乘车满 3 程，第二周免 2 程车费；乘车满 5 程，第二周免 5 程车费，每单免费金额最高 10 元。”滴滴快的也不甘示弱，向乘客派发 5 折优惠券。数亿资金换来了新的市场格局，数据显示，2015 年第一季度专车服务订单量占比滴滴专车和 Uber 名列前二，占比分别为 78.3%、10.9%。

同时双方开展大规模融资，带起了一轮“融资战”。滴滴和Uber两家企业的融资总额约为200亿美元。但在达到300亿美元之后，2016年8月2日，滴滴出行发布官方消息，正式宣布与Uber全球达成战略协议，滴滴出行将收购优步中国的品牌、业务、数据等在中国大陆运营的全部资产。

4.3.5 爆发式增长

互联网时代，一个项目从点子酝酿到开发、实施，极其迅速，而且增长是以抢占市场为主，不容一般的跟风复制者有机会，往往是有实力、有资源、有技术储备的公司才能与之较量。

例如，上述的打车软件公司在短短两年就达到千万美元级别，发动商战则在一年内形成数亿美元、数十亿美元级别。

又如，共享单车是从2016年真正进入社会发展的，大约一年半的时间，到2017年中就普及全国，造成单车堆积，引发城市管理难题。

4.3.6 涉及面广

传统行业进入互联网（“+互联网”）基本是在原有参与者中加入电子商城参与者和物流参与者。而“互联网+”电子商务则是广泛的参与者，如互联网企业，资金拥有者，传统行业，相关行业及跨界相关行业，资源拥有者（可大到社会相关人员，如能共享汽车者），技术拥有者，咨询机构，第三方服务业（如银行、移动支付商、保险、物流、场地出租者等）。

而“互联网+”的行业颠覆，也会带来出局者，使得一些传统公司逐渐消失或蜕变。

4.3.7 信息整合

“互联网+”不是投入“有重量”的产品，而是强调信息技术的充分应用，以信息整合为主。例如菜鸟物流网络，不是再建物流体系，而是用信息技术，AI（人工智能）化的优化供应链、仓储和运输。

案例——菜鸟物流

菜鸟网络科技有限公司成立于2013年5月28日，是由阿里巴巴集团、银泰集团联合复星集团、富春控股、顺丰集团、三通一达（申通、圆通、中通、韵达）、宅急送、汇通，以及相关金融机构共同组成的“中国智能物流骨干网”（简称CSN）项目。

菜鸟网络作为平台，不会买一辆货车，也不会雇佣一个快递员。菜鸟不仅有客户、商家、消费者的数据，而且还有物流信息路由的数据。凭借这些数据，菜鸟做的是物流订单的聚合工作。

菜鸟网络提供仓配网络、快递服务、跨境网络、菜鸟乡村、E.T.物流实验室、供应链金融等服务。

1．仓配网络。

菜鸟网络是覆盖全国250个城市、配送线路超过90 000条、仓储面积（峰值）500多万平方米的仓配网络，在大数据决策的支撑下，为商家提供专业高效的供应链服务。

2．快递服务。

包括电子面单、橙诺达、货到付款、物流跟踪及服务、路由分单、菜鸟天地。

（1）电子面单。是由菜鸟网络和快递公司联合向商家提供的一种通过热敏纸打印输出纸

质物流面单的物流服务。商家可在淘宝天猫的卖家中心申请开通服务，菜鸟会把服务申请流转给快递公司，快递公司审核通过后会给商家提供电子面单热敏打印纸；商家再通过发货软件与菜鸟网络系统交互并获得菜鸟生成的面单号（快递面单号段由快递公司提供）等打印信息，并通过热敏打印机（打印机由商家自行购买或与网点协商解决）完成电子面单打印并交付快递公司揽收派送。

（2）橙诺达。菜鸟联合6大快递公司，向商家做出时效承诺。根据不同的线路，时效服务分为：次日达（今天揽收，明天24点前送达）、隔日达（今天揽收，后天24点前送达）和三日达（今天揽收，揽收当日+3天24点前送达）。

（3）货到付款服务。买家收到货，验货后再付款，是一种安全、便捷、时尚的支付和物流方式。

（4）物流跟踪及服务。智选物流是菜鸟面向商家的统一数据化“物流”运营平台，目前包括物流数据监控、异常件处理、物流绩效、橙诺达等模块业务，旨在帮助商家选择最适合的物流，管理物流信息，跟踪管理异常订单，选购物流增值服务等，进而降低商家物流成本、提高物流服务水平。

（5）路由分单。系统基于海量大数据系统和阿里云计算系统，以菜鸟电子面单为载体，提供整套完善、高效、准确的快件分拣解决方案。

（6）菜鸟天地。是连接菜鸟与快递合作伙伴的数据交互和共享平台，旨在以数据为驱动力，帮助快递公司提升揽派效率、改善服务质量和定位异常问题。包括龙虎榜（快递合作伙伴服务指标横向对比，逐渐沉淀出快递行业公认的数据指标评估体系）、单量时效统计分析（为快递合作伙伴提供包裹数量、揽派时效与线路准点分析，帮助合作伙伴及时发现短板、提升效率）、异常分析（利用大数据挖掘能力，准确定位快递链路中的疑似异常行为，降低异常风险，减少继发损失）、服务质量（利用物流服务评价相关数据，为合作伙伴提供服务质量综合评估与改善建议，共同协作提升快递末端的服务体验）、大促专题（大促期间的关键数据指标实时监控，进出港包裹量预测、预报与预警服务，为合作伙伴提供数据化的决策支持参考）和核心优势（通过菜鸟网络的大数据处理能力，帮助快递合作伙伴实现数据化管理与运营，提升快递全链路转运效率与稳定性，改善末端服务质量）。

3. 跨境网络。

到2017年底，菜鸟网络的跨境物流合作伙伴数量已经有49家，包括燕文、递四方、新加坡邮政、英国邮政、中通、圆通、EMS、IC、斑马等，其物流覆盖能力可至全球224个国家/地区，跨境仓库数量达到74个，搭建起一张真正具有全球配送能力的跨境物流骨干网，订单处理能力达到每天400万单。提供进口服务的无忧保税［为淘系进口（天猫国际、全球购）商家提供的跨境进口电子商务领域的一站式物流服务，服务功能主要包括商家和商品入境前在海关和商检进行备案、保税仓储及订单履行作业、行邮包裹入境清关、国内配送以及物流相关的增值服务］和无忧直邮（商家国外采购货物，送至菜鸟海外仓后，菜鸟统一打包，以集货方式进境，经海关清单核放，查验放行后配送到消费者手中）。提供出口服务的无忧物流（为确保卖家可以放心地在速卖通平台上经营，帮助卖家降低物流不可控因素的影响，阿里巴巴集团旗下全球速卖通及菜鸟网络联合推出线上发货升级版——“AliExpress 无忧物流”服务，为卖家提供包括揽收、配送、物流详情追踪、物流纠纷处理、售后赔付在内的一站式物流解决方案）、线上发货，由阿里巴巴全球速卖通、菜鸟网络联合多家优质第三方物流商打造的物流服务体系。卖家使用“线上发货”需要在速卖通后台在线下物流订单，物流商上门揽收后（或卖家自寄至物流商仓库），卖家可在线支付运费或发起物流维权。阿里巴巴作为第三方将全程监督物流商服务质量，保障卖家权益和无忧仓配。

4．菜鸟乡村。

与本地化的物流合作伙伴一道，共同建设成为覆盖中国广大县域及农村地区的平台型综合服务网络；同时为城乡消费者、中小企业、电子商务平台提供商品到村配送、县域间流通、农副产品销售流通及各类商品安装维修的综合性解决方案。

5．E.T.物流实验室。

希望将最前沿的科技引入中国物流行业，实现智能机械代替人工，帮助物流企业提高生产效率、降低人工出错率、提高生产安全性。目前包括菜鸟小 G（末端配送机器人小 G，通过智能配送机器人解决“最后一公里”配送问题）、菜鸟 AR+〔借力增强现实（AR）技术助力物流服务流程，实现仓内智能拣选，智能导航等功能，让未来仓库各种操作不仅变得可视化，而且可以有效解放工作人员的双手，提升工作效率与愉悦度〕和菜鸟小鹭（适用于园区安防巡检的无人机安防系统，能够稳健快速地完成园区智能巡检安防任务）。

6．供应链金融。

数据链接，智慧金融，助力中小型卖家，服务数据生态。包括为商家融资的预付融资（以商家与上游厂商签订的商务合同为基础，通过协议约定，为商家提供预付融资，在上游厂商发货进入菜鸟仓之后可转为存货融资）、存货融资（入驻菜鸟仓库或者符合菜鸟物流标准的仓库的商家可快速变现）和跨境存融宝（服务天猫国际商家，对入驻菜鸟保税仓内存货进行估值，提供动态质押融资）。为合作伙伴融资的应收融资（基于菜鸟生态中的应收账款进行融资）、设备融资（基于菜鸟仓配合作伙伴设备采购需求，提供多元且便捷的融资，最多 5 年，包括自动化设备、叉车、托盘、货架等）和车辆融资（帮助生态中的合作伙伴提供一站式购车服务，最低首付，最快 3 秒完成审批）。

·第2篇·

电子商务模式运作

本篇以可操作的方式阐述如何进行电子商务模式的运作。首先给出一个框架，描述一个电子商务模式，避免片面和不易交流。然后采用一个工具来帮助人们进行商务模式的分析。最后是电子商务模式的创新，采用了国际上主流的创新方法，具有可操作性。此外，第3篇中商务模式的业务流程管理是采用软件进行建模、模拟分析，与本章也有极大的关联，但为了强调跨组织的整个供应链操作，因而划到第3篇，希望读者联系起来阅读。

第5章　电子商务模式描述

本章从电子商务模式研究的要素观点出发分析各种主流研究，归纳出描述一个电子商务模式由哪些方面构成，从而给电子商务模式一个描述。

人们对电子商务模式的诸多研究尽管纷繁，但主要还是归结为价值观点和组成要素两方面（徐迪，2005）。然而，结合业界的实际应用研发，我们发现还有基于信息架构的电子商务模式，典型的为IBM公司的应用，它着重于采用信息技术构建可运行的系统，与下面要建立的电子商务模式描述架构关系不大，感兴趣的读者可到IBM网站阅读相应文章。

5.1　电子商务模式研究概述

5.1.1　基于价值观点的电子商务模式

Michael Rappa（2001）认为电子商务模式是一个企业开展业务并以此获利而使企业生存下去的方式，同时商务模式还应该清楚地说明企业是如何在行业价值链中定位而获利的。Chesbrough（2002）等指出电子商务模式提供了一个转变框架，以技术的一些特性为输入，通过市场和顾客消费，转化为价值和利润，主要突出了在新技术商业化中电子商务模式发掘潜在价值并盈利的功能。Petrovic（2001）将电子商务模式定义为商业系统的运行逻辑，是企业创造价值并隐于真实的流程之后。同样，Linder（2000）等将电子商务模式定义为企业创造价值的核心逻辑，它和前者的区别就在于一个企业的运行逻辑可能不是独有的，但是各个企业的核心逻辑则有很大的区别。可见，电子商务模式是与企业战略和流程都非常相关的概念——电子商务模式是企业通过电子手段实现其商务战略在概念层面和结构层面的概括，且是企业实施电子商务业务流程的基础。Linder 等也提出了电子商务模式权变的思想。他们认为在激烈的动态竞争环境下，竞争对手的紧逼、市场或技术的变化，导致电子商务模式不能一成不变，必须能够随环境而变动。Afuah（2001）等指出电子商务模式是公司运用其资源向顾客提供比竞争对手更大的价值并由此获利的方法。Osterwalder（2002）等提出电子商务模式是创造价值并将相应的价值传送给一个或几个顾客群，形成伙伴关系网络，并获得持续性价值流的过程。他们还认为电子商务模式是战略与流程之间的联系纽带，是公司战略的架构蓝图和流程的事实基础。

5.1.2 基于组成要素观点的电子商务模式

本小节给出了学者基于组成要素观点的电子商务模式组成要素的构成，最后据此总结出自己的电子商务模式组成架构。

许多学者从电子商务模式的组成要素角度进行了研究，以便找到基础性的东西。各位学者总结的电子商务模式组成要素见表 5-1。

表 5-1 各位学者总结的电子商务模式组成要素

研究者	构成要素
Mahadevan（2000）	价值流、收益流和物流三种要素
Thomas（2001）	流程、客户、供应商、渠道、资源和能力
Afuah 等（2003）	客户价值、范围、价格、收入来源、关联活动、执行能力和持续能力
Pigneur（2002）	业务、产品和价值主张，目标客户，如何提交产品，关系，合作伙伴
Dubsson-Toray（2001）	产品和服务、关系资本、基础设施和合作伙伴网络、财务状况
Applegate（2001）	描述机会的概念；界定将概念变成现实所需资源的能力；度量给投资者和其他利益相关者回报的价值
Chesbrough 等（2001）	价值主张，细分市场，价值链结构，成本结构和利润潜力，企业在价值网络中的位置，竞争战略
Alt 等（2001）	任务（包括总的愿景、战略目标和价值主张）、结构（决定什么角色和代理人组成商务社区及产业、客户和产品的重心）、流程（对任务和结构提供更详细的描述）、收益（商务模式的底线）、法律问题（不违反法规和管制措施）、技术（既是支撑条件又是约束条件）
Linder 等（2000）	价值主张、运作流程、资产、能力和关系
Hoque 等（2001）	竞争、产品和服务、客户、供应商和分销商、合作伙伴、营销战略、流程和组织
Hedman 等（2001）	客户、竞争者、企业提供的产品或服务、企业活动和组织、资源以及要素市场和生产输入
Mckay & Marshall（2004）	① 对目标客户及关系的描述，价值主张；② 产品或服务的说明；③ 业务流程；④ 所需资源；⑤ 供应链的描述，包括供应商和合作伙伴；⑥ 对期望收益（收益模式）、预期成本、资金来源和利润估计（财务生存能力）的说明

5.1.3 基于信息架构的电子商务模式

现代企业离不开信息技术的支持，许多业务活动已经在联网的计算机应用系统中组织进行。企业的电子商务活动更是建立在信息技术构建的网络和信息系统之上，离开了这样的环境，也就不是电子商务了。

公司在电子商务市场竞争时，必须适应内外部经营环境、业务流程等的变化。公司需要重新评估业务流程和应用，以便业务不受时间、空间、组织界限或领土疆界的限制。这就需要在

已有系统的基础上创建新的业务系统。要创建业务系统，就必须给出解决方案。在实施新的解决方案的时候，需要考虑实施的时机，以及实施解决方案需要的人力、物力、财力及时间等各项资源。除此之外，还需要考虑新的系统与现有的旧系统整合的问题，以及如何提供优质的服务，这些问题都需要在电子商务解决方案设计实施过程中给予解决。

IBM 公司对电子商务模式的研究得出：人们在发现问题和寻找解决问题的方案时，会发觉一些问题及其解决方案不断变换面孔重复出现。在这些不同的面孔后存在着共同的本质，这个共同的本质就是模式。由此得出：电子商务模式是一组已被证实的、可重用的资源，它有助于加速基于 Web 的应用解决方案的开发过程。

为了能够快速解决电子商务系统设计和实现过程中出现的各种问题，IBM 公司创建了“模式库”。简单地说，模式可以看作标准模型，这种标准模型能够指导电子商务解决方案的设计和实施，使得电子商务可以更加快捷地实现。模式综合了前人在相同或相似的业务需求中积累的经验和知识，不仅记录了对相同问题的解决办法，而且指出应该避免的陷阱。IBM 的电子商务模式记录了相关体系构架的最佳实现过程。基于以前的实际应用，他们定义了一个全面的框架，用于给电子商务解决方案设计者做指南。

IBM 公司将电子商务模式分为以下 7 种。

（1）商务模式（Business Patterns）：识别用户、企业和数据之间的交互，用于创建简单的端到端电子商务应用。

（2）集成模式（Integration Patterns）：将各种商务模式连接到一起，以创建带有高级功能的应用程序，用于在高级电子商务应用中组合商务模式。

（3）复合模式（Composite Patterns）：商务模式和集成模式的组合，这种组合使复合模式本身成为常用的电子商务应用类型，是更高一级的电子商务应用。

（4）定制设计（Custom Design）：类似于复合模式，因为它组合商务模式和集成模式以构成高级的端到端解决方案。然而，这些解决方案的实现并没有达到复合模式那样的普遍程度，而是开发用来为一个特定企业也可能是几个有类似问题的企业解决电子商务问题。

（5）应用程序模式（Application Patterns）：由客户需求驱动，描述了构建电子商务应用时所需的应用程序框架。

（6）运行时模式（Running Patterns）：由客户需求驱动，描述了构建电子商务应用时所需运行时的支持。

（7）产品映射（Product Mappings）：指明了实现解决方案所需要的产品，这些产品都是通过验证的。

IBM 电子商务模式架构如图 5-1 所示。无论是本地小企业还是大型跨国企业，都可以使用模式迅速创建解决方案。上述的 7 种模式被定义为不同的级别，电子商务模式层次模型如图 5-2 所示，商务模式、集成模式、复合模式及定制模式被定义为第一级；应用模式被定义为第二级；运行时模式被定义为第三级；产品映射被定义为第四级。这些模式级别能够方便地从上一层级别发展到下一层级别。每个模式都可帮助公司进一步了解它们开发的项目和所涉及的业务范围，并提供必要的工具以促进应用开发过程。客户需求通过模式级别的逐步推进而逐步明晰，最终就能确定适合应用需求的解决方案。

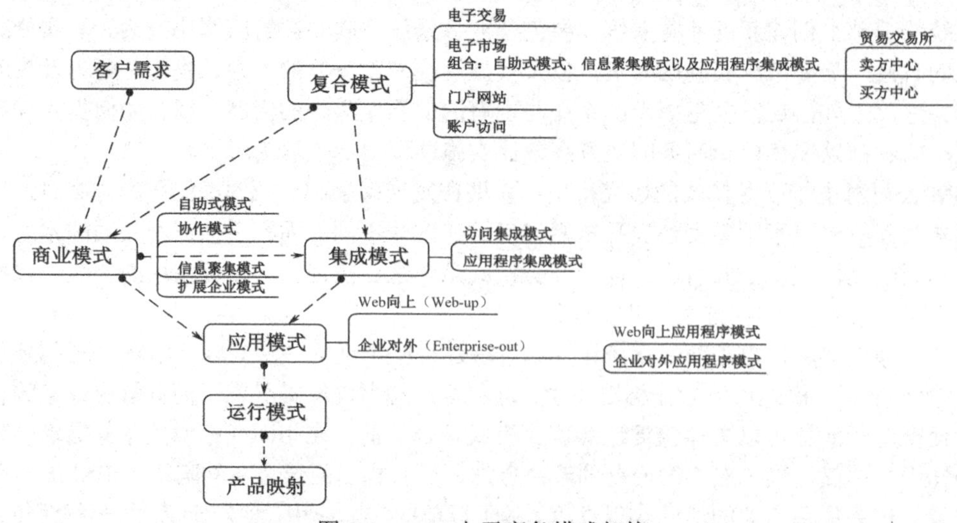

图 5-1　IBM 电子商务模式架构

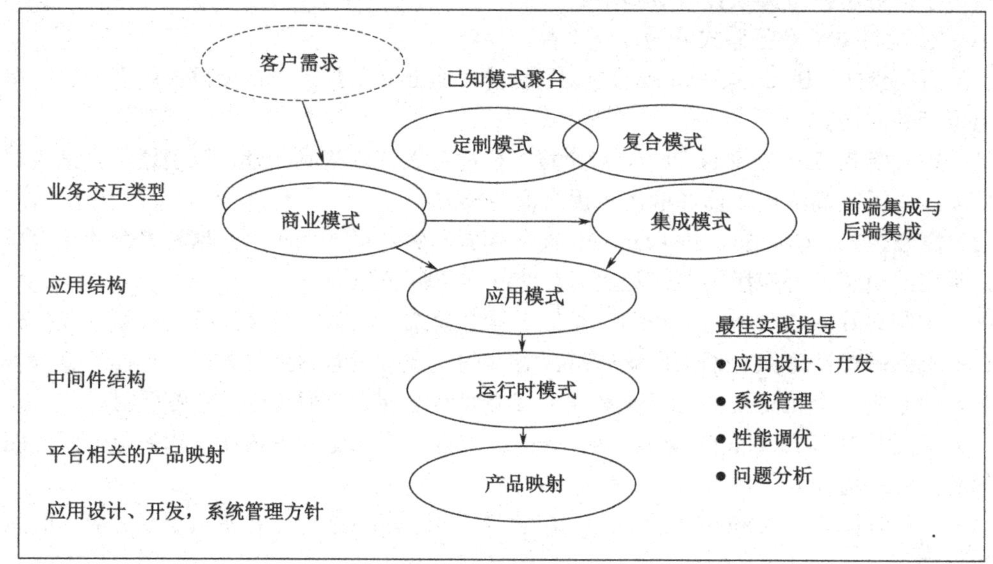

图 5-2　电子商务模式层次模型

下面通过一个具体的例子来阐述模式级别在解决方案设计实施中的作用。

第一步：一个了解商业运行各个方面以及解决方案需求的业务主管人员，可以通过将他们的需求匹配到模式库中提供的商务模式来开发一个高级解决方案（实现了第一级模式）。

第二步：技术执行者可以根据应用模式实现提议的解决方案架构。每种应用模式都会描述应用的层次结构、数据位置，以及应用与其他系统的集成方式。应用模式帮助提炼商务模式以便可以通过计算机技术来实施。技术执行者可以使用这些模式辨认和描述用于实现商务模式中关键功能的高级逻辑组件（实现了第二级模式）。

第三步：确定应用模式后，解决方案设计者和系统架构师就能够通过运用运行时模式开发一个基于技术的体系架构，以实现运行时模式。运行时模式描述了实现应用程序模式所需要的逻辑体系架构。解决方案设计者可以将运行时模式和现存环境以及商业需求做一个匹配。他们所实现的运行时模式将会支持已经选择好的应用程序模式。在运行时模式中，定义了逻辑中间

件节点、节点的角色以及节点间的接口（实现了第三级模式）。

第四步：运行时模式只表明了实现应用所需要的功能，并没有指明使用什么产品实现这些功能。因此，需要通过产品映射来决定实际需要使用的产品（实现了第四级模式）。

上面的例子进一步表明，通过将模式定义为不同的级别，使得商业行为能够被快速转换为 IT 技术并得以实现。因此，使用模式会缩短公司进军市场的时间，减少风险，更加重要的是，可以实现更大的投资回报。

总的来说，电子商务模式是以往成功实施电子商务解决方案的综合和提炼。通过采取电子商务模式，可以一步一步地将整个商业过程用计算机技术来解决和实现。更重要的是，电子商务模式能够确保应用支持商务流程，并大大减少成本和风险。

5.2 电子商务模式的描述方式构建

5.2.1 电子商务总体框架

如何进行电子商务模式的描述至今没有清晰的认识，导致各种文件、文章的表述出现混乱，使人莫衷一是，抓不住要点。

根据上节“基于组成要素观点的电子商务模式”，从各种观点中，Feng（2010）总结归纳出一个描述电子商务模式的基本框架。该框架由 7 个部分（或者称为指标）组成，如图 5-3 所示。

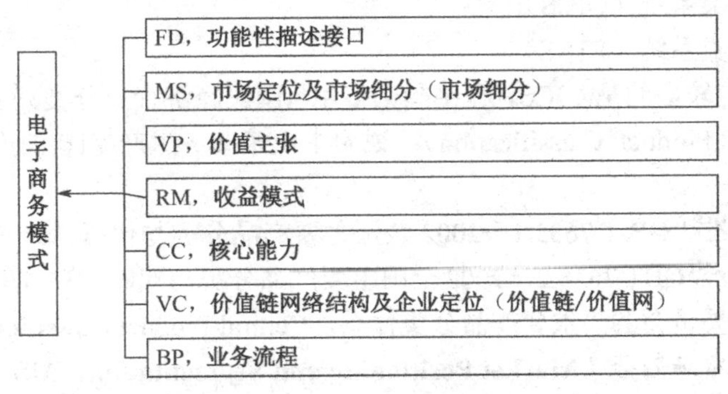

图 5-3 电子商务模式框架

其中，“FD，功能性描述接口”是接口性概要描述，供计算机智能系统使用。“MS，市场定位及市场划分”、“VP，价值主张”、“RM，收益模式”和“CC，核心能力”是性能描述。“VC，价值链网络结构及企业定位（价值链/价值网）”是该模式涉及的各个参与方网络结构的描述。“BP，业务流程”是电子商务模式行为描述，是电子商务模式的具体体现，它使得该电子商务模式具有可操作性，是落地的部分。

从计算机处理的角度看，“FD，功能性描述接口”是该电子商务模式的接口，供计算机系统读取、理解和模式匹配；“MS，市场定位及市场划分”“VP，价值主张”“RM，收益模式”“CC，核心能力”4 部分一般由人阅读和理解，当然在 Web 语义技术成熟时也可部分被机器理解；“VC，价值链网络结构及企业定位”部分如采用数字化价值链或供应链描述，采用 Petri 网\BPEL 等方式描述，可由机器读取和理解；“BP，业务流程”部分是对电子商务模式运作行为的描述，它由数字化业务流程模型构成，现已可由计算机处理。

5.2.2 电子商务模式框架子元素

1. 功能性描述接口（Functional Description，FD）

功能性描述接口是该电子商务模式的接口，由其他计算机系统读取、理解，进行服务匹配、调用或构成价值链。它说明该电子商务模式概况，包括提供什么样的产品或服务、所属行业等。

该部分内容需要一定的规范化，尽量使用有关国际标准进行描述，如可在WSDL①中描述。

描述包括如下一些内容：

（1）模式名称（Model Name）：本电子商务模式的名称。

（2）提供种类（Support Type）：说明提供的是产品、服务还是信息。

（3）模式类型（Model Type）：说明本电子商务模式属于哪一类模式。目前对电子商务还没有公认的分类标准。可以包括网络经济模式、网络广告模式、内容经营模式、网上商店模式、网络直销模式、行业服务提供模式、虚拟社区模式、企业整体电子商务模式、新型电子商务模式等。

（4）行业类别（Industry Category）：说明本电子商务模式属于哪一个行业。产业分类有相应的标准。目前可采用的行业分类标准主要有：

① 联合国国际标准产业分类（ISIC）。

② 北美行业分类系统（NAICS）。

③ 中国《国民经济行业分类》（GB/T 4754—2017）。

④ 全球行业分类系统（GICS）。

⑤ 富时全球分类系统（FTSE）。

这些标准采用得较多的是GICS，在中国则多用《国民经济行业分类》（GB/T 4754—2017）。

（5）产品分类（Product Classification）：说明本电子商务生产/销售的产品。目前主要的标准有：

① 中国国家标准"GB/T 7635.1—2002 全国主要产品分类与代码 第一部分 可运输产品"。

② 中国国家标准"GBT 7635.2—2002 全国主要产品分类与代码 第二部分 不可运输产品"。

③ 联合国统计委员会的"重要产品分类体系，Central Product Classification（CPC）v2.1"。

2. 市场定位及市场划分（Market Positioning and Segmentation，MS）

市场定位及市场划分简称市场细分，即确定具有某种共性的目标消费者群体，并在此基础上进一步细分和明确定义消费者群体及其服务目标。市场分类有2.3节所述的大众市场、利基市场、区隔化市场/细分市场、多元化市场、多边平台或多边市场5类。

3. 价值主张（Value Proposition，VP）

价值主张说明本电子商务模式可以给利益相关者各方带来什么样的好处。利益相关者可以包括用户、投资方、开发方、运营方、社会基础设施提供者、上下游企业、合作伙伴等。可以

---

① WSDL（Web Services Description Language，Web服务描述语言）是描述Web Service（Web服务）以及如何访问Web Service的语言。Web Service是由企业发布的完成其特定商务需求的在线应用服务。其他公司、合作伙伴的应用软件能够通过Internet来动态访问并使用这些在线服务。换句话说，Web Service是一种基于网络的、分布式的模块化组件构成的应用软件。它提供面向服务的Internet应用，遵守公共的技术规范，这些规范使Web Service能与其他兼容的组件进行互操作。

从以下几个方面说明：提供物（产品/服务/信息）、生产力和盈利能力、降低成本、提高效率、便利性、低风险、产品外观、性能、个性化定制、新颖性、象征身份地位的品牌、良好的售后服务、体验性的评价过程、购买过程、附加产品/服务、能否提供产品残值处理。此外，也可以通过关键绩效指标（KPI）来评估价值主张。

4. 收益模式（Revenuc Model，RM）

收益模式说明本电子商务模式的收益来源、成本构成和财务生存能力。包括资金来源、收益来源、预期成本、利润估计和风险评估等。典型的收益来源有销售收入、交易费、佣金、服务费、广告费、会费，也有现代互联网的点击率、关注度、粉丝数等。一般电子商务的收益主要来自投资，除广告收入外很少来自直接的收费收入。

收益模式主要由收益来源和成本结构构成。

（1）收益来源（Revenue Streams，RS）着重描述企业从产品销售或服务对象获取的收入。收入的方式有如下几种。

① 资产销售（Asset Sale），销售实体产品的所有权。

② 使用收费（Usage Fee），通过特定的服务收费。如电信运营商按客户通话时长计费。

③ 订阅收费（Subscription Fees），销售重复使用的服务。如健身房按月/年以会员制订阅方式销售健身设备的使用权。

④ 租赁收费（Lending/Renting/Leasing），针对某个特定资产在固定时间内暂时性排他使用权的授权。如 Zipcar.com 可以让客户在北美各大城市按小时租车。

⑤ 授权收费（Licensing），将受保护的知识产权授权给客户使用，收取授权费用。

⑥ 经纪收费（Brokerage Fees），中介服务收取的佣金。

⑦ 广告收费（Advertising），为特定的产品和服务提供广告宣传服务。

（2）成本结构（Cost Structure，CS）描述该商务模式下的企业成本构成，有以下几个方面。

① 固定成本（Fixed Costs），不受产品或服务的产出业务量变动影响而能保持不变的成本，例如薪金、租金、实体制造设施。有些制造业公司，是以高比例固定成本为特征的。

② 可变成本（Variable Costs），伴随商品或服务产出业务量而按比例变化的成本。有些业务，如音乐节，是以高比例可变成本为特征的。

③ 规模经济（Economies of Scale），企业享有产量扩充所带来的成本优势。例如，规模较大的公司从更低的大宗购买费用中受益。随着产量的提升，这个因素和其他因素一起，可以引发平均单位成本下降。

④ 范围经济（Economies of Scope），企业享有较大经营范围而具有的成本优势。例如，在大型企业，同样的营销活动或渠道通路可支持多种产品。

也有的采用财务生存能力描述。即项目运营期间确保各项经济活动中获得足够的净现金流量，维持项目的正常运行。它主要从财务评价的角度，考察现金的流出和流入，评估项目的运行风险，以实现财务的可持续性。

5. 核心能力（Core Capabilities，CC）

核心能力是相对稀缺的资源和有特色的服务能力，包含公司执行其商务模式所需的资源和活动的配置，具体体现在以下3个方面。

（1）资源。包括有形资源、无形资源。有形资源包括厂房、设备、网络基础设施以及现金储备。无形资源包括专利权、商誉、品牌、交易秘密、与客户和供应商的关系、雇员间的关系以及以不同形式存在于公司内部的知识、客户及市场数据库和自行设计的软件。

（2）竞争力。竞争力是公司将其资源转化为客户价值和利润的能力。

（3）竞争优势。竞争优势来源于公司所拥有的其他公司难以获得或模仿的核心能力。

6. 价值链网络结构及企业定位（价值链/价值网）（Network Structure of Value-Chain & Enterprise Positioning，VC）

价值链网络结构及企业定位，即本电子商务模式涉及的公司之间为有效地提供价值并实现其商业化而形成的合作关系网络，以及本项目在网络中的定位。网络结构可以是分布式的，也可以是商业联盟式的，有单一结构网络和复杂系统网络。网络中企业周边的角色包括上游厂商/供应商、下游厂商/分销商、合作伙伴等。

在价值链网络的每个节点存在着不同的合作方式，分为以下 4 种类型。

（1）在非竞争者之间的战略联盟关系。

（2）在竞争者之间的战略合作关系（竞合）。

（3）为开发新业务而构建的合资关系。

（4）为确保可靠供应的购买方—供应商关系。

价值网的描述中，也关注最终客户，处理与客户的接触和保持关系。这包括渠道通路和客户关系。

（1）渠道通路（Channel）即如何沟通、接触其细分客户并传递其价值主张的途径。包括：自有渠道、合作伙伴渠道、直接渠道（销售队伍、在线销售）、非直接渠道（自有店铺、合作伙伴店铺、批发商）等。

（2）客户关系（Customer Relationship）即企业与特定细分客户群体建立的关系类型，包括以下几种。

① **个人助理（Personal Assistance）**，这种关系类型基于人与人之间的互动，在销售过程中或者售后阶段，客户与客户代表交流信息并获取帮助。

② **专用个人助理（Dedicated Personal Assistance）**，为单一客户安排专门的客户代表，提供层次最深、最密切的关系类型。如私人银行。

③ **自助服务（Self-Service）**，公司与客户之间不存在直接的关系，而是为客户提供自助服务所需要的所有条件。

④ **自动化服务（Automated Service）**，客户通过在线文档定制个性服务。系统识别不同客户及其特点，提供最佳信息。

⑤ **社区（Communities）**，建立在线社区，让用户交流知识和经验，解决彼此的问题。

⑥ **共同创作（Co-Creation）**，和客户共同创造价值。亚马逊邀请顾客撰写书评，为其他顾客提供价值。

7. 业务流程（Business Process，BP）

业务流程是对企业内部任务和结构提供更详细的描述，是商务模式的具体体现。通过业务流程来执行电子商务。其中，关键业务描绘为了确保其商务模式可行，企业必须做的最重要的事情。

制造产品（Production），这类业务活动涉及生产一定数量或满足一定质量的产品，与设计、制造及发送产品有关，制造产品这一业务活动是企业商务模式的核心。

问题解决（Problem Solving），这类业务是指为个别客户的问题提供新的解决方案。例如，咨询公司、医院和其他服务机构的关键业务是问题解决，它们的商务模式需要知识管理和持续培训等业务。

平台/网络（Platform/Network），以平台为核心资源的商务模式，其关键业务都是与平台或网络相关的。网络服务、交易平台、软件甚至品牌都可以看成平台。eBay 的商务模式决定了公司需要持续的发展和维护其平台 eBay.com 网站。而维萨（Visa）的商务模式需要为商业客户、消费者和银行服务的 Visa 信用卡交易平台提供相关的业务活动。微软的商务模式则是要求管理其他厂商软件与其 Windows 操作系统平台之间的接口。此类商务模式的关键业务与平台管理、服务提供和平台推广相关。

5.2.3 电子商务模式各元素的关系

电子商务模式各元素的关系如图 5-4 所示。

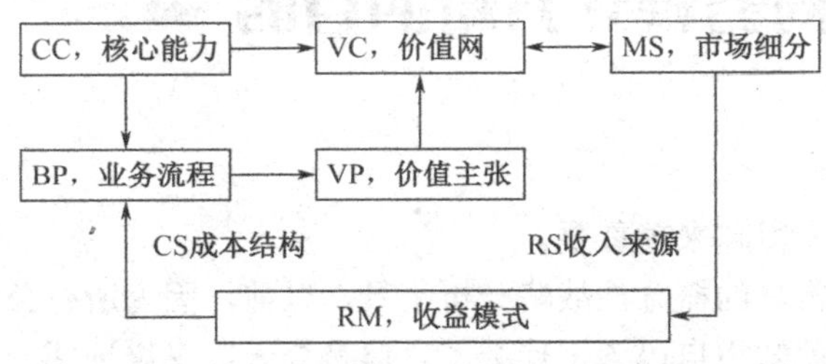

图 5-4 电子商务模式各元素的关系

其中：

（1）VP-MS 关系：价值主张（VP）向市场细分了的客户（MS）有针对性地给出提供物，满足他们的需求。这是通过价值链（VC）传达的。

（2）VC-MS 关系：价值网（VC）通过各种途径与客户接触，传达价值主张（VP）。

（3）VC-MS 关系：企业的价值主张的客户关系管理（VC.CR）与客户建立长期黏性关系，培养客户的忠诚度。

（4）BP-VP 关系：企业价值主张（VP）的提供物通过业务流程（BP）执行来实现。

（5）CC-BP 关系：企业核心能力（CC）即企业文化使业务流程（BP）有效、流畅地得以执行。

（6）CC-VC 关系：拥有核心竞争力（CC）的企业能够在价值网（VC）中处于优势地位，具有强节点附着力，甚至主导节点区域的运行。

（7）MS-RM.RS 关系：通过向最终用户（MS）提供产品或服务后获得收益（RS）。

（8）RM.CS-BP 关系：生产提供物或服务的业务流程（BP）过程中将产生成本（CS）。

第6章　电子商务模式分析

6.1　电子商务模式分析的目的

1. 创新

创新在市场竞争中变得越来越重要。

商务模式是一种非常好的概念性战略分析工具。以前，因为所有公司的商务模式都大同小异，所以只要确定行业就知道自己该干什么了。但是今天，仅仅选择一个有利可图的行业是不够的，必须设计具有竞争力的商务模式才能生存。

引入新的商务模式来保持持续的变革和创新能力对于企业在快速变化的商务环境中存活并发展是极其重要的。公司必须深入了解公司的商务模式和组成商务元素的不同元素之间的关系，才能在自己的商务模式被模仿前重新审视并再次创新。

2. 信息化

电子商务带来了信息化运作。

信息系统需要确定商业运作模式，从而建立模型，让计算机依此运行。

信息系统间的交流需要规范化，商务模式的范式和业务流程管理等能够带来一定的规范。

3. 电子商务需要

电子商务的一个重要特点就是具有对传统的颠覆性、革新性。因此，信息技术在商务领域中的运用必然带来业务创新，这就需要商务模式的创新。

6.2　电子商务模式分析的工具

我们采用 Alexander（2010）的商务模式[①]画布（BizModel Canvas）工具进行商务模式分析。该工具类似于画家的画布，其中预设了 9 个区域，可以在上面画上的相关构造块来描绘现有的商务模式或设计新的商务模式，如图 6-1 所示。

该商务模式画布包含在我们之前提出的电子商务综合框架之中，画布注重面向客户的企业商务分析，而框架注重的是企业价值链结构中企业业务行为模式的分析。

下面对商务模式画布中的 9 个元素分别进行论述。

1. 客户细分（Client Segments，CS）

客户细分构造块用来描绘一个企业想要接触和服务的不同人群或组织。

客户构成了任何商务模式的核心。没有（可获益的）客户，就没有企业可以长久存活。为

① 这里的商务模式是这个工具的用语，它更注重于商业过程。我们习惯说的商务模式还包括业务过程和信息化的内容。

了更好地满足客户，企业可能把客户分成不同的细分区隔，每个细分区隔中的客户具有共同的需求、共同的行为和其他共同的属性。商务模式可以定义一个或多个或大或小的客户细分群体。企业必须做出合理决议，到底该服务哪些客户细分群体，该忽略哪些客户细分群体。一旦做出决议，就可以凭借对特定客户群体需求的深刻理解，仔细设计相应的商务模式。

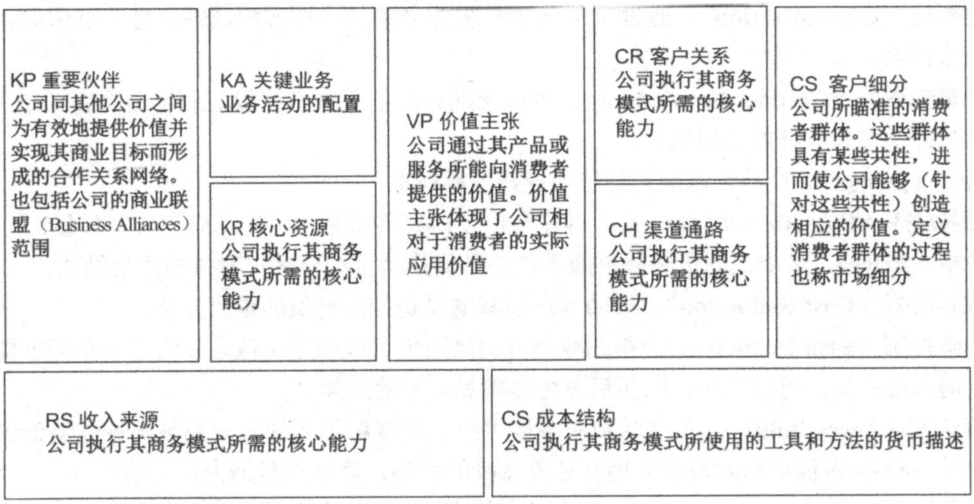

<table>
<tr><td rowspan="2">KP 重要伙伴
公司同其他公司之间为有效地提供价值并实现其商业目标而形成的合作关系网络。也包括公司的商业联盟（Business Alliances）范围</td><td>KA 关键业务
业务活动的配置</td><td rowspan="2">VP 价值主张
公司通过其产品或服务所能向消费者提供的价值。价值主张体现了公司相对于消费者的实际应用价值</td><td>CR 客户关系
公司执行其商务模式所需的核心能力</td><td rowspan="2">CS 客户细分
公司所瞄准的消费者群体。这些群体具有某些共性，进而使公司能够（针对这些共性）创造相应的价值。定义消费者群体的过程也称市场细分</td></tr>
<tr><td>KR 核心资源
公司执行其商务模式所需的核心能力</td><td>CH 渠道通路
公司执行其商务模式所需的核心能力</td></tr>
<tr><td colspan="3">RS 收入来源
公司执行其商务模式所需的核心能力</td><td colspan="2">CS 成本结构
公司执行其商务模式所使用的工具和方法的货币描述</td></tr>
</table>

图 6-1 商务模式画布布局

客户群体现为独立的客户细分群体。

（1）需要和提供明显不同的提供物（产品/服务）来满足客户群体的需求。

（2）客户群体需要通过不同的分销渠道来接触。

（3）客户群体需要不同类型的关系。

（4）客户群体的盈利能力（收益性）有本质区别。

（5）客户群体愿意为提供物（产品/服务）的不同方面付费。

可以用如下设问来考虑客户细分。

（1）我们正在为谁创造价值？

（2）谁是我们最重要的客户？

可选择的市场有大众市场、利基市场、区隔化市场/细分市场、多元化市场和多边平台或多边市场 5 种，详见 2.3 经济学的市场分类。

2. 价值主张（Value Proposition，VP）

价值主张构造块用来描绘为特定客户细分创造价值的系列产品和服务。

价值主张是客户转向一个公司而非另一个公司的原因，它解决了客户困扰（customer problem）或者满足了客户需求。每个价值主张都包含可选系列产品或服务，以迎合特定客户细分群体的需求。在这个意义上，价值主张是公司提供给客户的受益集合或受益系列。

有些价值主张可能是创新的，并表现为一个全新的或破坏性的提供物（产品或服务），而另一些可能与现存市场提供物（产品或服务）类似，只是增加了功能和特性。

关于价值主张我们可以提出如下设问。

（1）我们该向客户传递什么样的价值？

（2）我们该帮助客户解决哪一类难题？

（3）我们正在满足哪些客户需求？

（4）我们正在提供给客户细分群体哪些系列的产品或服务？

下面列举 11 项表述。

新颖（Newness）。满足客户从未感受和体验过的全新需求。

性能（Performance）。改善产品和服务是一个传统意义上创造交织的普遍方法。

定制化（Customization）。通过定制产品和服务来满足个别客户或细分客户群体的特定需求来创造价值。

把事情做好（Getting the job done）。可以帮助客户把某些事情做好而创造价值，如苹果手机为客户提供体验良好的使用效果。

设计（Design）。产品可以因为独特的设计脱颖而出。

品牌/身份地位（Brand / Status）。客户可以使用和显示某一特定品牌而发现价值。

价格（Price）。以更低的价格提供同质化的价值是满足细分客户群体的通常做法。

成本削减（Cost Reduction）。帮助客户削减成本是创造价值的重要方法。

风险抑制（Risk Reduction）。帮助客户抑制风险也可以创造价值。如为二手车买家提供为期一年的服务担保，可以规避在购买后发生故障和修理的风险。

可达性（Accessibility）。把产品和服务提供给以前接触不到的客户是另一种创造价值的方法。如 Netjets 公司提供私人及企业拥有私人飞机的权限，降低支付能力。

便利性/可用性（Convenience/Usability）。使事情变得方便和易用，可以创造可观的价值，如苹果公司的 iPod 和 iTunes 提供在线搜索、购买、下载和收听数字音乐的便捷体验。

3. 渠道通路（Channels，CH）

渠道通路构造块用来描绘公司如何沟通、如何接触其客户细分群体而传递其价值主张。

沟通、分销和销售这些渠道构成了公司相对客户的接口界面。渠道通路是客户接触点，它在客户体验中扮演着重要角色。渠道通路包含以下功能。

（1）提升公司产品和服务在客户中的认知。

（2）帮助客户评估公司价值主张。

（3）协助客户购买特定产品和服务。

（4）向客户传递价值主张。

（5）提供售后客户支持。

可以通过如下设问来考虑渠道通路。

（1）通过哪些渠道可以接触我们的客户细分群体？

（2）我们现在如何接触他们？我们的渠道如何整合？

（3）哪些渠道最为有效？哪些渠道成本效益最好？

（4）如何把我们的渠道与客户的例行程序进行整合？

渠道类型有如下划分方式。

（1）自有渠道、合作伙伴渠道。

（2）直接渠道（销售队伍、在线销售）、非直接渠道（自有店铺、合作伙伴店铺、批发商）。

4. 客户关系（Customer Relationships，CR）

客户关系构造块用来描绘公司与特定细分客户群体建立的关系类型。

企业应该弄清楚希望和每个细分客户群体建立的关系类型。客户关系范围可以从个人到自动化。客户关系可以被以下几个动机所驱动。

（1）客户获取。

（2）客户维系。

（3）提升销售额（追加销售）。

例如，早期移动网络运营商的客户关系由积极的客户获取策略所驱动，包括免费移动电话。当市场饱和后，运营商转而聚焦客户保留以及提升单客户的平均消费。

商务模式所要求的客户关系深刻地影响着全面的客户体验。

可能的设问如下。

（1）每个客户细分群体希望我们与之建立和保持何种关系？

（2）哪些关系我们已经建立了？这些关系成本如何？

（3）如何把他们与商务模式的其余部分进行整合？

客户关系有如下类型。

个人助理（Personal Assistance）。这种关系类型基于人与人之间的互动，在销售过程中或者售后阶段，客户与客户代表交流信息并获取帮助。

专用个人助理（Dedicated Personal Assistance）。为单一客户安排专门的客户代表，提供层次最深、最密切的关系类型。如私人银行。

自助服务（Self-Service）。公司与客户之间不存在直接的关系，而是为客户提供自助服务所需要的所有条件。

自动化服务（Automated Service）。客户通过在线文档定制个性服务。系统识别不同客户及其特点，提供最佳信息。

社区（Communities）。建立在线社区，让用户交流知识和经验，解决彼此的问题。

共同创作（Co-Creation）。和客户共同创造价值。亚马逊邀请顾客撰写书评，为其他顾客提供价值。

5. 核心资源（Key Resources，KR）

核心资源用来描绘让商务模式有效运转所必需的最重要因素。

每个商务模式都需要核心资源，这些资源使得企业组织能够创造和提供价值主张、接触市场、与客户细分群体建立关系并赚取收入。不同的商务模式所需要的核心资源也有所不同，如微芯片制造商需要资本集约型的生产设施，而芯片设计商则需要更加关注人力资源。

核心资源可以是实体资产、金融资产、知识资产或人力资源。核心资源既可以是自有的，也可以是公司租借的或从重要伙伴那里获得的。

可以用如下设问来考虑核心资源。

（1）我们的价值主张需要什么样的核心资源？

（2）我们的渠道通路需要什么样的核心资源？

（3）我们的客户关系呢？收入来源呢？

主要资源分类如下。

实体资产（Physical Assets）。生产设备、不动产、汽车、机器、系统、销售网点和分销网络等。如沃尔玛有全球店面网络和配套的物流基础设施，亚马逊拥有大规模的 IT 系统、仓库和物流体系。

知识资产（Intellectual Assets）。品牌、专有知识、专利、版权、合作关系和客户数据库。

人力资源（Human Resources）。在知识密集产业和创意产业，人力资源至关重要。

金融资产（Financial Assets）。现金、信贷额度，或用来雇佣关键雇员的股票期权池。

6. 关键业务（Key Activities，KA）

任何商务模式都需要多种关键业务活动。这些业务是企业得以成功运营所必须实施的最重要的动作。正如核心资源一样，关键业务也是创造和提供价值主张、接触市场、维系客户关系并获取收入的基础。而关键业务也会因商务模式的不同而有所区别。例如，对于微软等软件制造商而言，其关键业务包括软件开发；对于戴尔等电脑制造商来说，其关键业务包括供应链管理；对于麦肯锡咨询企业而言，其关键业务包括问题求解。

可以用如下设问来考虑关键业务。

（1）我们的价值主张需要哪些关键业务？

（2）我们的渠道通路需要哪些关键业务？

7. 重要合作（Key Partners，KP）

重要合作构造块用来描述让商务模式有效运作所需的供应商与合作伙伴的网络。

企业会基于多种原因打造合作关系，合作关系正日益成为许多商务模式的基石。很多公司创建联盟来优化其商务模式、降低风险或获取资源。

可以用如下设问来考虑重要合作。

（1）谁是我们的重要伙伴？谁是我们的重要供应商？

（2）我们正在从伙伴那里获取哪些核心资源？

（3）合作伙伴都执行哪些关键业务？

以下 3 种动机有助于创建合作关系。

商务模式的优化和规模经济的运用。伙伴关系或买方—供应商关系的最基本形式，是设计用来优化资源和业务的配置，公司拥有所有资源或自己执行每项业务活动是不合逻辑的。优化的伙伴关系和规模经济的伙伴关系通常会降低成本，而且往往涉及外包或基础设施共享。

风险和不确定性的降低。伙伴关系可以帮助减少以不确定性为特征的竞争环境的风险。竞争对手在某一领域形成了战略联盟而在另一个领域展开竞争的现象很常见。例如，蓝光（一种光盘格式）由一个世界领先的消费类电子、个人电脑和媒体生产商所构成的团体联合开发。该团体合作把蓝光技术推向市场，但个体成员之间又在竞争销售自己的蓝光产品。

特定资源和业务的获取。很少有企业拥有所有资源或执行所有其商务模式所要求的业务活动。相反，它们依靠其他企业提供特定资源或执行某些业务活动来扩展自身能力。这种伙伴关系可以根据需要，主动地获取知识、许可或接触客户。例如，移动电视制造商可以为它的手机获得一套操作系统授权而不用自己开发；保险公司可以选择依靠独立经纪人销售其保险，而不是发展自己的销售队伍。

8. 收入来源（Revenue Streams，RS）

收入来源构造块用来描绘公司从每个客户群体中获取的现金收入。

如果客户是商务模式的心脏，那么收入来源就是动脉。

企业必须问自己，什么样的价值能够让各客户细分群体真正愿意付款？只有回答了这个问题，企业才能在各客户细分群体上发掘一个或多个收入来源。每个收入来源的定价机制可能不同，如固定标价、谈判议价、拍卖定价、市场定价、数量定价或收益管理定价等。

一个商务模式可以包含两种不同类型的收入来源。

（1）通过客户一次性支付获得的交易收入。

（2）经常性收入来自客户为获得价值主张与售后服务而持续支付的费用。

针对收入来源的设问有以下几个方面。

（1）什么样的价值能让客户愿意付费？

（2）他们在付费买什么？

（3）他们是如何支付费用的？

（4）他们更愿意如何支付费用？

（5）每个收入来源占总收入的比例是多少？

可以获取收入的方式有如下几种。

资产销售（Asset sale）。销售实体产品的所有权。

使用收费（Usage fee）。通过特定的服务收费。如电信运营商按客户通话时长计费。

订阅收费（Subscription fees）。销售重复使用的服务。如健身房按月/年以会员制订阅方式销售健身设备的使用权。

租赁收费（Lending/Renting/Leasing）。针对某个特定资产在固定时间内暂时性排他使用权的授权。如 Zipcar.com 可以让客户在北美各大城市按小时租车。

授权收费（Licensing）。将受保护的知识产权授权给客户使用，收取授权费用。

经纪收费（Brokerage fees）。中介服务收取的佣金。

广告收费（Advertising）。为特定的产品和服务提供广告宣传服务。

每种收入可能有不同的定价机制。定价机制类型的选择会产生收入很大的差异。定价机制的主要形式有两种：固定定价和动态定价，见表 6-1。

表 6-1　固定定价和动态定价

固定定价（根据静态变量而预设价格的定价）		动态定价（根据市场情况变化而调整的定价）	
标价	单独的产品、服务或其他价值主张的固定价格	协商定价（谈判协商）	双方或多方商定价格，最终的价格取决于谈判能力或谈判技巧
基于产品特征性的定价	基于价值主张特性的数量或质量定价	收益管理定价	基于库存量和购买时间定价（通常用于易损资源，例如旅游的房间或飞机的座位）
基于客户细分的定价	基于客户细分群体的类型和特点定价	实时市场定价	价格基于市场供求的动态关系决定
数量定价	基于客户购买的数量定价	拍卖定价	价格根据竞拍结果决定

9. 成本结构（Cost Structure，CS）

成本结构构造块用来描绘在特定的商务模式运作下所引发的最重要的成本。创建价值和提供价值、维系客户关系以及产生收入都会引发成本。这些成本在确定关键资源、关键业务与重要合作后可以相对容易地计算出来。然而，有些商务模式，相比其他商务模式更多的是由成本驱动的。例如，那些号称“不提供非必要服务”（no frills）的航空公司，是完全围绕低成本结构来构建其商务模式的。

自然在每个商务模式中成本都应该被最小化，但低成本结构对于某些商务模式来说比另外一些更重要。因此，区分两种商务模式成本结构类型会更有帮助，即成本驱动和价值驱动。

成本结构有如下两项。

成本驱动（Cost-Driven）。成本驱动的商务模式侧重于在每个地方尽可能地降低成本。

价值驱动（Value-Driven）。有些公司专注于创造价值，增值型的价值主张和高度个性化服务通常是以价值驱动型商务模式为特征的。豪华酒店的设施及其独到的服务，都属于这一类。

针对成本结构的设问有以下几个方面。

（1）什么是我们商务模式中最重要的固有成本？

（2）哪些核心资源花费最多？

（3）哪些关键业务花费最多？

成本结构可分为以下几个方面。

固定成本（Fixed Costs）。不受产品或服务的产出业务量变动影响而保持不变的成本，如薪金、租金、实体制造设施。有些制造业公司，是以高比例固定成本为特征的。

可变成本（Variable Costs）。伴随商品或服务产出业务量而按比例变化的成本。有些业务，如音乐节，是以高比例可变成本为特征的。

规模经济（Economies of Scale）。企业享有产量扩充所带来的成本优势。例如，规模较大的公司从更低的大宗购买费用中受益，随着产量的提升，这个因素和其他因素一起，可以引发平均单位成本下降。

范围经济（Economies of Scope）。企业享有较大经营范围而具有的成本优势。例如，在大型企业，同样的营销活动或渠道通路可支持多种产品。

商务模式画布最好的用法是在大的背景上投影出来，这样一群人便可以用便利贴（Post-it Notes）或马克笔（Board Marker）共同绘制、讨论商务模式的不同组成部分。这是一种可以促进理解、讨论、创意和分析的实操工具。

当然，也可以用计算机来表示。

6.3 电子商务模式分析的顺序

如果从市场驱动的角度，电子商务模式分析的顺序则按如图 6-2 所示的方式进行。

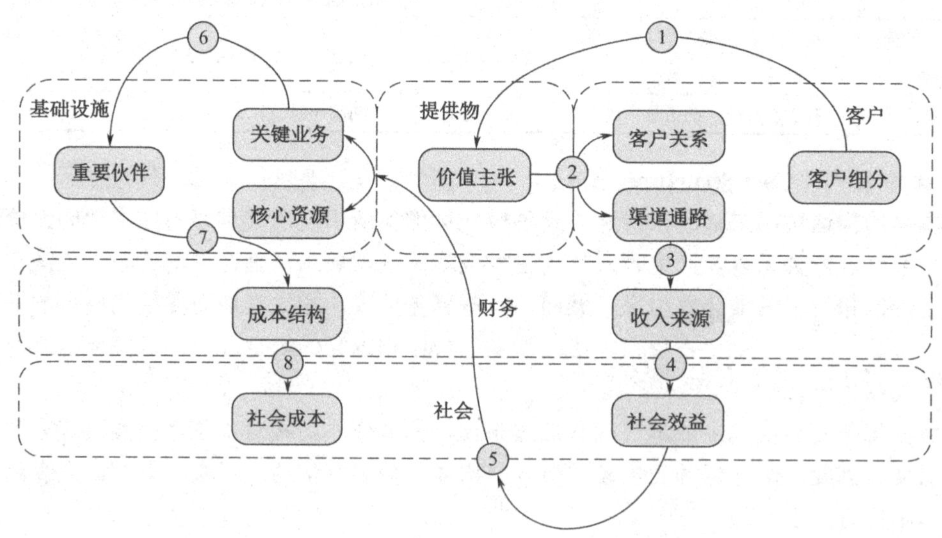

图 6-2 市场驱动的电子商务模式

如果从技术驱动的角度，电子商务模式分析的顺序则按如图 6-3 所示的方式进行。

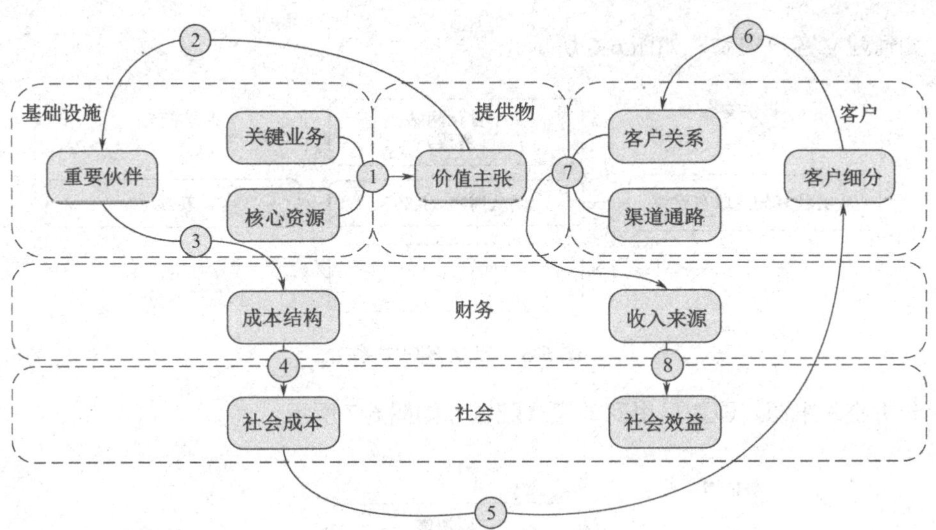

图 6-3　技术驱动的电子商务模式

6.4 案例

案例：描述足球俱乐部的商务模式。

1．分析针对哪些细分客户分别给他们提供什么样的价值主张？如图 6-4 所示。

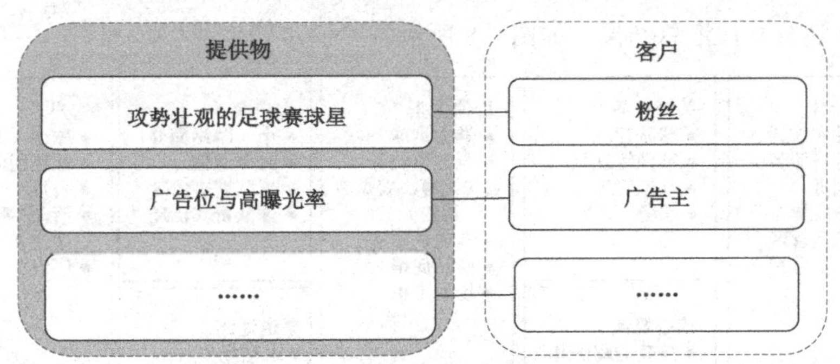

图 6-4　针对每类客户提供的价值主张

2．分析渠道通路，如何接触客户？如图 6-5 所示。

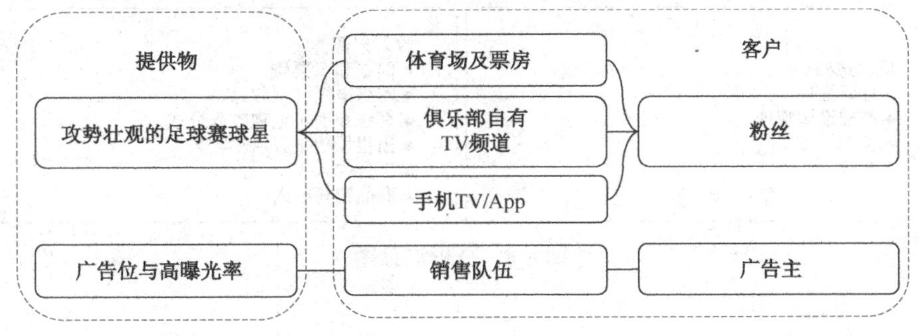

图 6-5　接触客户

3．如何建立客户关系？如图 6-6 所示。

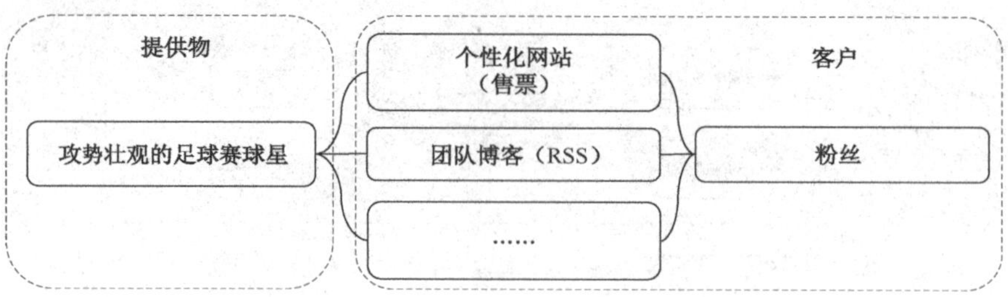

图 6-6　建立客户关系

4．分析收入来源，即如何用商务模式赚钱？如图 6-7 所示。

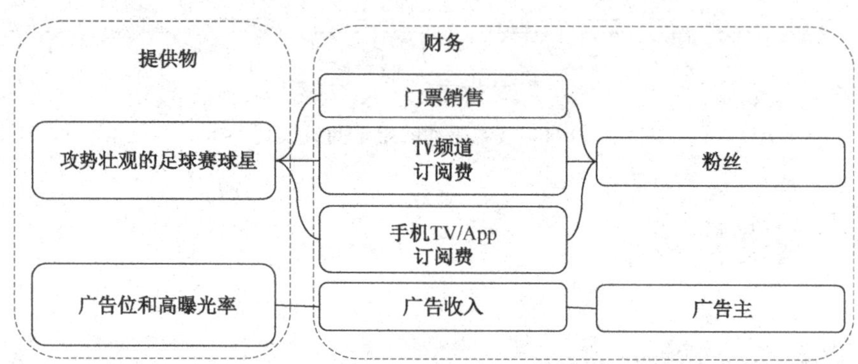

图 6-7　收入来源

5．根据上述分析，汇总结果，如图 6-8 所示。

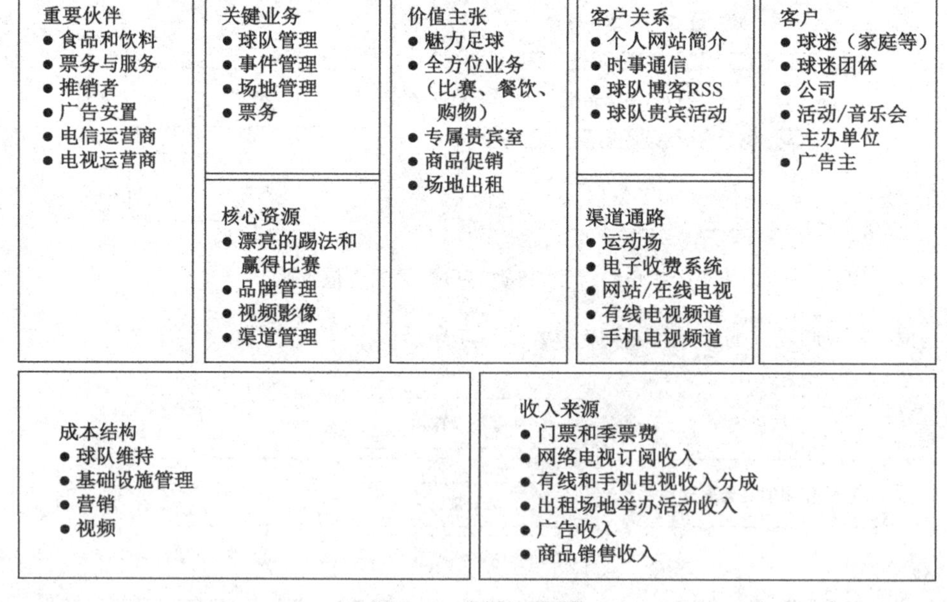

图 6-8　分析汇总图

第 7 章　电子商务模式的创新设计

7.1 客户洞察

客户洞察（Customer Insight）是对客户的深入认知，涵盖客户数据的收集分析、客户数据挖掘及开展精确营销等内容。重要的是对客户洞察保持热情，持续从互动中挖掘洞察。

人们在市场研究上投入了大量的精力，但往往在设计产品、服务和商务模式时忽略了客户的观点，没有从客户的角度出发。并不是要完全按照客户的思维来设计商务模式，但在评估商务模式的时候要把客户的思维融入进来。创新的成功需要依靠对客户的深入理解，包括环境、日常事务、客户关心的焦点及愿望。真正的挑战在于建立对客户的彻底理解，并基于这种理解进行商务模式的设计。许多领先的公司都为高层经理人员提供与消费者交流的机会，与销售团队交流的机会，或实地考察。创新的挑战是建立在对客户的深刻理解上，而不是简单地问他们需要什么。

例如，曾经火热的老人手机，体现了大字体、大键盘、便宜、带手电筒、收音机等功能，以 100～260 元的价格流行了一阵，但很快就消失了。说明设计者没有从老人这一用户的体验去深入理解。我们考察后得到的情况如下。

① 手机设计得很小、塑料机身，很难用颤巍巍的手握住，没有质感。其实，老人需要有一定分量、一定大小的机身，以便握紧。

② 开关手机操作不便，需要从顶端用指甲按那薄薄的条形按钮，老人不灵便的手难以操控。劣质的做工，使得手机在衣兜里不断地碰触，不断地开机、关机，造成机器短命。

③ 接听电话操作不简洁，来电话不知要按哪个键，着急时按错键会错过接听，错过后也不知如何找出前面的来电。接完电话又不知该按哪个键来关闭。其实，只要设计成翻盖手机，开盖即听，合盖即关就很好用了，不必学习老也记不住的复杂操作。

④ 打电话困难，老人习惯了传统电话拨完号就连通的方式，很难想到要按那个来拨出键。能不能智能一点，不要那个拨出键呢？

⑤ 屏幕要么就是劣质的液晶屏，字体分辨不清，要么就是普通手机的大屏，数字仍然很小。其实，老人需要的不是画质，而是清晰的易分辨的电话号码数字而已。

⑥ 键盘，小机身上的劣质塑料键触控仍然不好。其实，用较大的机身，行程稍长，有一定弹力，带按键音的键盘很有必要。

⑦ SOS 一键救急效果太差，需要结合 GPS 定位等现代手段。

⑧ 老人机不是便宜货，买手机的人大多是儿女。

⑨ 老人机也不是低功能机，需要更贴心的智能和更现代的操控。

我们曾与一些公司探讨，能明显感觉到这些公司很难倾听客户的需要，总是从自己的观点出发去解释、去争辩。所以客户洞察是企业全员的事，要真有客户至上的精神和服务意识才能带来商务模式的创新。

商务模式的创新不仅需要聚焦于现有细分客户群体，还需要盯着新的和未满足的客户群体，这样往往能带来成功。例如，英国易捷航空公司（EasyJet Airline Company Limited）采取直接销售，即不通过代理、不售票、不提供餐食和饮料，提倡不提供不必要服务的方式以降低机票价格，使从没有乘坐过飞机的低收入人群也能乘坐飞机。

所以，在画布工具中，应当把客户放在第一位。采用客户视角是整个商务模式设计过程的指导原则。应该从客户视角出发来指引我们关于价值主张、渠道通路、客户关系和收入来源的选择。

我们还可以用如图 7-1 所示的移情图来帮助团队中的设计师和非设计师可视化地理解用户的需求，更好地指引团队进行用户体验设计。移情或同理心（Empathy）是人类情绪和心智中最重要的功能之一，在很多时候，它是产生情感共鸣和理解的基石，它也是改善用户体验的重要途径。移情就是通常我们所说的换位思考。借助移情，设计师站在用户的角度来看待问题，了解用户的需求、理解用户的心态，这是改善用户体验的第一步。移情不仅仅是需要设计师站在用户的角度，还需要穿上他们的衣服，身处用户的环境，基于用户所面对的真实需求，只有在这样的状况下，设计师才会真正体会用户的痛点，这样才能够真正提供有效的方案，帮助用户摆脱问题。

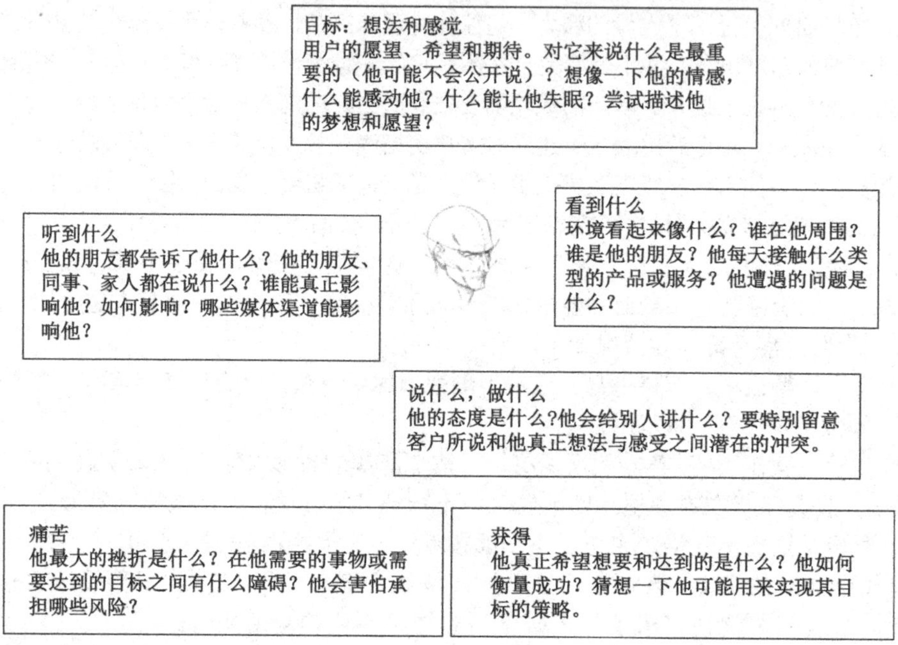

目标：想法和感觉
用户的愿望、希望和期待。对它来说什么是最重要的（他可能不会公开说）？想像一下他的情感，什么能感动他？什么能让他失眠？尝试描述他的梦想和愿望？

听到什么
他的朋友都告诉了他什么？他的朋友、同事、家人都在说什么？谁能真正影响他？如何影响？哪些媒体渠道能影响他？

看到什么
环境看起来像什么？谁在他周围？谁是他的朋友？他每天接触什么类型的产品或服务？他遭遇的问题是什么？

说什么，做什么
他的态度是什么?他会给别人讲什么？要特别留意客户所说和他真正想法与感受之间潜在的冲突。

痛苦
他最大的挫折是什么？在他需要的事物或需要达到的目标之间有什么障碍？他会害怕承担哪些风险？

获得
他真正希望想要和达到的是什么？他如何衡量成功？猜想一下他可能用来实现其目标的策略。

图 7-1 移情图

7.2 创意构思

设计一个新的商务模式与绘制一个现有的商务模式不同，需要大量的创意，并筛选出最好的创意。这个创意和筛选的过程称为创意构思（Ideation）。

在设计新商务模式时，需要忽略现状和暂停关注营运，以获得全新创意。商务模式创新不应往回看，面对未来的商务模式，过去的经验参考价值极为有限。

商务模式创新不是参考竞争对手，也不是与标杆企业对比，而是设计全新的机制，满足未被满足的、新的或潜在的客户需求。

创意构思分为两个阶段：创意生成和创意合成，如图 7-2 所示。创意生成重视创意数量。创意合成讨论所有的创意，然后加以组合，并缩减到可执行的尽可能少的可选方案。可用两个方法来创意：① 用商务模式画布分离创新的核心问题；② 用“假如”提问方式的创意。

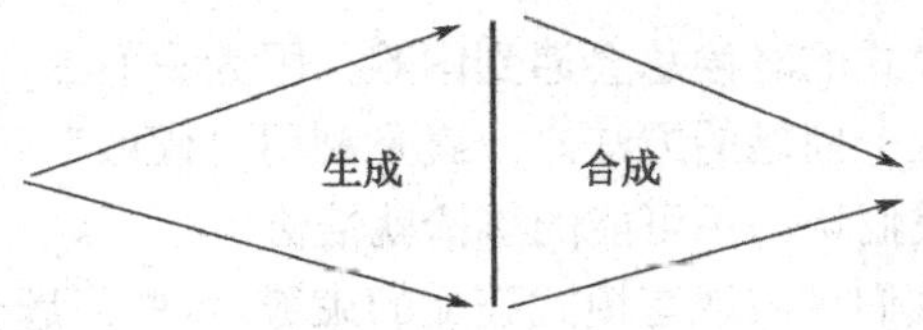

图 7-2　创意构思的两个阶段

7.2.1　用商务模式画布分离创新的核心问题

商务模式的 9 个构造块都可以是创新的起点。具有改造作用的商务模式创新可以影响到多个商务模式构造块。

我们可以把这些创新区别分为 5 类集中点的商务模式创新：资源驱动、产品/服务驱动、客户驱动、财务驱动和多中心驱动，见表 7-1。这 5 类集中点的每一类都可以成为主要商务模式变化的起点，每一类都可以对其他 8 个构造块产生强大的影响。有时候，商务模式创新可以引发自多类集中点。此外，变化经常源于那些通过 SWOT（Strengths Weakness Opportunity Threats，态势分析法或优劣势分析法）分析后被标识出来的区域：针对一个商务模式的优势、劣势、机会和威胁的调查研究。

表 7-1　5 类集中点的商务模式创新

描　述	画　布
资源驱动。资源驱动型创新起源于一个组织现有的基础设施，抑或合作关系拓展，抑或转变现有商务模式。 案例：亚马逊 Web 服务是基于亚马逊网站的零售基础设施的，为其他企业提供服务器能力和数据存储空间。	
产品/服务驱动。产品/服务驱动型创新是以建立新的价值主张的方式来影响其他商务模式构造块。 案例：Cemex 公司——墨西哥水泥制造商，承诺混凝土可以在 4 小时内送达施工现场，而不是行业通行的 48 小时。这就需要他们改变自己的商务模式。这一创新帮助 Cemex 从一家墨西哥区域性的竞争者变成了世界第二大水泥生产商。	
客户驱动。客户驱动型创新是基于客户需求、降低获取成本或提高便利性的。就像所有从单一集中点所引发的创新一样，来自客户驱动的创新同样影响商务模式的构造块。 案例：23andMe 为个人客户提供个性化 DNA 测试服务——这一服务以前专门提供给健康专家和研究人员，这对价值主张和测试结果的发布都有重要的影响，23andMe 是通过大规模定制化的 Web 资料来达成上述目标的。	
财务驱动。财务驱动创新是由收入来源、定价机制或成本结构来驱动的，同样影响商务模式的其他构造块。 案例：1958 年，施乐发明了 Xerox 914 型复印机——世界上第一台普通纸复印机。针对市场定价太高的问题，施乐构建了一种新的商务模式。它们以每月 95 美元的价格出租这种复印机，包括 2 000 张免费复印纸，额外购买一张复印纸需要 5 美分。就这样，客户获得了新设备，并开始了每月成千上万份的复印。	
多中心驱动。多中心驱动创新是由多个集中点驱动的，并会显著影响商务模式的其他多个构造块。 案例：专业的全球建筑工具制造商喜利得（Hilti）将自己的商务模式从彻底的销售工具转变为出租工具套件给客户。这是对喜利得价值主张的潜在改变，同时也改变了他们的收入来源，从一次销售收入变成重复性的服务收入。	

7.2.2 用“假如”提问方式的创新

我们在构思新的商务模式的时候总会遇到困难，因为我们都会被现状限制自己的思维，而现状遏制了想象力。克服这个问题的方法之一就是利用“假如”问题挑战传统假设。有了商务模式构成正确认知，那些我们认为不可能的事情就恰恰可行了。

“假如”问题可以帮助我们打破现有模式强加的束缚。这些问题会激发我们挑战自己的思维，可以提出一些让我们好奇而又难以执行的命题。

日报的经营者可以问自己：如果我们停止发行印刷版，改为通过亚马逊 Kindle 电子图书阅读器或者完全通过网络数字发行会怎么样？这将极大地降低我们的生产和物流成本，但需要弥补平面广告损失的收入，同时把读者转换到数字渠道上来。

“假如”问题只是个开始，这些问题将帮助我们发现能够使假设问题成立的商务模式。有些“假如”问题可能得不到答案，因为它们太有挑战性了；而有些可能仅仅需要正确的商务模式就可以把它变成现实。

7.3 可视思考

可视思考（Visual Thinking）是指使用诸如图片、草图、图表和便利贴等视觉化工具来构建和讨论事情。商务模式是由各种构造块及其相互关系所组成的复杂概念，把它描绘出来更能真正理解一个模式。商务模式是一个系统，一个元素可以影响其他元素，只有作为一个整体看待的时候才有意义。不把它进行可视化就很难捕捉到商务模式的全貌。事实上，通过可视化地描绘商务模式，人们可以把其中的隐形假设转变为明确的信息，这使得商务模式明确而有形，并且讨论和改变起来也更清晰。视觉化技术赋予了商务模式新的“生命”，促进人们共同讨论和创造。

将模式描绘出来，这个模式就转换成一个可视的事物，成为一个可以随时返回讨论的概念的原点。因为可视化能把谈论的内容从抽象变为具体，从而极大地改善讨论的效果。一般来说，如果想要改善一个现存的商务模式，视觉化地描绘它将会帮助人们发现逻辑上的差异，从而促使人们更好地讨论。同样，如果要设计一个全新的商务模式，把模式画出来将帮助人们更容易地讨论新商务模式的各种选择。人们可以很容易地通过添加、删除或随意移动图片来修改，可视思考如图 7-3 所示。

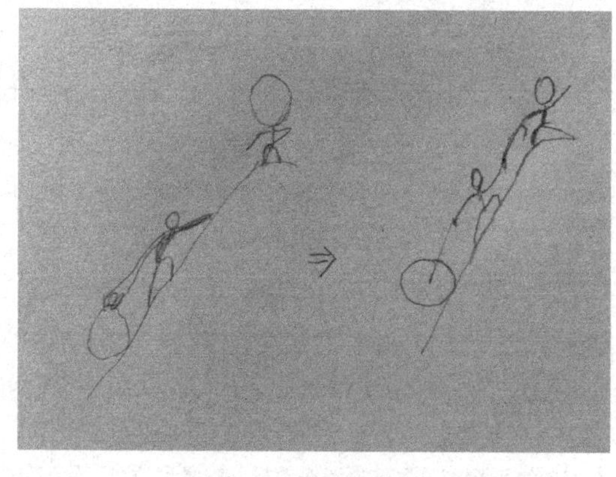

图 7-3 可视思考

视觉化技术现在已经被频繁应用于商业，例如图和表格等，这些工具广泛用于突出报告和计划的相关信息。但是在讨论、探索和定义商业问题时，很少有人会应用视觉化技术。然而在战略讨论过程中，视觉化思考可带来巨大的价值。视觉化思考通过将抽象变具体，通过阐明各元素间的关系，简化复杂性从而增强了战略审查的直觉。下面介绍便利贴和绘图 2 种技术和 4 个可视化思考改进后的过程：理解本质、促进对话、探索创意和促进交流。

7.3.1　通过便利贴实现视觉化

在人们仔细构想商务模式的时候，一组便利贴是必不可少的工具，每个人都应该把它放在手边。便利贴的功能就像创意的容器，人们可以增加、减少或在商务模式构造块之间进行调整移动。这一点非常重要，因为在商务模式讨论中，人们经常会设想某个元素应该出现在商务模式画布中，或者应该放在什么地方。在探索性的讨论中，有些元素会被移走或者被多次取代，以便探索新创意。利用便利贴讨论的现场如图 7-4 所示。

图 7-4　利用便利贴讨论的现场

这里有 3 个简单的指导准则：① 使用粗的马克笔；② 每张便利贴上只写一个元素；③ 每张便利贴上只写几个词以便捕捉要点。使用粗的马克笔不会在一张便利贴上写太多的信息，也更容易阅读。

同样需要记住的是，用便利贴创建最终商务模式图画的讨论过程与最终结果同样重要。讨论在商务模式画布上该贴上去哪些或移走哪些便利贴，以及讨论一个元素是如何影响其他元素的，都会让参与者对商务模式及其动态变化有一个很深的理解。因此，便利贴不只是一片贴纸，还能代表一个商务模式构造块，成了战略讨论的载体。

7.3.2　通过绘图实现视觉化

绘图能比便利贴更加有效，因为相对于文字，人们对图画的反应更强烈。图画可以在瞬间传递信息，简单的图画就能表达出需要大量文字才能表达出的含义。

这种方法比我们想象得更容易。一个笑脸的简笔画就能表达情绪，一个大钱袋和一个小钱袋就能表达比例。问题是我们大部分人都认为自己画不出来，都竭力避免自己画出来的草图显得单纯或幼稚而出现尴尬。但事实是，即使再粗糙的画，只要如实呈现，也能让事情变得形象具体和可理解。人们解释简单的粘贴画远比用文字表述的抽象概念容易得多。

草图和图画在许多方面都能发挥作用。最明显的作用是基于简单图画解释和交流商务模式变得更加容易，在本章的最后部分会解释如何做到这一点。另一个作用是勾绘出一个典型的客户和他所处的环境，用来阐明你的其中一个客户细分群体。对于用文字概述这个典型客户特征而言，绘图能激发出一个更明确、更彻底的讨论。最后，勾绘出客户细分群体的需求和需要做的工作（满足需求），本身就是一个强有力地利用可视化技术的方式。

这些图画可以激发建设性的讨论，而商务模式的新创意也将从这些讨论中出现。接下来，我们来看看可视思考改进后的4个过程。

1. 理解本质

（1）视觉化的语法。商务模式画布招贴画是一个具有相应语法和视觉化语言功能的概念图形。它会告诉你哪些信息应该放入商务模式里，以及放在哪里。这就为勾画出商务模式所需要的所有信息提供了视觉和文字上的指导。

（2）抓住大局。通过描绘出商务模式画布上的所有元素，你可以立刻把商务模式大局呈现给观众。草图提供了让观众捕捉创意恰到好处的信息量，观众也不至于被太多细节所困扰。商务模式画布形象地简化了一个企业的所有流程、结构和体系等现实事物。在一个商务模式案例中，例如罗尔斯-罗伊斯，它是按小时数出租喷气式引擎而不是售卖引擎，这个商务模式全局图，相较于单个片段，更具说服力。

（3）查看关系。理解商务模式不仅需要了解各个组成元素，还需要把握各个元素之间的相互依存关系。视觉化地表达这种相关性比文字要容易得多。在涉及多个元素和多种关系时更是如此。例如，在描述低成本航空公司的商务模式时，图画可以有效地表达为什么采用同样飞机编队对保持较低的维修和培训成本是如此的关键。

2. 促进对话

（1）收集参考点。在我们的大脑里都会有些隐性假设，贴出图像来可以将这些隐性假设变成明确的信息，这是一种促进对话的有效方法。这使得商务模式成为一个有形和持久的事物，并提供一个可供参与者随时返回的参考点。考虑到人们短时间内只能记住有限数量的创意，视觉化地描绘商务模式对于良好的讨论是必不可少的。即使是最简单的商务模式也包含多个构造块及其相互关系。

（2）共同的语言。商务模式画布就是一种公共的视觉化语言，它不仅提供了一个参考点，还提供了一个词汇表和语法来帮助人们更好地理解对方的观点。一旦人们熟悉了商务模式画布，它将成为了解商务模式组成元素及其内在联系，并聚焦讨论的有效工具。这一点在带有矩阵式汇报结构的企业中尤为有效，在这样的企业中，工作组或任务小组成员对其他人的领域知之甚少。一种共同的商务模式语言可以有力地支持观点的交流，并提高团队的凝聚力。

（3）共同的理解。将商务模式视觉化是让群体达成共识最有效的方法。来自企业不同部门的人员可以深刻理解商务模式的各自相关部分，但是缺乏对商务模式全貌的牢固把握。当专家共同描绘一个商务模式的时候，参与其中的任何人都能理解商务模式的各个组成元素，并对元素之间的内在联系建立共同的理解。

3. 探索创意

（1）灵感触发器。商务模式画布有点像艺术家的画布。当一位艺术家开始作画时，他常常已经有了一个模糊的概念——但在大脑里还不是具体的图画，这个概念并非从画布的某个角落开始然后顺序构图，而是从任何冒出灵感火花的地方开始，并有组织地构图。正如毕加索所说：“我从一个创意开始，然后这个创意变成了其他东西。”毕加索只把创意看作是出发点而不是别的什么东西，他知道这些创意在它们发展期间一定会引入其他新事物。构建商务模式也没什么不同。位于商务模式画布中的创意会引发更多新的创意。画布成为促进创意对话的工具——每个人描绘自己的创意，并与团队一起开发新的创意。

（2）演示。视觉化的商务模式还提供了演示的机会。用便利贴在墙上展示商务模式的各个要素。你可以与团队的其他成员开始讨论，如果去掉某一个元素或插入一个新元素，就会发生

什么？例如，对于你的商务模式来说，如果你去除盈利最少的客户细分群体会怎么样？你能这么做吗？或者你需要这个无利可图的群体来吸引那些有利可图的客户细分群体吗？如果去除不盈利的细分群体，能否让你减少资源、降低成本并改善针对可盈利客户细分群体的服务？商务模式的视觉化可以帮助你彻底思考修改某个商务模式元素后所带来的系统性影响。

4. 促进交流

（1）建立全企业范围内的共同理解。当讨论一个商务模式及其重要元素的时候，一图胜千言。组织中的每个人都需要了解企业的商务模式，因为每个人都可能对商务模式的改善做出贡献，进而改良其商务模式。最起码，员工之间需要建立对商务模式的共同理解，这样他们才能朝着同一个战略方向前进。视觉化的描述正是建立这种共同理解的最好方法。

（2）内部推销。在组织中，创意和计划通常需要"推销"给内部各个层面的成员，并获得他们的支持或资助。一个有效视觉化的故事可以弥补你的差距，并能为你赢得更多的共识以及支持你创意的机会。使用图像而不是文字来讲述商务模式故事更加有效，因为人们可以立刻理解图像所包含的信息。良好的图像可以很容易地表达组织的现状，需要做什么、如何才能做到、未来可能是什么样子的等。

（3）外部推销。正如员工必须在内部推销创意一样，企业家也必须把那些基于新商务模式的计划推销给（外部）其他伙伴，例如投资者或者潜在的合作者。强有力的视觉效果将大幅提升你成功的机会。

7.4 原型制作

对于开发全新的商务模式来说，原型制作（Prototyping）是一个强有力的工具，与可视思考一样，原型制作也可以让概念变得具体，促进新创意的探索。原型制作来自设计和工程领域，在这些领域中，原型制作被广泛地用于产品设计、架构和交互设计。尽管术语一样，但产品设计师、建筑师和工程师对什么是原型制作有不同的理解。我们则把原型看作未来潜在的商务模式实例。

1. 为什么采用原型制作？

如果过快专注于一个创意，你就会迷上它。如果急于精雕细琢某个创意，你就会变得依附于它，很难保持不断探索、不断寻找更好创意的方向。对于那些不成熟的早期模型尤其要审慎小心。

商业人士第一眼看到商务模式原型时，都倾向于关注它的物理形态或它的物理表象。但是把它看作模型的某种事物，或者模型本质的概况，才是人们原本想做的事情。在为一个具体的商务模式提供原型之前，认真考虑大量的基础原型和基础商务模式可行性是有必要的。刨根问底的精神对于设计人员来说是关键的问题，所以我们称之为设计态度。设计态度的作用包括有强烈的意愿寻觅原始理念，并快速抛弃它们，花大量的时间检验各种理念的可行性，然后从中选取少量理念精雕细琢，不断地接受不确定性，甚至某一方向的设计理念日渐成熟。设计态度要求人们转变思维方式，从简单决策转向创造可供选择的方式。

原型是一个思维工具，可以帮助我们探索不同的方向。例如，如果我们增加一个客户细分群体对商务模式意味着什么？消除高成本资源将会是怎样的结果？如果赠送一些产品或服务，用一些更具创新性的产品或服务代替现在的收入来源将会意味着什么？原型是我们思考结构、关系和逻辑的问题，相比讨论来说，原型互动更能产生创意。

2. 不同程度的原型

（1）概括和抛出一个粗略的想法。绘制一个简单商务模式画布。使用价值主张、客户细分和收入来源 3 个要素描述这个想法——列举出所有产品和服务清单，以及与产品和服务相对应的客户细分群体。

（2）探索让这个想法可行的方法。绘制一个更加详细的画布，探索可以让这个商务模式可行的所有要素，考虑价值主张、客户细分和渠道通路之间的关系。

（3）检查想法的可行性。把详细的画布转变为电子表格来评估模型的盈利潜力；加入销售渠道数、产品和服务定价、开发每个客户细分群体成本和开发每个销售渠道收益等数据；测试基于不同假设的财务场景，比如增加一个产品或服务元素，收入增加多少、成本增加多少等。

（4）调查客户的接受度和可行性。邀请潜在客户细分群体的候选人试用，测试价值主张、渠道通路和定价机制的可行性。

3. 不同程度的原型制作过程

原型制作过程如图 7-5 所示。

采用随手可得的纸素描

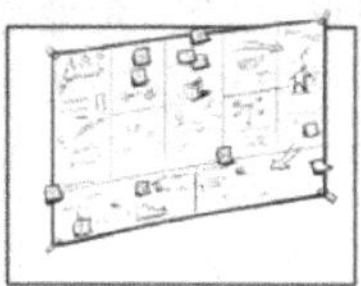

绘制画布

预估案例

实地测试

图 7-5 原型制作过程

（1）采用随手可得的纸张素描出创意构思，概括和抛出一个粗略的想法。着重概括想法，包含价值主张和主要的收入来源。

（2）采用绘制画布来探究构思，探索怎样才能让这个想法可行。绘制更详细的画布，探索可以让这个商务模式可行所需的所有元素。然后绘制出完整的画布，考虑其业务逻辑，评估市场潜力，理解各种构造块之间的关系，做些基本事实检查。

（3）在计算机上制作模式原型，检查想法的可行性。把详细的画布转变为电子表格来评估模型的盈利潜力，输入关键的数据，计算成本和收入，评估，测试基于不同假设的财务场景。

（4）模式原型的现场测试，调查客户的接受度和可行性。为新的模式准备一个站得住脚的商业案例，在实地测试时，包括预期的和实际的客户，测试价值主张、渠道、定价机制或者市场中的其他要素。

7.5 故事讲述

7.5.1 故事讲述的价值

做家长时，我们会讲故事给孩子听，有时甚至讲那些我们小时候听过的故事；同事间，我们私下讨论公司里最近的小道新闻；朋友间，我们相互分享生活中的点滴。奇怪的是，恰恰当我们的身份变成企业家的时候，我们却回避了讲故事。在商业世界里，讲故事会让新的商务模式变得更形象生动。

本质上，新颖而富有创意的商务模式经常是晦涩难懂的，它们通过全新的方式组合各种元素，挑战现行的模式，它们迫使听众打开思路，去接受这些新的可能。面对这些陌生模式，听众很有可能会产生本能的抵触。所以，把新的商务模式呈现出来，而又不招致抵触情绪，呈现的方法就变得至关重要。就像商务模式画布帮助你绘制和分析新模式一样，讲故事能帮助你有效地表达新的商务模式和理念。好的故事能引起听众的兴趣，所以讲故事是一种理想的工具，为我们深入讨论商务模式和其内在逻辑预热。讲故事其实是利用了商务模式画布的说明能力，打消我们对未知事物的疑虑。

7.5.2 为什么要讲故事

1. 介绍新事物

新的商务模式创意在公司的任何一个地方都能涌现出来。有些想法可能很棒，有些可能一般，还有些可能根本不可行。即使是极优秀的商务模式，要想得到各级管理层的认可，最终被采纳为公司的发展战略，也颇费周折。所以，有效地向管理层推销新的商务模式创意变得至关重要。这时，便是靠讲故事一展身手的时候了。虽然管理层最终只对数字和事实感兴趣，但讲一个恰到好处的故事绝对可以博得他们的关注。要想不拘泥于细节，而又能快速地勾勒出一个创意的雏形，讲一个好的故事是一种可以让人信赖的方式。

2. 推销给投资者

假设你是个创业家，你得经常把你的想法或是商务模式推销给投资者，或者一些潜在的股东。不要把自己公司夸成下一个 Google，投资者不会相信。投资者和其他一些利益相关者真正想知道的是：你会如何为客户创造价值？在创造价值的过程中，你是如何盈利的？这些问题才是你的故事背景。着手筹备商业计划之前，通过讲故事的方式来介绍你的商务模式是最理想的。

3. 鼓励员工参与其中

在一个公司从现有商务模式过渡到一个新商务模式的过程中，公司必须说服和鼓励员工参与其中。员工需要对新的商务模式有一个清晰的认识，理解新商务模式对于他们的意义。在这方面，传统的以文字为主的幻灯片展示效果始终不太好。用一个吸引人的故事作为背景介绍（辅以幻灯片、图画以及其他一些技巧），能够更好地调动听众的积极性，赢得人们的注意力和好奇心，为下一步的细节讨论开个好头。

4. 让新创意不再抽象

形容一个全新的、未经考验的商务模式就如同文字单薄的工作者描述一幅画作。但是讲一个故事告诉我们这个商务模式是如何创造价值的，就如同用色彩装饰画布。就这样，新概念就又变得有形起来，而不再抽象了。

5. 要讲得清晰、易懂

讲一个故事来描述你的商务模式是如何为客户解决问题的，可以清楚明白地把你的整个想法介绍给听众。故事为下一步详细地介绍你的商务模式提供了很好的支持和认同。

6. 调动员工的积极性

比起逻辑，人类更容易被故事打动和吸引。将你的商务模式所包含的逻辑融入有趣的故事叙述中，能很容易地将听众引入新的未知领域。

7.5.3 设计故事

讲故事的目的，是要把一种新的商务模式以形象具体的方式呈现出来。故事的内容一定要简单易懂，主人公也只需要一位。结合观众的实际情况，你可以从不同的视角塑造一位不同的主人公。下面介绍两种可能的视角。

1. 公司视角

艾吉特（Ajit），32 岁亚马逊公司 IT 经理。艾吉特在亚马逊公司已经工作了 9 年多。他和同事在过去的几年里，加了无数夜班，开发出了业内一流的 IT 系统，支持维护着公司的电子商务业务。

艾吉特对他的工作感到自豪。和其订单处理系统一起，亚马逊强大高效的 IT 系统和软件开发能力为公司庞大的在线零售业务的成功提供了坚实的基础，公司在线业务也已经从书籍扩展到了家居产品。在 2008 年一年的时间里，亚马逊网站的购物者的点击量就超过 5 亿次。几年来，亚马逊在技术和内容上的累计投入也超过了 5 亿美元，其中绝大部分用在了电子商务的业务上。

令艾吉特兴奋的是，公司的业务范围已经远远超出了其传统的零售业务，亚马逊正在发展成为电子商务领域里最为重要的系统提供商之一。

通过其简单的存储系统（Amazon S3），亚马逊正在利用它的 IT 系统为其他公司提供价格极为低廉的在线数据存储服务。也就是说一家在线视频托管服务商可以把客户的视频存放在亚马逊的网络系统上，而不必购买和维护自己的服务器。类似地，亚马逊将其开发的弹性云计算技术（Amazon EC2）提供给外部客户使用。

外部人员认为亚马逊这样做是正在转移其在核心业务上的专注力，艾吉特非常理解这一看法。但对于一个公司内部员工而言，这种业务的多元化实在是顺理成章、理所当然的事。

艾吉特还记得四年前，他所在的小组投入大量的时间精力来整合负责公司 IT 系统的网络工程小组和负责公司多个关联网站的程序应用小组。为此，他们决定在这两层结构间，建立一层叫作程序应用界面（API.S）的中间层，这样可以极大地方便程序应用小组在公司 IT 系统上的工作。艾吉特还完全记得他们是什么时候才意识到这种界面不仅适用于公司内部，对于外部客户也十分有用。在杰夫 • 贝索斯（Jeff Bezos）的领导下，亚马逊决定开辟出一块能为公司带来巨大收入来源的新业务。随即，亚马逊开放了其程序应用界面，把亚马逊的 Web 服务（Web Services）以付费的方式提供给外部客户。由于亚马逊本身业务就需要去设计、建立、实施和维护这些系统，把它们提供给第三方使用自然也就不是外界传闻的“术业不专”了。

2. 客户视角

兰迪（Randy），41 岁，网络创业者。在软件行业里摸爬滚打了 18 年后，他开始了第二次创业，提供在线企业软件服务。他工作的头 10 年都在大型的专业软件公司里度过，后 8 年则在新兴网络公司里。

在他整个的职业生涯里，长期困扰他的一个问题就是如何恰当地投资网络基础设施。对他而言，运行服务器为客户提供服务只是一般的商品交易而已，但问题的关键在于，系统基础设施的投入耗资巨大。对于新兴创业公司而言，严格的预算管理至关重要，当然也就不可能在服务器上投入过多的资金。

在为企业客户提供服务时，最好能有一套强有力的 IT 系统来支持公司的业务运行。这也解释了为什么当兰迪的一个在亚马逊工作的朋友告诉他亚马逊新推出的 IT 系统业务时，他会如此地兴奋着迷。亚马逊推出的新服务解决了一直困扰兰迪的难题：将他提供的服务建立在一流的 IT 系统上，而且还能随时调整业务规模，但只支付公司实际使用的系统设施。这就是亚马逊 Web 服务真正提供给客户的产品。借助亚马逊的快捷存储系统（Amazon S3），兰迪可以通过亚马逊程序应用界面（API）接入其主体系统，把他公司的应用程序存储在亚马逊的服务器上。亚马逊的弹性云计算技术也是如此。兰迪不必建立和维护自己的系统就能提供企业应用服务。他要做的仅仅只是接入亚马逊系统，使用其强大的计算能力，并按时数支付一定的服务费而已。

他立刻明白为什么提供这些价值的是一家电子零售巨人，而非 IBM 或埃森哲（Accenture）。为了在全球范围内每天不间断地为亚马逊在线零售业务提供服务，亚马逊建立并维护着其庞大的基础设施，这也是它的真正核心竞争力。而更进一步把这套系统提供给其他企业，对公司也没造成什么巨大的资源消耗。而且自从亚马逊涉足利润率极低的零售业以来，低成本、高效率运作一直是其商业理念，这也解释了为什么它的 Web 服务价格会如此低廉。

7.5.4 技巧

要把故事讲得吸引人的技巧有许多，每种技巧也有其优势和劣势，适用于不同的场合和听众。在了解了谁是你的听众、你会出席什么场合后，再来选择一种匹配的讲故事的技巧，见表 7-2。

表 7-2 讲故事的技巧

	谈话和图画	视频片段	角色扮演	文本和图画	连环图画
描述	用一幅或者几幅图画讲述主人公的故事和他所处的环境	借助视频讲述主人公的故事和他所处的环境，模糊现实和虚构的界限	让人们扮演故事中主人公的角色，呈现真实而具体的商业场景	用文字和图画来讲述主人公的故事和其所处的环境	用一系列的连环图画来生动具体地讲述主人公的故事
何时？	小组或会议报告	面向大批观众的广播或内部讨论事关财务状况的决策	在有参与者介绍新设计的商务模式的研讨会上	面向大批观众的报告或广播	面向大批观众的报告或广播
时间和成本	低	中到高	低	低	低到中

活动过程：

（1）绘制出你的商务模式。绘制出一个简单文字版的商务模式；由个人或小组完成在单个便利贴上写上商务模式的每个元素。

（2）画出每个商务模式元素。将每个元素的文字便利贴，改为用绘图方式的便利贴。图像要简单，忽略细节，不必讲究绘图质量。

（3）设定故事情节。尝试不同的路径安排便利贴的顺序，可从客户细分开始，也可从价值主张开始。

（4）讲述故事。一张一张便利贴地讲述商务模式。

7.6 情景推测

在新商业模型的设计和原有模型的创新上，情景推测（Scenarios）能起到很好的作用。同可视思考、原型制作、故事讲述一样，情景推测把抽象的概念变成具体的模型。它的主要作用就是通过细化设计环境，帮助我们熟悉商业模型设计流程。

有两种类型的情景推测。

第一种情景推测描述的是不同的客户背景：客户是如何使用产品和服务的？什么类型的客户在使用它们？客户的顾虑、愿望和目的分别是什么？这种建立在客户洞察之上的情景推测更进一步把对客户的了解融入一组独特、具体的图像。通过描述特定的场景，关于客户的情景推测就能把客户洞察具体形象地表现出来。

第二种情景推测描述的是新商务模式可能会参与竞争的未来场景。这里的目的并不是要去预测未来，而是要具体形象地草绘出未来的各种可能情况。这种技巧训练能帮助创新者，针对未来不同的环境设计出最为恰当的商务模式。在这一领域的商业战略文献中，都称这种技巧为情景规划。在商业模型的创新中，运用这种情景规划技巧迫使我们去思考商务模式在特定的环境下可能的演变趋势，这样加深了我们对于模式的认知和可能有必要调整的理解。最为重要的是，它帮助我们更好地来迎接未来的商业环境。

客户情景推测可以在商务模式设计中引导我们做出正确选择，帮助我们解决诸如此类的问题：哪种渠道通路最为恰当？与客户建立什么样的关系效果最佳？客户最愿意为哪种问题解决方案掏腰包？一旦针对不同的客户细分群体设计出不同的情景模式，我们便可以问一下自己，某种单一的模式能够应对所有的这些客户细分群体吗？是否我们需要针对不同的客户细分群体做一些调整呢？

下面三种情景推测的商务模式探索创意，都是基于卫星定位系统（GPS）的地区地图服务，如图 7-6 所示。这些情景推测涉及了商业模型的设计，但在一些环节上，如价值主张、渠道通路、客户关系、来源等，都保留了广阔的讨论空间。这些关于商务模式创新和设计的情景推测，都是从一个移动服务运营商的视角展开的。

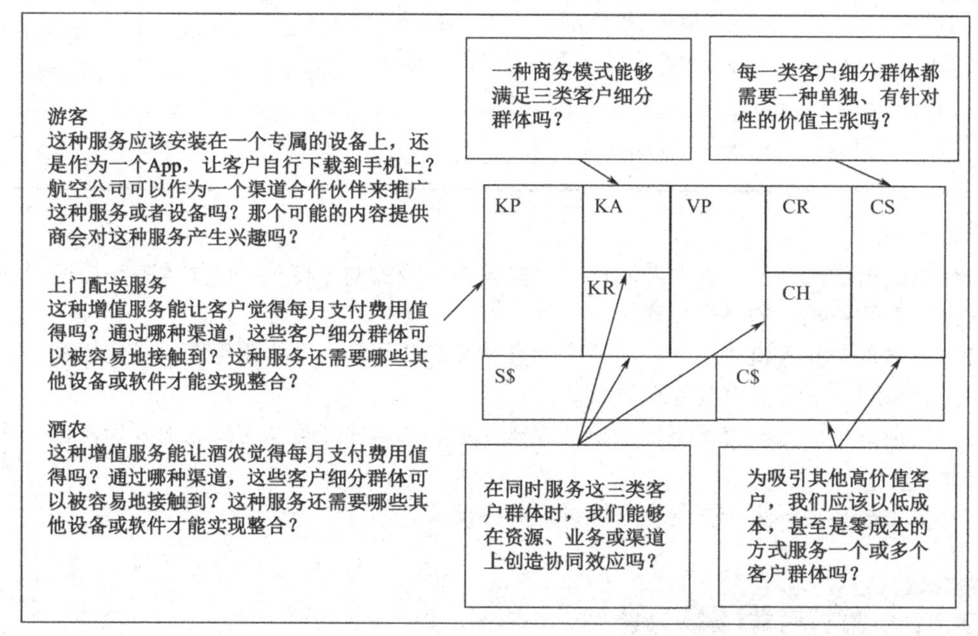

图 7-6　情景推测的商务模式探索创意

1. 游客

戴尔和罗丝利用一个长周末去巴黎旅游了一趟，他们对这次故地重游异常兴奋，因为距他们上一次巴黎蜜月之旅已经相隔了 25 年。他们是在两个星期前才临时决定搞这么一次小旅行，暂时远离一下日常的工作和家庭生活，走之前还把他们的 3 个孩子留在了波特兰的父母家中。由于行程仓促，他们没什么时间和精力准备具体的行程计划，所以他们大胆地决定冒险一次。出人意料的是，在航班的杂志上，他们看到了一篇文章，介绍的是一种新型的基于 GPS 的手机电子导游服务，夫妻俩立刻被深深地吸引住了。戴尔和罗丝这两个新技术的狂热粉丝，等飞机

在戴高乐机场一落地，就决定试试这种新服务。在为他们量身定制的路线引导下，他们幸福地游览着巴黎的各个景点。在整个行程中，他们没有求助过一位当地导游。他们特别喜欢这个内置的语音电子导游，当他们接近一个景点时，这个小装置就会显示一些背景故事和知识的资料。在回程的航班上，戴尔和罗丝萌生了退休以后到巴黎去安度晚年的想法。他们俩彼此会心一笑，思考着他们在巴黎使用的那个小东西能不能帮他们适应以后在法国的生活。

2. 上门配送服务

汤姆一直梦想着拥有自己的公司。他深知这绝非易事，但如果能为梦想和激情而活，即使挣得少些、工作得累些，他也觉得值。

汤姆热衷于电影。他简直就是一本电影知识的百科全书，这也是他的（DVD 上门配送服务）客户最欣赏他的地方。在上门配送之前，客户可以向他询问演员、拍摄技巧或是任何关于电影的问题。

在日益激烈的在线服务竞争面前，汤姆的生意非常不好做。但汤姆发现使用他的移动通信服务商提供的 GPS 配送服务，他就可以提高工作效率，改善服务质量。只需支付一点服务费，他的手机就能很容易安装上这种能够整合客户关系管理的软件。通过帮助汤姆设计更好的配送路线，该软件为汤姆节省了很多时间，这款软件甚至还能把汤姆和两个周末业务繁忙时才过来帮忙的助手的手机整合到一起。汤姆明白他的小生意不可能让他发财，但也不至于差到迫使他重回公司讨生活。

3. 酒农

亚历山大的父亲从他的祖父那里接手了葡萄园，如今，这个家族产业传到了他的手里。亚历山大的祖辈从瑞士移民来到了美国，从事葡萄酒生意。家族生意的继承绝非易事，但亚历山大却很享受祖辈传下来的生意，他还试图对他家族的葡萄种植生意做一些小创新。他的最新发现是一种安装在手机上的操作简便的土壤管理软件。虽然软件并非专门为酒农设计，但软件的设计却恰如其分，十分符合亚历山大的需求。这个应用程序将他的工作计划有序地联系起来，换句话说，就是他有个基于 GPS 的工作清单，这样他就知道应该在什么时候、什么地方检查土质或葡萄的质量。现在，他在考虑如何把这个软件推荐给他的一些管理人员。但美中不足的是，只有管理团队的每位成员都更新土壤和葡萄质量的数据库，这个应用程序才能发挥其作用。

7.7 商务模式设计的 5 个阶段

商务模式设计流程大体分为动员、理解、设计、实施、管理 5 个阶段。

（1）动员阶段。为商务模式设计项目搭建平台，做好准备工作。要聚集起所有需要的元素，营造出一个急需新商务模式的氛围，说明创新项目的动机，建立一套描述、设计和分析讨论商务模式的公共语言。用到的工具有商务模式画布、故事讲述。

（2）理解阶段。研究和分析商务模式设计所需要的元素。商务模式设计团队需要全情投入相关信息中，包括客户、技术和环境。需要手机信息、访谈专家，研究潜在客户，发现需求和问题。可用的工具有商务模式画布、商务模式式样、客户洞察、可视思考、情景推测、商务模式环境、商务模式评估等。

（3）设计阶段。构建和测试可行的商务模式可选方案，并挑选最佳方案，或进行方案排序。本着调研探索的精神，把前一阶段中获得的信息和想法转化为商务模式原型，并进行不断的探索和测试。在反复密集的商务模式探究后，选出最符合要求的商务模式设计。可用的工具有商务模式画布、商务模式式样、创意构思、可视思考、原型制作、情景推测、商务模式评估、商务模式视角下的蓝海战略、管理多个商务模式等。

（4）实施阶段。在实际环境中实施挑选出来的商务模式原型。可用的工具有商务模式画布、可视思考、故事讲述、管理多个商务模式等。

（5）管理阶段。结合市场反馈来调整和修改商务模式，实现持续优化。建立生命周期管理架构来持续不断地监督、评估、调整和优化商务模式。可用的工具有商务模式画布、可视思考、情景推测、商务模式环境、商务模式评估等。

第 8 章　电子商务策划书的编写

8.1 电子商务策划书的计划

一个好的电子商务策划书要具备如下 5 个方面的说明，以便向各利益相关者提供确切的评判依据，以免之后的项目失败。导致目前不少电子商务项目不成功，或者有一个轰轰烈烈的开头，而没有良好的后续的原因，就在于没有一个好的电子商务策划书。

1. 商业说明

给出各方从这个项目能获得什么（价值主张），项目的市场定位及细分，需要什么样的核心资源，竞争力在什么地方，项目的收益，这样才能使有关人员凭借自己的数据和经验评估这个项目。

2. 需求规约

给出这个项目的内涵和外延。说明这个项目要做到什么样的深度，做到什么样的广度；哪些可以做，哪些不该做；哪些第一阶段做，哪些后续阶段做。也就是要使人知道得到的究竟是一个什么样的系统。

3. 系统架构

给出这个系统如何构造，它的先进性处于什么样的档次，将来有什么样的升级可能，未来的运行维护会有哪些持续性的投入。

4. 可行性分析

让人明白这个项目可能的投入产出情况，风险在哪里，有多大。使人有一个承受力预估。

需要说明的是，电子商务项目不仅是商务，还是一个运行在网络上的信息系统，因此，它少不了信息技术。一份好的电子商务策划书不应该是从网络上下载的，应是建立在翔实数据的调查、研究、分析的基础上，并针对各方实际情况提出的，有创意、有创新的，包括商务和技术的说明。

同样还想说明的是，潦草的电子商务策划书会使项目后期的损失更大。因此，前期投入一定资金和资源是极其必要的。

8.2 电子商务策划书的提纲

电子商务策划书的提纲样例如下。

电子商务策划书

<table>
<tr><td rowspan="4">文件状态：
[√] 草稿
[ ] 正式发布
[ ] 正在修改</td><td>当前版本：</td><td></td></tr>
<tr><td>作　　者：</td><td></td></tr>
<tr><td>ID：</td><td></td></tr>
<tr><td>完成日期：</td><td></td></tr>
</table>

1　　引言

1.1　各部分编写人员

1.2　目的

1.3　范围

1.4　假设和有待解决的问题

1.4.1　假设

1.4.2　存在的问题

1.5　定义和缩略语

1.6　引用文件和参考资料

1.7　组织、角色和职责

组织	角色	职责

2　　商务模式

2.1　功能性描述

2.2　价值主张

2.3　市场定位及市场划分

2.4　收益模式

2.5　核心能力

2.6　价值链网络结构及其定位

2.7　业务流程

3　　需求规约

3.1　概述

3.1.1　系统目标（Goals and Objectives）

Overall goals and software objectives are described.描述总体目标和软件的主要内容。

3.1.2　范围（Statement of Scope）

A description of the software is presented. Major inputs, processing functionality and outputs are described without regard to implementation detail.该软件的描述。描述主要输入、处理功能和输出而不考虑实现细节。

3.1.3　软件环境（Software Context）

The software is placed in a business or product line context. Strategic issues relevant to context are discussed. The intent is for the reader to understand the “big picture”. 该软件位于业务或产品线上下文中。讨论与背景相关的战略问题。目的是让读者理解“大局”。

包括以下3个方面。

运行环境

开发环境

部署的考虑（方法、配置）

3.1.4　主要约束（Major Constraints）

Any business or product line constraints that will impact the manner in which the software is to be specified, designed, implemented or tested are noted here. 此处说明会影响软件指定、设计、实施或测试方式的任何业务或产品线约束。

3.2　使用场景（Usage Scenario）

This section provides a usage scenario for the software. It organized information collected during requirements elicitation into use-cases. 本节提供了该软件的使用场景。它组织需求识别期间收集的信息到用例中。

3.2.1　用户配置文件（User Profiles）

用户配置文件是用户在登录时定义系统加载所需环境的设置和文件的集合。它包括所有用户专用的配置设置，如程序项目、屏幕颜色、网络连接、打印机连接、鼠标设置及窗口的大小和位置。

The profiles of all user categories are described here. 此处描述了所有用户类别的配置文件。

3.2.2　用例（Use-Cases）

注：需要学习 UML（统一建模语言）部分知识

All use-cases for the software are presented.介绍了软件的所有用例。

- *Full Control (Administrator)*
- *Read/Write/Modify All (Manager)*
- *Read/Write/Modify Own (Inspector)*
- *Read Only (General Public)*

3.2.3　特定使用考虑（Special Usage Considerations）

Special requirements associated with the use of the software are presented. 提供了与使用该软件相关的特殊要求。

3.3　数据模型和描述（Data Model and Description）

This section describes information domain for the software. 本节介绍了该软件的信息域。

数据描述（Data Description）

Data Description describe the data objects that will be managed/manipulated by the software. 由数据描述是描述由软件管理/操纵的数据对象。

3.3.1　数据对象（Data Objects）

Data objects and their major attributes are described. 描述数据对象及其主要属性

3.3.2　关系（Relationships）

Relationships among data objects are described using an ERD- like form. No attempt is made to provide detail at this stage. 数据对象之间的关系用类似实体关系图（ERD）的形式来描述。在这个阶段，不必提供细节。

3.3.3　完整的数据模型（Complete Data Model）

An ERD for the software is developed 被开发软件的实体关系图（ERD）。

3.3.4　数据字典（Data Dictionary）

A reference to the data dictionary is provided. The dictionary is maintained in electronic form. 提供引用的数据字典，它以电子表形式保存。

3.4　功能模型和描述（Functional Model and Description）

A description of each major software function, along with data flow or class hierarchy (OO) is presented. 提供了主要软件功能的每个描述，以及数据流或类层次结构（面向对象）。

3.4.1　总体说明（General Description）

抽象出并确立目标系统的逻辑模型（图示＋说明）

3.4.2　每项功能的说明（Description for Function）

A detailed description of each software function is presented. 提供了每个软件功能的详细描述。

3.5　行为模型和描述（Behavioral Model and Description）

A description of the behavior of the software is presented. 描述了该软件的行为。

3.5.1　软件行为描述（Description for Software Behavior）

A detailed description of major events and states is presented in this section. 本节介绍了主要事件和状态的详细说明。

3.5.2　状态图（State Transition Diagrams）

Depict the overall behavior of the system.描述了系统的总体行为。

3.5.3 控制说明（Control Specification CSPEC）

Depict the manner in which control is managed by the software.描述了软件管理采用哪种控制方式。

4 系统架构

4.1 系统总体架构设计

4.2 系统网络架构

4.2.1 总体架构

4.2.2 广域网

4.2.3 局域网

4.2.4 网络安全

4.3 系统硬件架构

4.3.1 服务器

4.3.2 备份恢复与容灾

4.4 系统软件架构

4.4.1 开发环境的配置

4.4.2 运行环境的配置

4.4.3 测试环境的配置

4.5 系统部署考虑

4.6 人员组织规划

4.7 总结

5 可行性分析

5.1 现有系统的分析

5.2 建议系统描述

5.3 成本分析（投入）

5.4 收益分析（产出）

5.5 投资收益比

5.6 风险分析

6 总结

附表 1：硬件设备和软件购置清单

项目名称/子项目名称： 单位：万元

序 号	设备及软件名称	主要性能指标	参考品牌及型号	所属系统及部署位置	单 价	数 量	总 价	说 明
	总计：							
1	硬件设备							
1.1	网络设备							
1.1.1								
……								
	小 计							
1.2	服务器和计算机设备							
1.2.1	服务器							
1.2.2	计算机							
……								
	小 计							

1.3	存储设备							
1.3.1								
……								
	小　计							
1.4	安全设备							
1.4.1								
……								
	小　计							
1.5	其他设备							
1.5.1								
……								
	小　计							
2	软件							
2.1	系统软件							
2.1.1	操作系统							
2.1.2	中间件							
2.1.3	工具软件							
2.1.4	数据库软件							
……								
	小　计							
2.2	应用软件							
2.2.1								
……								
	小　计							
2.3	安全软件							
2.3.1								
……								
	小　计							
3	标准规范							
3.1								
……								
	小　计							

附表 2：应用系统定制开发工作量核算表

序　号	应用系统名称	工作量核算（人/月数）				单　价	总　价
		需求分析和建模	程序开发	软件测试	应用推广	（万元）	（万元）
1	应用系统 1						
1.1	子系统 1						
1.1.1	功能模块 1						
1.1.2	功能模块 2						
……							
	小计						

2	应用系统 2						
2.1	子系统 1						
2.1.1	功能模块 1						
2.1.2	功能模块 2						
……							
	小计						
……							
	总计						

附表 3：项目投资估算表

项目名称：　　　　　　　　　　　　　　　　　　　　单位：万元

序　号	费 用 名 称	投资概算金额			合　计	说　明
		分项目 1	分项目 2	分项目 3		
	总计：					
1	建筑工程费					
1.1	机房建设或改造费					
1.2	机房设备购置费					
1.3	配套设施建设费					
……						
	小计：					
2	硬件设备购置费					
2.1	网络设备					
2.2	计算机设备					
2.3	存储设备					
2.4	安全设备					
2.5	其他设备					
……						
	小计：					
3	软件购置费					
3.1	系统软件					
3.2	应用软件					
……						
	小计：					
4	系统集成费					
……						
	小计：					
5	其他工程和费用					
5.1	设计费					
5.2	工程监理费					
5.3	培训费					
5.4	标准规范					
5.5	其他					

	小计：					

说明：

1．系统集成费＝（硬件设备购置费＋系统软件购置费）×2%～5%。

2．项目设计费、监理费等均参照国家有关部门颁布的收费标准进行测算。

3．培训费分为业务培训费和技术培训费，需根据培训人数、培训天数、培训费标准进行测算；如果应用系统建设费中包含了应用培训内容，则培训费中应予以剔除。

4．对分项目或分地建设的项目在总表中以分项目 1、2 或地点 1、2 表示。

附表 4：系统运行维护费估算表

项目名称：

序　号	费 用 名 称	费用估算（元/年）
	合　计	
1	通信线路租费	
2	系统维护费	
3	设备维护费	
4	软件维护费	
5	系统运行耗材费	
6	动力消耗费	
7	其他费用	

·第3篇·

电子商务模式整合

在“京东-淘宝大战”“双11”“实体店上线”等轰轰烈烈的电子商务大战后，电子商务从价格大战、前台的疯狂营销，向后台深入到供应链。从而带动整个行业的联动，甚至是跨行业的互相拉动。

电子商务的深入发展，使得企业电子商务不断地跨组织整合，从过去的线性供应链结构变为网状结构，成为一种复杂系统。

第9章　电子商务的供应链结构

9.1 供应链整合

9.1.1 供应链整合概念

供应链（Supply Chain）一词源自“合作组织是如何联系在一起”的概念。供应链是指产品生产和流通过程中所涉及的原材料供应商、生产商、分销商、零售商以及最终消费者等成员通过与上游、下游成员的连接（Linkage）组成的网络结构。亦即由物料获取、物料加工，并将成品送到用户手中这一过程所涉及的企业和企业部门所组成的一个网络。供应链是原材料供应商由制造工厂和仓库直到最终消费者的物流、信息流、资金流和服务流。供应链还包括生产以及将产品、信息和服务交付给最终消费者的组织和过程。供应链涵盖了整个产品生命周期内所发生的全部活动，它涉及产品和服务，甚至包括涉及的组织和人力资源。供应链不仅是一条连接供应商到用户的物流链、信息链、资金链，而且是一条增值链，物料在供应链上因加工、包装、运输等过程而增加其价值，给相关企业带来收益。

供应链可由上游、组织内部和下游三部分构成。上游供应链包括制造商（制造厂、装配厂或者两者都有）与其供应商之间的活动，以及供应商与上级供应商（二级供应商）之间的连接，企业在上游供应链中的主要活动是采购；组织内部供应链包括组织内部将从供应商处获得的输入转化为输出的过程，这部分的主要活动是生产管理；下游供应链包括将产品交付给最终消费者所涉及的活动，这部分主要涉及分销、仓储、运输和售后服务。

供应链的发展适应了社会创新整合的趋势，可以从 3 个方面来说明。

1. 全球一体化

整个世界的技术和经济的发展使得全球一体化的程度越来越高，跨国经营越来越普遍。就制造业而言，产品的设计可能在日本，而原材料的采购可能在中国大陆或者巴西，零部件的生产可能在中国台湾、印度尼西亚等地同时进行，然后在中国大陆组装，最后销往世界各地。在产品进入消费市场之前，相当多的公司事实上参与了产品的制造，而且由于不同的地理位置、生产水平、管理能力，从而形成了复杂的产品生产供应链网络。这样的一个供应链在面对市场需求波动的时候，一旦缺乏有效的系统管理，“牛鞭效应”在供应链的各环节中必然会被放大，从而严重影响整个供应链的价值产出。而工业革命以来，全球的产品生产日益丰富，消费者拥有了越来越多选择产品的余地，而技术上的进步则带来了某些产品（如电子类产品）的不断更新升级。缩短的产品生命周期导致了产品需求波动的加剧。市场供求格局对供应链适应能力的要求达到了前所未有的高度，在生产管理领域，面向需求的“拉式”生产理论、JIT 制造理论、柔性生产理论等纷纷被提出，且已进入了实践阶段。

2. 横向产业模式的发展

在 IT 领域，20 世纪 70 年代，由 IBM 等巨头垄断。到 80 年代，IBM 公司将 PC 微型机的体系结构公布，并将 CPU 制造、操作系统开发外包给了 Intel、Microsoft 等公司，成就了许多公司，也产生了像 Compac 等诸多兼容机制造商。随着计算机向各个领域的渗透，计算机的制造由一家独大的垄断性公司分裂成了由众多专业小公司构成的供应链生产方式。同样，在 80 年代，汽车产业领域也开始发生了变革，汽车零部件供应商脱离了整车生产商而逐渐形成了零部件制造业的一些巨头。这种革命性的模式变革在整个世界范围内逐渐进行，人们意识到现在已经不可能由一家庞大的企业控制着从供应链的源头到产品分销的所有环节，而是在每个环节，都有一些企业占据着核心优势，并通过横向发展扩大这种优势地位，集中资源发展这种优势。而现代供应链则由这些分别拥有核心优势的企业环环相扣而成。同时企业联盟和协同理论正在形成，以支撑这种稳定的链状结构的形成和发展。

3. 企业再造

1990 年，美国麻省理工学院计算机教授迈克尔·哈默（Michael Martin Hammer）和 CSC 顾问公司的杰姆斯·钱皮（James Champy）联名出版了《企业流程再造工商管理革命宣言》。该书一针见血地指出了当今组织管理制度中的弊端——部门条块分割和森严的等级制度，并给出了业务流程再造（Business Process Reengineering，BPR）的概念，期望打破部门界限，重塑企业流程。而这个时代正是信息技术发展突飞猛进的信息时代，信息时代的最大革命就是计算机网络的应用，计算机网络带来的最大变革就是共享。人们认识到部门间的界限是由于知识和数据资源的垄断带来权利的垄断所造成的，而计算机技术通过信息共享，透明化了企业内部流程的运作，打破了这种垄断。在早期的 ERP 项目实施中，由于没有意识到信息技术与管理组织变革之间的关系，而遭遇到了失败。今天我们谈到信息化，一般都会有意识地提到 BPR，这就是观念上的进步。而 ERP 毕竟只是打通了企业自身的关节，面对全球一体化浪潮和横向产业模式的发展，企业也已经意识到自身处在供应链的一个环节之上，就需要在不断增强自身实力的同时，增强与上下游之间的关系，这种关系是建立在相互了解、协同作业的基础之上的，只有相互为对方带来源源不断的价值，这种关系才能够永续。在 2002 年，钱皮又灵光闪现，将此归结为《企业 X 再造》，为企业向外部拓展过程中如何突破跨组织之间的各种界限出谋划策。随着互联网技术的发展，这种共享、协作的观念也一起跨出企业。我们今天所谈及的供应链管理（Supply Chain Management，SCM）正是为了实现这种观念而进行的一次实践。

供应链整合了企业内部，并进一步发展成跨组织的整合。现今供应链发展到了全球性的整合，出现了全球供应链。

“全球供应链是实现一系列分散在全球各地的相互关联的商业活动，包括采购原料和零件、处理并得到最终产品、产品增值、对零售商和消费者的配送、在各个商业主体之间交换信息，其主要目的是降低成本扩大收益。”（Hishleifer，1956）全球供应链是指在全球范围内组合供应链，它要求以全球化的视野，将供应链系统延伸至整个世界范围，根据企业的需要在世界各地选取最有竞争力的合作伙伴。全球供应链管理强调在全面、迅速地了解世界各地消费者需求的同时，对其进行计划、协调、操作、控制和优化，在供应链中的核心企业与其供应商以及供应商的供应商、核心企业与其销售商乃至最终消费者之间，依靠现代网络信息技术支撑，实现供应链的一体化和快速反应，达到商流、物流、资金流和信息流的协调通畅，以满足全球消费者需求（肖伟，赖明，2009）。

案例——沃尔玛公司供应链管理分析

供应商是沃尔玛唇齿相依的战略伙伴。早在20世纪80年代，沃尔玛采取了一项政策，要求从交易中排除制造商的销售代理，直接向制造商订货，同时将采购价格降低2%～6%，相当于销售代理的佣金数额，如果制造商不同意，沃尔玛就拒绝与其合作。沃尔玛的做法造成和供应商的关系紧张，一些供应商为此还在新闻界展开了一场谴责沃尔玛的宣传活动。直到20世纪80年代末期，技术革新提供了更多督促制造商降低成本、削减价格的手段，供应商开始全面改善与沃尔玛的关系，通过网络和数据交换系统，沃尔玛与供应商共享信息，从而建立伙伴关系。沃尔玛与供应商努力建立关系的另一做法是给供应商在店内安排适当的空间做商品展示，有时还在店内安排制造商自行设计布置自己商品的展示区，以在店内营造更具吸引力和更专业化的购物环境。

沃尔玛把零售店商品的进货和库存管理职能转移给供应方（生产厂家），由生产厂家对沃尔玛的流通库存进行管理和控制。即采用生产厂家管理的库存方式（Vendor Managed Inventory，VMI）。沃尔玛让供应方与之共同管理运营沃尔玛的流通中心。在流通中心保管的商品所有权属于供应方。供应方对POS①信息和ASN②信息进行分析，把握商品的销售和沃尔玛的库存方向。在此基础上，决定什么时间、把什么类型商品、以什么方式、向哪些店铺发货。发货的信息预先以ASN格式传送给沃尔玛，以多频度小数量进行连续库存补充，即采用连续补充库存方式（Continuous Replenishment Program，CRP）。由于采用VMI和CRP，供应方不仅能减少本企业的库存，还能减少沃尔玛的库存，实现整个供应链的库存水平最小化。另外，对沃尔玛来说，省去了商品进货的业务，节约了成本，同时能集中精力于销售活动。并且，事先能得知供应商的商品促销计划和商品生产计划，能够以较低的价格进货。这些为沃尔玛进行价格竞争提供了条件。

另外，沃尔玛不仅等待上游厂商供货、组织配送，而且也直接参与到上游厂商的生产计划中去，与上游厂商共同商讨和制定产品计划、供货周期，甚至帮助上游厂商进行新产品研发和质量控制方面的工作。这就意味着沃尔玛总是能够最早得到市场上最希望看到的商品，当别的零售商正在等待供货商的产品目录或者商谈合同时，沃尔玛的货架上已经开始热销这

① POS（Point of Sale，销售时点信息系统）是零售业界为记录销售信息所使用的一种信息系统。

② ASN.1（Abstract Syntax Notation One）是一套标准，是描述数据的表示、编码、传输、解码的灵活的记法。它提供了一套正式、无歧义和精确的规则以描述独立于特定计算机硬件的对象结构。

款产品了。

沃尔玛还有一个非常好的系统，可以使得供应商直接进入沃尔玛的系统，叫作零售链接。任何一个供应商都可以进入这个系统来了解他们的产品卖得怎么样。他们可以知道这种商品卖了多少，而且可以在 24 小时之内就看到更新数据。供货商可以在沃尔玛公司的每一个店中，及时了解到有关情况。

沃尔玛的前任总裁大卫•格拉斯曾说过："配送设施是沃尔玛成功的关键之一，如果说我们有什么比别人干得好的话，那就是配送中心。"沃尔玛第一家配送中心于 1970 年建立，占地 6 000 平方米，负责供货给 4 个州的 32 家商场，集中处理公司所销商品的 40%。在整个物流中，配送中心起中枢作用，将供应商向其提供的产品运往各商场。从工厂到上架，实行"无缝链接"，平滑过渡。供应商只需将产品提供给配送中心，无须自己向各商场分发。这样，沃尔玛的运输、配送以及对于订单与购买的处理等所有的过程，都是一个完整的网络当中的一部分，从而大大降低成本。

随着公司的不断发展壮大，配送中心的数量也不断增加。现在沃尔玛的配送中心，分别服务于美国 18 个州约 2 500 家商场，配送中心约占地 10 万平方米。整个公司销售商品的 85%由这些配送中心供应，而其竞争对手只有 50%～65%的商品集中配送。如今，沃尔玛在美国拥有 100%的物流系统，配送中心已是其中一小部分，沃尔玛完整的物流系统不仅包括配送中心，还有更为复杂的资料输入采购系统、自动补货系统等。

供应链的协调运行是建立在各个环节主体间高质量的信息传递与共享的基础上。沃尔玛投资 4 亿美元发射了一颗商用卫星，实现了全球联网。沃尔玛在全球的门店通过全球网络可在 1 小时之内对每种商品的库存、上架、销售量全部盘点一遍，所以在沃尔玛的门店，不会发生缺货情况。20 世纪 80 年代末，沃尔玛开始利用电子数据交换系统（EDI）与供应商建立了自动订货系统，该系统又称为无纸贸易系统，通过网络系统，向供应商提供商业文件、发出采购指令，获取数据和装运清单等，同时也让供应商及时准确把握其产品的销售情况。沃尔玛还利用更先进的快速反应系统代替采购指令，真正实现了自动订货。该系统利用条码扫描和卫星通信，与供应商每日交换商品销售、运输和订货信息。凭借先进的电子信息手段，沃尔玛做到了商店的销售与配送保持同步，配送中心与供应商运转一致。

【案例简析】

本案例中，沃尔玛供应链管理的成功之处主要体现在 5 个方面：① 坚持"让顾客满意"的目标，消费者需求始终是沃尔玛供应链上最重要的环节；② 与供应商建立战略合作伙伴关系；③ 建立灵活高效的物流配送系统，以达到最大销售量和低成本的存货周转的目的；④ 通过高质量的信息传递与共享来实现供应链的协调运行；⑤ 减少供应链中的交易环节中制造商的销售代理，直接向制造商订货。（吴理门，2011）

9.1.2　SCOR 模型

SCOR 模型（Supply-Chain Operations Reference model，供应链运作参考模型）是由国际供应链协会（Supply-Chain Council）开发支持，适合于不同工业领域的供应链运作参考模型。

SCOR 是第一个标准的供应链流程参考模型，是供应链的诊断工具，它涵盖了所有行业。SCOR 使企业间能够准确地交流供应链问题，客观地评测其性能，确定性能改进的目标，并影响今后供应链管理软件的开发。流程参考模型通常包括一整套流程定义、测量指标和比较基准，以帮助企业开发流程改进的策略。SCOR 不是第一个流程参考模型，但却是第一个标准的供应

链参考模型。SCOR 模型主要由 4 个部分组成：业务流程重组、标杆设定、最佳业务分析、运作参考模型，如图 9-1 所示。

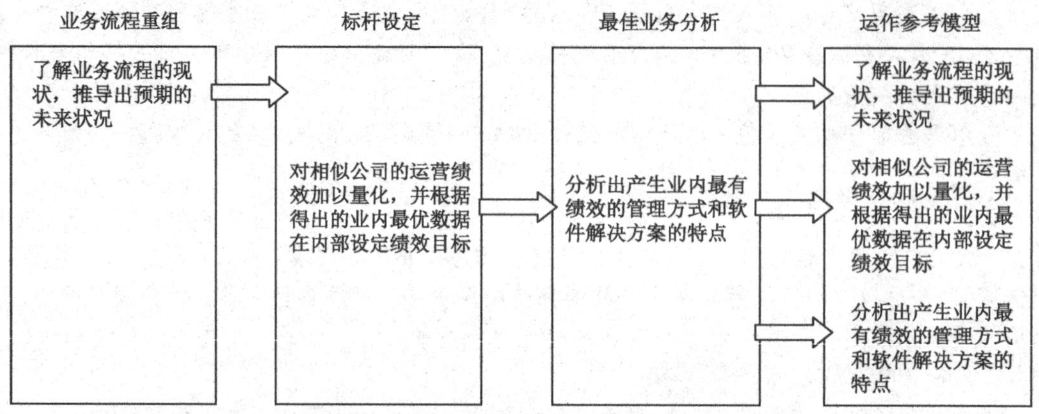

图 9-1　SCOR 流程参考模型

SCOR 模型把业务流程重组、标杆设定和流程评测等著名的概念集成到一个跨功能的框架之中。SCOR 是一个为供应链伙伴之间有效沟通而设计的流程参考模型，是一个帮助管理者聚焦管理问题的标准语言。作为行业标准，SCOR 帮助管理者关注企业内部供应链。SCOR 用于描述、量度、评价供应链配置：规范的 SCOR 流程定义实际上允许任何供应链配置、量度；规范的 SCOR 尺度能使供应链绩效衡量和标杆比较；供应链配置可以被评估以支持连续的改进和战略计划编制。

SCOR 模型按流程定义可分为 3 个层次，每一层都可用于分析企业供应链的运作。在第三层以下还可以有第四、第五、第六等更详细的属于各企业所特有的流程描述层次，这些层次中的流程定义不包括在 SCOR 模型中。SCOR 模型的第一层描述了 5 个基本流程：计划（Plan）、采购（Source）、生产（Make）、发运（Deliver）和退货（Return）。它定义了供应链运作参考模型的范围和内容，并确定了企业竞争性能目标的基础。企业通过对第一层 SCOR 模型的分析，可根据下列供应链运作性能指针做出基本的战略决策：

SCOR 模型建立在计划、采购、生产、配送、退货 5 个不同的管理流程之上，如图 9-2 所示。

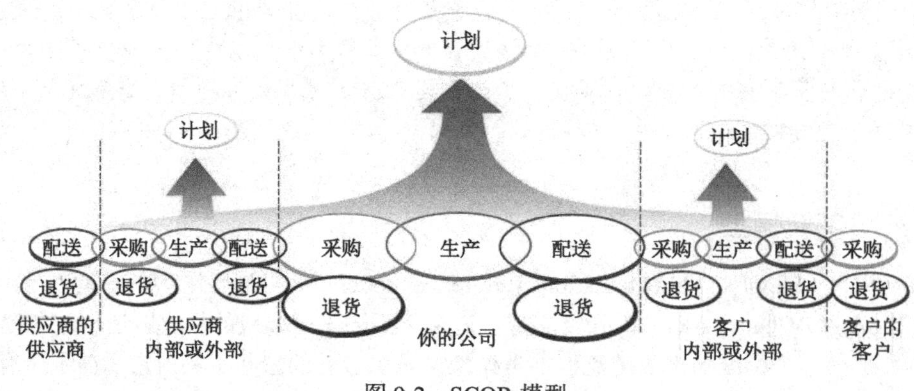

图 9-2　SCOR 模型

计划

需求/供应计划

- 评估企业整体生产能力、总体需求计划以及针对产品分销渠道进行库存计划、分销计划、生产计划、物料及生产能力的计划。
- 制造或采购决策的制定、供应链结构设计、长期生产能力与资源规划、企业计划、产品生命周期的决定、生产正常运营的过渡期管理、产品衰退期的管理与产品线的管理等。

采购

寻找供货商/物料收取

- 获得、接收、检验、拒收与发送物料。
- 供货商评估、采购运输管理、采购质量管理、采购合约管理、进货运费条件管理、采购零部件的规格管理。

原材料仓库管理

原材料运送和安装管理

- 运输管理、付款条件管理以及安装进度管理。

采购支持业务

- 采购业务规则管理、原材料存货管理。

生产

生产运作

- 申请及领取物料、产品制造和测试、包装出货等。
- 工程变更、生产状况掌握、产品质量管理、现场生产进度制定、短期生产能力计划与现场设备管理。
- 在制品运输。

生产支持业务

- 制造业务规格管理、在制品库存管理

配送

订单管理

- 订单输入、报价、客户资料维护、订单分配、产品价格数据维护、应收账款管理、授信、收款与开立发票等。

产品库存管理

- 存储、拣货、按包装明细将产品装入箱、制作客户特殊要求的包装与标签、整理确认订单、运送货物。

产品运输安装管理

- 运输方式安排、出货运费管理、货品安装进度安排、进行安装与产品试运行。

配送支持业务

- 配送渠道的决策制定、配送存货管理、配送质量的掌握和产品的进出口业务。

退货

原料退回

- 退还原料给供货商：包括与商业伙伴的沟通、同时准备好文件数据以及物料实体的返还及运送。

产品退回

- 接受并处理从客户处返回的产品：包括商业伙伴的沟通、同时准备好文件数据以及物料实体的返还及接受和处理。

SCOR 模型的层次

SCOR 模型的不同层次如图 9-3 所示。

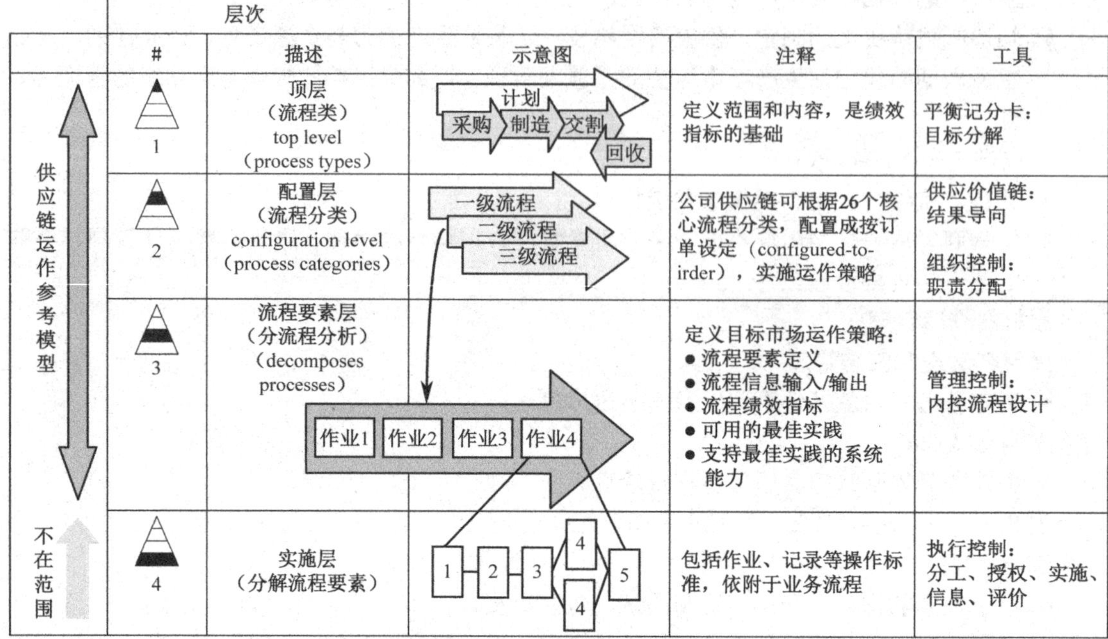

图 9-3 SCOR 模型的不同层次

第一层：绩效衡量指标（见表 9-1）。反映供应链性能特征，高层绩效测量可能涵盖了多个不同层次的 SCOR 流程。衡量供应链的表现与理解其运作都是一样必要的。

表 9-1 绩效衡量指标

性能特征	定义	第一层衡量指标
供应链配送的可靠性	供应链配送的性能特征：正确的产品，到达正确的地点，正确的时间，正确的产品包装，正确的质量和正确的文件资料，送达正确的客户	配送能力
		完成率
		完好订单的履行
供应链的反应	供应链将产品送达客户的速度	订单完成提前期
供应链的柔性	供应链面对市场变化获得和维持竞争优势的灵活性	供应链响应时间
		生产的柔性
供应链的成本	供应链营运所耗成本	产品销售成本
		供应链管理总成本
		增值生产力
		产品保证成本 / 退货处理成本
供应链管理的资产利用率	一个组织为满足需求利用资本的有效性。包括各项资本的利用：固定资本和运营资本	现金周转时间
		供应库存总天数
		净资产周转次数

资料来源：MBA 智库 • 百科。

（1）衡量工作必须结合企业的目标。

（2）衡量工作要有可重复性。

（3）衡量工作必须能对更有效地管理供应链提出见解。

（4）衡量一定要适于所评测的流程活动。

第二层：配置层，如图 9-4 所示。在配置层中，由 26 种核心流程类型组成。企业可选用该层中定义的标准流程单元构建它们的供应链。每一种产品或产品型号都可以有它自己的供应链。

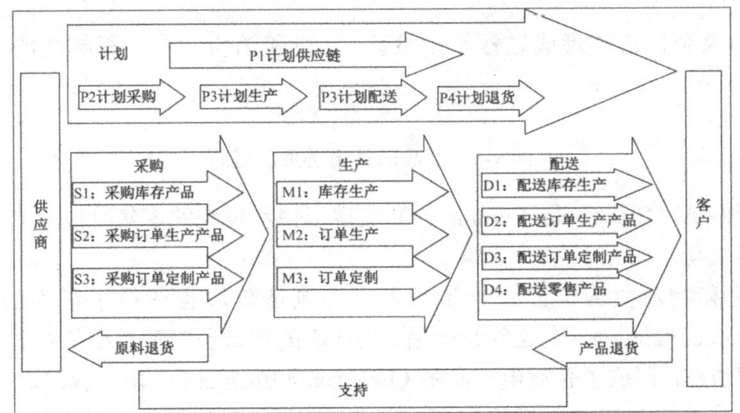

图 9-4　配置层

每一个 SCOR 流程都分 3 种流程元素进行详细描述。

（1）计划元素。调整预期的资源以满足预期需求量。计划流程要达到总需求平衡以及覆盖整个规划周期。定期编制计划流程有利于缩短供应链的反应时间。

（2）执行元素。由于计划或实际的需求引起产品形式变化，需要执行的流程包括进度和先后顺序的排定、原材料及服务的转变、产品搬运。

（3）支持元素。计划和执行过程所依赖的信息和内外联系的准备、维护和管理。

第三层：流程元素层。将流程任务分解为供应链流程执行行为，描述同类流程的不同流程作业结构。将配置层所定义的流程进一步分解为连续的流程单元，描述其详细的流程要素信息。它定义了企业在所选择的目标市场中成功竞争的能力，包括流程要素定义、流程要素信息输入与输出、标杆应用、最好实施方案和支持方案的系统能力，如图 9-5 所示。

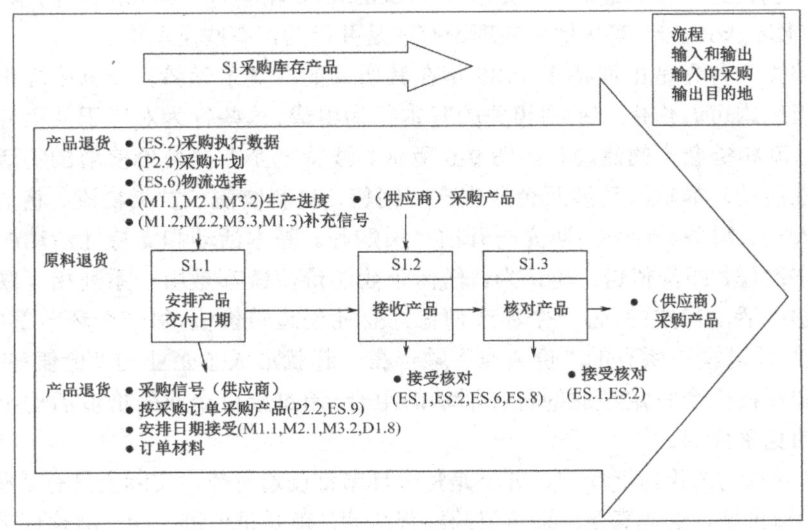

图 9-5　流程元素层

第四层：操作层。主要是分解流程要素，整合为一系列执行行为流程，实现企业间供应链改进。定义了取得竞争优势和适应企业变化条件的方案，公司在这一层执行特殊的供应链管理实践。

9.1.3 电子商务的供应链视角

一个产品的整个价值链形成过程是由设计、制造和销售三个过程构成的，如图 9-6 所示。

设计 → 制造 → 销售

图 9-6 产品的价值链形成过程

最初的电子商务（Electronic Commerce）实现了销售过程的零售阶段，它能够极大地降低交易成本而获得成功。

随着信息化和物流供应链的进一步深入，在制造阶段也获得了极大的进步。以 ERP（Enterprise Resource Planning，企业资源计划）为代表的制造业管理系统从企业内部管理通过互联网走向了外部协作，形成了企业电子商务（Ecletronic Business）。由于客户定制、个性化制造，以及补货系统的需求使得 ERP 与销售结合，进一步实现了供应链在产品价值链的拓展。

随着客户主导的个性化产品设计、定制产品等的需求进步，销售与设计在网络上实现了对接，冲破了传统产品形成过程对消费者屏蔽的桎梏。

于是，在互联网上拉通了整个价值链过程，形成了全价值链的整合。这里将会有很多的创造价值的机会和商务模式创新的可能。

9.2 价值链体现

在价值链理论的研究中，比较有代表性的学者包括迈克尔·波特（Michael E. Porter）、布鲁斯·科格特（Bruce Kogut）、杰弗里·雷鲍特（Jeffrey F. Rayport）、约翰·斯维奥克拉（John J. Sviokla）、克鲁格曼（Krugman）、费恩斯（Feenstra）、格里芬（Gereffi）、阿尔恩特（Arndt）和凯尔科斯（Kierzkowski）等。他们的理论有些是并行的，有些是承接的。

价值链的概念首先是由波特于 1985 年在其所著的《竞争优势》一书中提出的。波特指出任何一个组织均可看作由一系列相关的基本行为组成，这些行为对应于从供应商到消费者的物流、信息流和资金流的流动，如图 9-6 所示。波特把企业内外价值增加的活动分为基本活动和支持性活动。基本活动涉及企业生产、销售、进料物流、发货物流、售后服务。支持性活动涉及人事、财务、计划、研究与开发、采购等。基本活动和支持性活动构成了企业创造价值的动态过程，即价值链。他认为，任何企业的价值链都是由一系列相互联系而又相互分离的价值创造活动构成的。每一个环节都在为企业创造着价值，每一个环节都成为一个"价值点"。而把经营过程中所有的"价值点"融合在一起就形成了企业的"价值链"。一定水平的价值链是企业在一个特定产业的各种活动的组合，通过分析企业的价值活动及其相互关系来分析企业的竞争优势。

在不同企业参与的价值活动中，并不是每个环节都创造价值，实际上只有某些特定的价值活动才真正创造价值，这些真正创造价值的经营活动，就是价值链上的"战略环节"。

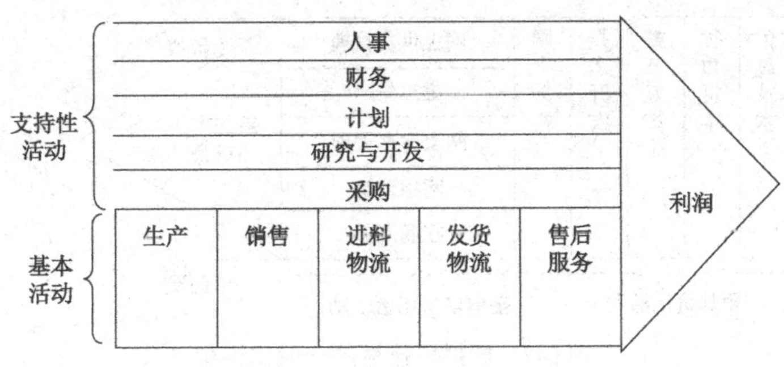

图 9-6 波特的企业价值链

波特的企业价值链是面向职能部门的，资源在企业流动的过程就是企业的各个部门不断对其增加价值的过程。但随着全球性竞争的日益激烈、顾客需求的快速变化，采用劳动分工、专业化协作作为基础的面向职能的管理模式正面临着严峻的挑战，它将企业业务流程分割成相互独立的环节，关注的焦点是单个任务或工作，但单个任务并没有给顾客创造价值，只有整个过程，即当所有活动有序地集合在一起时，才能给顾客创造价值。

随着电子商务的应用发展，企业的价值链在新的商务模式中发生了深刻的变化，价值链理论也在电子商务的作用下不断地进化和完善，传统价值链向虚拟价值链的发展轨迹是信息的价值创造作用的体现，是电子商务作用的必然结果，也是信息时代的必然要求（马晓苗，2005）。

皮特・海恩斯（Peter Hines，2000）发展了波特的理论，扩展了波特价值链的起点和终点，把原材料和顾客纳入价值链中。他把顾客对产品的要求作为生产过程的终点，利润变为满足这一目标的副产品。把原材料作为起点。这意味着产品价值链不止一个公司，并且每个不同的业务单元可能也包括不同的公司。他还认为辅助价值活动的一个重要环境就是信息技术的应用。

科格特于 1985 年提出了企业经营国际化的价值链模型。他认为，价值链基本上就是技术与原料和劳动融合在一起形成各种投入环节的过程，然后通过组装把这些环节结合起来形成最终商品，最后通过市场交易、消费等最终完成价值循环过程。在这一价值不断增值的链条上，单个企业或仅参与了某一环节，或将整个价值增值过程都纳入了企业等级制的体系中。

雷鲍特和斯维澳克拉丁 1995 年提出了虚拟价值链的观点，他们认为当今每个企业都在两个世界中竞争，即管理者可感知的物质世界和由信息构成的虚拟世界。后者指电子商务这一新的价值增长点。实物价值链存在于市场场所（物质世界），虚拟价值链存在于市场空间（信息世界）。集群内的个体，无论是企业、政府还是研究机构和大学等组织，都可以抽象为双重价值链的存在形式；群内企业的联系实质上是价值链环节的联系。这两条价值链增值的过程基本上是不同的。实物价值链是由一系列线性连续的活动构成的，虚拟价值链是非线性的，有潜在的输入输出点。虚拟价值链的每一阶段都包括五种活动，即收集、整理、筛选、综合和传递。现代信息技术的发展和人们对数据信息商品的需求使得虚拟价值链管理不仅创造附加价值，同时还使基本信息增值，虚拟价值链的一般化模型如图 9-7 所示。

1995 年，克鲁格曼曾经探讨过在价值链条的片段化和空间重组方面，企业将内部各个价值环节在不同地理空间进行配置的能力问题。由此使得价值链中治理模式与产业空间转移之间的关系成为全球价值链理论中一个重要的研究领域。与波特的价值链相比，克鲁格曼的切割价值链扩大了发达国家和发展中国家之间的贸易，促进了新的国际分工的形成。

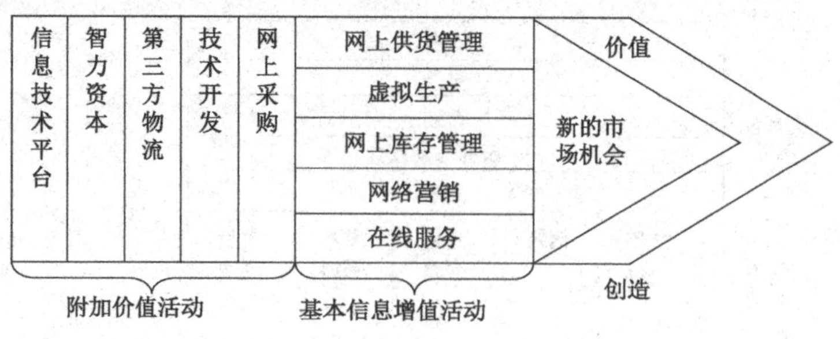

图 9-7　虚拟价值链的一般化模型

20 世纪 90 年代末，费恩斯 1998 年提出，随着贸易的发展，全球市场一体化的进程不断加快，这就使得发达国家将一些非核心的生产和服务等业务分离出去，进行全球采购以便取得更大效益。由此使得发展中国家有了融入全球价值链中的机会。只不过这种融入一般都是从介入全球价值链中低附加值环节的低端道路开始的。费恩斯对价值链的贡献是他将“贸易一体化”和“生产的垂直分离”在全球经济中有机地联系起来。随后，1999 年，格里芬在价值链等理论基础上发展了一种新的研究理论，即全球商品链理论（GCC）。他认为，全球商品链理论是基于全球购买商（主要是零售商和品牌商，格里芬称之为“没有工厂的制造商”）作为全球分离的生产和分销体系中关键驱动者的地位不断上升的情况下提出来的。格里芬将这种采购者驱动（Buyer-driven）的价值链与生产者驱动（Producer-driven）的价值链进行了比较研究，后者基本上对应于跨国企业对全球生产体系的垂直整合。

2001 年，阿尔恩特和凯尔科斯使用“片段化”（Fragment）来描述生产过程的分割现象。他们认为这种生产过程在全球的分离是一种全新的现象。这种现象使得同一价值链条的生产过程的各个环节通过跨界生产网络被组织了起来，这一跨界网络可以是在一个企业内部完成，也可以由许多企业分工合作完成。他们理论的特点是，跨界生产在理论上只有两种选择方式：垂直一体化进入跨国公司内部或者通过贸易等方式垂直分离出去。

哈佛大学的哈默博士于 1990 年初提出的企业过程再造时指出：企业的使命是为顾客创造价值，能够为顾客带来价值的是企业流程，企业的成功来自优异的过程业绩，优异的过程业绩需要优异的过程管理。B2B 的电子商务采用了以顾客为中心、面向过程的管理方法，提高了对顾客、市场的响应速度，注重整个流程最优的系统思想，消除了企业内部环节的重复、无效的劳动，让资源在每一个过程中流动时都实现增值，以达到成本最低、效率最高的目的。这就带来了企业价值链的变革，B2B 的电子商务企业价值链如图 9-8 所示。

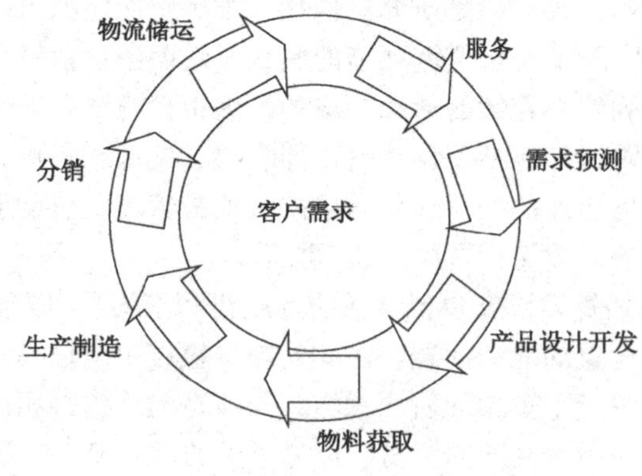

图 9-8　B2B 的电子商务企业价值链

综上所述，全球价值链是指在全球范围内为实现某种商品或服务的价值而连接生产、销售直至回收处理等全过程的跨企业网络，它包括所有参与者和生产销售活动的组织及其价值、利润的分配。

价值链的各个环节所要求的生产要素、核心能力不同，每个国家的要素禀赋不同，所以各自的比较优势亦不同。因此，国家或企业不再追求价值链的完整性，而是根据自己所拥有的核心能力从事价值链上的某一环节，一个企业在全球价值链某一特定环节上的比较优势才是真正创造价值、决定企业业绩的关键所在，这种优势在价值链中被称为“战略优势”。

9.3 价值网理论

价值网是一种新型的价值创造模式，本质是在分工专业化的生产服务模式下，通过一定的价值传递机制和相应的治理框架，由处于价值链上不同阶段和相对固化的具有某种专利资产的企业以及相关利益组合连接成一个整体。

价值网概念由 Adrian Slywotzky 在《利润区》一书中首次提出，他认为市场高度竞争、国际互联网的冲击及顾客需求多样性的变化等使企业的生存与发展都发生了巨大的变化，企业应在事业设计上进行相应变革，将传统的供应链—价值网取代。Bovet（2000）提出价值网以快速响应顾客需求为目标，降低成本、有效率的制造与顾客的多样化、个性化，甚至与其他苛刻要求相连接，在产品配送方面避开了传统成本高昂的分销层而采取数字信息快速配送；直接与价值网成员企业、合作伙伴和供应商等组成的动态生态系统链接，可快速交付定制方案。价值网由虚拟企业构成，依靠 IT 技术将相互独立的企业联系起来，共享资源，优势互补，快速响应市场变化。

Prabakar 和 David（2000）提出了一种新的价值网模型，引入了核心能力、顾客价值及相互关系等价值创造的三个核心概念，解释了价值网所需的核心能力类型及组合关系受顾客需求类型及实现方式等的制约。

D.M.Lambert（2001）等认为价值网是一种以客户为核心的价值创造体系，从战略的角度，用进步的供应链管理取代传统的供应链模式，以满足客户所要求的便利、速度、可靠与定制服务。

David Bovet（2000）等认为价值网是一种业务模式，它采用数字化的供应链概念，达到高水平的客户满意度和超常的企业利润率，是一种与新的客户选择系统相连接，并受其驱动的快速可靠的系统。

Philip 和 Andrews（1998）认为价值网是那些可用网络模型描述的企业缩写，它依赖媒体技术，把相互独立的客户联系起来。

Berger 和 Dore（1996）认为价值网的基本特征是从分离的而不是垂直一体化的产业组织形式来理解范围规模的外部经济性，这导致对资源能力的研究从企业内部向外部拓展。这种观点认为企业置身于资源、信息等物质流所组成的网络之中。价值网潜在地为企业提供获取资源、信息、市场、技术以及通过学习得到规模和范围经济的可能性，并帮助企业实现战略目标，如风险共享、价值增值、组织功能外包和组织能力的提升等。

价值网管理模式的提出，开始引起部分学者和企业的兴趣。Carney（2001）提出，网络组织能够在保证企业弹性的情况下，通过有效地控制投资成本和对一般资产的最大利用来降低交易成本和获得竞争优势。Gulati（1995）认为越来越多的企业处于一个由供应商、客户、竞争对手等组成的网络组织之中。Srinivas（1999）认为价值网是由价值链各环节上不同成员动态形成的拓扑空间和价值流动的网络。

国外价值网管理模式的研究成果可以归结为以下几方面。

1. 大卫·波维特的价值网模式

大卫·波维特等把价值网管理模式描述成由客户、企业以及供应商、合作制造商组成的环形结构。在此模式中，客户需求就是整个价值网模式的核心部分，处于环形的中央。企业处于中间部分，一方面通过对客户信息的存储、培养等发展客户关系的方法来控制客户接触点；另一方面对供应商网络进行整合管理，以确保材料采购能够快速、低成本地进行。价值网外圈代表从事部分或全部采购、装配与交付活动的供应商及合作制造商群体，它们可以直接与客户的订单信息相连接，并直接向客户提供产品和服务。

2. 惠普企业的价值网模式

2002 年 12 月 10 日，惠普公司董事会主席卡莉·菲奥丽娜在北京召开的惠普采购论坛上发表演讲时认为，中国制造业的供应链成本高以及物流企业管理分散正在影响着中国制造业的发展。惠普公司认为制造业实施供应链管理一般需要三个阶段：第一阶段是企业内部的业务整合；典型的应用是企业资源管理的第二阶段，即建立企业社区；优化企业与供应商之间的供应链关系是第三阶段，即完成从原材料到客户的所有业务流程的协同，实现供求关系的一体化。第三个阶段的实质就是形成价值协同网，这是价值链拓展的最高阶段。这个价值协同网致力于在供应商、客户、合作伙伴等成员之间建立起协同业务关系，完成从生产原材料到客户的所有业务流程的价值协同，实现供求关系完美结合。

3. Wilson 和 Kathandaramen 的价值网模型

Wilson 和 Kathandaramen 提出的价值网模型是基于优越的客户价值、核心能力和相互关系三个有关价值创造的核心概念，如图 9-9 所示。

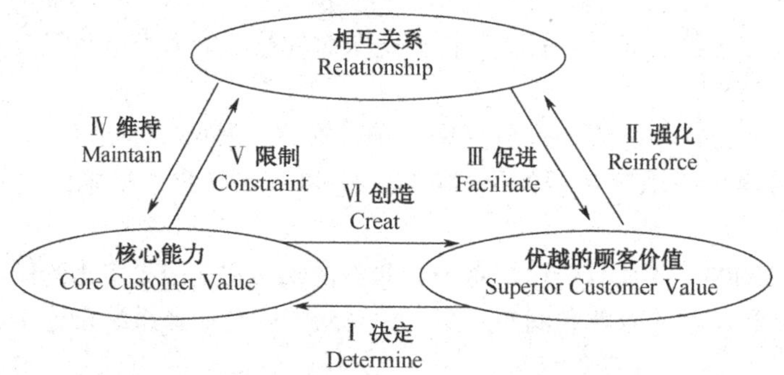

图 9-9 Wilson 和 Kathandaramen 的价值网模型

由图可知，价值网模型的三个核心概念两两之间存在着动态的正反馈联系及动态的互动影响。图中的Ⅱ-Ⅳ-Ⅵ和Ⅰ-Ⅴ-Ⅲ分别是三个核心概念之间存在的两条反馈回路，都是以客户价值为起点。理论应用验证可以表述为以下两个方面。

第一，Ⅱ-Ⅳ-Ⅵ：优越的客户价值要求应用价值网的供应链成员之间建立稳定的相互关系，而牢固的供应链成员关系网的确立是以各企业的核心能力为前提的。通过核心能力来维持供应链成员间的相互关系，核心能力的优化整合实质上对客户价值的创造起决定作用，客户对价值实现的满意评价反馈到基于价值网的供应链成员上，则会更加强化它们之间的合作联系方式，同时提升核心能力。

第二，Ⅰ-Ⅳ-Ⅲ：客户的价值需求可以决定基于价值网的供应链核心能力的类型、水平及组合方式，而核心能力的这些要素又约束着基于价值网的供应链成员的类型及其相互之间的合作方式。基于核心能力建立的协同关系网络促进优越的客户价值得以实现，客户需求的进一步深入又对基于价值网的供应链核心能力提出新的要求，无形地挑战已有的关系网络，如此形成两条积极的闭合自增强循环，体现出基于价值网的供应链的运行模式。

该模型中，核心能力是价值网成员企业合作关系建立的基础，直接决定了价值网价值创造的程度及顾客价值的品质（Ⅰ），限制着成员企业相互关系的质量（Ⅴ）。成员企业合作关系的稳固程度与核心能力的重要性程度呈显著的正相关关系，因而在价值创造过程各成员企业均着力于自身核心能力的提升。优越的顾客价值创造了价值网成员企业的核心能力（Ⅵ），同时强化与成员企业之间的相互关系（Ⅱ）。成员企业间的合作关系不仅能够维持核心能力（Ⅳ），还能够促进优越的客户价值（Ⅲ）。这三个核心概念决定了价值网是一种基于顾客价值的新型价值创造体系，在价值网中顾客对创造价值的满意评价会强化成员企业合作的紧密程度，提高它们之间的合作质量。

9.4 复杂系统问题

电子商务供应链/价值链是一个图状复杂系统。

复杂性科学是用于研究复杂系统和复杂性的一门交叉学科（姜岩，2005）。复杂系统理论的主要目的就是要揭示复杂系统的一些难以用现有科学方法解释的动力学行为，它与传统的还原论方法不同，复杂系统理论强调用整体论和还原论相结合的方法去分析系统。

复杂系统理论的提出晚于非线性科学，而非线性一般为复杂系统的必要条件。非线性科学经过诸多学者的研究和探索已经取得了较大的进展。复杂科学的研究起源于 20 世纪 80 年代，有突出贡献的主要有 SFI 研究所遗传算法的创始人 J. Holland 在 1994 年提出的复杂适应系统理论、我国钱学森教授提出的开放复杂巨系统理论等。这些理论的提出为研究和解释一些自然现象、社会现象提供了很好的理论基础和解决思路。复杂系统的特性如下。

（1）系统由大量相互作用的成分构成，在这些成分相互作用以及它们与环境之间相互作用之后，产生难以预期的行为。

（2）通过对系统组成成分的了解，并不能对系统的性质做出完全的解释，即系统整体与部分之间的关系不是一种线性关系。

（3）复杂系统是一个处于不断演化的动态系统，而复杂系统所表现出的涌现机制、自组织、自适应和自相似等特性也造成了系统的不断演化和发展。

复杂系统是指具有大量交互成分，其内部关联复杂、总体行为具有不确定性的非线性系统，即不能通过系统的局部特性形式地或者抽象地描述整个系统特性的系统。而复杂系统的主要特征有非线性、远离平衡态、突变、混沌及混沌边界、涌现及不可逆性。基于复杂系统理论，其演化过程具有“有序—混沌—有序”的周期性，复杂系统的演化主要借助于三个途径系统的自组织、系统的耗散性和系统的自组织临界。

例如，汽车供应链在快速满足最终消费者需求的前提下，必须具备对需求市场变化的快速响应能力，能够实现整个汽车供应链的优化运行。汽车供应链中的每一个企业构成了汽车供应网络中的节点。汽车供应网络中，各节点企业间的关系错综复杂，部分企业会结成联盟关系，也有一部分企业之间会存在对立关系。这些节点企业通过对柔性、成本和质量的管理，来增强汽车供应链的适应性。由此说来，汽车供应链系统是一个复杂适应系统理论，汽车供应链系统具有它的一些特点。

（1）汽车供应链中的主体都是独立或半独立的经济实体，这些主体之间具有动态、竞争和合作等多种性质的供需关系。

（2）汽车供应链中几乎每一个环节都是非线性的关系。汽车供应链中的企业存在于一个不确定性大、市场竞争激烈的环境之中，在复杂适应系统理论下的汽车企业所做出的很小的决定都能够对汽车供应链中其他相关企业产生很大的影响。

（3）从单个企业的角度来看，汽车供应链系统是一个自组织系统，汽车供应链中的每个企业都能够自主决策，在选择上游零部件供应商和下游汽车经销商的时候就形成了汽车供应链网络。

（4）汽车供应链中的负反馈与正反馈需要达到平衡，也就是汽车供应链中的控制体制与适应体制之间达到均衡，这样才能保证整个汽车供应链的生命力。

由于汽车制造企业所在地的政治环境、法律环境、经济环境、国家政策、社会环境、技术发展创新环境以及市场销售情况等方面具有动态性，这些动态性通过层层关系造成了组织变革系统的不确定性，而不确定性是产生汽车供应链系统复杂性的重要原因。

复杂系统理论为汽车供应链管理的研究提供了一些新的范式，它们包括以涌现论取代还原论的整体性把握思维，环境相干性激发的自组织行为，整体和部分的协同进化思维等。基于复杂系统理论，构建汽车供应链复杂系统结构图，汽车制造业复杂系统包括外部环境系统和汽车供应链内部系统，其中汽车供应链内部系统又包括供应系统、配运系统、制造系统及销售系统等，汽车供应链复杂系统结构图如图 9-10 所示。

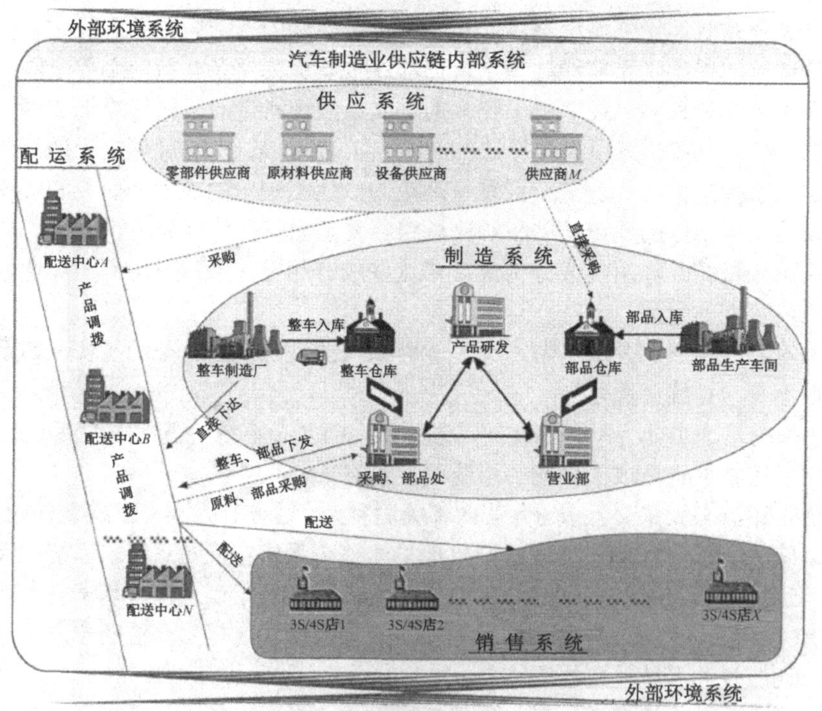

图 9-10　汽车供应链复杂系统结构图

9.5 协同商务

9.5.1 概念

协同商务（Collaborative Commerce，C-Commerce）又称合作型商务，是指由电子化技术推动的，企业与供应商、商业伙伴、员工之间，以及企业与顾客之间进行的分享信息、知识、资源、流程和实践的合作性的全面互动。协同商务着重在设计、开发、计划、调研、电子商务创新中有关制造商、供应商、合作伙伴及特定客户之间通过在线数字技术合作进行协作运作。

协同商务兴起于 20 世纪 90 年代后期，它以互联网为基础，主要针对制造业，在包括产品研发、设计、采购、生产、售后服务等方面内容在内的全生命周期进行数据管理，成功地帮助企业完成跨地域、行业的合作，提升产品协作的总体效能。

提出协同电子商务的概念是要与传统电子商务有区别，因为传统电子商务只是传统商务的电子化，并不改变商务运作的内涵。但合作型商务则被称为“电子商务的新面孔”和“下一阶段电子商务的发展模式”。因此 Gartner Group 定义，协同商务是一种新策略，它为一个公司与其商业伙伴及顾客之间，在一个特定的交易社群从事以电子方式合作为基础的交互性商业活动。这种交易社群可以是一个产业、一个产业的某一个区段、一个特定的供应链或供应链的一个区段。

协同商务让一个公司能超越供应链的模式和简单的信息分享，和其商业伙伴创造、执行和监督商业流程，使公司得到巨大的竞争优势。

不断变化的经济和技术力量要求甚至迫使所有企业拥抱协同商务，对商务活动的根本方式进行变革。对于正在实施或准备实施电子商务的中国企业来说，有必要扩展和深化对互联网和电子商务的理解，开始关注合作型商务的兴起和发展，从观念、组织和技术上进行必要的准备——中国企业必须对人员、流程和产品进行全面的转变，重视对知识的管理和智力资本的累积，重视企业内外活动的敏捷性和灵活性，重视顾客的体验和满意。只有这样，企业才能从旧经济围墙的束缚中解放出来。

企业在思考如何成功地推动 C-Commerce 时，对策略的思考与关键性因素的掌握很重要。根据许多专家的研究，关系范式的革新、商务模式的重组及信息科技的革新等是最重要的元素，企业主管应该深入了解，掌握这一策略的价值。首先，C-Commerce 所涵盖的商务范围已扩展到无限延伸的“网络空间”，它与商业伙伴彼此间的互动模式也由一对一、一对多到一对任何可能的伙伴；它所建立的商务模式从将供货商视为从属的方式，变成了风险分摊的伙伴关系，而其所带来的将是营业收入及市场机会的增加。简单地说，合作是为了更大的弹性与市场机会，合作也将跨行业、跨领域。其次，在 C-Commerce 时代，企业不仅是一个组织，也是可以动态适应不同环境需求的有机体。传统产业所运用的垂直整合及水平整合的模式以及与贸易伙伴如暗箱般的关系，已不再适用于新的商务模式。在新的商务模式里，所强调的是互动及合作的关系，商业伙伴被视为虚拟企业的一部分，所有与商业活动有关的信息都必须能随时存取，不再是暗箱操作。传统产业必须重组其熟悉的商务模式，结合互联网互动与合作的策略，转化成 Click-to-Mortar（鼠标到水泥）的新产业模式。另外，合作型商务强调的是系统与系统的结合，传统的信息科技架构必然要被重新设计和取代。因此，将来信息经理人应考虑采用以

Internet-Centric（互联网为中心）和 Internet-Native（互联网-本地）为主的信息技术及运用程序的策略，打造未来商务模式的信息应用环境。

9.5.2 案例

案例 1——塔吉特公司的零售商与供应商的协同合作

塔吉特公司是一家大型零售企业，有 2 万多家商务伙伴。它与商务伙伴可通过增值网（基于 EDI 的传统网络），也可通过外联网系统联系，有着多种应用软件以保持顺畅的交流与合作。现在还与“伙伴在线”保持联系，向商务伙伴提供巨量信息。

案例 2——联合利华降低运输及存货成本

联合利华是一家拥有众多知名品牌的跨国制造商。有 30 多家签约物流配送企业。联合利华的在线数据库成为运输商务中心（TBC），所有签约的运输公司可以登录查阅，获取取货地点、配送地点。根据联合利华公司的合同，数据库系统自动选择某商品的运输公司，如果第一家公司无法承担这次任务，系统就会自动选择下一家运输公司。

案例 3——Clarion 公司协同合作，缩短设计周期

Clarion 是全球集团旗下的马来西亚子公司，有 700 名员工，产品为车用音响系统。IBM 公司为其开发了计算机辅助设计系统和协同产品开发系统。这使得 Clarion 公司的产品投放市场的时间从 14 个月缩短到 9 个月，增进了设计阶段与客户的合作和交流。

案例 4——卡特彼勒通过协同合作缩短产品开发周期

卡特彼勒是一家大型设备制造的跨国公司。在传统经营模式下，纸质文档在管理者、销售人员、技术人员之间的传递要花费很长时间，使得供应链各个环节的流转周期很长。为此，公司开发了外联网全球商务协同中心，将工程部、生产部、供货商、配送公司、销售商、海外加工厂、客户等连接在一起。公司接到一个客户有要求的产品订单，信息从客户到经销商，再到公司的设计部门、供货商，时间大大缩短，而且即使产品上了生产流水线，客户依然可以通过系统修改订单。

案例 5——惠而浦减少渠道冲突

惠而浦是全球家电制造商，它的消费者希望直接从惠而浦订购可以定制的家电产品。但这引发了制造商与渠道商（包括批发商和零售商）之间的冲突。家电产品需要上门安装、调试和售后服务，这就需要与本地渠道合作。采用 JG Sullivan 公司的系统，消费者通过制造商的网站搜索，选择产品，提出定制要求。在购物车结账时，网站会跳出一个页面，让用户选择最近的零售商。然后跳转到零售商网站下单，由零售商完成后续服务。

9.5.3　面临的障碍

协同商务除了大企业，在中小企业中发展得非常缓慢。主要原因是企业操控能力不强，对商务伙伴之间数据库里的信息缺乏信任，缺乏合作心，担心隐私，担心安全问题，设备能力不足，经费不足，人员素质不够和实施走样等。

第 10 章　电子商务模式的业务流程管理及跨组织流程管理

10.1　业务流程管理及数字化电子商务模式

10.1.1　业务流程

人们试图对业务流程给出定义，但随着管理及信息技术不断发展，人们对业务流程的认识也随之变化。加之人们从不同的视点进行自己的研究，对业务流程的定义如同盲人摸象一样，如图 10-1 所示，因此目前尚难得出令人满意的定义。

图 10-1　对业务流程的定义如同盲人摸象一样

有关业务流程的提法有以下几种。

（1）业务流程可以被定义为一个具有各种不同功能的活动相连的一组有相互关系的任务。业务流程有起点和终点，而且它们都是可重复的。（Margie）

（2）业务流程可以是一组相互关联（由业务规则控制）的业务功能。那些业务规则对于某一企业来说是独特的，而且在某一确定的时间点上也是如此。（Geert）

（3）一系列将组织运作和顾客需求链接起来的活动。（IMI 研究报告）

（4）“为特定顾客或市场提供特定产品或服务而实施的一系列精心设计的活动”“以达成特定业务成果目标的一系列有逻辑相关性的任务”。（Davenport 和 Short）

（5）米勒将业务流程分析解释为“理解组织业务如何开展的一种方式”。

（6）业务流程是把一个或多个输入转化为对顾客有用的输出活动。（迈克尔·哈默）

（7）一组将输入转化为输出的相互关联或相互作用的活动。（ISO 9000 的业务流程定义）

（8）业务流程指定了一组 Web Service 操作的可能执行顺序，这些 Web Service 间共享的数据、业务流程涉及哪些伙伴以及这些伙伴在业务流程中扮演什么角色、一组组 Web Service 的共同异常处理以及关于多个服务和组织是怎样参与的其他问题。（Frank）

（9）业务流程是一个组织及其合作伙伴的人员或系统所完成的工作的一种正式表达，它旨在给内部或外部客户提供产品或服务。业务流程最简单的表达形式就是一组活动，它们表示流程的不同步骤，通过一些转换连接在一起。（BEA）

（10）Fintan McElroy 的表述包括以下内容。

① 业务流程是与业务相关的活动系列。

② 业务流程能被 IT 技术整个或部分地表示出来。

③ 也有纯 IT 流程。

（11）有关业务流程定义很多，也还会层出不穷。一般来说，它们都包括以下几种共同的元素。（Ueli Wahli 等，2006）

① 业务流程由业务事件触发。

② 业务流程有输入，并产生一个对组织及其投资者或者客户有价值的输出。

③ 业务流程由有关系、有组织的活动组成，它是业务活动间的物流或信息流。

④ 业务流程可以是大的流程中的一部分，也可以包含或者依赖其他业务流程。

⑤ 业务流程可以作为用例的工作流来观察。

⑥ 业务流程的支持通常取决于某些业务功能，如信息技术、人力、组织协调。

综上所述，可将业务流程看作"成员为创造共同价值，由各种不同功能的活动相互衔接而成的一组有相互关系的任务，它们依照一定的业务逻辑和顺序依次执行。业务流程有起点和终点，而且它们都是可重复的"。这里将业务流程拓展成了价值链，它可以是订单、产品流、销售、顾客服务等。这里的成员可以是企业、供应商、合作伙伴等，可以是企业内部部门或员工，也可以是企业外部的顾客。

业务流程是企业实现商务目标的方法。对于企业而言，业务流程是企业重要的知识资产，是企业核心竞争力的体现，一个精心设计和执行的业务流程能够为企业创造价值并节约成本。

也有人将业务流程引申为业务工程（Business Engineering）。他们认为，"业务工程是对业务流程的重新思考，以提高物料或者服务的速度、质量和输出"。（Philip Morris European Union Region，瑞士）。"业务工程视为伴随着信息技术发展的，而且在不断地发生变化。它总是在不断地进行组织日益改变的需求。"（Esso，澳大利亚）。SAP 公司认为"业务工程是改变公司工作方式的一种方法。业务工程起源于信息技术领域，它需要开发出类似于建筑师的建筑蓝图的模型。这些模型是基于最佳实践的，它们已经被证明是可靠的和可适应的。这些模型代表着可以应用于不同企业的标准业务流程和对象，并且能够加以配置，以满足各个公司的需求"。"业务工程争取的是对公司的增值链进行有效的重新设计。增值链是指运行在业务领域中的一组相互连接的程序，这些程序一旦快速有效地完成，将会同时给公司和客户增加价值。信息技术不再仅仅安排已有的流程，它可以重新设计模型。"

10.1.2　跨组织流程

以 Internet 为核心技术的电子商务的发展和应用引发一场重大的变革，改变了企业的经营方式，推动着全球战略资源和竞争优势的重新分配。市场竞争从企业之间转移到企业所在的供应链之间。随着供应链的地位和战略意义的逐步提高，企业所关注的流程跨越了组织的边界，延伸到组织的外部，组织边界变得模糊，边界处于动态变化之中。协作生产流程分布于多个企业，且经常发生变化。由此带来了供应链流程管理的复杂性。电子商务环境使得多个企业可以实现流程共享，越来越多的业务流程是跨越组织边界的。

跨组织流程的管理出现了如下一些新问题：

① 外包活动的控制复杂性和组织松散，有可能造成企业私有信息的泄密，以及专有技术的流失，对企业造成一定威胁。

② 跨组织流程对管理者和基础设施提出了较高要求，如组织间谈判、协调、共享信息和流

程衔接的基础设施。

③ 在连接过程中，目前的流程可能需要适应性改造或重新配置，中间流程（如协作伙伴选择、建立契约关系、合作内容实时监控等）需要重建。

来自市场的竞争压力迫使企业必须考虑进一步降低成本和压缩价值链环节上的延迟时间。Joseph Sarkis 的研究指出，随着越来越多的制造企业采用虚拟企业形式，原有的跨组织交互方式需要变革。

跨组织的流程管理实践比理论的出现要早，DELL 和 CISCO 的某些跨组织流程变革已经走在前列。哈默和钱皮的早期 BPR 文献曾提到 BPR 将跨越组织边界。Clark Theodore H 等在 1996 年发表在 *Journal of Management Information Systems*（管理信息系统杂志）的论文“*Inter-organizational Business Process Redesign: Merging Technological and Process Innovation*”（内部组织业务流程再造：融合技术与流程的创新）研究了技术与流程变革的关系，但并未阐述跨组织重组的理论问题，研究还局限于最简单的跨组织关系范畴，即 Inter-organizational（一对一组织关系），而非复杂意义上的跨组织概念，即 Cross-organizational（多对多组织群关系）。直到 2002 年钱皮出版了 *X-Engineering the Corporation: Reinventing Your Business in the Digital Age*（企业 X 工程：数字时代的业务改造），跨组织流程再造的主题才正式提出。这缘于两个方面的因素：一是互联网和网络经济的发展，企业运营环境和模式发生变化，技术平台带来了新型流程的可能性；二是 BPR 理论的自然扩展，从企业内部的流程变革扩展到跨组织领域。钱皮认为信息通信技术只是 X-Engineering（X-工程）的使能器，X-Engineering 与电子商务的概念并非同义，互联网是跨组织流程变革的工具。目前的电子商务仅仅借助互联网搭建交易平台，对于深层的跨组织流程变革考虑不够。企业通过跨组织流程的标准化使得各方受益。网络经济并不意味着单靠网络就可以解决问题。目前一些公司实施的 SCM 和 CRM，尽管将客户和供应商连接起来，但并非 X-Engineering，这些系统解决的只是接口问题，把原来的低效流程略加改善。真正的跨组织流程再造需要建立流程参与各方相互理解对方的流程、参与共享流程的方式，并通过跨组织的协作再造获得巨大的提高效果，提高流程的透明度。

欧洲 ESPRIT 组织的 CrossFlow 项目提出了针对动态虚拟企业跨组织流程管理的体系结构，尤其是流程外包活动。CrossFlow 提供的是全局端对端解决方案，包括了契约建立到工作流程实施，最终实现外包服务内容的全部功能。

跨组织流程重构需要充分发挥计算机和数字通信网络的潜力，最大化协作生产模式带来的经济利益，对于目前的全球电子商务环境发展尤为重要。互联网技术迅速发展，理论上讲企业通过网络接入就可以方便地成为全球电子市场的参与者。但是目前各企业的生产、物流、沟通、交易方式、客户服务流程差异较大，存在技术和流程组织的障碍。Soon-Yong Choi 指出跨组织流程的复杂性在于组织间流程跨越多家企业，涉及多种流程。企业内部集成技术包括了多家供应商，基础设施包括数据格式、通信网络不一致。对于服务流程还会涉及多个客户的不同需求。现有的应用技术和企业关系组成了一张复杂的网络，改变这一网络困难极大，如何解决这些问题具有较高的理论和实践意义。

20 世纪 90 年代 ERP 系统进入鼎盛时期，而互联网技术也同时迅速在全球普及，企业以 ERP 系统作为内部流程资产集成的主要工具，全球大多数先进企业进行了适合信息时代加速期运营环境特性的流程调整或重构，互联网强大的全球通信能力使得复杂型跨组织流程成为可能。到了 90 年代末期，互联网成为全球通信技术的基本标准，称为“全面 IP 化”（everything over IP, IP over everything），基础设施的一体化互联促进了业务流程在全供应链范围端对端柔性动态集成管理设想的实施。企业间的流程联结系统在通信底层尽管实现了无缝流畅互联，但由于在过去 30 年，企业各自为了形成竞争优势而建成的各种应用系统之间存在巨大差异，形成了中间层各种样式的异类应用系统，使它们之间存在不同的技术与业务语义本体（Ontology）差异，其互操作连接成为高层流程集成管理的主要障碍，甚至在单个企业内部由于系统实施的时代和技术选择差异也同样存在异类系统的集成难题。针对这一问题，先后出现了中间件（middleware）、企业应用集成（EAI）和工作流（Workflow）等系统或流程集成技术。在电子商务环境下企业或部门间的协作型流程集成则以基于服务的 SOA（Service Oriented Architecture）结构为基础，出现了 Web Services、Biz talk 等技术与语义标准。在具体的行业或业务类型领域还出现了企业间流程的接口标准或参考体系，如电子器件行业开始的 Rossettnet PIP 标准和供应链管理领域的参考模型 SCOR 等。这些新兴技术、标准和参考体系部分解决了特定的异类系统和流程间的集成问题，但仍未从根本上消解异类动态型流程的集成问题，缺乏普适性和动态柔性。

综上可见，跨组织流程的管理不仅要借助先进技术手段，还需要新的管理新思维的支持。跨组织流程管理的研究覆盖组织协调与运营理论、网络经济与电子商务理论、跨组织关系管理、流程设计与再造理论、系统建模与模拟仿真技术、IOS 规划设计技术、工作流技术、跨组织协作标准技术等多个领域，具有极高的综合性和复杂性。

10.1.3　业务流程管理

Gartner Inc.定义 BPM（Business Process Management）为一个描述一组服务和工具的一般名词，这些服务和工具为显式的流程管理（如流程的分析、定义、执行、监视和管理）提供支持（Biscotti，Fulton）。

维基百科认为 BPM“是自 21 世纪初以来企业信息科技应用（信息化）背景上最重要和活跃的概念之一。它有两方面的基本含义或理解背景。一方面是企业管理，另一方面是信息科技的企业应用”。“从管理的角度，它可以看作商业流程再造（BPR）所带来的以商业流程为中心的管理思想的延续与发展；从信息科技的企业应用角度，它是在工作流（Workflow）等技术基础上发展起来的，基于业务流程建模，支持业务流程的分析、建模、模拟、优化、协同与监控等功能的新一代企业应用系统核心。”“综合而言，它是典型的、在企业应用强力推动下产生的跨管理与资讯科技领域的流行概念之一。”

有的公司将业务流程管理视为业务流程再工程。业务流程再工程集中于简化和自动化流程，以更高效地实现业务目标。用于流程重定义的步骤是：

① 对现有的或当前的流程建模和模拟；

② 对提议的或将来的流程建模和模拟；

③ 生成流程比较度量报告，以证明再工程后的流程价值。

若要做出改进，则必须熟悉现有的或当前的流程步骤。分析人员捕获模型中的当前流程以及相关支持数据，以便能够模拟该流程并在以后与再工程后的流程进行比较。对当前的流程建模将允许业务分析人员确定并量化现有的流程难点。对当前的流程进行分析并做文档记录之后，业务分析人员可以通过自动化以用户为中心的任务（例如将书面工作替换为业务应用程序和集成应用程序以防止冗余数据条目）来开始重新定义子流程。

由此，业务流程管理从业务流程再造和工作流延伸而来，是管理科学与计算机科学的融合。它是基于信息技术的以建模、聚合（开发）、部署和管理为生命周期持续改进的管理过程。

IBM 认为，业务流程管理 BPM 是在一个存在内部事件和外部事件的环境中，由一组相互依赖的业务流程出发，对业务进行描述、理解、表示、组织和维护的过程。IBM 公司则描述为：在业务流程的整个生命周期中对业务流程进行建模、聚合（开发）、部署、管理来实现业务策略的管理过程。这是一个持续的流程改进过程，如图 10-2 所示。其中治理和最佳实践用来监督生命周期中每个阶段的全部原则。

该生命周期模型则将业务流程管理划分为建模、聚合、部署和管理 4 个阶段的循环。

（1）建模（Model）阶段。通过理解业务需求而获得业务流程设计的过程。在设计初期，可能对业务需求的理解还较为粗浅，业务流程的设计也会比较粗糙，有歧义甚至还有错误。但随着对业务需求理解的逐步深入，业务流程的设计也会逐渐细化，并走向正确。这一阶段的业务流程表达有着各种各样的途径。如采用自己定义的符号在纸上画流程设计思想，或者用流程图绘制软件设计，这些都存在着交流问题。这些方法局限于小型的项目团队，对于跨专业的业务人员和全球性的协作，则需要有一定规范的、表达丰富的流程逻辑模式。目前由业务流程互操作组织（Business Process Management Initiative，BPMI）定义的业务流程模型注解（Business Process Modeling Notation，BPMN）是一个代表性的模型，它用于业务流程建模，并可映射成为 BPEL。

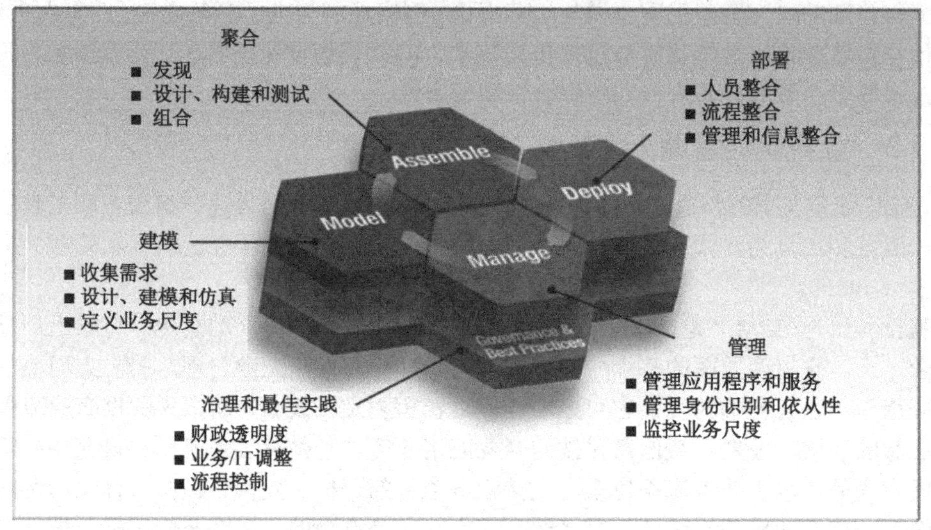

图 10-2 持续的流程改进过程

（2）聚合（Assemble）阶段。软件架构师将和业务分析师一起将建模阶段的业务设计转换成一系列的业务流程定义（采用 BPEL）及活动，并根据活动定义分析获得所需服务组件，将它们按照业务流程的定义集成在一起，并进行调用绑定、安全设置、事务设置、资源依赖等配置使业务流程可以执行。

（3）部署（Deploy）阶段。集成阶段完成的项目将被部署到运行环境上实现业务需求。部署阶段根据实际现场，考虑是否采用高可用性配置、是否需要负载均衡、数据库的优化方案、中间件的配置等因素。

（4）管理（Manage）阶段。基于相应的管理软件工具和技术对运行环境中的服务和流程进行管理和监控，发现系统运行错误，恢复系统状态，获得关键性能指标，发现性能瓶颈。管理阶段获得的业务流程的性能数据和运行统计数据还可反馈给建模阶段，以便进行持续的优化。

以上业务流程的建模、聚合、部署、管理的生命周期，通过循环使企业的业务过程获得不断调整和优化，能够快速地适应市场变化。

业务流程管理将业务领域专业技术和知识与关联的支持技术相结合，以加速流程改进和方便业务创新。BPM 努力将企业体系结构的三个支柱——人员、流程和信息——集成为单一的托管规程，以管理、控制和影响业务创新。BPM 的价值之一是其在发现、设计、部署、交互、操作、优化和分析复杂的长期跨公司业务流程方面的能力和承诺。BPM 属于从业务流程到提供其执行平台的 IT 基础设施标识与实现的周期的一部分。

10.1.4 数字化电子商务模型

业务过程模型是由信息技术直观表示业务活动及过程的信息流。

为创建有效的模型，必须有一个设计良好的建模结构，以确保相关信息表示的一致性和完整性，这些信息包括常规操作和其他标准过程及其异常。可以将业务过程模型用于以下多种用途。

（1）记录现有过程。

（2）确定人员、系统和设施方面的需求。

（3）规划要对现有过程和系统进行更改。

（4）测试并分析现有的过程和建议的过程。

此外，可以使用过程模型数据以支持其他业务应用程序。例如，可以在一个信息化架构的下层（应用程序）中使用过程模型作为自动化过程的基础或开发一个有用的应用程序。

因为业务环境是持续变化的，并需要不断地对过程进行微调，所以业务改进是一项永久性的任务。通过创建过程模型可以使业务功能之间的交流变得很方便，过程模型的用途要远比静态的图画来得广泛。

传统的企业中，一个新业务的上线，或者新流程的部署，往往要经历业务分析（Business Analyst）、技术实现（IT Architect Developer）、上线运行、收集问题 4 个阶段。

比如，对于大集中的税务系统而言，流程非常复杂，新系统在上线运行之前很难取到有效的数据作为分析样本。众多问题只能在运行环境才能发现，于是又需要针对新发现的问题作出分析，进行二次开发，再上线。这就是为什么很多大型系统都会有一期工程、二期工程的缘故。

是否能够在系统分析的时候就发现上线后的问题和瓶颈？答案是采用建模器（Modeler）。在 Modeler 中建立好业务流程之后，可以根据现实需求仿真运行时的数据，这些数据都是通过各种概率算法高仿真模拟运行时状态得到的，和上线后的数据比较接近。这样，通过完善流程、细化各种配置，客户就可以尽量让流程符合现实业务需求，减少系统“瓶颈”。

模型（Model）的作用是 IT 层和业务层的一个桥梁。比如在税务信息化过程中，一个非常大的阻力来自业务人员和技术人员的沟通，业务人员从业务角度看技术实现，技术人员用技术眼光看业务需求，导致业务人员说技术人员能力差，技术人员抱怨业务人员就知道纸上谈兵。最后结果是技术人员拼命加班加点，做出来的东西在业务上还是漏洞百出，满足不了需求。这是因为业务语言和技术语言之间存在着障碍。

业务建模器（Business Modeler）作为业务视角和技术视角的一个中间点，提供了一套丰富的流程建模功能，包括许多图形化及文本编辑器、业务操作模型（Business Operations Model，BOM），以及用于将 BOM 转换成相应的目标平台构件的转换机制。从而创建一个 BP 模型并将它们导出到集成开发器（Integration Developer）中，生成框架代码，然后经过 IT 开发人员开发形成完整的运行系统。换而言之，实际上业务人员用 Modeler 建模就等于编写框架代码，就是在用业务语言完成技术实现，从而最大限度地缩短业务和技术的沟通障碍。

10.1.5 电子商务模式的信息系统构建

数字化的电子商务模式构建好后，怎么办？

从业务流程管理生命周期来看，就是要“集成”出一个可以运行的应用系统，然后“部署”到现场，投入应用，最后通过“管理”监控系统的运行。

数字化的电子商务模式模型“集成”为电子商务系统，主要途径有以下两种。

（1）将 BPEL 表示的电子商务模式模型导入某些开发平台创建应用程序。例如采用 IBM 公司的统一软件开发过程（Rational Unified Process，RUP）。

（2）将模型嫁接到面向服务的架构（Service-Oriented Architecture，SOA）去实现，SOA 的分层结构如图 10-3 所示。把用数字化业务流程表示的电子商务模式模型接入 SOA 架构层次模型的业务流程层，之后通过 SOA 实现系统。

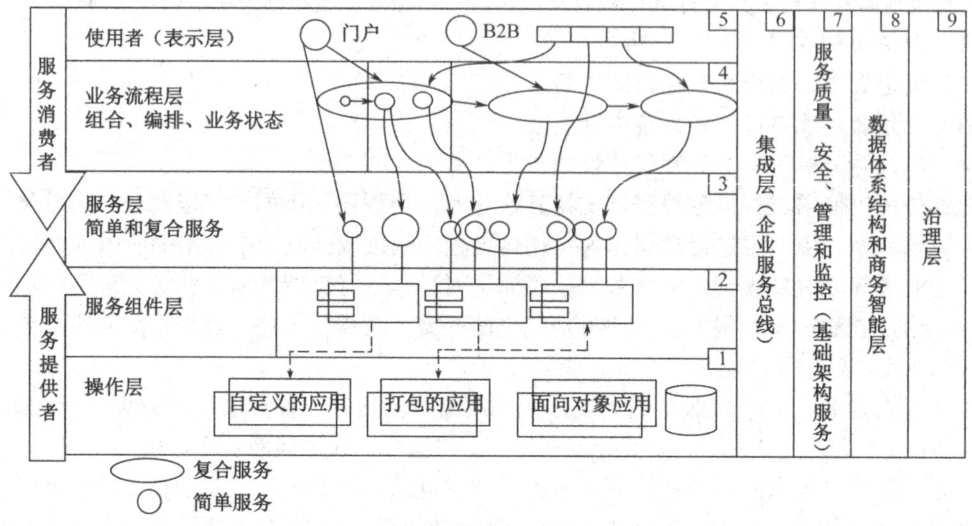

图 10-3　SOA 的分层结构

RUP（Rational Unified Process，Rational 统一过程）是 IBM 公司的一种软件开发方式，它基于一系列 Rational 产品实现。Rational 统一过程这一方法被开发出来已有了多年的开发工作实践。RUP 以软件实现流程为中心来设计，已经成为一个软件开发过程框架，每一个项目可获得一定的线路。不过多数项目往往只用到了 RUP 的一部分流程。

RUP 软件开发过程有相应的规程和阶段，如图 10-4 所示表明了这些规程、阶段和迭代。下面从纵、横两个维度来加以说明。

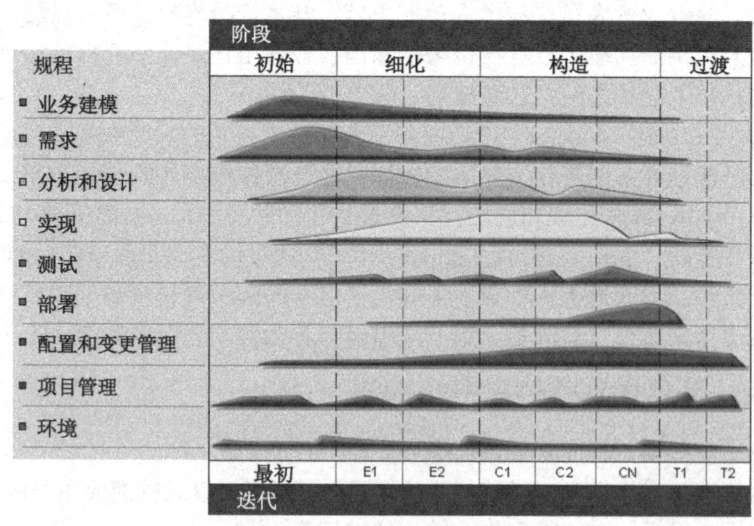

图 10-4　RUP 的开发过程

横向称为阶段（Phase），包括：

（1）初始（Inception），定义项目的远景和范围，并指定初始投资回报（RIO）。

（2）细化（Elaboration），为系统的体系结构建立基准，完成需求收集和设计流程，并为下一个阶段的批量设计和实现工作提供可靠的基础。

（3）构造（Construction），根据基准体系结构，完成系统的开发。

（4）过渡（Transition），确保软件交付给用户，将系统部署到生产环境，并管理首轮支持服务。

以上 4 个阶段为一个周期，可以不断地进行迭代循环。

纵向称为规程（Disciplines），包括：

（1）业务建模（Business Modeling）。

（2）需求（Requirements）。

（3）分析和设计（Analysis & Design）。

（4）实现（Implementation）。

（5）测试（Test）。

（6）部署（Deployment）。

（7）配置和变更管理（Configuration & Change Mgmt）。

（8）项目管理（Project Management）。

（9）环境（Environment）。

一个规程其实就是一类开发活动，其中的角色和它们所产生的工件集合，是一个分类。可以把项目经理相关的工作，他所涉及的工件，比如软件开发计划、风险管理计划、质量保证计划等都放在这个规程里面。这是一个标准的过程，在实际应用中可裁减或扩展。

图 10-4 还表明了在不同的项目阶段不同的步骤需要不同的努力程度，从图中可见需求的努力程度大多在初期阶段。

安装插件 RUP for SOA 后就可以将业务流程模型文件导入 RUP 中进行下一步的开发。Rational Method Composer 7.0 以后的版本，已将这个插件整合进 RUP 中。

10.2 电子商务模式的数字化

10.2.1 电子商务模式数字化管理的思路

对电子商务模式的描述、建模和应用首先要明确一下人们不易正视的事实，应该承认一个事实，我们可以把它称作一条公理。

公理：电子商务是运行在由网络、计算机系统以及多媒体等信息技术构成的环境中的。

由此，我们可以得出如下的推理：

推理 1：设计完成后的电子商务模式必须能够转化到电子商务系统（应用、计算机系统、网络、人、组织）中才是有效的。

推理 2：电子商务模式应当充分运用信息技术的优势和特点。

推理 3：电子商务模式的管理要融入于电子商务系统的生命周期中。

由推理 1 可以检验电子商务模式是否有效。电子商务模式最终要变换成可执行的业务活动才有实际意义。因此，可将业务流程采用计算机语言进行数字化、定量化，用其来构建电子商务模式模型。有了模型就可在此基础上进行研究、模拟优化和进一步地系统实现。

由推理 2 可以得出，电子商务模式的设计、实现必须考虑信息技术。要实现业务流程的信息化管理，必须进行包括业务流程的数字化表示、建模、程序开发（应用实现）等。在实际工作中，传统电子商务模式的设计和研究过程多采用手工方式。因没有标准而难以在不同人员之间交流，也难以有效地利用已有知识和复用已有资源来快速构建电子商务模式。采用计算机技术进行电子商务模式设计具有较强的表现能力，标准化的图形便于全球范围不同文化的业务人员间进行交流。标准化文件记录的电子商务模式模型可在不同的计算机间交流和运行。计算机能够存储、编辑和重复使用这些信息。可将多年积累的行业知识融入数字化了的电子商务模式中构成模板，便于在此基础上快速定制某一具体企业的电子商务模式。数字化了的电子商务模式便成了一种电子沙盘，便于进行电子商务模式创新的演练。数字化了的电子商务模式有利于电子商务系统的实现。

由推理 3 可以得出，电子商务模式应当结合电子商务的运行，最好能够贯穿电子商务系统运行的始终。

10.2.2 电子商务模式的计算机表示

业务流程的数字化表示要获得业界的支持和认可，就必须解决标准化的问题。它包含人际间表示和计算机间表示两个层次，如图 10-5 所示。

图 10-5 业务流程数字化表示的层次

人际间表示为业务流程的图形化表示。通过图形化的符号在计算机显示器上表示业务流程。这是管理人员、业务人员及信息技术人员间进行交流的基础，是给人看的。

计算机间表示是使业务流程能够由计算机进行表示、存储、编辑等处理，能够在系统间进行交换。这是进行信息处理所必需的第一步，是给计算机“看”的。

1. 人际间表示

为尽可能克服人际间的语言、术语等交流障碍，因此尽量采用图形符号。

可用于业务流程图形化表示的标准有：

① ANSI 系统流程图符号标准。即 ANSI/ISO 5807—1985 标准，包括“信息处理数据、程序和系统流程图、程序网络图和系统资源图的文件符号和协议”。ANSI 系统流程符号流传较广，比较适合计算机系统。

② IDEF 表示法。由美国空军根据知识基础系统开发而来。用于创建各种系统的图像表达、系统模块分析、创建系统的最佳版本、帮助不同系统之间的转换。其原用于制造业，经改造后用途广泛，也适用于一般的软件开发。

③ UML 活动图、状态图。UML（统一建模语言）是 IT 行业标准语言，由对象管理组织（OMG）发布。用于指定、可视化、构造和记录软件系统的构件。最常用的 UML 图包括用例图、类图、序列图、状态图、活动图、组件图和部署图。如果用其表示流程，则多用活动图、状态图。这些图多用于 IT 专业人员。

④ BPEL 流程图。在开发平台上使用，接近于程序流程图，更适合于 WS-BPEL 语言。

⑤ BPMN。BPMN（Business Process Modeling Notation，业务流程建模符号）是由 BPMI（the Business Process Management Initiative，业务流程管理组织）开发的一套有关业务流程符号

标记的标准，目前由 OMG（Object Management Group，对象管理组织）来维护管理。

BPMN 的主要目标是提供一些被所有业务用户容易理解的符号，从创建流程轮廓的业务分析到这些流程的实现，直到最终用户的管理监控。BPMN 弥补了从业务流程设计到业务流程开发的间隙。

BPMN 业务流程图由一组图形元素构成。这些元素包括流对象（Flow Objects）、连接对象（Connecting Objects）、甬道（Swimlanes）、人工信息（Artifacts）。

流对象是核心元素，表示在业务流程运行过程中特定业务的活动、发生的事件，以及流程的分支和聚合，又包括事件（Event）、活动（Activity）和网关（Gateway）3 个流对象。事件表示在业务流程的运行过程中发生的事情，这些事件影响流程的流转。活动就是业务流程中基本的业务单元，每一个活动代表一个特定的业务，如登录、注销等都可以是一个活动，一个业务可以由多个活动组成。网关用来表示流程的分支和汇聚。

连接对象是将流程对象连接起来组成业务流程的结构。连接对象有序列流（Sequence Flow）、消息流（Message Flow）和关联（Association）3 种。序列流表示活动按流程顺序执行。消息流指两个准备传送和接受的参与者之间的消息传递。关联把对某个业务活动的输入输出的描述与这个业务活动联系起来。

甬道用来区分不同部门或者不同参与者的功能和职责。它包含池（Pool）和道（Lane）两种类型。Pool 代表流程中的一个参与者。它也可以作为一个容器来包含其他图形元素，用于和其他参与者（其他 Pool）相区分。Lane 是 Pool 的子划分，可以是垂直的或是水平的，用来对活动进行组织和分类。

人工信息是添加到建模的业务流程上下文中作为信息备注的，便于人员理解。当前 BPMN 规范的版本预定义了数据对象（Data Object）、组（Group）和注释（Annotation）3 种人工信息。数据对象用于描述活动所需或者产生的数据，它们描述提供什么活动要求被执行或它们产生什么。组用于记录或分析的目的，不影响流程的流转，也是跨越池区分活动的分布事物的方式之一。注释是文本标注，是建模者为阅读者提供附加性的文本信息。

4 种基本元素的图形符号及其描述见表 10-1。

表 10-1　4 种基本元素的图形符号及其描述

元　素	符　号	元　素	符　号	元　素	符　号
事件（Event）		消息流（Message Flow）		数据对象（Data Object）	
活动（Activity）		关联（Association）		组（Group）	
网关（Gateway）		池（Pool）		注释（Annotation）	Descriptive Text Here
序列流（Sequence Flow）		道（Lane）			

2. 计算机间的表示

为了让计算机能处理业务流程信息，需要进行业务流程的计算机表示。关于这方面的工作可以从工作流标准、BPM 框架、BPEL 语言等多年的研究积累发展而来。

（1）工作流标准。国际工作流管理联盟（WfMC）从 1993 年起发展出了 Wf-XML 和 XPDL 标准系列。WfMC 提供了 7 个工作流参考模型以及 5 类工作流标准接口，Wf-XML 为描述流程的扩展 XML；XPDL 为一种流程定义的存储格式。目前业界习惯上以 WfMC 代称该组织制定的 XPDL、工作流参考模型等系列标准。截至 2007 年，业界已经有 10 多个工作流标准组织，共计 7 个以上工作流参考模型。参考模型的文档页数也由最初的 40 页发展到目前平均的 150 页。如图 10-6 所示为工作流标准发展概览图。

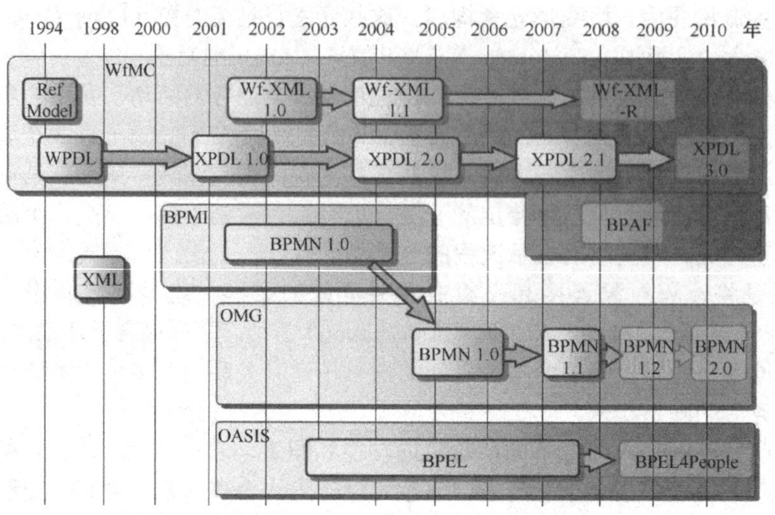

图 10-6 工作流标准发展概览图

制定这些标准的组织名称、宗旨、工作流相关标准和工作流领域的进展见表 10-2。

表 10-2 组织名称、宗旨、工作流相关标准和工作流领域的进展

组织名称	宗旨	工作流相关标准	工作流领域的进展
WfMC	围绕 BPM 生命周期建立标准	Workflow Reference Model、XPDL、Wf-XML、ASAP	发展 XPDL；发展 ASAP 并提交到 OASIS 组织
OASIS	以 XML 为核心的各种标准，主要批准第三方的标准	ebXML、BPEL	发展 ebXML 组件、ASAP 等；未来可能接受 BPEL4People 和 WS-HumanTask 等规范
OMG	MDA、UML、COBRA	BPMN、BPDM	在业务流程模型之上生成可运行的代码
W3C	在 TCP/IP HTTP 之上建立程序可互操作的标准	WS-CDL、工作流所依赖的基础标准：SOAP、WSDL、XML 等	

（2）BPM 框架。企业流程管理促进会（BPMI）的主要发起者 Intalio 公司基于 BPMI 组织的系列标准提出 BPM 框架。在这个框架中，BPMI 系统介于企业已有的信息系统和 B2B 电子商务系统之间，包含流程部署和流程执行 2 个模块。流程部署模块利用目录协议与企业 IT 系统的目录服务进行联系。另外，还可通过 UDDI 协议将流程发布为 Web 服务。在流程执行模块中，流程可以被其他高级语言包装成不同的形式，或直接提供给工作流系统执行。对跨企业流程的公共部分还可以被封装为 Web 服务，或者遵照电子商务协议与其他企业的流程进行交互。

CBPM 是 IBM 提出的 BPM 框架，其思想和 CPI 十分类似。该框架的特点是很好地整合了 Holosofx BPM Suite 和 IBM MQ Series 工作流软件，具有很强的实用性。CBPM 分为创建、协作、自动化和管理 4 个步骤，每个步骤又可细分为若干个阶段。这些步骤和阶段都严格对应于 Holosofx BPM Suite 或 IBM MQ Series 中的软件模块，4 个流程首尾相连，构成一个闭环流程。

BPMI 框架目前局限于流程建模和操作的语言规范，没有涉及从低层到高层的流程管理的集成问题。CBPM 从已有的软件系统中来，其流程建模、运行和应用集成方式不具有普遍性，而且没有解决跨企业流程集成问题。文献中的其他框架往往也仅从 BPM 的理念出发，其功能模块往往只是概念性的，缺乏与具体应用系统的对应。

BPM 的建模语言 BPMI 推出了业务流程建模语言（Business Process Modeling Language，BPML）和业务流程查询语言（Business Process Query Language，BPQL）两个标准，分别作为流程建模和流程模型访问的标准接口，并在此基础上提出了 BPM 框架。

BPML 是基于 XML 语言的模型描述语言，它将业务流程描述成控制流、数据流和事件流的结合，在此基础上还可以在业务流程中添加业务规则、安全规则和事务管理等特性。与传统的流程建模语言相比，它具有描述端到端流程的能力，这样，可以从多个参与者的角度来审视流程模型。另外，BPML 以 Pi-Calculus 作为其数学基础，这种形式化描述赋予了 BPML 在一致性检查、防止死锁、瓶颈检测和流程优化方面的较强能力。虽然 BPML 现在还不成熟，但是其官方组织描绘了 BPML 的美好前景。

BPQL 是 BPMS 的访问接口，用于对流程实例运行状态的查询、控制和流程模型的部署。类似于不同的编程语言用 SQL 或其他关联工具可以访问到数据管理系统，流程管理系统同样如此。DBMS（数据库管理服务器）是一种通用的“数据服务器”，而 BPMS 则是一种通用的“流程服务器”。软件开发者准备采用业务流程查询语言和流程服务器的原因是两者简化了流程环境中应用系统的开发。在传统系统的开发中，流程的环节四处散落，有的环节是这个应用系统的，有的环节是其他应用系统的。此外，流程式应用系统要能看到所有流程和所有流程数据。有了 BPQL，通过写软件程序去监控、中断、交互和协调端到端流程变得轻而易举。如果以流程为中心，电子化事实上就已经内建在每个流程中，不需要专门为每个流程编写电子化，就像积木本来就是设计好的，随时可以搭起来一样。

（3）BPEL 语言。结构化信息标准促进组织（OASIS）发布了 WS-BPEL 标准。它是业界在以 XML、Web Service 为基础的诸多规范之上提出的一种新型的业务流程定义语言。

OASIS 定义 WS-BPEL 为：“为可执行业务流程和抽象业务流程的规范提供一种语言。这样，它将扩展 Web Service 互动模型并使它可以支持业务。WS-BPEL 将定义一个可互操作的综合模型，该模型应当有助于在企业内空间和 B2B 空间中扩展自动化流程整合。”

BPEL 通过流程编排将各种接口组合在一起，是一门用于自动化业务流程的形式规约语言。BPEL 的流程可写入 XML 文档，便于在各种系统中交流。这些流程能够在任何一个符合 BPEL 规范的平台或产品上执行。允许人们在各种各样的创作工具和执行平台之间交换这些流程，保护人们在流程自动化上的投资。BPEL 实现了抽象的 WSDL 接口集成，所以它也属于 SOA 的解决方案之一。

以上三个标准中，工作流标准大多采用专有技术，使业务流程与企业应用的结合变得非常复杂，需要长时间部署和实施，与企业外部系统集成则更加困难，无法适应全球化浪潮和互联网时代对企业灵活、无缝集成的需求。BPM 框架不够开放。WS-BPEL 比较适合基于分布式计算环境业务流程的商务应用。它促进了业务流程标准化，得到众多厂家的支持。所以选择 WS-BPEL 作为业务流程的数字化表示比较有优势。

业务流程执行语言（Business Process Execution Language，BPEL）是业界在以 XML、Web Service 为基础的诸多规范之上提出的一种新型的业务流程定义语言。它是 OASIS 正式批准的标准。它以业务流程及其参与者的交互为基础定义了业务流程的描述语法，用于业务流程建模。BPEL 的基本功能在于能够对 Web 服务加以编排和协调。

WS-BPEL 定义了一组用于创建 Web 服务合成的基本活动（见表 10-3）、主要元素（见表 10-4）和基本结构（如图 10-7 所示）。通过基本活动描述业务过程中的活动，主要元素为流程的基本定义，基本结构是文档的框架，他们描述了业务流程。

表 10-3　基本活动

活　动	描　述
receive	允许业务流程停止下来等待消息到来
reply	允许业务流程对收到的消息发送一个回复消息
invoke	允许业务流程在某一 Web 服务提供的操作上调用单向或双向的操作
throw	表明发生某种异常
terminate	终止流程实例
wait	通知流程等待一段时间
empty	允许在业务流程中插入空指令

表 10-4　主要元素

元 素 名	描　述
Partner Link Types	合作伙伴链接类型
Partner Links	合作伙伴链接
Partners	合作伙伴
Variables	变量定义
Correlation Sets	相关集定义
Fault Handlers	故障处理程序
Compensation Handler	补偿处理程序
Event Handlers	事件处理程序

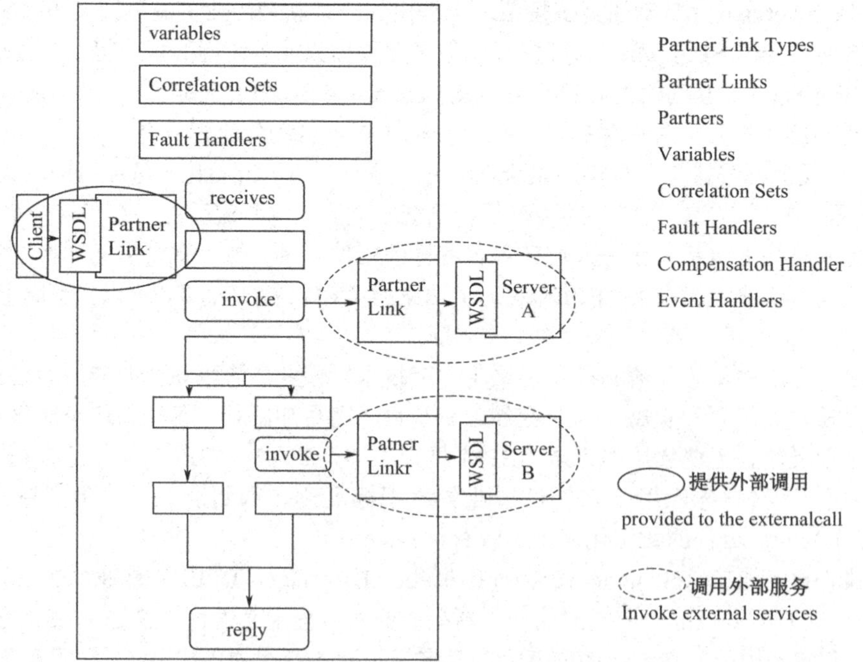

图 10-7　业务流程的基本结构

10.3 电子商务模式建模

10.3.1 建模基础知识

1. 建模元素

（1）开始、停止和结束节点。开始节点标识过程流的开始，停止节点标记结束。当创建过程时，会自动创建开始节点和停止节点，每个过程、子过程和循环都必须至少拥有一个停止节点。相对来说，结束节点只是过程中标识特定流结束的可视标记。结束节点停止由它终止的路径，而停止节点停止整个过程。如图 10-8 所示。

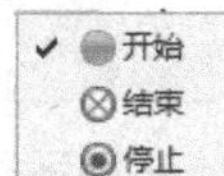

图 10-8　开始、停止和结束节点标记

（2）连接。连接是两个元素之间的链接，如图 10-9 所示。

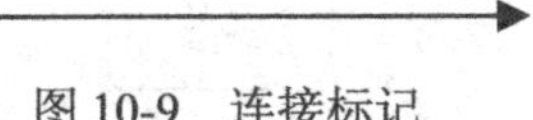

图 10-9　连接标记

（3）决策。决策是输入路由到多条彼此互斥的备选流出路径之一。可以将决策当作一个问题，它确定在执行过程期间要执行的一组确切的活动，如图 10-10 所示。

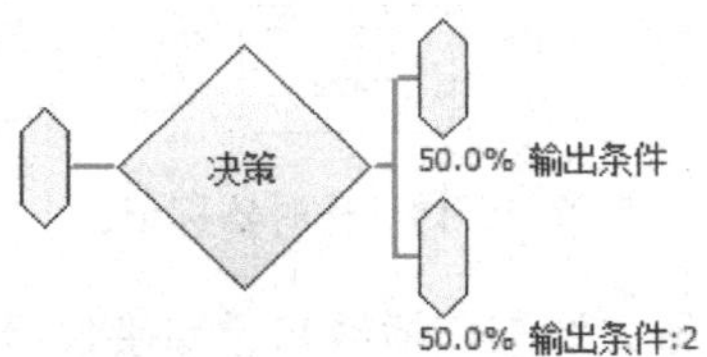

图 10-10　决策标记

（4）派生。派生将过程流分成两条或多条并行路径，使两个或多个任务可以并行执行其输入，并通过每一条路径转发它们。派生类似于合并和联结，旨在直观地显示流控制的特定元素，如图 10-11 所示。

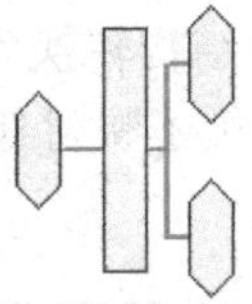

图 10-11　派生标记

（5）合并和联结。合并和联结将多条处理路径加以整合，使得可相互替代的流重新并入单个流。联结还可以通过整合两条或多条并行路径（它们在并入单条路径前必须全部完成）来同步流。合并和联结是为直观显示流控制而特别设计的元素，不能使用这些直观的构造来创建或同步具有不同业务项的流，如图 10-12 所示。

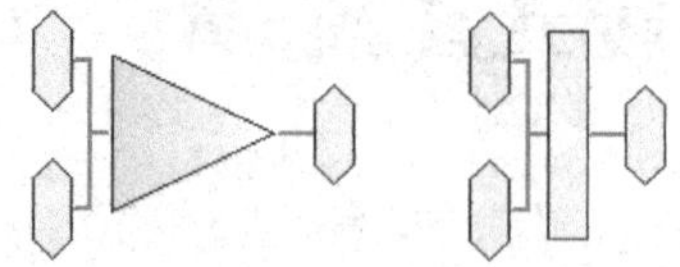

图 10-12　合并和联结标记

（6）循环。循环是过程中包含的重复活动序列，共有 3 种可用的循环类型：for 循环、while 循环和 do-while 循环，如图 10-13 所示。

图 10-13　for 循环、while 循环和 do-while 循环标记

（7）观察器。观察器是专门用于监视过程及其相关存储库的，并在某一条件为 true 时启动流的任务。例如，当存储库超过阈值时，观察器可以启动一个流，如图 10-14 所示。

图 10-14　观察器标记

（8）计时器。计时器是专门用来在指定时间启动流的任务的，如图 10-15 所示。

图 10-15　计时器标记

（9）通知广播器和通知接收器。通知广播器和通知接收器是专门用来在过程运行时支持通信任务的。通知广播器发布通知，通知接收器侦听通知并生成输出，如图 10-16 所示。

图 10-16　通知广播器和通知接收器标记

（10）映射。映射是专门将数据从一种结构转换为另一种结构的任务的，可以使用映射指定如何将输入转换成输出。选用板中不仅提供了映射任务，还提供了作为局部任务的相同功能，如图 10-17 所示。

图 10-17　映射标记

（11）注释。可以在过程图、结构图或结构定义图中的任意位置添加称为注释的说明性附注，

如图 10-18 所示。

注释文本

图 10-18　注释标记

可以在图中显示所有过程的标签，以便快速查看某些特征，最多可以指定两个标签，一个向上，一个向下，并且可以从下列内容中选择：描述、处理成本、启动成本、收入、处理时间、组织单元、位置和分类器值。

2. WebSphere® Business Modeler 可设定的属性

在创建元素后，可以选择添加属性以进一步定义元素。

（1）指定成本和收入。可以指定元素（如任务或过程）的多个成本：元素的每次运行费用、元素启动时耗费的一次性费用及元素等待资源时耗费的费用，还可以指定在元素完成时获得的收入。

（2）指定持续时间。可以指定元素（如任务或过程）的处理时间，即元素实际执行的时间，而不是耗用时间，耗用时间可能包括等待资源时的延迟。对于任务来说，还可以指定任务在失败前等待资源的最长时间。

（3）指定输入。对元素的输入定义了元素在可以运行前所需的数据。可以使用一种方法来定义全局元素的输入（在项目树形视图中显示的任何过程、任务或服务），使用另一种方式定义局部元素（仅存在于过程图中的任何过程、任务、决策或其他元素）。

（4）指定输入条件。在中级业务建模和高级业务建模方式下，可以指定输入条件。输入条件定义了启动过程、任务或服务的特定输入组合。

（5）指定前提条件。在中级业务建模和高级业务建模方式下，可以指定前提条件。前提条件是指在元素（如过程或任务）启动之前必须满足的条件。

（6）指定输出。对某个元素的输出定义了元素运行后返回的数据，可以使用一种方法来定义全局元素的输出（在项目树形视图中显示的任何过程、任务或服务），再使用另一种方式定义局部元素（仅存在于过程图中的任何过程、任务、决策或其他元素）。

（7）指定输出条件。在中级业务建模和高级业务建模方式下，可以指定输出条件，这是允许的元素输出组合。每个输出条件定义一组输出。

（8）指定后续条件。在中级业务建模和高级业务建模方式下，可以指定后续条件。后续条件是元素（如过程或任务）成功运行后创建的条件。

（9）指定任务必需的角色。可指定完成过程模型中的某一任务所需的任意数目的角色。

（10）指定单个资源。可以指定任意数量的任务运行所需的单个资源。这些资源不需要与负责完成任务的组织单元关联，所需的资源可以来自任何组织单元。

（11）指定批量资源。可以指定任意数量的任务运行所需的批量资源。这些资源不需要与负责完成任务的组织单元关联，所需的资源可以来自任何组织单元。

（12）指定组织单元。可以指定负责完成任务或过程的组织单元。指定负责的组织单元并不表示所需的资源应属于该组织单元。

（13）指定位置。可以指定用于完成任务或过程的位置。指定位置并不表示所需的资源都必须属于该位置。

（14）指定分类器值。使用一个或多个预先定义的分类器（质量控制、增值和工作流程）或者任何其他已创建的分类器，通过为分类器指定值分类过程元素。如果将颜色与分类器值关联，那么还可以根据过程元素的分类器值为图中的过程元素分配颜色代码。

（15）附加文件。可以为项目树形视图中显示的过程元素（如业务项、任务、组织和存储库）添加附件。该文件将成为要附加到的元素的一部分，并作为该元素的一部分进行复制、导出或转换，其属性设置如图 10-19 所示。

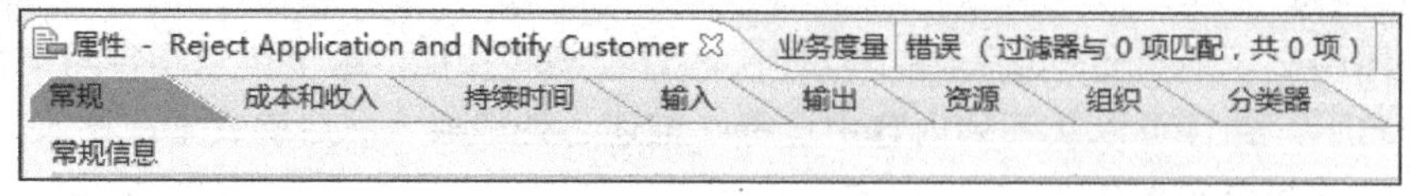

图 10-19 属性设置

3. 资源

资源表示执行工作的实物或必需的先决条件，可以是人（员工）、设备（计算机、机器、交通工具等）、材料、燃料、电力、水等。根据过程模型的复杂度，可以为资源指定角色、成本和时间表。

资源分单个资源和批量资源。单个资源是需要特定实例的资源，批量资源是任何类型资源实例池中可用的资源。如人员、计算机为单个资源，电力、水为批量资源。资源可以是非可消耗的资源，如员工、交通工具、设备等；也可以是可消耗的资源，如燃料、打印纸等。

可以用【资源定义】构建资源模型，也可以对资源的特定实例进行建模，然后用它们指定默认值或样本值。【资源定义模板】是用于对公共属性的资源组定义建模的类别的，能使用户在模板级别上对一组属性定义一次就让所有使用同一模板的资源定义都有享用属性。

4. 组织

可以用 Modeler 创建企业中的每个组织实体和位置的模型。组织实体包括企业、公司、部门和团队等。位置包括地理区域、办公室、工厂和销售地区等。可以将这些元素组织在项目树结构中，并将它们与过程图中的元素关联起来。还可以用它们创建结构图，以及一对模型元素之间的组织关系建模。

5. 结构

用于表示元素间的关系，可以用结构模型来表示。如企业的组织结构、人员关系等。

6. 业务度量

业务度量的成功在于方式。首先，应确定业务目标，并确定将当前业绩与这些目标进行比较所需的业务度量，包括财务数据、与时间相关的数据、吞吐量等业绩指标。然后确定含有计算业务度量所需信息的业务事件。

Modeler 将业务度量信息分为 2 种：

① 从运行的过程实例中收集的信息（在受监控的值选项卡中指定）；

② 用于仪表板显示和分析的信息（在业绩指标选项卡中指定）。

7. 流程图布局

可以选择采用自由格式布局（如图 10-20 所示）或甬道格式布局（如图 10-21 所示）对过程进行建模，并在这两种布局之间切换。自由格式布局提供了最大的灵活性。

另外，也可以按照需要的方式实现流程图的布局，如图 10-22 所示为颜色格式布局。甬道格式布局根据元素的属性值排列图元素。例如，角色的甬道格式布局将根据与每个元素关联的角色来放置图元素。甬道格式布局可用于组织单元、位置、单个资源定义、批量资源定义、角色和分类器。

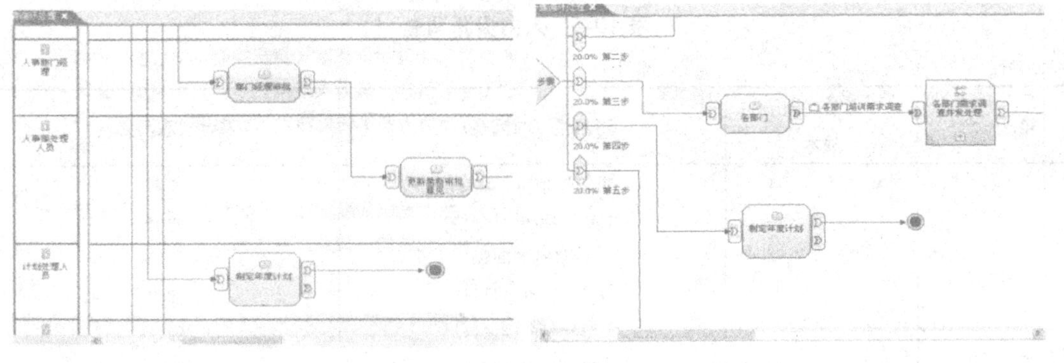

图 10-20　自由格式布局

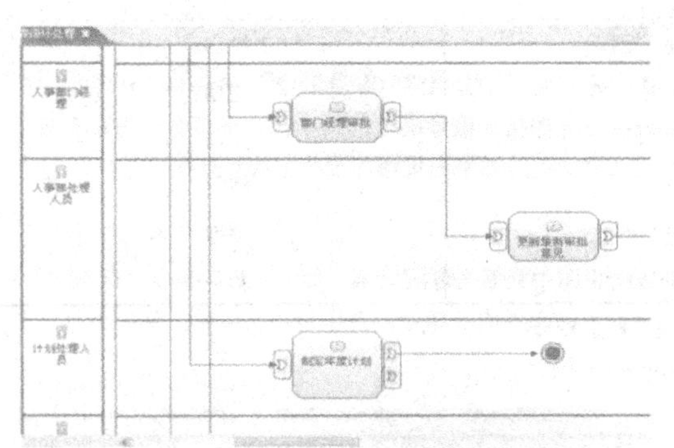

图 10-21　甬道格式布局

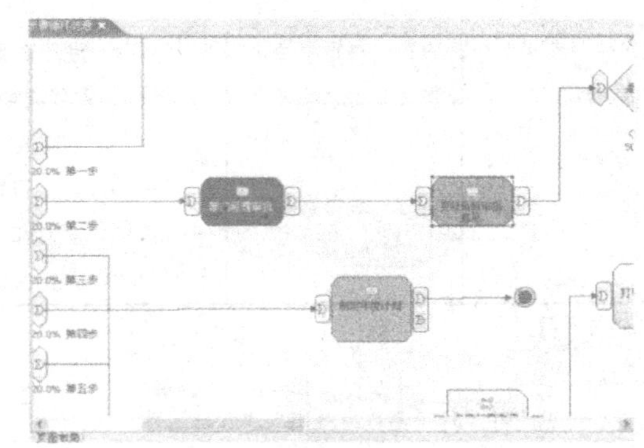

图 10-22　颜色格式布局

10.3.2　业务流程调查

对一个企业进行业务流程调查往往包括如下项目：组织结构调查（如图 10-23 所示）、人力资源调查（见表 10-5）、设备资源调查（见表 10-6）、能源资源调查（见表 10-7）、业务过程调查（见表 10-8）、分布类型及设置（见表 10-9，界面设置如图 10-24 所示）以及附件 Day Shift 时间表（如图 10-25 所示）、职员属性（如图 10-26 所示）。通过设计调查表，分别由调查人员到企业的各个部门按照表格进行调查记录，作为一手资料，以便后续工作的开展。通过实践证明，这是必须要做并且要认真做的基础工作。

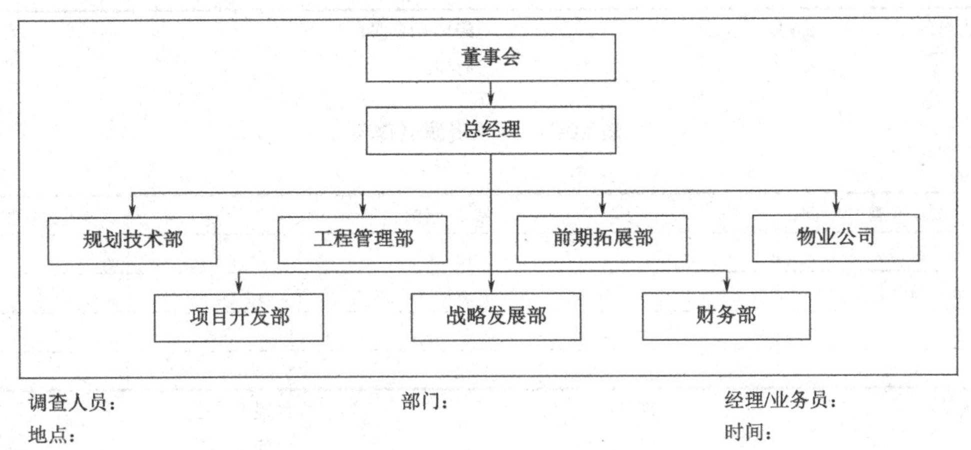

图 10-23　组织结构调查

表 10-5 人力资源调查

表编号： 部门：

角 色	单位时间成本	可用性（时间表）	属性（职员属性）
		重复次数[n｜始终] 重复周期[天时分秒] 重复时间间隔 开始日期[年月日] 持续时间[小时] 开始时间[时分秒]	姓名： 通信： 公司： 部门： 领导： 助手：
		重复次数[n｜始终] 重复周期[天时分秒] 重复时间间隔 开始日期[年月日] 持续时间[小时] 开始时间[时分秒]	姓名： 通信： 公司： 部门： 领导： 助手：

调查人员： 部门： 经理/业务员：

地点： 时间：

注：详见附件“时间表 Day Shift”“职员属性”

表 10-6 设备资源调查

表编号： 部门：

设备分类	设备名称	数 量	单 位	价 值	单位时间成本
A．机械设备					
B．电子设备					
C．交通设备					
D．办公设备					
E．通信设备					

调查人员： 部门： 经理/业务员：

地点： 时间：

表 10-7 能源资源调查表

表编号： 部门：

分 类	名 称	单位时间成本
A．电力		
B．热能		
C．水		

调查人员： 部门： 经理/业务员：

地点： 时间：

表 10-8　业务过程调查

表编号：　　　　　　　　　　　　　部门：

任务名称			任务代码				
任务类型							
上一节点				下一节点			
输入类型				输出类型			
调查人员		被调查人员		时间		地点	
任务描述	（注：此处仅为示例，实际制表时空间应加大）						
业务步骤描述	（注：此处仅为示例，实际制表时空间应加大）						
成本收入指标	1．处理成本（每次运行该任务时产生的费用）[值 | 分布] 2．启动成本（该任务启动时产生的初始费用）[值 | 分布] 3．等待时间成本（该任务等待资源时，随时间增加的费用）[值 | 分布] 4．收入（该任务完成时获得的金额）[值 | 分布]						
时间指标	1．处理时间（完成该任务所需要的时间长度） [值（CNY/天时分秒）| 分布] 2．资源等待时间（允许等待资源的最大时间长度） 值（CNY/天时分秒）						
人力资源指标	角色资源（注：此处仅为示例，实际制表时空间应加大） 单个资源需求（注：此处仅为示例，实际制表时空间应加大）						
组织	组织单元和位置（注：此处仅为示例，实际制表时空间应加大）						
业务度量	[KPI |]（注：此处仅为示例，实际制表时空间应加大）						

调查人员：　　　　　部门：　　　　　　　　　　　　经理/业务员：

地点：　　　　　　　　　　　　　　　　　　　　　　时间：

注：分布内容见附件“分布类型及设置”

表 10-9　分布类型及设置

表编号：　　　　　　　　　　　　　部门：

分布类型	设置	说明
Beta 分布	A，B	适用于贝叶斯定理统计模型，该模型表示信任度。例如，使用该分布，你可以对医学检验结果为有效结果而非虚假肯定的可信度建模
连续分布	值，概率	使你可以指定值的范围，并指定每个范围的概率。在你定义的每个范围中，值如同在均匀分布中一样均等地生成 单击添加一次或多次，以添加新值。对于你添加的每个值，请指定数字并指定概率。你指定的每个概率都是分布结果在当前值和下一个最小值之间发生的概率。你指定的最小值的概率应为 0，除非你想用分布来生成与最小值完全相同的结果 要除去某一值及其概率，请选择该值，然后单击除去
厄兰分布	指数平均值，K	适用于表示排队系统中的等待时间，如呼叫中心的客户等待时间
指数分布	平均值	适用于描述仅取正值的随机变量的特征。完全由平均值确定。适用于时间序列数据的分布。例如，预计将以恒定速率出现的抵达时间
Gamma 分布	Alpha，Beta	适用于连续随机变量（强制其大于或等于 0）。由形状（Alpha）和幅度（Beta）参数来描述其特征。适用于等待时间

续表

分布类型	设　置	说　明
Johnson 分布	Gamma，Delta，Lambda，Xi 及以下一种类型： sn（正态形式） sb（有界形式） su（无界形式） sl（对数正态形式）	也称最佳匹配分布。适用于根据可用数据来定义分布。该分布支持对分布曲线进行大幅度调整，以与可用数据相匹配
对数正态分布	对数平均值，对数标准	适用于值限定大于 0 的随机变量。一种全为正值的不对称分布，具有各种形态。适用于描述周期性计算结果（时间跨度为 1 年或更长）
正态分布	平均值，标准偏差	著名的钟形曲线，亦称高斯分布，用于描述各种类型数据的特征
泊松分布	平均值	适用于描述在时间上独立发生的离散事件的特征。适用于统计跨时间或跨区域的事件。常用于事件概率很小，而事件的机会数很大的时候
随机列表	值列表	提供值的列表，其中的任何值都有相同的选中概率。单击添加一次或多次，以创建列表项。为每个列表项分配值。要除去某一列表项，请选择它，然后单击除去
三角形分布	最小值，最大值，方式	适用于在现实世界结果不可用的情况下，对完成任务所需的时间进行近似建模。该方式定义了最有可能的值
均匀分布	最小值，最大值	在某一范围内均匀分布值。适用于两个已定义界限间的数据分布，每个值的可能性都相同
Weibull 分布	Alpha，Beta	适用于对可靠性、故障发生率及自然现象（如特定位置的风速）进行建模
加权列表	值，概率	为定义的每个值提供加权概率。单击添加一次或多次，以创建列表项。对每个列表项，请分配值和概率。要除去某一列表项，请选择它，然后单击除去

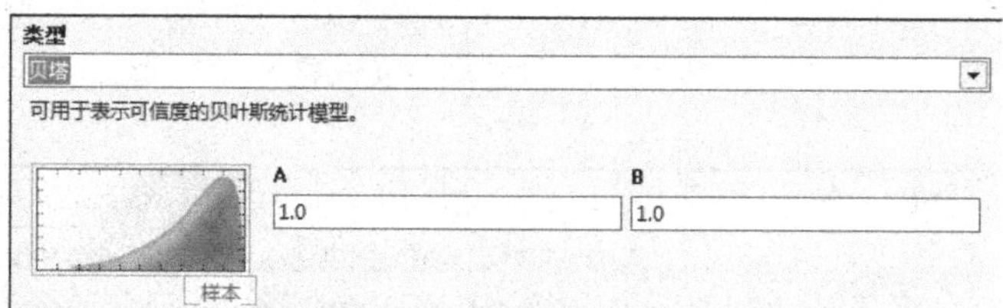

图 10-24　分布类型及设置界面示例

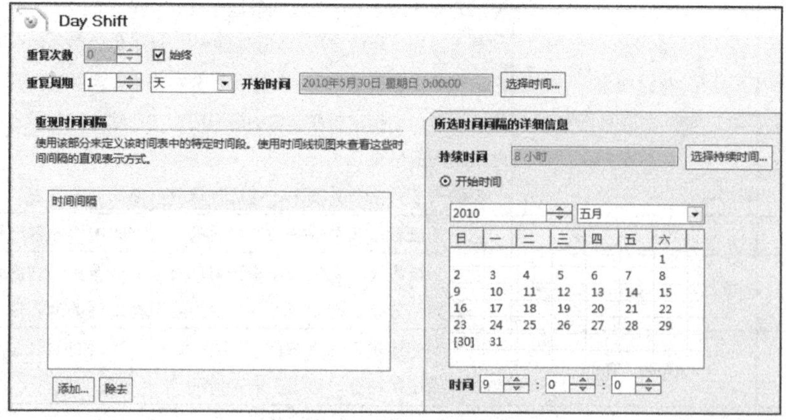

图 10-25　Day Shift 时间表

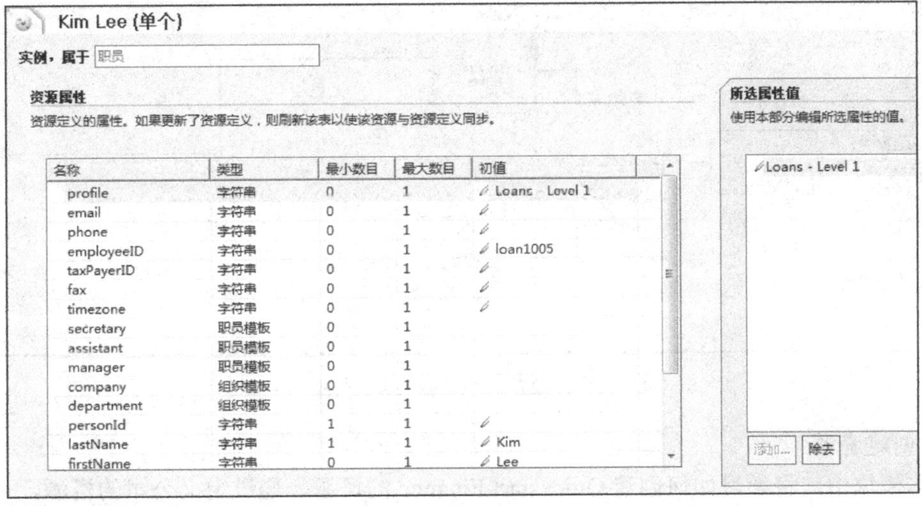

图 10-26　职员属性

10.3.3　业务流程建模案例

1. 案例场景

Quickstart Finance 是一家小型金融服务公司，有一个总部和几个分支机构。它将资金贷给那些达到公司可接受信用风险标准的客户。当公司收到贷款申请时，会将它发送给信贷员进行审查。信贷员评定信用风险，然后决定是给客户请求的资金贷款，还是拒绝申请。Quickstart Finance 原来已经建立了一个用于复审和批准贷款申请的业务流程。公司管理层现在想要通过增加批准的贷款数来产生更多业务。Quickstart Finance 的业务分析员角色将首先对现有的“原样（as-it）”贷款申请过程进行建模，然后改进该过程，从而产生“预设”（to-be）过程模型。

2. 学习目标

本案例为 Quickstart Finance 创建原样过程模型和模型元素。案例全面介绍了一些基本任务，这些任务对过程、资源和组织建模是需要了解的。案例提供了一组简短的练习，以熟悉 WS Modeler 建模工具的基本功能，了解如何创建元素，构建更为复杂的模型和模块。

完成本案例后，应能够完成下列任务。

（1）建模。创建项目和目录；创建和定义资源；创建定义；创建和定义业务项；将任务和其他元素添加到过程图。

（2）模拟。运行模拟；调整模拟设置；分析模拟结果；打印分析报告。

本案例还演示了常用的建模操作，建立“原样”图反映过程的当前状态，扩展“预设”图以帮助规划该过程的未来状态。虽然这是许多业务分析员和专业人士在创建模型时使用的方法，但这不是强求的方法。一旦熟练运用这些工具和功能，就可以根据组织的实际情况用任何适合的方法进行工作。

3. as-it 原样图的创建

在本模块中，将创建如图 10-27 所示的 as-it 原样图。

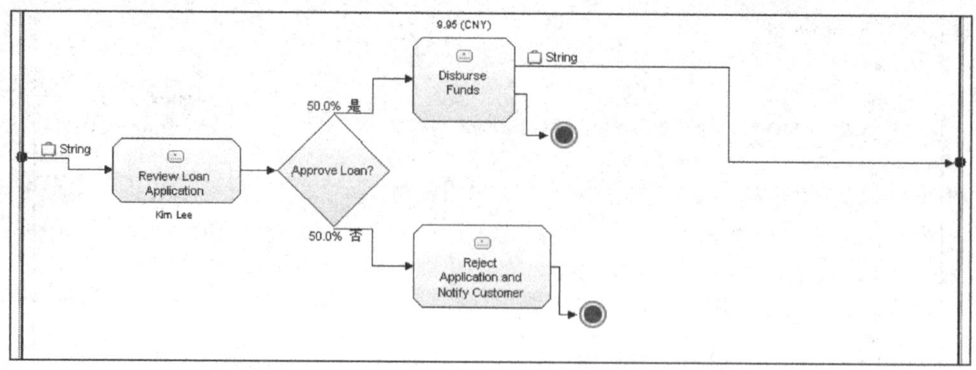

图 10-27 创建 as-it 原样图

4. 创建资源

在本模块中，将学习如何创建 Quickstart Finance 的资源。通过定义公司的资源，可以在任意多的过程模型中重用它们，而不必为每个模型重新创建相同的资源。创建资源后，可以将它们分配给特定任务。（注：在后面的学习中，将把资源分配给任务。）

Quickstart Finance 有一个总部和几个分支机构。需要定义公司贷款申请过程中包含的资源，并掌握尽可能有效地将新资源添加到资源目录的方法。

完成本模块后，将能够完成下列任务。

- 创建项目。
- 创建资源目录。
- 创建资源定义，并将属性添加到资源定义。
- 创建资源，将值赋给资源属性。创建成本并将它们与资源关联；创建角色并将它们与资源关联；创建时间表并将它们与资源关联。

对于该模块，请确保已经将业务建模方式设置为“基本”。（要设置业务建模方式，请单击【建模】→【方式】→【基本】选项。）

创建项目

项目是“项目树”中的顶级容器，包含各种目录、资源、业务项、组织以及其他建模元素。

在开始创建资源并构建过程模型之前，必须先设置项目。可选择如何组织项目，并且“项目树”将显示指定的项目结构。在大型公司里，可能希望为公司组织的各个机构或部门设置不同的项目（请记住，只能复用同一项目中的资源和全局元素）。对于 Quickstart Finance，将创建单个项目以保存所有各种目录（包括资源目录）。

可以使用多种方法创建项目，下列步骤说明了如何使用弹出菜单创建项目。要创建新的 Quickstart Finance 项目，请完成下列 6 个步骤。

- 单击【4 窗格】布局按钮以查看所有 4 个窗格。
- 在“项目树”中，单击鼠标右键并选择【新建】→【业务建模项目】选项（注：如果先前创建了一个或多个项目，则必须先突出显示“项目树”中的一个项目，以便在单击鼠标右键时看到正确的菜单）。这会打开一个向导。
- 在【新项目名称】字段中，为项目输入以下名称：Quickstart Finance。（**提示**：请记住，不能有两个同名的项目。如果已经有名为 Quickstart Finance 的项目，可以右键单击现有项目然后单击【删除】，或为新项目取个不同的名称，如 My First Project，或任何有意义的名称。）

- 保留【默认过程目录名】字段中的默认名称 Processes。在大型企业中，可能会为每个部门机构建立一个不同的目录，但在本教程中，将只创建单个过程目录。
- 清除【创建过程】复选框。稍后将在本教程中创建过程，但现在要关注创建资源。
- 单击【下一步】按钮。如果现在正在创建过程，则使用该页为该过程指定初始布局的类型。因为还未创建过程，所以保留默认选择并单击【完成】按钮。新的 Quickstart Financc 项目被创建并显示在“项目树”中。现在建立的项目看起来应与如图 10-28 所示的创建项目结果相似。

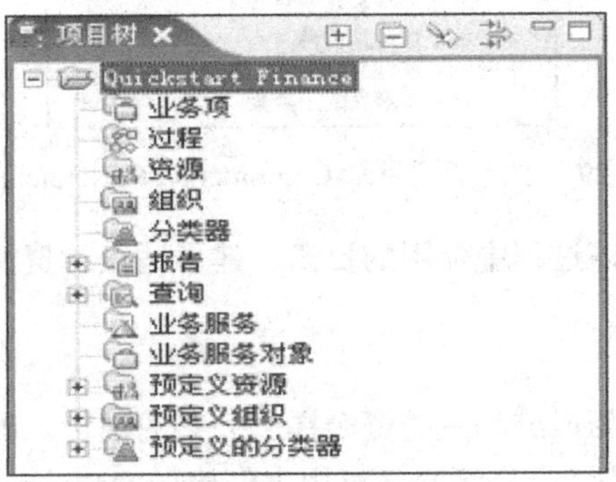

图 10-28 创建项目结果

既然已经创建了 Quickstart Finance 的项目，就可以准备创建资源了。第一步是创建用于存储资源的资源目录。

创建资源目录

资源目录用来存储资源定义和资源。

在本案例中创建的资源目录将保存公司所有部门的资源定义模板、资源定义、资源、角色和时间表。如果为比较大的金融公司创建资源，则可能要为单个过程创建单独的资源目录，并指派一些雇员专门服务于这些单个过程。可以采用对企业有意义的方式来灵活地设置项目和目录。

对于 Quickstart Finance，将为人员和计算机应用程序及系统使用单独的资源目录。要创建资源目录，请完成下列步骤。

- 在“项目树”中，右键单击“资源”文件夹，并选择【新建】→【资源目录】选项。这会打开一个向导。
- 在【新资源目录名称】字段，输入“Personnel”。
- 单击【完成】按钮。在“项目树”中创建了“Personnel”资源目录。
- 在“项目树”中，右键单击“资源”目录，然后选择【新建】→【资源目录】选项。这会打开一个向导。（注：该向导显示可以在其中创建资源目录的“项目树”的所有可展开的文件夹。可以展开该“资源”文件夹并查看刚才创建的“Personnel”资源目录。可以在其他资源目录内嵌套资源目录，或在项目的根文件夹下创建资源目录。对于 Quickstart Finance，将在“资源”文件夹内创建两个资源目录，所以请确保在向导中突出显示“资源”文件夹。）
- 在【资源目录名称】字段中，输入“Computers”。
- 单击【完成】按钮。在“项目树”中创建了“Computers”资源目录。

现在“项目树”看起来应该与如图 10-29 所示的创建资源目录 Computers、Personnel 的结果相似。

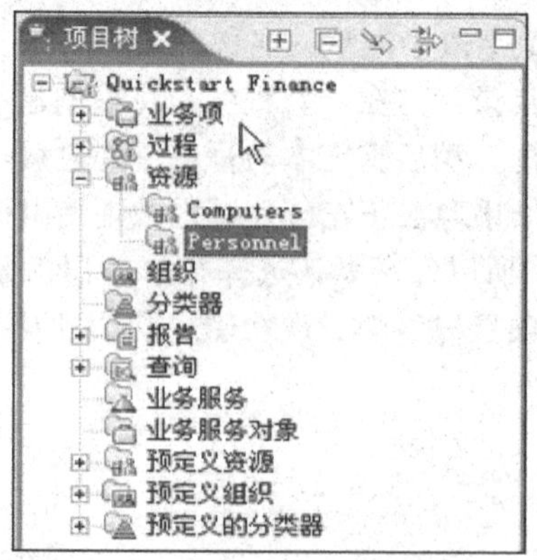

图 10-29　创建资源目录 Computers、Personnel 的结果

现在已经为将在贷款申请过程中使用的资源创建了适当的资源目录，可以定义每个目录将包含的资源类型。

创建资源定义

资源定义为过程模型中相似或相关的资源提供公共的属性，即同一类型的资源所共享的一组相似特征。例如，“Vehicle”（车）资源定义可用来创建如 Delivery Truck（货车）、Executive Auto（轿车）等资源。Quickstart Finance 所需资源定义之一（**职员**）已由 WebSphere® Business Modeler 提供，不必创建它。在本练习中，将创建另一个所需的资源定义。

资源定义属性是用该定义创建的所有资源的共有特征。

使用属性来定义 WebSphere® Business Modeler 中的元素，包括资源定义。使用一个资源定义可以创建任意数量的资源，每个单独的资源都将共享资源定义中定义的一组公共属性。例如，“Company Vehicle”（公车）资源定义的属性可能包括“Licence Number”（行驶证号）和“Vehicle Type”（车型）。任何使用“Company Vehicle”资源定义创建的任何资源（如“Delivery Truck No. 3”或“Vice-President's Leased Auto”）都将继承这些属性。资源定义为资源提供了一组基本特征，因此只需创建这些属性一次，而无须为每个资源创建这些属性。

要将新资源定义添加到创建的项目，请完成下列 6 个步骤。创建资源定义 Desktop Computer 的结果如图 10-30 所示。

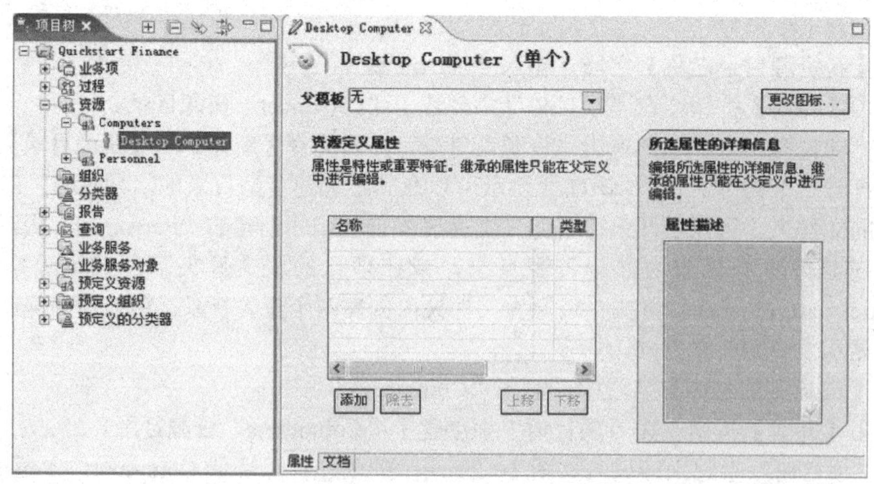

图 10-30　创建资源定义 Desktop Computer 的结果

- 在“项目树”中，右键单击“Computers”资源目录，并选择【新建】→【资源定义】选项。这会打开一个向导。
- 输入以下资源定义名称：“Desktop Computer”。
- 保留默认颜色。稍后在该教程中创建过程图时，将学习更多有关按颜色标识元素的知识。
- 在【描述】字段中，输入：“Computers used by Loan Department employees”（贷款部门员工所用计算机）。
- 对于资源类型，单击【单个】单选按钮。计算机是单个资源类型，有别于电或水之类的批量资源类型。
- 单击【完成】按钮。在定义编辑器中打开创建的“Desktop Computer”资源定义。

创建了“Desktop Computer”资源定义后，必须添加公司中计算机的公共属性。

将属性添加到资源定义

现在，需要添加每个“Desktop Computer”资源都将继承的属性。要将属性添加到“Desktop Computer”资源定义，请完成下列步骤。

- 如果“Desktop Computer”资源定义尚未在定义编辑器中打开，请双击“项目树”中的“Desktop Computer”资源定义。这会在定义编辑器中打开该资源定义。
- 单击定义编辑器底部的【属性】选项卡。
- 单击【添加】按钮。在属性表中显示新的属性。
- 单击刚添加到属性表中的属性的【名称】字段，并输入 ID Number。为了标识资源，通常会包含名称或标识号。
- 单击已添加到该表中的属性的【类型】字段。
- 单击突出显示的“类型”字段尾部的▭图标。这会打开“选择类型”向导。
    - 确保选择了【基本类型】单选按钮。
    - 使用类型字段中的下拉菜单来查看各种可用类型。选择【整数】选项。选择该属性类型，则表明属性值将只包含数字。
    - 单击【确定】按钮。将接收到一条消息，警告定义实例中的属性值将受影响。单击【确定】按钮。属性表将由刚才添加的信息进行更新。
- 单击【添加】按钮以添加其他资源定义属性。
- 单击添加到表的属性的【名称】字段，并输入“Work Station”（工作站）。
- 使【类型】字段保留为“字符串”。在 Quickstart Finance 中，为 Work Station 指定了包含字母和数字的标识，因此必须使用“字符串”作为类型。现在，“Desktop Computer”资源定义有一个属性，该属性指出特定“Desktop Computer”资源的使用位置。此时，资源定义属性表看起来应当与如图 10-31 所示的将属性添加到资源定义 Desktop Computer 相似。

创建资源

可以对用来执行业务中过程或任务的每个资源进行建模，并将资源放入“项目树”中以便在过程图中使用。

识别资源和业务项之间的差别是很重要的。那些经历更改并且从一个过程步骤传到下一个过程步骤的对象应建模成业务项，而那些用于执行工作或对开展工作必不可少的事物（如计算机、电话、交通工具或人员）则应建模成资源。

Quickstart Finance 贷款申请过程较简单。要对该过程建模，需要创建表示人员和计算机系统的资源。对于最基本的申请，需要审查申请的信贷员和输入所需数据的计算机。

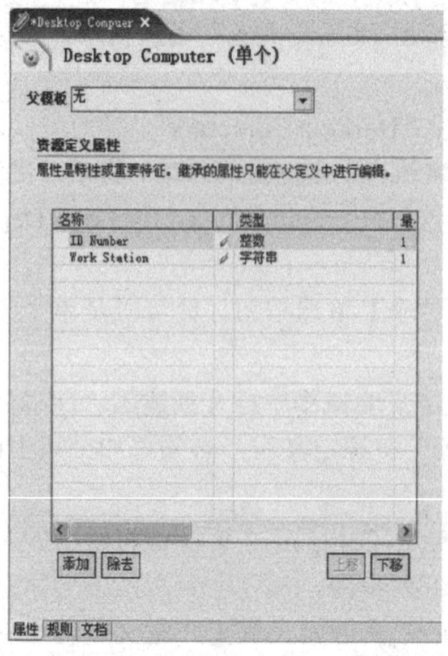

图 10-31　将属性添加到资源定义 Desktop Computer

要对资源建模，请完成下列步骤：

- 在“项目树”中，右键单击“Personnel”资源，然后单击【新建】→【资源】选项。这会打开一个向导。
- 在“资源”向导中，确保“Personnel”资源目录在可用资源目录列表中突出显示。
- 对于资源类型，选择【单个】单选按钮。
- 从【关联资源定义】下拉列表中，选择【职员】选项。
- 在【新资源的名称】字段中，输入“Kim Lee”。请记住，所输入的名称在“Personnel”资源目录中必须是唯一的。如果职员中还有一个 Kim Lee，则应采用某些方式（如向第二个 Kim Lee 添加中间名的字母缩写）加以区分。
- 在【新资源的描述】字段中，输入“Loan department personnel”。
- 单击【完成】按钮。在资源编辑器中会打开新的 Kim Lee 资源。（注：默认情况下，资源编辑器显示【成本】选项卡。）如果要查看该资源从资源定义中继承的属性，单击资源编辑器底部的【属性】选项卡。
- 在“项目树”中，右键单击先前创建的“Desktop Computer”资源定义，并选择【新建】→【资源】选项。这会打开一个向导。（注：资源类型和关联的资源定义值都是基于“Desktop Computer”资源定义填充的。）
- 在【新资源的名称】字段中，输入“Desktop Computer No.27”。
- 在【新资源的描述】字段中，输入“Loan department computer”。
- 单击【完成】按钮。这会在资源编辑器中打开“Desktop Computer No.27”资源。要查看该资源从“Desktop Computer”资源定义中继承的属性，请单击资源编辑器底部的【属性】选项卡。

现在，已创建了两个可用于任何 Quickstart Finance 过程模型的资源，并且可以把这些资源分配给模型中的特定任务。两个资源显示在项目树中，创建资源 Kim Lee 的结果如图 10-32 所示。

但是，为使资源在过程模型中可用，需要将值分配给资源属性，然后将资源与任何相关的成本、角色或时间表组合相关联。

图 10-32 创建资源 Kim Lee 的结果

将属性值添加到资源

属性值是提供特定资源的唯一特征。

在 Quickstart Finance 或任何其他公司使用的所有资源都是可唯一标识的，并具有与其他资源（即使它们非常相似）区分的特征。例如，每个信贷员都有姓名、家庭住址和工号。类似地，每个台式计算机都有一个标识号和工作空间位置。

两个 Quickstart Finance 资源已经使用资源定义创建，并且两个资源都从它们各自的资源定义继承属性。要给资源属性赋值，请完成下列步骤。

- 为“Desktop Computer No. 27”资源输入属性值：
  - ◆ 如果“Desktop Computer No. 27”资源没有在资源编辑器中打开，则在“项目树”中双击它。
  - ◆ 在资源编辑器底部单击【属性】选项卡。
  - ◆ 对于第一个属性 ID Number，单击【初值】字段。（注：根据屏幕大小和设置，可能要水平滚动才能看到该列。）
  - ◆ 输入以下标识号：1027。因为在资源定义中将该属性的类型指定为“整数”，所以只能输入数字。
  - ◆ 按回车键将该值添加到资源。
  - ◆ 在“Work Station”属性行中，双击【初值】字段。
  - ◆ 输入以下位置编号：LD705。这是信贷部标识号为 1027 的“Desktop Computer No. 27”所在的工作站。
    - ✧ 现在，属性表应该与如图 10-33 所示的将属性值添加到资源 Desktop Computer No. 27 相似。
    - ✧ 单击【文件】→【保存】选项以保存“Desktop Computer No. 27”的属性值。

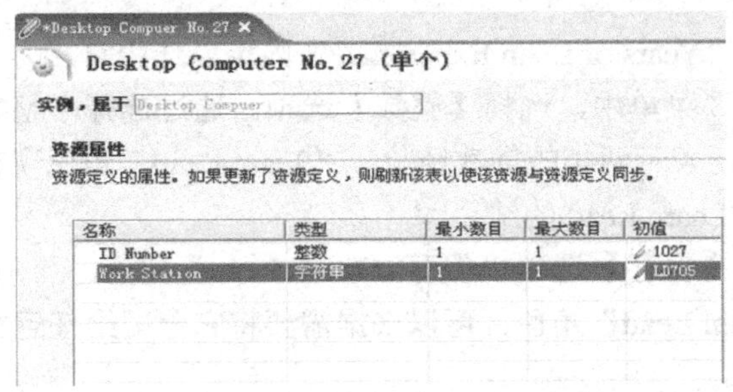

图 10-33 将属性值添加到资源 Desktop Computer No. 27

- 输入“Kim Lee”资源的属性值。
  - ◆ 如果还没有在资源编辑器中打开“Kim Lee”资源，则在“项目树”中双击它。
  - ◆ 在资源编辑器底部单击【**属性**】选项卡。
  - ◆ 对于第一个属性 profile，单击【**初值**】字段并输入下列值：Loans - Level 1。
  - ◆ 对于 employeeID 属性，单击【**初值**】字段并输入下列值：loan1005。
  - ◆ 对于 lastName 属性，单击【**初值**】字段并输入下列值：Lee。
  - ◆ 对于 firstName 属性，双击【**初值**】字段并输入下列值：Kim。
  - ◆ 继续为余下的属性输入属性值。
  - ◆ 单击【**文件**】→【**保存**】选项以保存 Kim Lee 资源的属性值。

已为资源输入了属性值。特定资源的属性组合将作为该资源的唯一标识。但是，为了使资源在为 Quickstart Finance 创建的过程模型中可用，必须将它们与成本、角色和日程安排的相关组合关联。

创建角色

角色定义了执行过程中任务所需的一组能力。

通常，业务会定义角色，以指定负责某些任务的资源所必须具有的能力。例如，“翻译”角色可能要求雇员至少精通两种语言；如果某个雇员精通英语和法语，那么可以将该资源指定为“翻译”角色。对于 Quickstart Finance，一名雇员担任信贷组的领导。必须创建该角色，以便可以将它指定给满足角色需求的现有资源之一。

要创建角色，请完成下列步骤。

- 在“项目树”中，右键单击“Personnel”资源目录并选择【**新建**】→【**角色**】选项。这会打开一个向导。
- 确保在“创建新角色”向导的导航树中突出显示“Personnel”资源目录。
- 在【**新角色的名称**】字段中，输入下列名称：Team Lead。
- 保留角色的颜色为默认值。后面教学中创建过程图时，将学习更多有关按颜色分类元素的知识。
- 在【**新角色的描述**】字段中，输入下列描述：Leads loan team: prioritizes work, responds to questions, and provides guidance。
- 单击【**完成**】按钮。“Team Lead”角色会在定义编辑器中打开。
- 在“限定”窗格中，单击【**添加**】按钮。这会打开“添加限定”窗口。“限定”允许定义角色的特征。例如，如果要求团队领导有在“Loan Department”的工作经验，可以使用“Years of Experience”作为限定。
- 为限定输入下列名称：Years of Loan Experience。单击【**确定**】按钮。新限定被添加到“限定”列表。
- 单击刚刚添加的“Years of Loan Experience”限定以选中它。
- 从“限定值类型”菜单中，选择【**整数**】选项。通过选择“整数”，指示该值将是一个数字（例如“2”，表示两年的贷款经验）。“Team Lead”角色现在应该类似于如图 10-34 所示的创建角色 Leam Lead 的结果。
- 单击【文件】→【保存】选项以保存“Team Lead”角色。

现已经创建了“Team Lead”角色，可以根据需要将它分配给任意数目的雇员（或任务）。

将角色分配到资源

角色定义资源必须具备的一组能力或特征。

对于 Quickstart Finance，Kim Lee 将要担任“Loan Department”的团队领导，这就意味着他必须满足某些已定义的要求。要将主管属性添加到 Kim Lee 资源，必须将 Team Lead 角色分配给 Kim Lee 资源。要将角色分配给资源，请完成下列步骤。

- 在“项目树”中，双击 Kim Lee 资源。将在资源编辑器中打开该资源。
- 单击资源编辑器底部的【角色】选项卡。
- 在“角色”窗格中，单击【添加】按钮。这会打开“选择角色需求”窗口。
- 选择【Team Lead】角色，然后单击【确定】按钮。“Team Lead”角色被添加到 Kim Lee 资源的“角色”列表中。
- 在“限定”列表中，确保选中“Years of Loan Experience”。在【限定值】字段中，输入 3。该值指出了 Kim Lee 所拥有的贷款经验年数。现在，Kim Lee 资源的“角色”页面应类似于如图 10-35 所示的将角色 Team Lead 分配给资源 Kin Lee。
- 单击【文件】→【保存】选项以保存角色。

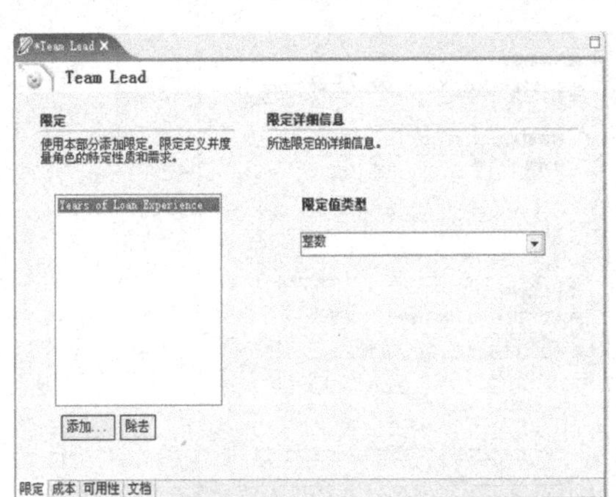

图 10-34 创建角色 Leam Lead 的结果

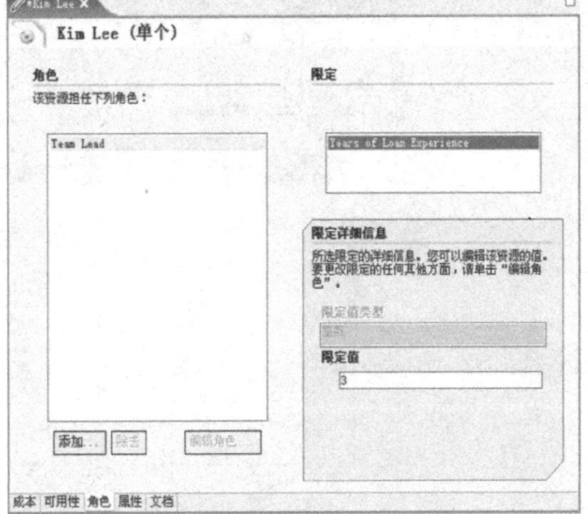

图 10-35 将角色 Team Lead 分配给资源 Kin Lee

现在，已经将“Team Lead”角色分配给人员资源 Kim Lee。请记住，可以将同一角色分配给任意数量的资源。现在可以在过程模型中准确描述 Kim Lee 作为信贷员和团队领导两种角色，即他在实际金融组织中的职位。如果其中一个任务要求团队领导至少有 2 年的贷款经验，则可以指定 Kim Lee 完成该任务。

但是 Kim Lee 不是志愿者，必须为他担任的角色支付报酬。下面学习如何将这些成本添加到资源中。

将成本添加到资源

成本是组织在任务或过程中为使用资源而必须支付的金钱的数量。在任何想要建模的过程中，都可以将成本添加到特定的资源。

通常，成本是业务模型中的主要“须知”因素。了解特定过程或资源的成本及其在不同环境下的成本差异，这是业务分析员的首要目标。在 Quickstart Finance 中，定义了一名雇员和一台计算机，可以在过程模型中使用这两个资源。当对过程建模时，要了解使用这些资源时所涉及的成本有哪些。在本案例中，我们将假设不存在运行台式计算机的后续成本（尽管可以在详细的业务过程中对租赁费用、能源消耗甚至折旧进行建模）。但是，需要考虑为雇员（Kim Lee）支付薪水的成本。

要将成本添加到资源，请完成以下步骤。

- 如果还未打开资源，则在项目树中双击 Kim Lee 资源。这会在资源编辑器中打开该资源。
- 单击资源编辑器底部的【成本】选项卡。
- 单击"成本"表底部的【添加】按钮。这会打开一个窗口。
- 单击【单位时间成本】单选按钮，然后单击【确定】按钮。成本被添加到成本表中。
- 单击【值】字段并输入"17.50"。
- 因为付给 Kim Lee 的是人民币（元），所以【货币】字段保持默认值。如果想要指出以不同货币支付，可以单击【货币】字段并使用菜单来查找适当的货币。
- 在"成本详细信息"部分，保留默认值为 1 小时。通过选择 1 小时，表示每小时付给 Kim Lee 17.50 人民币（元）。Kim Lee 资源的成本页现在看起来应该与如图 10-36 所示的成本添加到资源 Kim Lee 相似。
- 单击【文件】→【保存】选项以保存 Kim Lee 资源。现在已经添加了雇佣 Kim Lee 的成本。

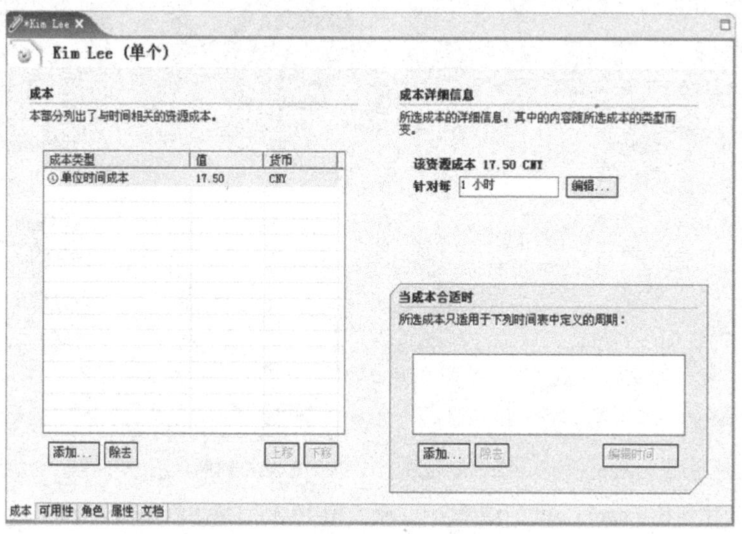

图 10-36　成本添加到资源 Kim Lee

可以添加特定资源适用的各项成本。例如，如果要付给雇员年终奖或红包，则可以用每年一次的形式添加成本。如果支付 Kim Lee 离职费，则可以作为一次性成本添加。可以将任何支出添加到资源，以准确反映在业务过程中使用该资源的成本。

下一步将创建时间表，以指出 Kim Lee 在一天中的工作时段。

时间表指出了特定资源何时可用或特定成本何时出现。它能够调度资源或确定成本何时应用于特定的任务或过程。

在大多数企业中，员工在每天的某个时间段可用。例如，会计室的大多数员工的工作时间可能从上午 9:00 到下午 5:00。类似地，成本常常只应用于某一时间段（根据地理位置，会计室可能只需要支付从 10 月到次年 4 月的取暖费）。

在 Quickstart Finance 中，贷款职员必须轮班，以保证从上午 9:00 下午 7:00 的营业时间。因此，每位职员都分为日班上午 9:00 到下午 5:00，或晚班，上午 11:00 到下午 7:00。在本教程中，只需创建一个时间表。

要为日班创建时间表，请完成下列步骤。

- 在"项目树"中，右键单击"Personnel"资源目录，然后单击【新建】→【时间表】选

项。这会打开一个向导。

- 输入以下时间表名称：Day Shift。
- 输入以下时间表描述：Shift for regularly scheduled daytime employees。
- 单击【完成】按钮。“Day Shift”时间表会在时间表编辑器中打开。

新时间表显示在“项目树”中，填写 Day Shift 时间表如图 10-37 所示。

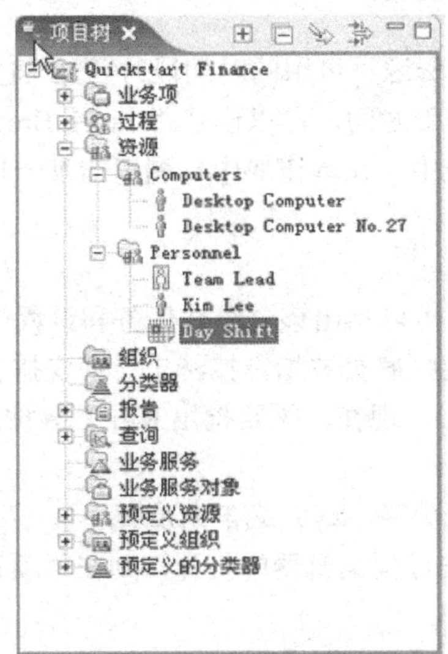

图 10-37　填写 Day Shift 时间表

现已经创建了新的办公室日班时间表，可以添加唯一定义该时间表的属性。

将属性添加到时间表

时间表属性定义时间表，用于给出各种参数，如时间表开始的日期和它应该重复的次数。

可以确定期望的时间表应用时间，是几天、几周，还是无期限地适用。时间表属性能够定义时间段的长度、重复频率（如每天或每周）以及持续重复的时间长度。

还可以设置时间表的重现时间间隔。**【重现时间间隔】**列表用于定义时间表内特定的时间段。例如，制造工厂每天 24 小时运行，因此电费可能在用电高峰期最高；可以在时间表中定义这些时段，然后使用时间表来安排耗电大的任务在电费低的时间运行。

对于 Quickstart Finance，只需要使用新时间表来指示分派到日班的任何雇员的工作时间。要将属性添加到时间表，请完成下列步骤。

- 单击时间表编辑器底部的**【重现时间间隔】**选项卡。
- 在**【重复次数】**字段中，选中**【始终】**复选框。由于在可预见的将来，将对日班指定相同的时间安排，因此不必对时间表的重复次数加以限制。
- 在**【重复周期】**字段中，指定 1 天。这就确保了时间表将每天重复。
- 在**【开始时间】**字段旁边，单击**【选择时间】**按钮。这会打开一个日历。
    - ◆ 在**【时区】**字段中，选择 GMT +8。
    - ◆ 在**【日历】**中，选择当前日期，并将时间指定为 8:00:00，然后单击**【确定】**按钮。
- 在“重现时间间隔”窗格中，确保突出显示“时间间隔”。
- 在“所选时间间隔的详细信息”窗格中，单击**【选择持续时间】**按钮并指定 8 小时。这是 Quickstart Finance 日班的小时数。

- 在【开始时间】日历中，选择当前日期，并将开始时间设置为 9:00，“Day Shift”时间表每天开始于上午 9:00，并持续 8 小时。属性视图以图形方式显示时间间隔。时间表现在看起来应与如图 10-38 所示的时间表属性相似。
- 单击【文件】→【保存】选项以保存新时间表。

现在，“Day Shift”时间表已完成，可以将它与任何雇员资源关联，以显示他们在定义的时间段内可用。

通过添加解除期（解除期是资源不可用的时间段），可以将更多详细信息添加到时间表。例如，如果希望指定日班雇员的午餐时间，可以创建“Lunch Break”时间表，然后将它作为解除期添加到的“Day Shift”时间表中。在本模块中，剩下的唯一任务是将“Day Shift”时间表与雇员之一关联。

将时间表与资源关联

通过将时间表与资源关联，可以指出该资源在任务和过程中的可用时间段。

在 Quickstart Finance 中，某些雇员被指定按特定日程安排工作。已经创建了一个员工资源（Kim Lee）和时间表（Day Shift）。现在，需要指出 Kim Lee 按照“Day Shift”时间表中指定的小时数工作。

要将时间表与 Kim Lee 资源关联，请完成下列步骤。

- 如果 Kim Lee 资源还未在过程编辑器中打开，则在“项目树”中双击它。在过程编辑器中打开该资源。
- 在过程编辑器底部，单击【可用性】选项卡。
- 在“可用性”窗格中，单击【添加】按钮。这会打开一个窗口。
- 在“选择时间表”窗口中，从树中选择【Day Shift】时间表，单击【确定】按钮。此时已将时间表“Day Shift”与资源 Kim Lee 关联，如图 10-39 所示。
- 单击【文件】→【保存】选项以保存 Kim Lee 资源。

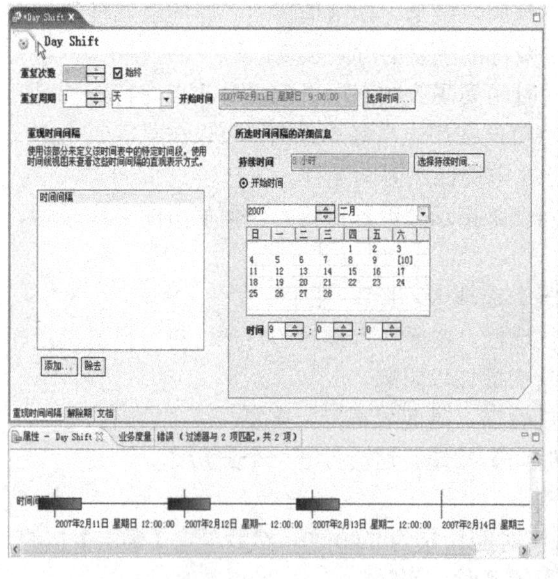

图 10-38 时间表属性

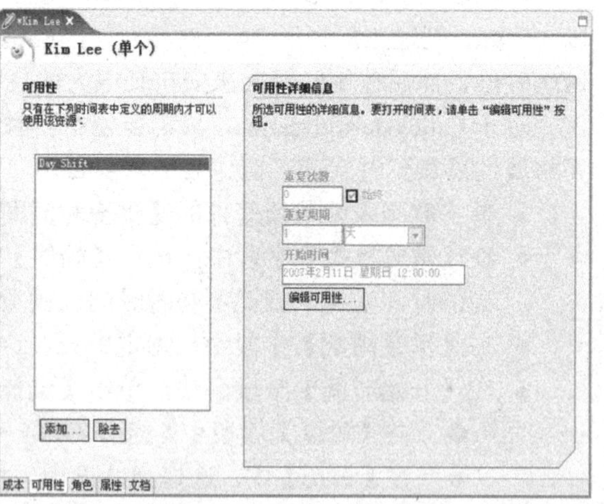

图 10-39 将时间表“Day Shift”与资源 Kim Lee 关联

现在，“Day Shift”时间表已与 Kim Lee 资源关联。保存并关闭编辑器中仍打开的任何资源、定义或时间表。

这是“创建资源”模块中的最后一个练习。

小结

现在已成功定义了创建 Quickstart Finance 的过程模型所需的资源。

在本模块中创建的资源可用于在项目中创建的任何过程图。当创建 Quickstart Finance 的过程图时，将在本模块中创建的资源与构成过程的活动关联。就像在任何实际组织中一样，可以继续添加资源以反映组织的演进。请记住，使用定义可将属性快速添加到任意多个资源中。

在本模块中，创建了以下各项的示例：资源目录（Personel，Computers）；资源定义（Desktop Computer，职务系统已有就不用创建）；资源（Desktopcomputer No.27, Kim Lee）；属性（profile:Loans - Level 1，employeeID:loan1005，lastName:Lee，firstName: Kim）；角色（Team Lead）；成本（Kim Lee RMB17.5/h）；时间表（Day Shift）。

Quickstart Finance 样本包含在本案例中学到的所有元素。可以将任意数量的其他资源添加到样本中，也可以用公司或组织特有的所有资源元素（员工、交通工具、计算机系统和远程通信设备）来填充自己的资源库。可以使用在本案例中学到的相同工具和方法来定义任何能想到的资源。

5. 创建业务项

业务项是在业务操作中使用的任何业务文档、工作产品或物品。可以将已创建、组装、检验、测试、修改或处理的任何事物建模成业务项。业务项要经历更改，并从一个过程步骤传递到下一个。

业务项与资源不同。资源是用于执行任务的人、设备或材料，而业务项是资源执行任务时所针对的实体。例如，客户订单是业务项，而执行客户订单的销售人员是资源。客户订单将在订单处理过程中经历更改：用接收日期给订单打上戳记，如果特定产品脱销，则对订单加以注释，当产品交付给客户时则将订单标记为已完成。

在本案例中，将创建业务项以表示 Quickstart Finance 贷款申请过程中的贷款申请、支付资金和电子邮件通知。完成本模块后，将能够创建下列元素：数据目录；业务项模板；业务项；业务项实例；模板、项和实例的属性。

可以完成练习或打开 Quickstart Finance 样本中的指定元素。本模块的目标是熟悉业务项以及相关的属性和定义，并且能够自如地创建和更新组织的业务项。完成本模块之后，就创建了 Quickstart Finance 贷款申请过程所需的所有业务项。

创建数据目录

数据目录是一个容器，可以将业务项模板、业务项和业务项实例存储在其中。

可采用任何对组织或业务有意义的方式设置数据目录。大公司可能会选择创建多个数据目录来存储不同部门使用的业务项。或者，可以选择根据相应过程对业务项进行分组。对于 Quickstart Finance，将创建单个数据目录以保存与贷款过程相关的业务项。

要创建数据目录，请完成下列步骤。

- 在“项目树”中，右键单击 Quickstart Finance 项目中的“业务项”文件夹，然后选择**【新建】→【数据目录】**选项。
- 在**【新数据目录的名称】**字段中，输入“Loans”。
- 单击**【完成】**按钮。这样就在“项目树”中创建了“Loans”数据目录，如图 10-40 所示。

现已经创建了数据目录，可以开始创建贷款申请过程将需要的业务项。

图 10-40 创建数据目录 Loans

创建业务项模板

业务项模板是用于对一组共享公共属性的业务项进行建模的类别。

企业或组织在其过程中可以有许多不同业务项。大型组织的过程模型可能涉及成百上千的业务项。其中许多业务项可能共享公共特征或属性，同时也包含唯一的属性。使用业务项模板，只需一次性创建一组属性，然后根据需要将这些属性应用到任意多个业务项。对于 Quickstart Finance，为业务用途而创建的所有文档都包含共同特征。可以使用业务项模板，而无须将那些特征添加到每个文档类型中。

提示：默认情况下，不会在"项目树"中显示模板。要使模板可见，首先必须清除定义模板过滤器：单击"项目树"顶部工具栏中的【项目树过滤器】按钮，并清除【定义模板】复选框。单击【确定】按钮。

要创建业务项模板，请完成下列步骤。

- 在"项目树"中，右键单击 Loans 数据目录，然后选择【新建】→【业务项模板】选项。
- 在【新业务项模板的名称】字段中，输入"Business Document"。
- 在【新业务项模板的描述】字段中，输入"Attributes for all documents used in the loan application process"。
- 单击【完成】按钮。新的业务项模板在"项目树"中列出，并且在定义编辑器中打开。

现已为业务文档创建了业务项模板，可以添加每个文档的公共属性。

将属性添加到业务项模板

属性是业务项模板的特性，利用模板创建的业务项都将继承这些特性。

在贷款申请处理中使用的业务文档将共享某些公共特性。要将属性添加到"Business Document"业务项模板，请完成下列步骤。

- 如果"Business Document"模板还未在定义编辑器中打开，请在"项目树"中双击以打开它。
- 单击属性表底部的【添加】按钮，以添加新属性。
- 单击【名称】字段，输入"Document Number"。
- 单击【类型】字段并单击图标以选择类型。
    - ◆ 单击【基本类型】单选按钮。
    - ◆ 在菜单中，选择整数。整数只能包含数字。如果希望文档号包含字母和数字，则应选择字符串作为属性类型。
    - ◆ 单击【确定】按钮。将接收到一条警告消息，如果更改类型，将会影响模板实例

中该属性的值。单击【确定】按钮。

- 单击属性表底部的【添加】按钮，以添加新属性。
- 单击【名称】字段，输入"Date and Time Created"。
- 单击【类型】字段并单击图标以选择类型。
  - ◆ 单击【基本类型】单选按钮。
  - ◆ 在菜单中，选择日期时间。"日期时间"类型需要日期和时间值，表示创建业务文档的日期和时间。
  - ◆ 单击【确定】按钮。
- 当完成输入属性时，单击【文件】→【保存】选项以保存"Business Document"业务项模板。

现在，已创建了如图 10-41 所示类似的可重用业务项模板 Business Document。

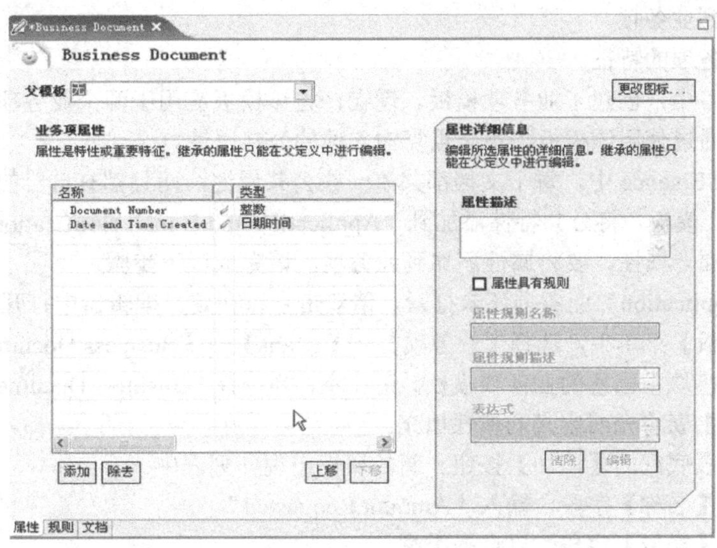

图 10-41　创建业务项模板 Business Document

如果需要更多属性，可以将它们添加到模板中，如果发现不再需要某些属性，则可以除去它们。任何用该模板创建的业务项都将继承该模板所做的更改。

现在，已经创建了一个业务项模板，将使用该模板来创建两个不同的业务项。

创建业务项 Application

业务项是指业务操作中从一个活动传递到下一个活动的那些项。

在 WebSphere® Business Modeler 中，可以将业务项视为一个类别，而业务项实例是该类别的一种情形。例如，可以定义"Invoice"业务项。"Invoice"是一个类别，"Invoice #7524"是该类别的一种情形，也可以说是该业务项的一个实例。

对于 Quickstart Finance，需要定义业务项贷款申请单 Application、贷款拒绝的电子邮件通知 E-mail Notification，以及贷款批准时所支付的资金 Funds。要创建业务项，请完成下列步骤。

- 在"项目树"中，右键单击 Loans 数据目录，然后选择【新建】→【业务项】选项。
- 在【新业务项的名称】字段中，输入"Application"。
- 在【新业务项的描述】字段中，输入"Customer application for loan"。
- 单击【完成】按钮。"Application"业务项在"项目树"中创建，并且在定义编辑器中打开。

- 在"项目树"中，右键单击 Loans 数据目录，然后选择【新建】→【业务项】选项。
- 在【新业务项的名称】字段中，输入"E-mail Notification"。
- 在【新业务项的描述】字段中，输入"Notification of loan refusal"。
- 单击【完成】按钮。"E-mail Notification"业务项在"项目树"中创建，并在定义编辑器中打开。
- 在"项目树"中，右键单击 Loans 数据目录，然后选择【新建】→【业务项】选项。
- 在【新业务项的名称】字段中，输入"Funds"。
- 在【新业务项的描述】字段中，输入"Loan funds disbursed to customer"。
- 单击【完成】按钮。"Application"业务项在"项目树"中创建，并在定义编辑器中打开。

现在，已经创建了可以在过程模型中使用的 3 个业务项。

将属性添加到业务项

属性定义业务项的特征。

在前一个练习中，创建了业务项模板。现在，将该模板应用于两个业务项，使它们继承先前定义的属性。通过使用该模板，不必重复输入项的公共属性。

在 Quickstart Finance 中，每个文档都共享一些公共属性，而且都有自己的唯一信息。可以使用"业务文档"模板，将公共特性添加到"Application and E-mail Notification"业务项，然后添加需要的任何唯一属性。要将属性添加到业务项，请完成以下步骤。

- 如果"Application"业务项还未打开，请双击它以在定义编辑器中打开。
- 在【父模板】菜单中，选择【业务项】→【Loans】→【Business Document】选项。这是先前在本模块中创建的业务项模板。请注意，当选择"Business Document"模板时，【业务项属性】表将先前定义的属性填充。
- 单击属性表底部的【添加】按钮。新的属性出现在列表中。
- 单击属性【名称】字段，输入"Amount Requested"。
- 单击属性【类型】字段，以选择类型。
  - ◆ 单击【基本类型】单选按钮。
  - ◆ 在菜单中，选择【整数】选项。
  - ◆ 单击【确定】按钮。
- 用添加"Amount Requested"属性的方法，添加的属性名称及其类型见表 10-10。

表 10-10 添加的属性名称及其类型

属性名称	类型
Customer Name	字符串
Has Current Loan	布尔值

- 当完成输入属性时，单击【文件】→【保存】选项以保存 Application 业务项。
- 如果"E-mail Notification"业务项还未打开，请在定义编辑器中双击以打开它。
- 与将属性添加到"Application"业务项的方法一样，添加类型为"字符串"的"Customer Name"属性。
- 单击【文件】→【保存】选项以保存 E-Mail Notification 业务项。
- 如果"Funds"业务项还未打开，请在定义编辑器中双击以打开它。
- 用将属性添加到前两个业务项的方法，添加"Loan Amount"属性及"整数"类型。不需要使用“Business Document”模板，因为资金不是文档。单击【文件】→【保存】选项以保存 Funds 业务项。

理解刚完成的步骤背后的概念很重要。首先，创建了一个业务项模板，它包含了贷款申请过程中所有业务文档的公共属性。接下来，创建了业务项并应用了模板，这样，可以在每一项中重用先前创建的属性。然后，添加了每个业务项的唯一属性。虽然在本教程中只创建了 3 个业务项，但一定看到将业务项模板用于业务项的优势。如果需要创建 50 个具有共同特征的业务项，则对每个业务项都可以使用同一个业务项模板，这可以省去大量时间。

现在，已经创建了 3 个业务项，并对各个业务项添加了属性。接下来，将为其中一个业务项创建实例。

创建业务项实例

业务项实例是业务项的特定情形或示例。业务项实例可用作模拟中业务项的样本数据。

当创建其中一个业务项实例时，该实例将继承该业务项定义的所有属性。然后，可以对该特定实例添加属性值。

在 Quickstart Finance 中，可以使用商业贷款和个人贷款。在本案例中，将创建一个业务项实例，以表示长期银行客户 Edward Shore 的贷款申请。

要创建业务项实例，请完成下列步骤。

- 在“项目树”中，右键单击 Loans 数据目录，然后选择【新建】→【业务项实例】选项。
- 在【关联的业务项】菜单中，选择【Application】选项。通过执行这一选择，表明正在创建“Application”业务项的实例。
- 在【新业务项实例的名称】字段中，输入“Application - Edward Shore”。
- 在【新业务项实例的描述】字段中，输入“Application for a personal loan from Mr. Edward Shore”。
- 单击【完成】按钮。新的业务项实例 Application - Edward Shore 创建在“项目树”中，并且在定义编辑器中打开，如图 10-42 所示。

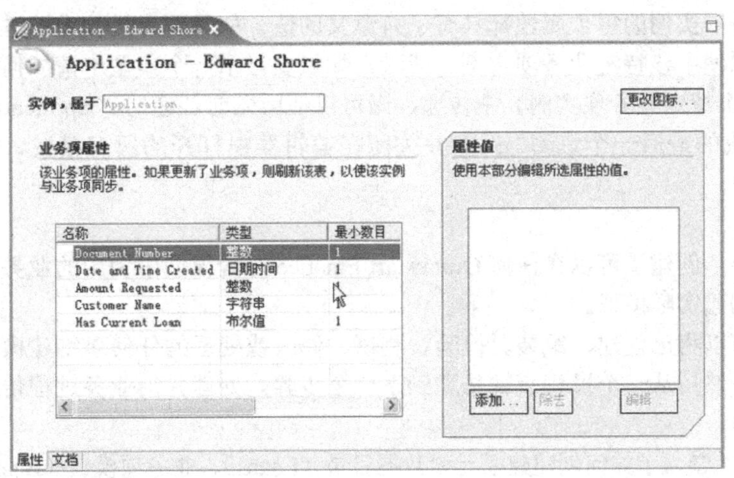

图 10-42　创建业务项实例 Application - Edward Shore

新的“Application - Edward Shore”业务项实例包含为“Application”业务项定义的属性，该业务项又包含在“Business Document”业务项模板中定义的属性。要完成业务项实例，将为每个实例属性提供值。

添加属性值

属性值定义特定业务项实例的特征。

业务项的每个实例都可以包含定义的属性的特定值。这些值允许处理单个实例并做出决策。例如，某一雇员可以填写公司"Human Resources"部的"Benefit Claim"表。这一特定表单便是业务项实例。基于业务项"Benefit Claim Form"，创建名为"Michael Smith's Claim Form"的业务项实例。该表单具有已定义的所有属性，并且包含仅与Michael Smith相关的特定值。

现已创建了"Application - Edward Shore"业务项实例，该实例包含已定义的属性。现在，需要给这些属性提供值。要添加属性值，请完成下列步骤。

- 如果"Application - Edward Shore"业务项实例还未打开，请双击它以打开。
- 在"业务项属性"表中，单击"Document Number"属性的【初值】字段。（注：取决于屏幕大小和设置，可能要水平滚动才能看到该列。）
- 输入以下值：10 726。这是文档标识号。当创建了"Document Number"业务项模板时，将"Document Number"属性类型指定为"整数"，所以该值只能包含数字。
- 在"Date and Time Created"行中，单击【初值】字段。单击按钮以打开"日期时间"日历，选择日期。对于Quickstart Finance样本，使用的日期和时间是2021年11月8日上午9:15。
- 用添加前两个属性值的方法，添加剩余属性及初值见表10-11。

表 10-11　添加剩余属性及初值

名　称	初　值
Amount Requested	8 000
Customer Name	Edward Albert Shore
Has Current Loan	False

- 完成添加属性后，单击【文件】→【保存】选项以保存业务项实例。

现在，业务项实例的每个属性都具有了有意义的值。如果要对贷款申请过程的某一特定实例建模，则可以使用该特定业务项实例。或者，如果要显示一个典型申请如何在贷款申请过程（而不是任何一个特定业务项实例）中传递，则可以使用先前创建的"Application"业务项。

这是本模块的最后一个练习。保存并关闭在编辑器中打开的所有模板、业务项和业务项实例。

小结

在本模块中，创建了可以在任何Quickstart Finance过程模型中使用的业务项。这些业务项可用于为过程创建实际模拟。

请记住，可以将已创建、组装、检验、测试、修改或处理的任何事物建模成业务项。业务项要经历更改，然后从一个过程步骤传递到下一个步骤。处理并沿业务过程传递的任何事物都可建模成业务项。

在本模块中，学习了如何创建建模元素数据目录（Loans）、业务项模板（Business Document）、业务项（Application、E-mail Notification、Funds）、业务项实例（Application - Edward Shore）、属性和值。

我们还学习了如何使用属性继承来更有效地创建业务项和业务项实例。在为自己的模型创建业务项时，请记得应用这一技术。

6. 创建过程图

过程图是实时业务过程流的一种表示法，它由组成过程的单个步骤或活动组成。这包括用于指示活动何时发生的条件，以及执行这些活动所需的资源。

在本模块中，将创建一个简单的过程图，了解如何添加各种元素以表示实际业务过程流。还将学习建模和修改过程的常规方法：首先，创建**原样**（**as-it**）图，它将表示当前存在于 Quickstart Finance 的过程；接下来，将更新该过程以产生**预设**（**to-be**）图，它将显示实现修改后的未来过程状态。

原样（**as-it**）：Quickstart Finance 分支机构当前使用一个简单的贷款申请过程。接收贷款申请时，信贷员对它进行审查，批准或拒绝该贷款。如果贷款得到批准，则会将资金划入客户的账户；如果贷款被拒绝，则申请被取消并通知客户。

预设（**to-be**）：Quickstart Finance 希望在不带来较高风险的情况下产生更多贷款业务。我们将修改贷款申请过程，以便以特殊条件批准一些曾经被完全拒绝的贷款。（注：本教程不讨论特殊条件的详细信息，主要讨论如何通过添加其他元素来修改过程。）我们将对当前贷款申请过程和计划中的修订版进行建模，以了解批准更多贷款将对公司产生的影响。

完成本模块后，应当能够：创建并使用过程目录、将任务添加到过程模型、将数据标签添加到图中、将简单或多重选择决策添加到过程模型、将合并添加到过程模型、将连接添加到过程模型、将业务项与连接关联、将分类器添加到过程模型。

对于该模块，请确保已经将用户方式设置为“基本”（要设置用户方式，请单击【建模】→【方式】→【基本】选项）。可以完成这些练习以创建自己的过程图，也可以阅读这些练习并查看包含在 Quickstart Finance 样本项目中的过程图。请记住，当完成练习时，可以尝试将不同元素添加到过程图中。目标是熟悉各种元素，并能自如地创建自己的过程图。

后面会在过程图中将所创建的业务项与连接关联，将看到所创建的业务项如何在过程图中从一个活动传递到另一个活动，以及某些活动如何生成业务项。在接下来的模块中，将创建过程图，开始将所创建的资源和业务项与业务过程的特定活动关联。

创建过程图

要对业务过程建模，必须创建一个过程图，可以在该图中指定活动、连接和业务项。

在开始添加元素之前，需要创建新过程图。要创建新过程图，请完成下列步骤。

- 在“项目树”中，右键单击“过程”目录，然后选择【新建】→【过程】选项。
- 在【新过程的名称】字段中，输入“Loan Application（As Is）”。
- 在【新过程的描述】字段中，输入“Application process for personal loans”。单击【下一步】按钮。
- 使【自由格式布局】单选按钮保留为选中。如果选择了【泳道布局】选项，将根据所指定的类别排列成几行或几个“泳道”。当定义了更多模型元素时，泳道布局可帮助解决过程中的瓶颈和冗余，但在本案例中，将主要使用自由格式布局。有关泳道布局的更多信息，请参阅文档中的过程图。
- 单击【完成】按钮。这会将“Loan Application（As Is）”过程添加到“项目树”，并在过程编辑器中打开。

提示：在“项目树”中，新的“Loan Application（As Is）”过程带有一个小警告⚠图标。在该图中，警告图标还出现在开始和结束节点上，默认情况下任何新的过程图都包含这两个节点。该图标表示“Loan Application（As Is）”图中的开始和结束节点分别缺少输入和输出连接。稍后将为图添加链接。

现在，可以将元素添加到“Loan Application（As Is）”过程图中。

将任务添加到过程图中

过程图中的每个任务执行某项功能或活动。任务是过程图的基本构建块。

实际上，任务代表可以在过程中描述的最简单的工作级别。在“Loan Application（As Is）”过程模型中，任务将允许指定用于接收、查看和确定每个客户申请的结果所需执行的工作类型。每个将添加到图中的任务都是**局部任务**，也就是说只能在这个特定过程中使用它们。要了解更多信息，请参阅文档中的任务。

要将任务添加到“Loan Application（As Is）”过程模型中，请完成下列步骤。

- 在选用板中，单击任务图标。
- 将光标移动到过程编辑器，并单击图区域。这会使过程图中出现一个任务图标。
- 输入如下任务名称：Review Loan Application。
- 现在，需要向贷款申请过程再添加两个任务。
    - ◆ 在选用板中，单击任务图标。
    - ◆ 在过程编辑器中，将光标移到第 2 步所添加任务的右边。在单击图之前，请按住 Shift 键。
    - ◆ 在过程图内单击鼠标，然后继续按住 Shift 键。
    - ◆ 在按住 Shift 键的同时，将光标定位到刚添加的任务的下方，然后再次单击以将另一个新任务添加到过程图中。现在的过程图应该与如图 10-43 所示的添加了任务的过程图相似。

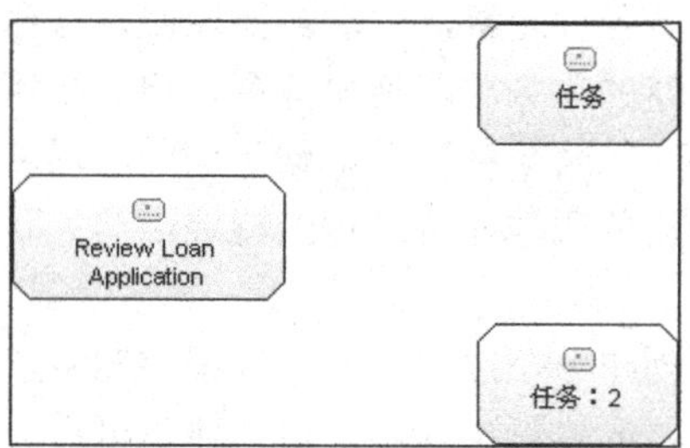

图 10-43　添加了任务的过程图

提示：如果需要，可以排列这些任务以调整它们之间的空间大小。要移动图中的某一任务，单击该任务并将其拖动到相应的位置。

- 现在，需要给新的任务命名。请记住，现在是对 Quickstart Finance 的贷款过程建模。刚才向过程图添加的每个任务都将在“Loan Application”过程图中完成一项功能。
    - ◆ 单击标签为**任务**的任务以选中它，然后再次单击以编辑任务名称。输入以下任务名称：Disburse Funds。（注：如果因任务名太长而不能以默认任务大小查看它，则可以选中该任务，单击并拖动一个角来调整任务大小。）
    - ◆ 单击标签为**任务:2** 的任务以选中它，然后再次单击以编辑任务名称。输入以下任务名称：Reject Application and Notify Customer。

既然已经将任务添加到过程图中，就可以为这些任务任务定义属性了。属性定义任务的特征，包括成本、持续时间和收入。

指定任务属性

任务属性是过程中每个任务的特征。可以对过程中任何任务或所有任务指定如成本、持续时间、收入和分布之类的属性。

在创建过程图时，可以对整个过程或构成过程的任何任务指定属性。这些属性将帮助对过程模型执行正确分析，并能够在过程模型完成时快速运行有意义的模拟。（注：在模拟过程时，可以覆盖先前在过程模型中设置的属性。）

Quickstart Finance 的审查贷款申请任务需要一段时间来完成。需要对过程模型中的“Review Loan Application”任务指定常规持续时间。每次公司将贷款资金支付到客户账户时，还要收取服务费。还必须将该收入添加到“Disburse Funds”任务中。要指定这些任务属性，请完成下列步骤。

- 指定“Review Loan Application”任务的持续时间。
  - ◆ 在“Loan Application”过程图中，单击“Review Loan Application”任务以选中它。
  - ◆ 在属性视图中，单击【持续时间】选项卡。
  - ◆ 对于处理时间，单击箭头并选择下拉列表中的【特定值】。
  - ◆ 在【分钟的值】字段中，输入“30”。该值表示审查申请表单和检查客户信用度的平均时间为 30 分钟。
- 指定“Disburse Funds”任务产生的收入。
  - ◆ 在“Loan Application”过程图中，单击“Disburse Funds”任务以选中它。
  - ◆ 在属性视图中，单击【成本和收入】选项卡。
  - ◆ 转至【成本和收入】选项卡的“收入”部分。（注：可能要滚动才能查看“收入”部分。）
  - ◆ 在【值】字段中，输入 9.95，使货币保留为 CNY。这些值表示：对于资金支付，Quickstart Finance 向客户收取服务费 9.95 元。请注意，当输入值时，类型自动切换到**特定值**。
- 单击【文件】→【保存】选项以保存任务属性。

现在，已将属性添加到“Loan Application（As Is）”过程图中两个不同的任务中。通过指定任务属性，可以为实际业务过程构建正确且非常详细的模型。这些详细信息在准备模拟和分析过程时将有所帮助：无须添加或修改过程模型中指定的任何属性，就可运行模拟，也可以在修改属性之后运行多个模拟，使最初的过程模型保持原样。

将资源与任务关联

可以将资源或角色分配给过程图中的单个任务。将资源分配给任务能够在图中捕获与该资源关联的任何成本和时间表。

图中的任务通常由模型中定义的资源执行。可以将已定义的资源分配给单个任务，而无须重新计算模型中每个任务的成本和可用性。可为该资源指定的任何成本、时间表或其他属性都会在过程图中自动捕获，以便准确地建模。例如，对雇员薪水中每个任务的成本进行建模，或者对根据特定企业机器的可用性来完成一个任务的时间进行建模。

先前在本教程中，创建了一个资源以表示 Quickstart Finance 的雇员 Kim Lee。现已经将属性添加到该资源，然后对该资源定义了角色、成本和时间表。现在，可以将 Kim Lee 资源以及为该资源定义的属性、角色、成本和时间表，与过程图中的任何任务相关联。

要将 Kim Lee 资源与 Loan Application（As Is）过程中的任务相关联，请完成下列步骤。

- 在图中，单击“Review Loan Application”任务以选择它。
- 在属性视图中，单击【资源】选项卡。

- 在“单个资源需求”部分中，单击【**添加**】按钮。（注：可能要滚动才能查看单个资源需求部分。）
    - ◆ 单击“单个资源”字段以选择它，然后单击该字段中的按钮。
    - ◆ 在树中，选择 Kim Lee 资源，然后单击【**确定**】按钮。
    - ◆ 单击【所需时间】字段以选择它，然后单击该字段中的按钮。
    - ◆ 在【分钟】字段中，输入“30”。该值表示需要使用该资源 30 分钟才能完成任务。（请记住，先前已指定了任务需要 30 分钟完成。）
- 单击【**文件**】→【**保存**】选项以保持设置。

现在，先前为 Kim Lee 资源定义的所有特征都已与“Review Loan Application”任务关联。

显示标签

可以在图中显示标签，以显示与过程元素或整个过程关联的信息。

标签可以方便查看为过程活动定义的重要属性。标签可以包含各种信息，如描述、成本或所需资源。对于任何一个元素，最多可以指定两个标签（顶部和底部）。前面的练习中在“Loan Application（As Is）”过程中定义了属性并将资源分配给任务。现在，将属性和资源显示为数据标签，使之能够快速查看任务的特征。

要将数据标签添加到过程图中的任务中，请完成下列步骤。

- 在过程编辑器中，单击【**可视属性**】选项卡。（注：该选项卡位于图的底部。）
- 在导航树中，单击【**标签**】选项。
- 请确保选中了【**在图上显示标签**】复选框。
- 将标签添加到局部任务。
    - ◆ 定位“局部任务”过程元素，然后双击“顶部标签”列中的<**隐藏标签**>。
    - ◆ 单击箭头以显示下拉列表，选择【**收入**】选项。
    - ◆ 双击“底部标签”列中的<**隐藏标签**>。
    - ◆ 单击箭头以显示下拉列表，选择【**单个资源**】选项。
- 清除【**在图上包含标签标题**】复选框。如果未清除该复选框，那么图中的每个局部任务都有标签标题“收入”和“单个资源”，包括未定义这些属性的任务。
- 在过程编辑器中，单击【**图**】选项卡。现在，“Review Loan Application”任务和“Disburse Funds”任务显示所定义的标签，显示了标签的图如图 10-44 所示。

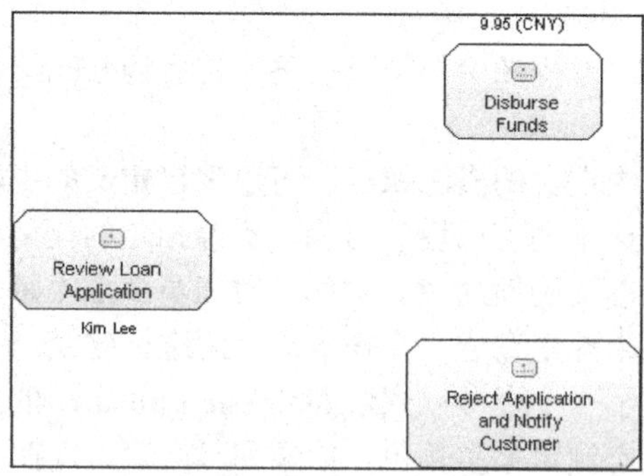

图 10-44 显示了标签的图

- 单击【**文件**】→【**保存**】选项以保存图。

标签可以快速查看所定义的活动特征。可以选择特定属性以在图中查看，或者选择不显示任何标签。也可以设置首选项，以便所创建的任何新过程图都在默认情况下显示标签。

将简单决策添加到过程图

简单决策有一个输入分支（带一个输入）和两个输出分支（各有一个输出）。当过程运行时，如果某个条件为 true，则过程流采用其中一个出局分支；如果同一条件为 false，则采用另一个出局分支。决策基于入局数据选择结果。

在贷款申请过程中，要么接受要么拒绝每个申请。为了准确地反映实际策略，过程图必须显示互斥选项。为了实现这个“非此即彼”的方案，必须向过程添加一个简单的决策。

要将简单决策添加到过程，请确保在过程编辑器中打开了“Loan Application（As Is）”过程，然后完成下列步骤。

- 在选用板中，单击“决策”图标 。
- 将光标移到“Review Loan Application”任务的右边并单击，以将决策添加到过程图中。
- 输入以下决策名称：Approve Loan。
- 如果有必要，请排列决策和任务，以使它们之间有一定空间。请记住，可以调整元素的大小，要移动图中的元素，只需单击元素并将其拖动到适当位置。现在流程图看起来应与如图 10-45 所示的添加决策到过程图中相似。

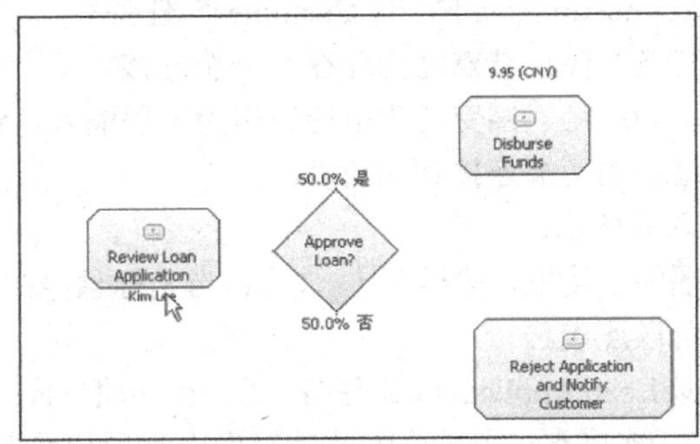

图 10-45　添加决策到过程图中

提示： 决策为问题（在该案例中，问题是“Is this loan application approved?”）提供“是”或“否”响应。默认情况下，为两个可能的响应：“是”和“否”分配了同样的 50%概率。在本案例中，将使每个可能的响应概率保留为 50%，但可以根据需要调整这些决策的概率。

因为只有两种批准选项（批准或拒绝），所以决策现在可以将数据发送至流中适当的路径。如果问题的回答为“是”，则将数据发送到“Disburse Funds”任务；如果回答是“否”，则将数据发送到“Reject Application and Notify Customer”任务。

确保“Loan Application（As Is）”过程可以分离过程流，并接受或拒绝申请，正如实际公司中那样。现在，可以连接过程中的元素了。

连接过程图中的元素

连接指定了过程中按时间排序的活动。每个任务、子过程、决策或其他元素都沿着连接将控制传递给下一个任务或元素。

现已确定了完成 Quickstart Finance 的贷款申请过程所需的任务和简单决策，已给出了对于每笔申请必须做出的“是或否”决策，并提供了相应任务来处理每种响应。现在，需要连接图中的各种元素，以准确描述模型中当前的贷款申请过程。

在开始连接过程元素之前，需要稍微调整一下图。因为创建的过程在接收输入（贷款申请）时启动，所以不需要使用在创建图时默认添加的开始节点。可以通过直接连接到图的边框来指出过程的输入。图中还需要第二个停止节点，这样可以指明过程的两个可能决策流都已完成。

要连接过程图中的元素，请完成下列步骤。

- 在过程图中，单击开始节点●以选择它，然后单击鼠标右键并选择【删除】按钮。
- 要将另一个停止节点◉添加到图中，可单击图中元素外的任何地方。单击鼠标右键以打开弹出菜单，选择【新建】→【停止】选项。新的停止节点被添加到图中。
- 在选用板中，单击“连接”图标。
- 在过程图中，单击“Review Loan Application”任务。将光标移到“Approve Loan”决策，然后再次单击。请注意，现在任务与决策之间已建立了连接，显示的箭头表示数据和控制流动的方向。
- 在“Approve Loan?”决策中，单击靠近“Yes”标签的决策区域。（注：如果单击了该决策上半部分的任何区域，则将选中该决策的“Yes”输出。）
- 单击“Disburse Funds”任务。决策和任务之间现在有一个连接。
- 将光标移回到“Approve Loan?”决策。单击靠近“No”标签的决策区域。（注：如果单击了该决策下半部的任何区域，则将选中决策的“No”输出。）
- 单击“Reject Application and Notify Customer”任务。决策和任务之间现在有一个连接。
- 再次单击“Reject Application and Notify Customer”任务。
- 单击停止节点◉。任务与停止节点之间现在有一个连接。

现在，需要使过程显示为：将“接受贷款申请”作为过程输入，将“Disburse Funds”作为过程输出。为此，需要将过程的两端连接到图边框。

- 连接过程以显示输入和输出。
    - ◆ 将光标移到图的左边框，然后单击。（注：当光标悬停在图边框上时，光标将改变形状，表示可以连接。）
    - ◆ 单击“Review Loan Application”任务。现在，边框与过程的第一个任务之间有一个连接。（注：连接有一个关联的“字符串”类型的数据，它将用作过程的输入。稍后将在本模块中更新该关联数据。）
    - ◆ 再次单击“Disburse Funds”任务。
    - ◆ 将光标移到图的右边框并单击。现在，任务与图的边框之间有一个连接，表示数据从该过程输出。同样，连接包含一个关联的“字符串”类型的数据，稍后将在本教程中更新它。
- 要将“Disburse Funds”任务连接到先前在本练习中添加的新停止节点，可单击“Disburse Funds”任务，然后单击停止节点。
- 单击【文件】→【保存】选项以保存该过程。

已经将过程图中的所有元素连接起来，修改后的图看起来应与如图 10-46 所示的连接起来的过程图相似。

现在，过程模型显示金融企业处理贷款申请时的数据和控制流向。接收申请之后，信贷员会进行审查，然后接受或拒绝它。根据决策，将执行特定任务来完成申请过程。如果贷款获得批准，则过程会产生输出。

使业务项与连接关联

将业务项与连接关联能在过程流中的元素之间传递业务项。

特定业务项“申请”本身沿着贷款申请过程传递，直到已就批准还是拒绝客户的贷款请求做出决策。如果批准了贷款，就会从“Disburse Funds”任务输出“Funds”业务项。如果贷款请求被拒绝，则会从“Reject Application and Notify Customer”任务输出“E-mail Notification”

业务项。需要将这些业务项与图中的适当连接关联，以正确表示过程中的实际业务项。

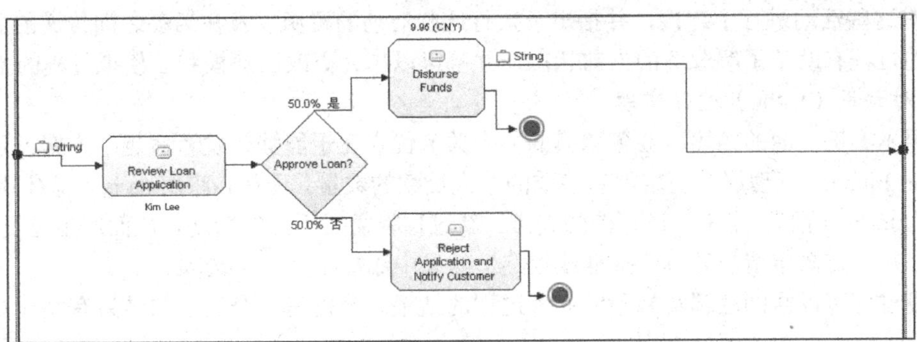

图 10-46　连接起来的过程图

- 在选用板中，单击“选择”工具图标。
- 在过程图中，右键单击图左边框与“Review Loan Application”任务之间的连接，从弹出菜单中选择**【关联数据】**选项。
- 单击**【复杂类型】**单选按钮。
- 找到树中的“Application”业务项并单击以选中。（注：请记住，现已创建了“Loans”数据目录来存储先前练习中的业务项。）
- 单击**【确定】**按钮。现在，“Application”业务项显示在连接旁的图中，表示该业务项在这两个活动之间传递。
- 使用相同方法，将“Application”业务项与下列连接关联：
    - “Review Loan Application”任务→“Approve Loan?”决策。
    - “Approve Loan?”决策→“Disburse Funds”任务。
    - “Approve Loan?”决策→“Reject Application and Notify Customer”任务。
- 使用相同方法，将“Funds”业务项与“Disburse Funds”任务和图右边框之间的连接关联。
- 同样，使用该方法，将“E-mail Notification”业务项与“Reject Application and Notify Customer”任务和停止节点之间的连接关联。
- 单击**【文件】**→**【保存】**选项以保存该过程。

过程图应该类似于如图 10-47 所示的业务项与连接关联。

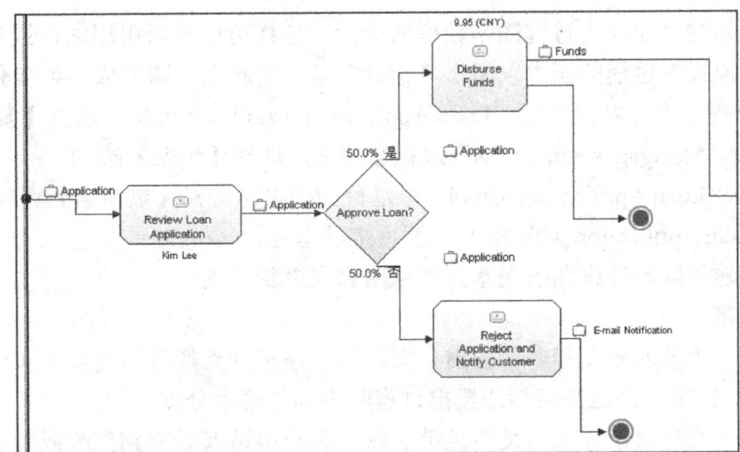

图 10-47　业务项与连接关联

现在的过程图准确反映了 Quickstart Finance 的当前贷款申请过程，已经将活动添加到图中，对这些活动进行了连接，并指出了执行这些活动的资源以及在活动之间传递的业务项。所建模的过程有助于了解业务的当前状态，并且可以作为更改已建模和已模拟过程的基础。

7. 对预设（to-be）过程建模

按照本案例前面的描述，业务建模的一个关键优点在于能够开发“假想”方案。请记住，Quickstart Finance 管理层希望增加它核准的个人贷款的数量。现在，将用 as-is（现有-现状）过程图作为 to-be（预设-未来）过程图的起点。新过程将需要不同的活动，从而产生更复杂的流，因为它在每个贷款申请的简单“批准或拒绝”结果中添加了另一个选项。

预设过程可以帮助理解实施不同业务过程的结果。分析另一个过程的结果有助于规划业务操作。

此时，过程图反映当前的 Quickstart Finance 贷款申请过程，详细描述了是否批准客户贷款申请这一简单决策所产生的两个不同结果。但是，回想创建模型的最初原因，需要增加获得批准的贷款数目，请记住，不是要增加坏账数。新过程将以特殊条件来批准信用度不甚理想的客户。（特殊条件可能包含提供抵押、更严格的偿还时间表或银行的任何其他要求。在本教程中，无须定义这些条件。）

最初，将简单决策添加到图中，以批准或拒绝贷款，多选决策图如图 10-48 所示。为了能够对第三种结果（特殊条件下的批准）进行建模，需要将当前包含在图中的简单决策替换为多选决策，然后相应地调整模型中的其他元素。

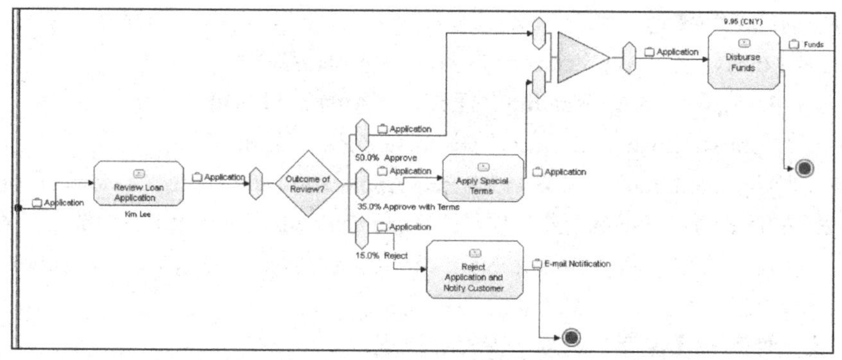

图 10-48　多选决策图

保留一份原始的“原样”过程图是较好的做法，这样可以重新引用它，或者以不同方式修改它。要制作“原样”过程的副本以用作“预设”过程的起点，请完成下列步骤。

- 在“项目树”中，右键单击“Loan Application（As Is）”过程，选择【**复制**】选项。
- 右键单击“Mortgages and Loans”过程文件夹，选择【**粘贴**】选项。
- 右键单击“Loan Application（As Is）”过程的副本，选择【**重命名**】选项。
- 输入“Loan Application（To Be）”，然后按回车键。

现在，已创建了原始过程图的副本，可以用它来更新过程。

添加多选决策

多选决策有一个输入分支和多个输出分支。每个输出分支都有相关条件（计算值为 true 或 false 的表达式）。该条件决定在运行或模拟过程时将选择哪个分支。

此时，使用了简单决策来决定是否批准贷款，客户申请或者得到批准或者被拒绝。通过引入第三种可能的结果，即以特殊条件批准，将增加复杂程度，因为不能再提出只需要简单的“是

或否”响应的问题。必须询问“申请审查的结果是什么？”三种可能的结果是批准、拒绝和以特殊条件批准。为了实现业务过程中的这一更改，需要修改过程图。第一步是用多选决策替换现有简单决策。

要在过程图中将简单决策改成多选决策，请完成下列步骤。

- 在“Loan Application（To Be）”图中单击决策节点选中它，然后在键盘上按 Delete 键。
- 在选用板中，单击多选决策图标。（注：如果在选用板上看不到多选决策图标，则对简单决策左上角的小箭头单击鼠标右键并选择多选决策。或者，右键单击该图，选择多选决策。）
- 将光标定位在简单决策之前所在的位置。
- 单击以将多选决策添加到图中。请记住，通过单击并将元素拖到适当位置，可以重新安排图中的任何元素。
- 为多选决策节点输入以下名称：Outcome of Review?
- 必须将新任务添加到图中，以显示其他条件已被添加到标准贷款批准条件中。
    - ◆ 在选用板中，单击任务图标。
    - ◆ 将光标移到多选决策节点的右边并单击，以将任务添加到图中。
    - ◆ 输入以下新任务名称：Apply Special Terms。

现在的图看起来应当与如图 10-49 所示的添加多选决策后的过程图相似。

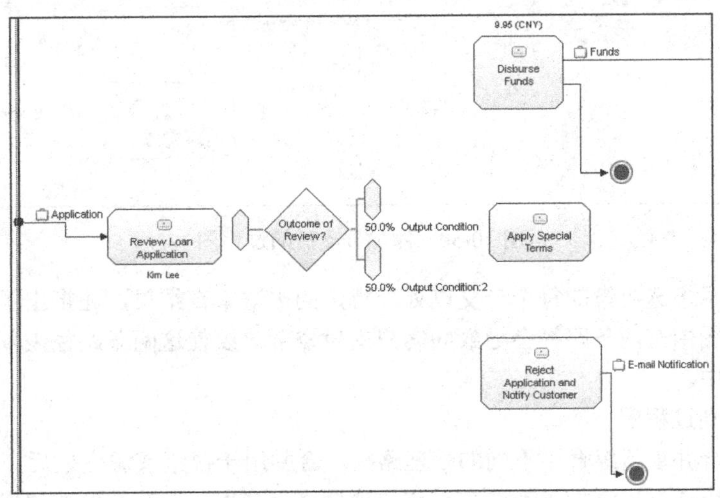

图 10-49　添加多选决策后的过程图

现已添加了处理贷款申请过程中新选项所需的元素。但新的多选决策目前只有两个输出分支，以及三个可能的决策结果。必须将第三个输出分支添加到决策中，这样过程模型才可以处理贷款申请审查的三种结果。

添加分支

分支使控制和数据能够流经过程模型中不同的元素间路径。

默认情况下，多选决策有两个输出分支，这两个输出分支的默认概率各为 50%，这表示它们的使用概率相同。但是，在贷款申请过程图中存在两条以上的控制和数据路径的“假定”方案进行建模。由于现在决策有第三种可能的响应（特殊条件下的批准），所以必须添加另一个输出分支并更新多选决策的决策概率。

- 右键单击“Outcome of Review”决策。出现一个菜单。

- 在菜单中，选择【添加分支】选项。新的分支被添加到“Outcome of Review”决策。
- 现在，可以添加名称，并更新“Outcome of Review”决策的三个输出分支的决策概率。
    - ◆ 双击第一个输出分支的名称（**输出条件**），然后输入“Approve”。（注：请确保单击了名称本身而不是分支。使分支概率保留为50%。）
    - ◆ 双击第二条输出分支的名称（**输出条件:2**），然后输入“Approve with Terms”。
    - ◆ 双击“Approve with Terms”分支的决策概率，然后输入“35”。该数字表示在模型中给贷款添加特殊条件的概率为35%。
    - ◆ 双击第三条输出分支的名称（**输出条件:3**），然后输入“Reject”。
    - ◆ 双击“Reject”分支的决策概率，然后输入“15”。该数字表示在模型中完全拒绝贷款的概率为15%。

现在过程模型看起来应当与如图10-50所示的添加分支后的过程图相似。

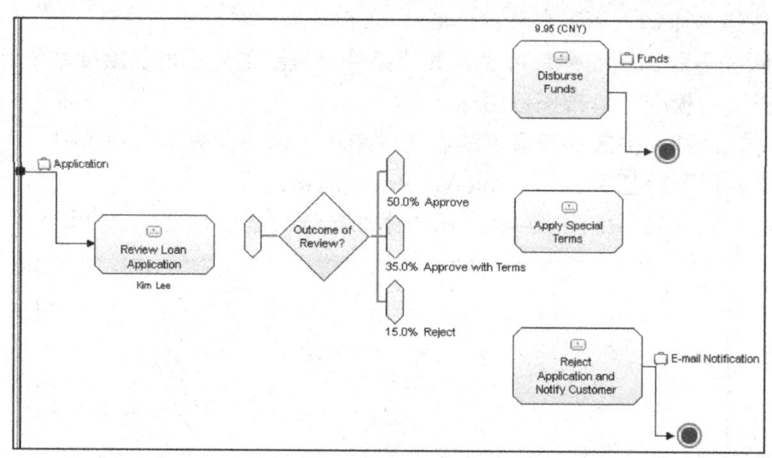

图10-50　添加分支后的过程图

现已经启用了多选决策的每个分支以处理特定的申请审查结果，还指出了每种结果类型的可能性。但是，图中有两条路径会导致向客户支付资金。要使这两条路径恢复在一起，可将合并添加到过程图中。

将合并添加到过程图

过程图中的合并重新组合了不同的处理路径。合并用于决策或派生之后。

现已为贷款申请过程添加了新选项，该选项最终会产生一个获得批准的贷款。但过程图中已经有一个获得批准的贷款的路径，所以现在需要添加合并，使两个批准路径合在一起。要将合并节点添加到过程图，请完成下列步骤。

- 在选用板中，单击连接图标左上角的箭头。
- 从列表中选择【合并】选项。请注意，选用板显示合并图标。
- 将光标移到“Apply Special Terms”决策与“Disburse Funds”任务之间的某一点，单击以将合并节点添加到过程图。请记住，可以选中任一元素并将其拖到合适的位置，来重新定位该元素在图中的位置。现在过程图看起来应与如图10-51所示的添加了合并后的过程图相似。

现在，可以将过程图的“Approved”和“Approved with Special Terms”路径合并起来。

接下来，必须使模型能通过流来传递控制和数据。要完成该操作，必须对过程模型中的各种元素进行重新连接。

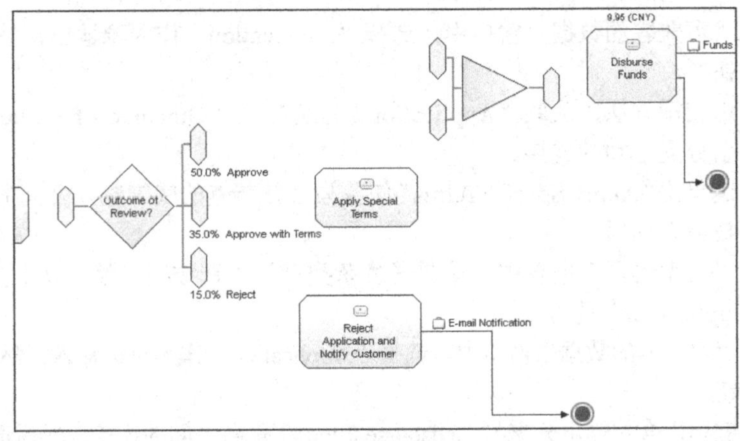

图 10-51　添加了合并后的过程图

重新连接过程活动

本练习演示如何重新连接过程图中的活动。

要完成"预设"方案，必须如先前的练习（连接过程图中的元素）一样将连接添加到过程图中，以表示数据和控制如何从一个元素传递到下一个元素，并将"Application"业务项与每个新连接关联。要连接新方案中的元素并将"Application"业务项与这些连接关联，请完成下列步骤。

- 重新连接过程中的活动。
  - ◆ 在选用板中，单击连接图标。
  - ◆ 单击"Review Loan Application"任务，然后单击"Outcome of Review"决策的输入分支。
  - ◆ 单击"Outcome of Review"决策的"Approve"分支，然后单击合并节点的顶部输入分支。
  - ◆ 单击"Outcome of Review"决策的"Approve with Special Terms"分支，然后单击"Apply Special Terms"任务，再单击合并节点的底部输入分支。
  - ◆ 单击合并节点的输出分支，然后单击"Disburse Funds"任务。
  - ◆ 单击"Outcome of Review"决策的"Reject"分支，然后单击"Reject Application and Notify Customer"任务。

提示： 如果决策输出分支的连接重叠，可以重新调整决策分支的顺序。要重新调整决策分支的顺序，请选择过程图中的决策，右键单击决策，并选择【调整输出分支顺序】选项。当上移或下移分支时，它将保留为其指定的所有属性以及与其他过程元素的连接。

- 将"Application"业务项与刚添加的每个连接关联。
  - ◆ 右键单击"Review Loan Application"任务与"Outcome of Review"决策之间的连接，选择**【关联数据】**选项。
  - ◆ 在"类型选择"向导中，单击**【复杂类型】**单选按钮，然后从业务项列表中选择"Application"业务项。当将"Application"业务项指定为决策的输入时，请注意各个输出分支的尺寸都会增大。这是因为决策的每个输出分支都临时添加了额外输出，但该输出将被除去，并且在下列步骤中将"Application"指定为输出时，输出分支的尺寸将恢复为先前大小。
  - ◆ 右键单击决策的"Approve"输出分支与合并的顶部输入分支之间的连接，选择**【关联数据】**选项。

◆ 在"可兼容的数据"窗口中，选择"Application"作为源输出，然后单击【确定】按钮。
◆ 使用相同方法，关联"Application"业务项与"Outcome of Review"决策的两个剩余分支之间的连接。
◆ 右键单击"Apply Special Terms"任务与合并节点的底部输入之间的连接，选择【关联数据】选项。
◆ 在"类型选择"向导中，单击【复杂类型】单选按钮，然后从业务项列表中选择"Application"业务项。
◆ 在"可兼容的数据"窗口中，选择"Application"作为目标输入，然后单击【确定】按钮。
◆ 右键单击合并输出分支与"Disburse Funds"任务之间的连接，然后选择【关联数据】选项。
◆ 在"可兼容的数据"窗口中，选择"Application"作为输出，然后单击【确定】按钮。

现在过程模型看起来应与如图 10-52 所示的重新连接后的过程图相似。

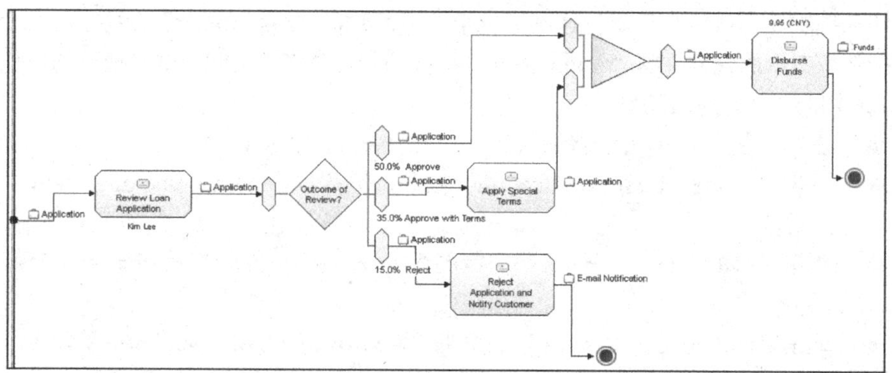

图 10-52　重新连接后的过程图

现已连接了图中的所有元素，并创建了一个完整过程。

8. 创建分类器

分类器允许对任务和其他过程元素进行分类，可以优化过程并很容易地识别具有一组特定特征的元素。可以使用预定义的分类器或定义自己的分类器和分类器值。

在过程图中，可以很方便且迅速地查看具有某些特征的元素。例如，可能要查看现有过程中哪些任务专门用于质量控制，或者快速确定未向过程添加实际业务值的所有任务。分类器能够对共享公共特征的元素进行分类，然后为这一特征分配一种颜色。

在贷款申请过程图中，任务之一是 Disburse Funds 生成服务费用。在本练习中，将把分类器和分类器值添加到过程图中，这样，可以很快确定过程中的哪些任务生成服务费用。

要将分类器添加到过程图中，请完成下列步骤。

- 在"项目树"中，右键单击"分类器"目录，选择【新建】→【分类器】选项。这会打开一个向导。
- 在【新分类器的名称】字段中，输入"Service Fee"。
- 输入以下描述：Activity that generates a service fee for the company。
- 单击【完成】按钮以创建新的分类器。

现已经创建了“Service Fee”分类器，需要指定分类器值，这样，就可以确定生成费用的任务和不生成费用的任务。

创建分类器值

分类器值允许对过程元素进行分类并创建类别。

现已创建了“Service Fee”分类器，需要向分类器添加定义了两个不同“Service Fee”可能性的值。在“Loan Application（To Be）”过程图中，有一个任务生成服务费用，而其他任务不生成服务费用。为了快速识别每个类别中的任务，必须创建两个分类器值。

要创建分类器值，请完成下列步骤。

- 在“项目树”中，右键单击“Service Fee”分类器并选择【新建】→【分类器值】选项。这会打开一个向导。
- 确保在向导导航树中选中了“Service Fee”分类器。在【新分类器值的名称】字段中，输入“Fee Generated”。
- 单击【分配颜色】按钮。在调色板中，选择一种颜色以标识收费的任务（例如，淡红色）。
- 在【新分类器值的描述】字段中，输入“Tasks that generate a service fee”。
- 单击【完成】按钮。这会创建分类器值，这些值会出现在“项目树”中。
- 在“项目树”中，右键单击“Service Fee”分类器并选择【新建】→【分类器值】选项。这会打开一个向导。
- 确保在向导导航树中选中了“Service Fee”分类器。在【新分类器值的名称】字段中，输入“No Fee Generated”。
- 单击【分配颜色】按钮。在调色板中，选择一种颜色来标识已收费的任务（例如，淡蓝色）。
- 在【新分类器值的描述】字段中，输入“Tasks that do not generate a service fee”。
- 单击【完成】按钮。这会创建分类器值，这些值会出现在“项目树”中。

现已创建了分类器和分类器值，就可以为贷款申请过程中的事务性任务指定分类器值，这样可以迅速识别哪些任务生成服务费用、哪些任务不生成服务费用。

将分类器值与任务关联

通过为过程元素指定分类器值，可以快速标识过程图中共享一组相同特征的活动。

既然已经创建了两个必需的分类器值，就需要将那些值分配给任务，这样就可以对过程图进行颜色划分，以标识“Fee Generated”和“No Fee Generated”任务。

要为 4 个“Loan Application（To Be）”任务指定分类器值，请完成下列步骤。

- 在“项目树”中，单击“No Fee Generated”分类器值并将其拖到“Review Loan Application”任务中。
- 在属性视图中，单击【分类器】选项卡。（注：“No Fee Generated”分类器值现在列出在表中。）
- 对“Apply Special Terms”任务和“Reject Application and Notify Customer”任务重复上述步骤。
- 在“项目树”中，单击“Fee Generated”分类器值，然后将它拖到“Disburse Funds”任务中。
- 单击【文件】→【保存】选项以保存“Loan Application（To Be）”过程图。

现已经将分类器值指派给相应的贷款申请任务。为了能够在“Loan Application（To Be）”过程图中快速识别这两个不同的任务类别，需要根据分类器对图进行颜色划分。

按分类器对图进行颜色划分

按颜色划分能很快看到已分配了某一分类值的过程任务。

现已对"Loan Application（To Be）"过程图中的任务指定了分类值，可以对图进行颜色划分，这样，可以一眼就区分出类别。

要对"Loan Application（To Be）"过程图进行颜色划分，请完成下列步骤。

- 在"Loan Application（To Be）"过程图中，确保没有选中任何活动。在该过程图中，单击鼠标右键以打开弹出菜单，选择**【着色依据】→【分类器】**选项。这会打开一个窗口，显示可用分类器列表。
- 选择"Service Fee"分类器，然后单击**【确定】**按钮。按分类器进行颜色划分后的过程图如图 10-53 所示。
- 要使图恢复成其初始颜色，只需在图中单击鼠标右键以打开弹出菜单，选择**【恢复默认颜色】**选项即可。
- 单击**【文件】→【保存】**选项以保存该图。

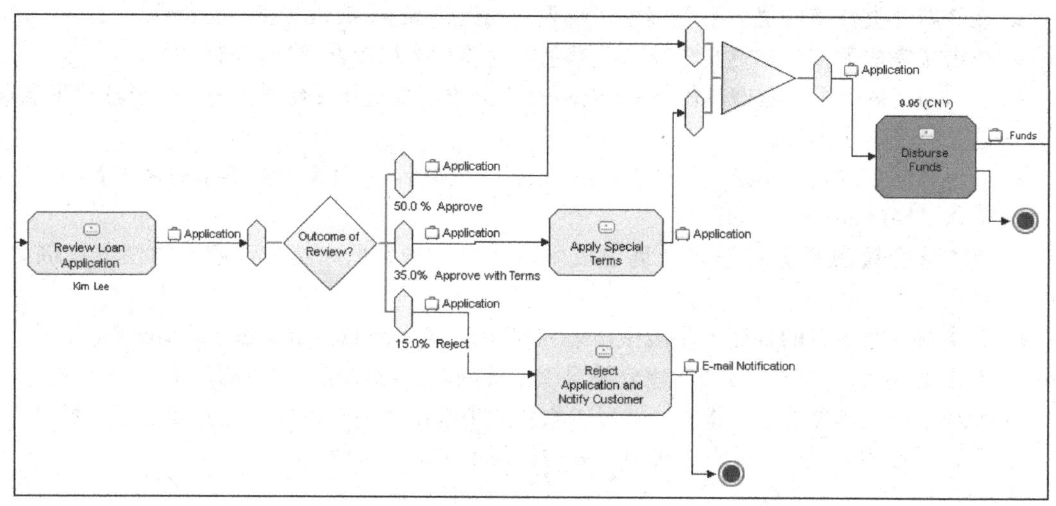

图 10-53　按分类器进行颜色划分后的过程图

"Loan Application（To Be）"（将要实现）过程图是一个比较简单的图，即使没有分类器，也很容易看出哪些任务生成服务费用。但是，设想一个更大、更复杂的过程图，它可能包含 10 个、20 个甚至 30 个任务。能够分配分类器并对其进行颜色划分，快速而方便地对图进行直观的分类，可能要根据质量控制、增值或工作流程，使用预定义的分类器。或者，如果过程是跨部门进行的，则可以创建自己的分类器和值来按部门对任务分类。然后，可以很快地标识出按部门（比如会计部门）执行的任务。对过程元素进行分类可以立即看到共享指定的特征的活动。

9. 切换图布局

泳道布局能够根据特定属性显示过程活动，有助于直观地识别具有某些特征的活动。可以通过将活动移到不同泳道来调整属性。

泳道布局根据指定的类别显示图中的元素，而自由格式布局则不同，它允许将元素放置在编辑器表面的任何位置。在图中创建多个元素之后，如果不单独选择每个元素并查看其属性，则很难想起那些元素的特定属性。通过切换泳道布局，可以根据某些特征（如资源定义、角色或位置）快速显示活动。

在最初创建“Loan Application（To Be）”过程图时，选择了自由格式布局作为默认布局。要切换成泳道布局，请完成以下步骤。

- 确保未选中图中的任何活动。在图中单击鼠标右键以打开弹出菜单，选择**【切换成泳道布局的依据】→【分类器】**选项。
- 在“选择分类器”窗口中，选择**【Service Fee】**选项。这是先前创建的分类器。
- 单击**【确定】**按钮。图布局切换成泳道，在图右边的列中显示了分类器值，图任务根据其已分配的分类器值分布在行之间，切换到泳道布局的过程图如图 10-54 所示。

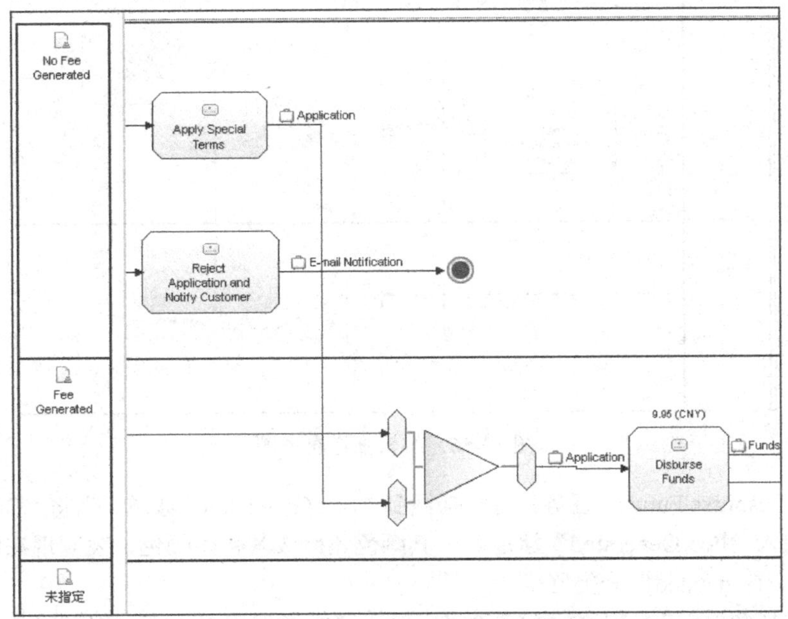

图 10-54　切换到泳道布局的过程图

现在，可以很快看出贷款申请过程中哪些任务产生费用，哪些任务不产生费用。虽然“Loan Application（To Be）”过程图仅包含一些任务，但是可以想象一下十个甚至二十个任务的过程。泳道布局可以帮助人们很快分类并识别多个活动的共有特征。

现在已经切换到泳道布局，在下一练习中，只要将某个过程中的活动移到不同泳道，就可以编辑其属性了。

编辑泳道布局

可以通过将过程图中的活动移到不同泳道来更新它的属性。

在前面的练习中，已经将“Loan Application（To Be）”过程图的布局切换成泳道，并选择按分类器显示图。但如果要更改某个任务的分类器，会怎么样呢？可以在泳道布局中快速方便地完成这一步。

为了能够清楚地看到对某个任务的分类器值的更新，可以先按照分类器对图进行颜色划分，这类似于本教程中的先前练习。要更新“Disburse Funds”任务的分类器值，请完成下列步骤。

- 按分类器对图进行颜色划分。
  - ◆ 在“Loan Application（To Be）”过程图中，确保没有选中任何活动。在该过程图中，单击鼠标右键以打开弹出菜单，选择**【着色依据】→【分类器】**选项。这会打开一个窗口，显示可用分类器列表。
  - ◆ 选择“Service Fee”分类器，然后单击**【确定】**按钮。现在，“Loan Application（To

Be)”过程图中的任务显示在前面练习中分配给分类器值的颜色。

- 在过程图中，单击“Disburse Funds”任务，将它从“Fee Generated”泳道拖到“No Fee Generated”泳道。将“Disburse Funds”任务放入泳道时，其颜色发生了变化，表明现在它有“No Fee Generated”分类器值，编辑泳道布局图如图 10-55 所示。

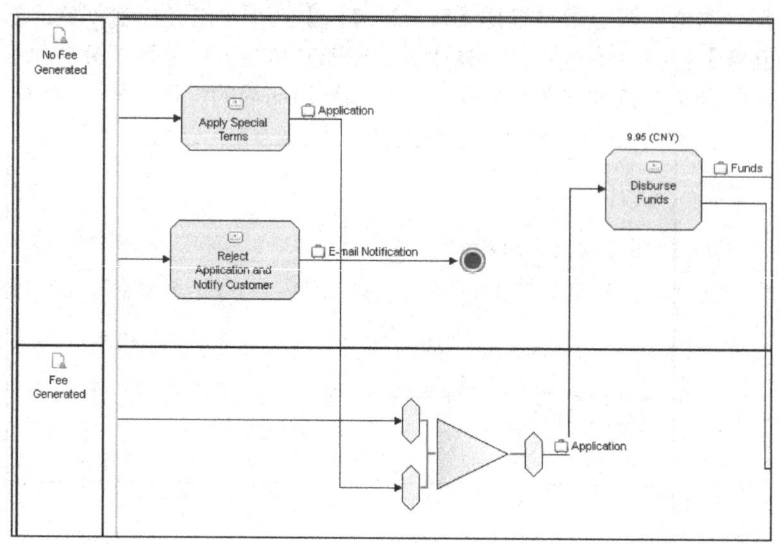

图 10-55 编辑泳道布局图

- 单击“Disburse Funds”任务，将它拖回到“Fee Generated”泳道。当将“Disburse Funds”任务放入“Fee Generated”泳道时，其颜色还原成其初始颜色，表明现在已经为它分配了“Fee Generated”分类器值。
- 在属性视图中，单击【**分类器**】选项卡。现在，“分类器值”列显示的值为“Fee Generated”。
- 要切换回自由格式布局，在图中单击鼠标右键，选择【**切换到自由格式布局**】选项。
- 单击【**文件**】→【**保存**】选项以保存该图。

提示：请记住，虽然在本练习中更改了“Disburse Funds”分类器值，但未更新“Revenue”属性，这一点很重要。如果使任务保留在“No Fee Generated”泳道中，以表明对该活动不收取服务费用，则还要从属性视图的“成本与收入”选项卡中除去该费用。

通过使用泳道布局，可以方便地对过程任务进行直观分组并更新任务属性。可以根据需要及所选的工作方法，在布局间切换。

10. 小结

在本案例中创建了反映实际贷款申请过程的简单过程图，可以使用该模型作为运行模拟和分析数据的基础。

现已了解了许多工具和方法，用于创建正确且强健的过程图。首先从显示当前 Quickstart Finance 贷款申请过程的过程图入手，然后进一步创建一个预设图，该图对当前过程的建议更改进行建模。同时也看到这一标准建模练习如何根据自己的需要开发任意多个“假定（预设）”方案，以决定组织的最佳方针。还可以使用该模型来开发和运行模拟，操作输入数据以查看和分析各种方案的结果。

在本案例中创建的过程图非常简单，所以可以轻松地掌握对过程建模的基础知识；但是，所学的工具和方法可用于创建涉及许多任务、资源和业务项的更复杂过程，创建的任何过程图都将包含在本案例中学到的基本活动和模型元素。当使用和扩展自己的模型时，请使用下列元

素和功能来应用在本模块中掌握的能力：过程和过程目录、任务、资源、标签、业务项、决策和合并、连接、分类器和分类器值、自由格式和泳道布局。

可以继续测试创建的过程图。在实际贷款申请过程中可能涉及哪些其他任务？需要包含其他决策吗？“特殊条件”选项的组成是什么？如何跟踪客户支付贷款的进度？可以对哪些其他 Quickstart Finance 过程建模？实际上，使用在本模块中学到的工具和方法，可以对任意数目的“假定”业务方案建模。

10.4 电子商务模型的模式分析和评估

本节在介绍生成模型后，采用绩效管理的关键绩效指标（KPI）方法，对模型进行静态和动态过程模拟、模型分析，以找出问题和改进之处。

10.4.1 概述

当完成对业务过程建模后，就可以模拟过程的运行，评估过程的性能，生成统计数据，找出可改进的方面。

对于在项目中创建的模型元素，以及模拟概要文件和模拟结果，可以执行各种类型的分析。

模型分析可以用来从建模项目里的一个或多个元素中抽取目标信息，可以执行的分析有静态分析和动态分析两大类。

静态分析提供静态形式的模型信息，检查正在建模的项目内容的详细信息。使用静态分析抽取有关资源模型、组织模型、数据模型和过程模型的信息有以下一些方法。

（1）资源角色分析显示资源列表，展示了每个资源的相关角色。

（2）类型层次结构分析显示一组结构定义中所出现的所有指定的组织定义。

（3）类型实例匹配分析显示指定的某个类型（如位置定义或业务项）和基于该类型的所有实例（位置或业务项实例）。

（4）活动吞吐量分析显示过程中活动的单位时间生产率。

动态分析提供有关运行一个或多个过程模拟的结果信息。因此，动态分析不仅反映了模拟中使用的底层过程模型和其他模型元素，并且反映了基于为特殊模拟概要文件指定的属性的模拟结果。

当过程执行时，过程的每个执行就是一个过程实例，可以使用动态分析来抽取有关特定过程实例或所有过程实例的信息，也可以对两个不同模拟的结果执行对比分析。

使用动态分析展示过程活动的聚集结果、与模拟过程中创建的特定过程实例相关的结果、基于模拟过程中所有过程实例的过程结果以及两个不同模拟的过程结果的对比分析有以下一些方法。

（1）活动成本分析，显示过程中使用的每个活动的活动实例平均成本，包括平均收入、执行成本、闲置成本、所分配资源的成本、总成本和利润。

（2）过程实例资源分配分析，显示涉及特定过程实例的任务实例，包括每个任务实例的已分配资源、分配持续时间、短缺和成本。

（3）过程成本分析，显示过程案例（模拟过程的替代处理路径）和与每个实例匹配的平均收入、平均执行成本、平均闲置成本、平均已分配资源成本以及平均利润的列表。该分析能显示各种过程案例的分析成本的加权平均值。每个过程案例的相对权重取决于其出现的概率。

（4）过程成本对比分析，显示两个过程的过程成本，包括每个过程的收入、执行成本、闲置成本、所分配资源的成本、总成本和利润。该分析能展示两个过程对应值的区别。

主要模型分析方法汇总树形图如图 10-56 所示。

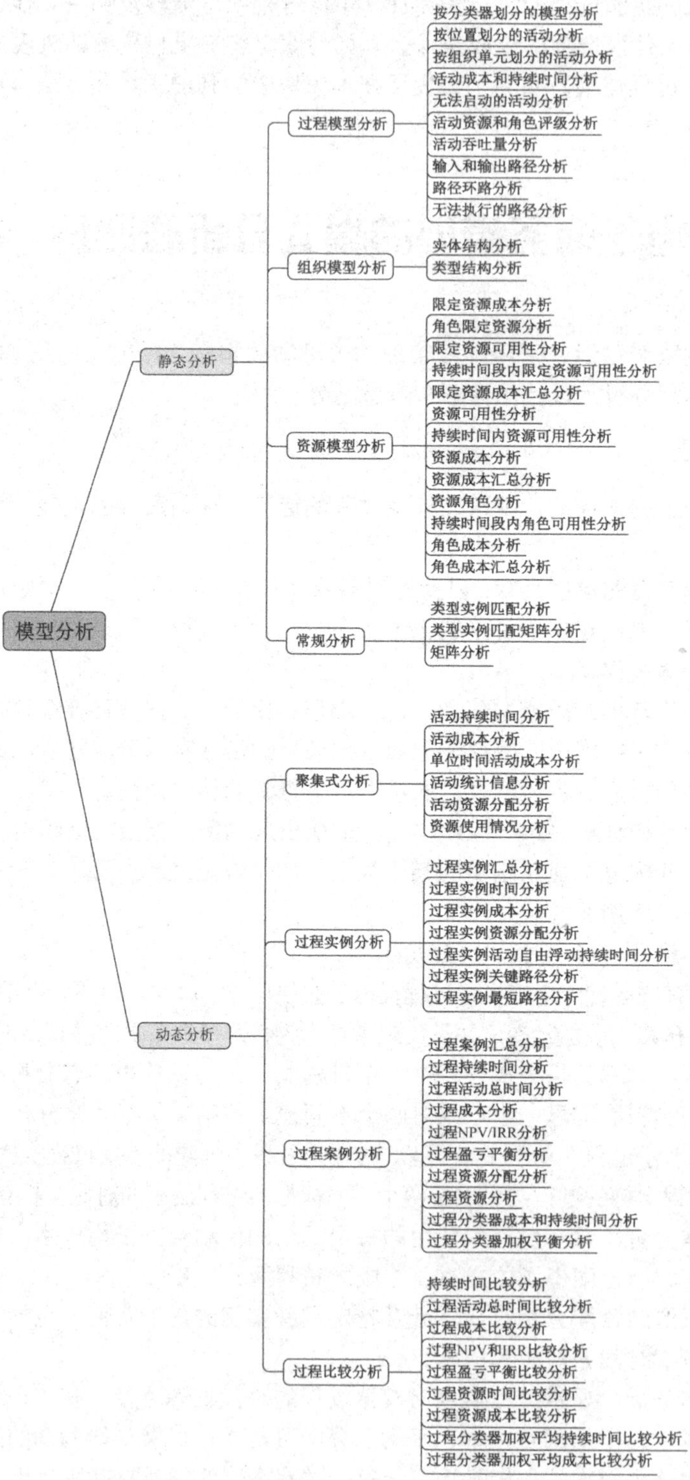

- 模型分析
  - 静态分析
    - 过程模型分析
      - 按分类器划分的模型分析
      - 按位置划分的活动分析
      - 按组织单元划分的活动分析
      - 活动成本和持续时间分析
      - 无法启动的活动分析
      - 活动资源和角色评级分析
      - 活动吞吐量分析
      - 输入和输出路径分析
      - 路径环路分析
      - 无法执行的路径分析
    - 组织模型分析
      - 实体结构分析
      - 类型结构分析
    - 资源模型分析
      - 限定资源成本分析
      - 角色限定资源分析
      - 限定资源可用性分析
      - 持续时间段内限定资源可用性分析
      - 限定资源成本汇总分析
      - 资源可用性分析
      - 持续时间内资源可用性分析
      - 资源成本分析
      - 资源成本汇总分析
      - 资源角色分析
      - 持续时间段内角色可用性分析
      - 角色成本分析
      - 角色成本汇总分析
    - 常规分析
      - 类型实例匹配分析
      - 类型实例匹配矩阵分析
      - 矩阵分析
  - 动态分析
    - 聚集式分析
      - 活动持续时间分析
      - 活动成本分析
      - 单位时间活动成本分析
      - 活动统计信息分析
      - 活动资源分配分析
      - 资源使用情况分析
    - 过程实例分析
      - 过程实例汇总分析
      - 过程实例时间分析
      - 过程实例成本分析
      - 过程实例资源分配分析
      - 过程实例活动自由浮动持续时间分析
      - 过程实例关键路径分析
      - 过程实例最短路径分析
    - 过程案例分析
      - 过程案例汇总分析
      - 过程持续时间分析
      - 过程活动总时间分析
      - 过程成本分析
      - 过程NPV/IRR分析
      - 过程盈亏平衡分析
      - 过程资源分配分析
      - 过程资源分析
      - 过程分类器成本和持续时间分析
      - 过程分类器加权平衡分析
    - 过程比较分析
      - 持续时间比较分析
      - 过程活动总时间比较分析
      - 过程成本比较分析
      - 过程NPV和IRR比较分析
      - 过程盈亏平衡比较分析
      - 过程资源时间比较分析
      - 过程资源成本比较分析
      - 过程分类器加权平均持续时间比较分析
      - 过程分类器加权平均成本比较分析

图 10-56　主要模型分析方法汇总树形图

10.4.2　模拟过程

1. 过程模拟

过程模拟是在虚拟环境中模拟实际业务过程的执行。可以基于现有的或为未来规划的业务过程，来对业务过程建模。

可以使用模拟来观察执行中的过程、检查过程运行时生成的统计数据，并对模拟结果进行分析。当对过程或其他模型元素（如可用资源）进行更改时，可以运行新的模拟并对模拟前后的结果进行比较分析，以量化更改的影响。通过这些操作，可以评估更改业务过程的成本和收入。

模拟使组织能够观察到过程将如何执行以应对过程输入的变化，就像在实际工作环境中一样。模拟还能够通过调整资源和当前分配，随时间的推移来改变过程输入量。模拟输出提供有关资源利用级别的详细信息，以及成本和循环时间计算的结果。

2. 模拟快照

当模拟过程时，该工具将模拟快照添加为该过程在项目树中的子元素。模拟快照是模拟过程时的完整过程模型的记录，该记录包含过程可以使用的所有项目元素（如业务项、资源和全局任务）的副本。在对项目或过程本身做出更改以后，再为同一过程创建多个模拟快照，以便比较这些更改的影响。

如图 10-57 所示，在模拟快照中，可以创建“Defaults”文件夹和模拟概要文件等元素。“Defaults”文件夹包含模拟属性的一组本地首选项。当为模拟快照创建新的模拟概要文件时，在本地首选项中指定的值用于过程及过程内活动的模拟属性。本地首选项的初始值是从全局模拟首选项（可以在【窗口】→【首选项】菜单下进行访问）继承的。

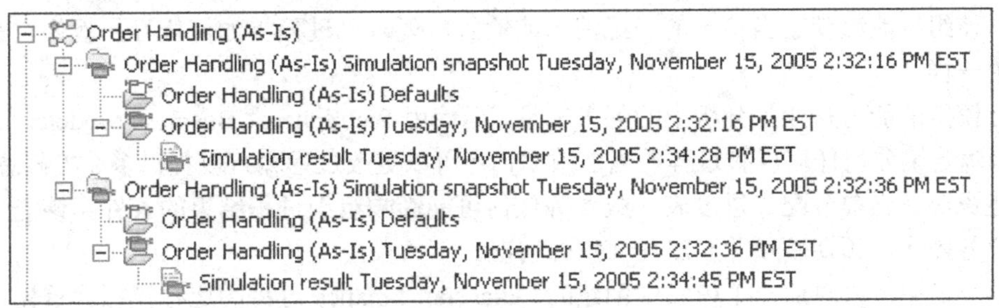

图 10-57　模拟快照

模拟快照包括业务过程副本、当前项目的所有模型元素副本以及模拟属性的本地首选项集。

模拟快照是过程模型和其他项目元素在特定时间点的副本，如果更改过程模型或其他过程元素，将不会反映在模拟快照及其包含的模拟概要文件中。

每个模拟快照都包含一个初始模拟概要文件。模拟概要文件包含了在创建模拟快照时的过程模型的副本，可以定制包含在该模拟概要文件中的过程，可以在同一个模拟快照中创建其他模拟概要文件。通常，当尝试对模拟概要文件中的字段进行更改时，可以为模拟快照创建多个模拟概要文件，以确定对过程结果的影响。

本地模拟首选项在项目树中显示为一个文件夹，其名称为过程名加“Defaults”。

全局模拟首选项应用于工作空间中的所有建模项目。当通过模拟现有过程模型来创建新的模拟快照时，本地模拟首选项的值来自所设置的全局首选项。因为初始模拟概要文件是作为模拟快照的一部分来创建的，所以该模拟概要文件还使用在全局模拟首选项中指定的模拟属性值。

如果修改本地模拟概要文件，那么在当前模拟快照中创建的每个新模拟概要文件都将使用本地首选项中指定的值。

3. 模拟概要文件

模拟概要文件是过程模型的副本（附加了模拟属性），实际上是使用模拟概要文件来运行模拟。为模拟快照创建的每个模拟概要文件都基于创建模拟快照时存在的过程模型。

可以通过为过程及其包含的活动设置模拟属性来定制模拟概要文件。模拟属性包含仅应用于模拟而不是底层过程模型的设置，如标记创建设置。模拟属性还包含可在过程模型中指定但可以在模拟概要文件中覆盖的属性，如成本、收入、持续时间和资源需求。

可以为单个模拟快照创建多个模拟概要文件，每个模拟概要文件都可以有不同的定制设置，在运行这些模拟概要文件后，可以对模拟结果进行比较分析。通过执行这一操作，可以比较过程在不同业务条件下（如输入量增加时、资源可用性更改时或成本和收入更改时）的结果。建议仅为每个模拟概要文件生成一组结果，否则，如果运行模拟生成了一组结果，然后更改模拟概要文件并生成了第二组结果，则将无法返回到第一次运行模拟时存在的模拟概要文件。

模拟概要文件可以包含断点和中断。当输入标记激活活动时，与活动关联的断点可以暂停模拟运行。当指定条件发生时，中断会暂停模拟运行。可以使用这些功能，使过程在模拟运行过程中暂停，为过程中的各个活动或整个过程设置中断。

如果更改过程模型，则这些更改不会反映在任何现有的模拟概要文件中，也不会反映在现有模拟快照中创建的任何新模拟概要文件中。如果要使模拟概要文件反映对过程模型所做的更改，则需要生成一个新的模拟快照。

10.4.3 运行模拟案例

模拟使组织能够观察当特定的一组情形或输入出现时，过程将如何执行，就像它在实际工作环境中一样。

运行模拟的能力是业务分析中的强大工具。当使用 WebSphere® Business Modeler 运行模拟时，可以确定某公司任何现有过程的当前效率，还可以更改过程输入以提供多个“假想”案例。可以调整资源、当前分配、进度表、成本等任何可能影响组织过程结果的条件。该能力可以帮助规划业务操作、预期瓶颈并应对任何意外情况。

在本小节中，将对前一个模块中创建的 Quickstart Finance 过程图运行模拟。首先，将模拟该过程，熟悉涉及的步骤和工具。然后调整过程的一些输入，并观察将不同的输入添加到整个过程，或添加到过程中的单个任务时对输出产生的影响。请记住，在完成本模块时，应该考虑自己的组织和可以模拟的过程，以及如何同时运行当前状态和“假定”方案。

完成本章学习后，应当能够：创建模拟概要文件、运行模拟、建立模拟方案、更新模拟设置、分析模拟结果、打印基于模拟结果的报告、将结果导出为不同的文件格式。

对于本小节，请确保已经将业务建模方式设置为【基本】，须按顺序执行练习。在完成本小节之前，请确保完成了本教程中先前的小节，或者安装了我们提供的 Quickstart Finance 样本。当进行调整模拟输入的练习时，可以完全遵循指示信息，或者可以尝试将自己的输入添加到模拟。目标是熟悉模拟的各个方面，因此在准备好模拟自己组织的过程时可以应用这些知识。

1. 设置模拟首选项

模拟首选项定义新模拟快照及其初始概要文件的默认设置。

当运行模拟时，可以定义想要度量和分析的变量。例如，可以指定每个任务的成本、这些任务产生的收益以及特定过程运行的时间（指虚拟时间）。

当运行模拟时，了解设置的优先顺序是非常重要的。

- 模拟首选项可随时设置，在更新首选项之后创建的所有模拟快照都将继承这些首选项。
- 模拟快照设置将覆盖首选项。模拟快照是在创建快照的瞬间对建模项目的记录。当创建模拟快照时，将在快照中创建模拟默认值。当更新默认设置（位于快照的“默认值”文件夹中）时，随后创建的所有模拟概要文件都将继承这些新属性。
- 过程和任务设置专门针对单个模拟概要文件，它们将覆盖首选项和快照设置。可以使用属性视图更新单个模拟概要文件的过程和任务设置。

对于 Quickstart Finance 的“Loan Application”过程，每个任务的默认成本当前都为零。要更新模拟首选项，以表明执行过程中的每个任务都要花费 1.50 元。

要查看和设置模拟首选项，请完成下列步骤。

- 在菜单栏上，单击【窗口】→【首选项】选项。这会打开“首选项”窗口。
- 在“导航树”中，展开【业务建模】选项，然后展开【模拟】文件夹以查看不同的模拟首选项。可以设置下列类别的首选项：数据库连接、常规、标签、任务、令牌创建和外观属性。在本教程中，只需更新“任务”首选项，但是可以打开并检查每个类别，以熟悉在该级别可设置的各种属性。
- 在“导航树”中，单击【任务】选项。这会打开“任务”窗格。
- 单击【成本和收入】选项卡。显示【成本和收入】字段，如图 10-58 所示。

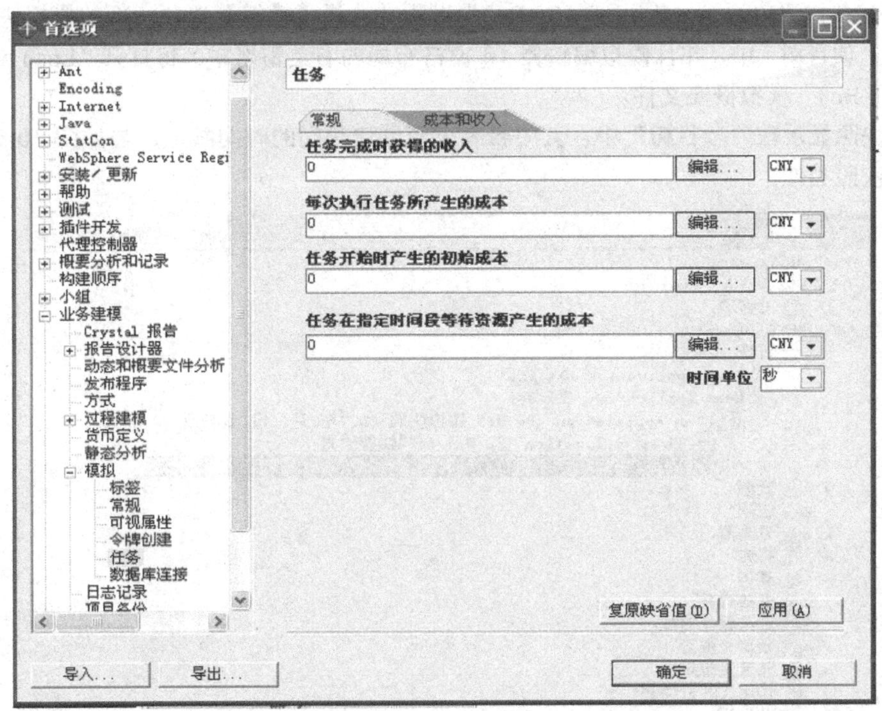

图 10-58　显示【成本和收入】字段

- 更新模拟中每个任务执行的成本。
  - ◆ 在【每次执行任务所产生的成本】字段中，单击【编辑】按钮。这会打开一个窗口。
  - ◆ 单击【特定值】单选按钮，然后输入数值：1.50。
  - ◆ 单击【确定】按钮。该窗口关闭。

◆ 使货币保持默认值 CNY。现在已经指定：在模拟中完成的每个任务将花费 1.50 元。（注：也可以通过单击“首选项”窗口中的**【复原默认值】**按钮来恢复默认属性值。）

- 单击**【确定】**按钮。关闭“首选项”窗口。

现已设置了每个新建模拟快照将要继承的模拟首选项。在本模块的稍后部分，将看到在本练习中所做的更改（将每个任务的成本从零增加到 1.50 元）对模拟输出将产生何种影响。请记住，随时可以更新这些首选项，随后创建的任何模拟快照或概要文件都将继承这些更新的首选项。

现在可以通过创建模拟快照来准备运行模拟。

2. 创建模拟快照

模拟快照显示在特定时间点的过程模型及其输入。它包括了当前的模拟默认值和模拟概要文件。在运行模拟之前，必须创建模拟快照。

当创建一个过程模型时，其中包括必须执行的任务并指示数据和控制在该过程中流动的方向。还可以为过程设置各种相关性，如时间表和资源可用性。模拟快照捕获过程的当前状态，包括所涉及任务和其他元素的所有当前默认值和输入数据。

要为“Loan Application（To Be）”过程创建模拟快照，请完成下列步骤。

- 在“项目树”中，找到“Loan Application（To Be）”过程。
- 右键单击“Loan Application（To Be）”过程并选择**【模拟】**选项。新的模拟快照将出现在“项目树”中，并且模拟编辑器（4 窗格布局的右上窗格中）将打开“Loan Application（To Be）”模拟概要文件。

模拟快照显示在“项目树”中，其中带有表明创建时间的时间戳记，与如图 10-59 所示的创建模拟快照类似。

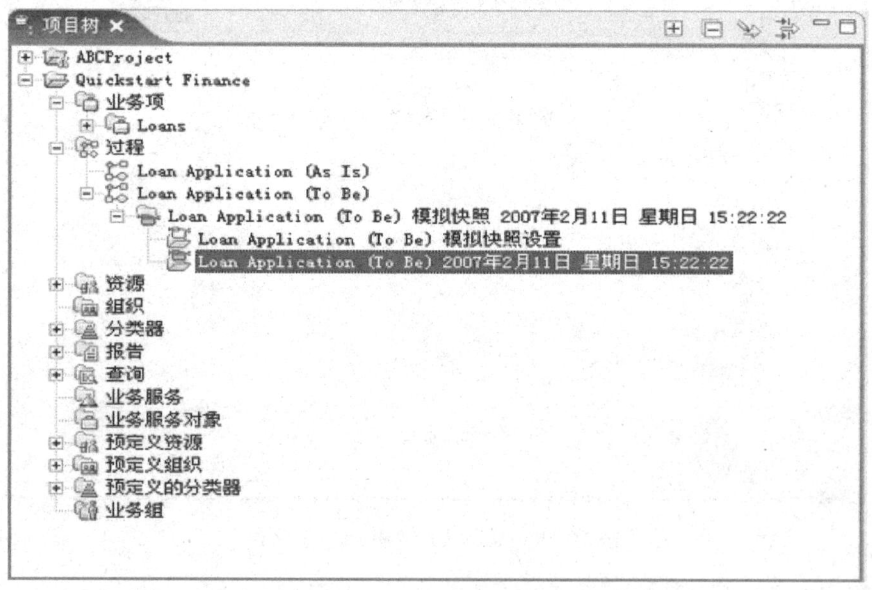

图 10-59　创建模拟快照

模拟快照包含“Loan Application（To Be）默认值”文件夹，其中包含模拟的默认设置和模拟概要文件。模拟概要文件文件夹名称包含正在模拟的过程名称和时间戳记，本案例中为“Loan

Application（To Be）”和时间戳记 2007 年 2 月 11 日星期日 15:22:22。

既然已经创建了模拟快照，接下来就可以运行模拟了。

3. 运行模拟

运行模拟能够根据特定的输入集来观察过程结果。

当创建模拟快照时，会为 Quickstart Finance 的“Loan Application（To Be）”过程创建新的模拟概要文件。现在，可以基于该概要文件运行模拟。

“Loan Application（To Be）”过程确定是否批准客户的贷款请求。根据批准决策，每个申请都被传递到特定路径。不管采用哪条路径，都将对每个申请执行一定数量的任务。

当创建模拟快照时，会生成该模拟的模拟概要文件。因此，它将继承先前练习中更新的模拟首选项中的初始设置。

要运行“Loan Application（To Be）”过程的模拟，请完成下列步骤。

- 确保“Loan Application（To Be）”模拟概要文件在模拟编辑器中打开。如果没有打开，则双击“项目树”中的模拟概要文件以打开它。
- 在“属性视图”顶部，单击【**模拟控制面板**】选项卡。这会打开模拟控制面板。
- 在模拟控制面板上，单击【**运行**】图标▶。基于默认属性，启动模拟并运行至完成。注意，模拟编辑器中显示的模拟动画演示了通过过程流从一个活动传递到另一个活动的数据和控制。
- 通过单击控制面板工具栏中的各个图标可以控制模拟。
    - ◆ 要暂停模拟，单击【**暂停**】图标⏸。
    - ◆ 要停止模拟，单击【**停止**】图标■。
    - ◆ 要以步进方式运行模拟，单击【**步进**】图标。（注：在本教程中不需要按步进方式运行模拟。）

当模拟完成时，动画停止并且在模拟控制面板中显示模拟的结果，如图 10-60 所示。

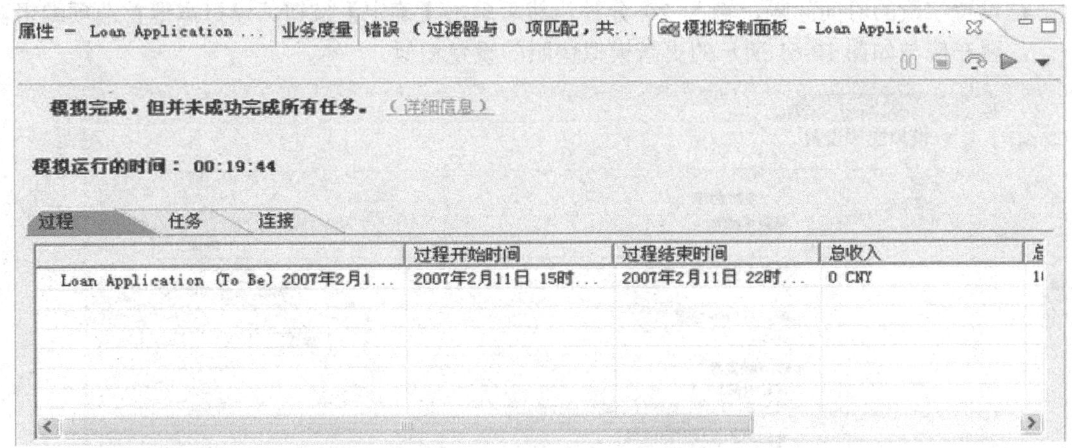

图 10-60　在模拟控制面板中显示模拟的结果

显示关于整个过程以及过程中单个任务和连接的数据。单击【**过程**】、【**任务**】和【**连接**】选项卡以查看在该模拟中生成的数据。

下面学习如何对模拟结果执行详细的分析，首先学习如何设置特定模拟及其组成任务的属性。

4. 更新模拟设置

模拟设置定义模拟期间过程或任务的条件和行为。

更新模拟设置有多种方法。现已经设置了模拟首选项，用于在创建模拟快照时提供默认值。(请记住，已经通过单击【窗口】→【首选项】并选择【业务建模】→【模拟】修改了模拟首选项。)可以更新快照中的默认值，以便新创建的模拟概要文件继承这些更新。这些更新设置优先于初始模拟首选项。

在每个模拟概要文件中，还可以更新所模拟过程的设置，或者更新该过程中单个任务的设置。这些低级别设置仅用于当前模拟概要文件，不会作用于创建的新模拟概要文件。

更新模拟快照的设置

快照设置包含在"默认值"文件夹中，它为在现有模拟快照中创建的新模拟概要文件提供默认值。

因为快照设置优先于首选项，所以如果要更改运行模拟的值而不影响整个首选项，可以使用它们。例如，在前一个练习中运行的"Loan Application（To Be）"模拟中，令牌间的默认时间间隔是 1 分钟。这意味着通过该过程每 1 分钟发送一个贷款申请。因为只模拟了一个贷款申请流经该过程的情形，所以没有必要调整时间间隔。然而，在 Quickstart Finance 中，平均每小时收到 3 个贷款申请。要在模拟中显示该数值，需要每 20 分钟通过该过程发送 1 个申请。

要修改快照设置，请完成下列步骤。

- 在"项目树"中，展开早先在本模块中为"Loan Application（To Be）"过程创建的模拟快照文件夹。
- 双击"Loan Application（To Be）"Defaults 文件夹。在模拟本地首选项编辑器中打开模拟默认值。
- 在模拟本地首选项编辑器的导航树中，单击【令牌创建】按钮。这会在编辑器中打开令牌创建设置。
- 在【束创建的重现时间间隔】字段中，单击【编辑】按钮。请注意，"束"是令牌的集合。在本教程中，每个束都只包含 1 个令牌，即单个贷款申请。
- 设置字段的时间间隔，输入 20 分钟，然后单击【确定】按钮。模拟本地首选项编辑器现在应与如图 10-61 所示的更新模拟快照的设置相似。

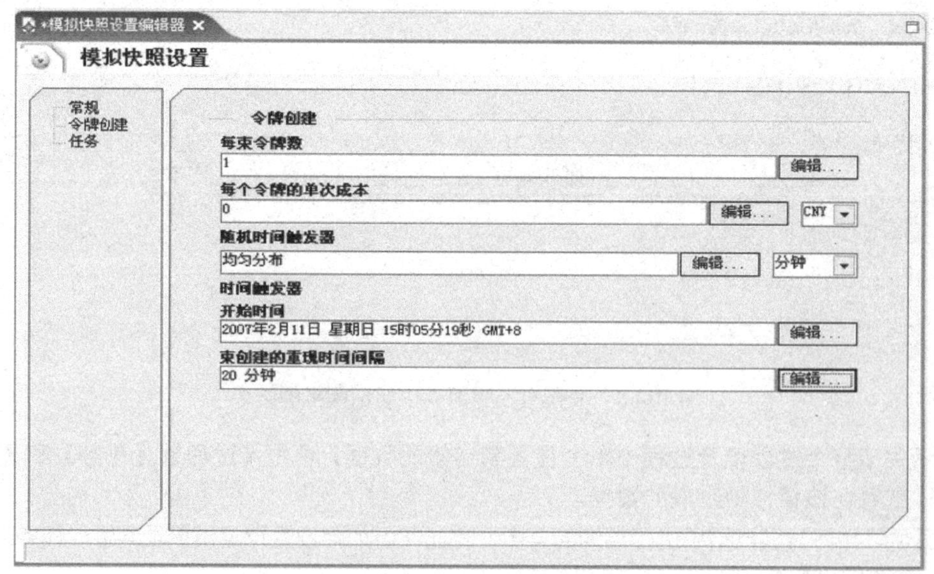

图 10-61　更新模拟快照的设置

- 在编辑器的导航树中，单击【任务】选项。这会打开任务设置。
- 单击【成本和收入】选项卡。（注：【每次执行任务所产生的成本】中的值是 1.5。这是在先前练习中作为首选项输入的值。模拟快照已继承了这一修改的值。）
- 单击【文件】→【保存】选项以保存本地模拟首选项。

请注意，现在已经更新了模拟快照的设置，将需要创建另一个模拟概要文件。新模拟概要文件将继承刚刚修改过的设置。

为模拟更新过程设置

过程设置对过程在模拟运行时的条件和行为加以定义。可以更新特定过程模拟的设置，而不覆盖首选项或快照设置。

如果希望利用特定输入运行模拟，并且不希望影响其他模拟，则可以更新过程设置。对于“Loan Application（To Be）”过程，将指定通过该过程发送的贷款申请的数量。

要更新过程设置，请完成下列步骤。

- 确保在模拟编辑器中打开上一个练习中创建的模拟。如果没有打开，则双击“项目树”中的模拟概要文件。
- 在属性视图中单击【输入】选项卡。**请注意**：必须确保在模拟图中没有选择任何元素（包括任务、决策、合并或停止节点）。如果选中了某个元素，则属性视图中显示的设置将仅适用于该元素。要选择整个过程，而不是一个特定的元素，请单击图中不含元素的位置。
- 在令牌创建设置表中，单击显示输入的行。显示过程的令牌创建设置。
- 在【总令牌数】字段中，单击【编辑】按钮。这将打开一个窗口。
- 在【特定值】字段中，输入“15”。单击【确定】按钮。该值指出将通过该过程发送 15 个贷款申请。

所做的设置应类似于如图 10-62 所示的模拟更新过程设置。

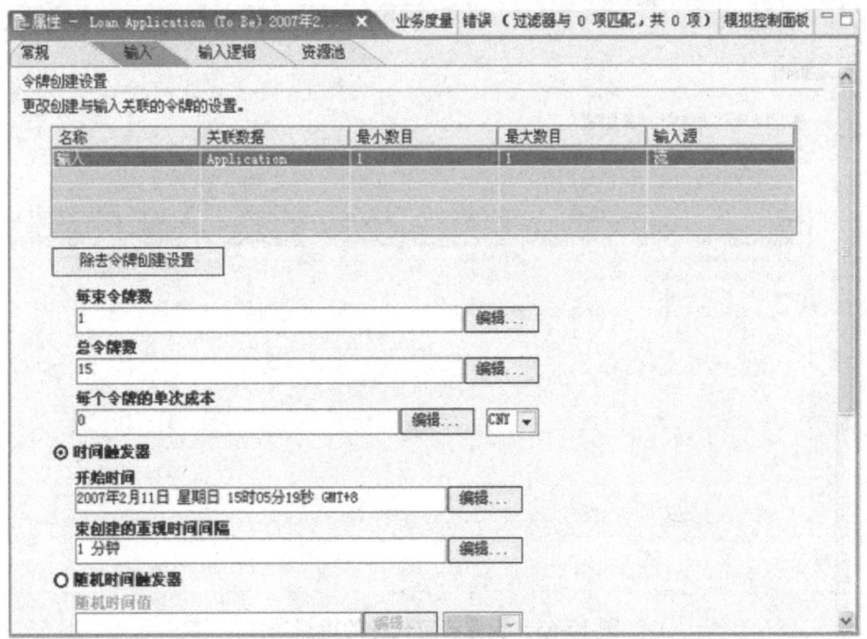

图 10-62　模拟更新过程设置

刚才更新的过程设置仅应用于当前模拟概要文件。如果创建新的模拟概要文件，它将继承早先更新的首选项和快照设置，而不是为当前模拟更改的过程设置 15 个贷款申请。

还可以更新模拟中特定元素的设置，而不影响过程中的其他元素。接下来，将更新特定“Loan Application”任务的设置。

为模拟更新任务设置

可以更新过程中特定任务的设置，而不会影响模拟中的其他任务和元素。

现已了解如何更新模拟首选项、快照设置和过程设置。但是，也可以修改较大过程中单个任务和元素的输入。如果希望仅仅对大型过程中的一两个任务的成本或性能运行“假想”方案，那么可以只调整这些特定任务的设置，而不触及过程的其他任务。

在“Loan Application（To Be）”过程中，将对“Review Loan Application”任务指定不同处理成本。先前已通过更新首选项，设置了该任务的处理成本，以及过程中所有其他活动的成本。现在将更新这个任务的设置。

可以按照上一练习中更新过程设置那样来更新单个任务设置，也就是通过单击图中的任务，然后使用属性视图来调整设置。然而，还可以用一种方便的表格来查看和更新单个任务的属性。

要设置特定任务的模拟属性，请完成下列步骤。

- 在模拟图底部，单击【**模拟属性**】选项卡。这会显示模拟属性表。
- 在“名称”列中，找到“Review Loan Application”任务行。（注：该任务的成本为 1.50 元。这是先前在本模块中设置的首选项。）
- 单击“Review Loan Application”行中的“处理成本”字段。将值更改成“5”，然后按键盘上的回车键。现在，模拟属性表应该与如图 10-63 所示的设置特定任务的模拟属性相似。
- 单击【**文件**】→【**保存**】选项以保存任务设置。

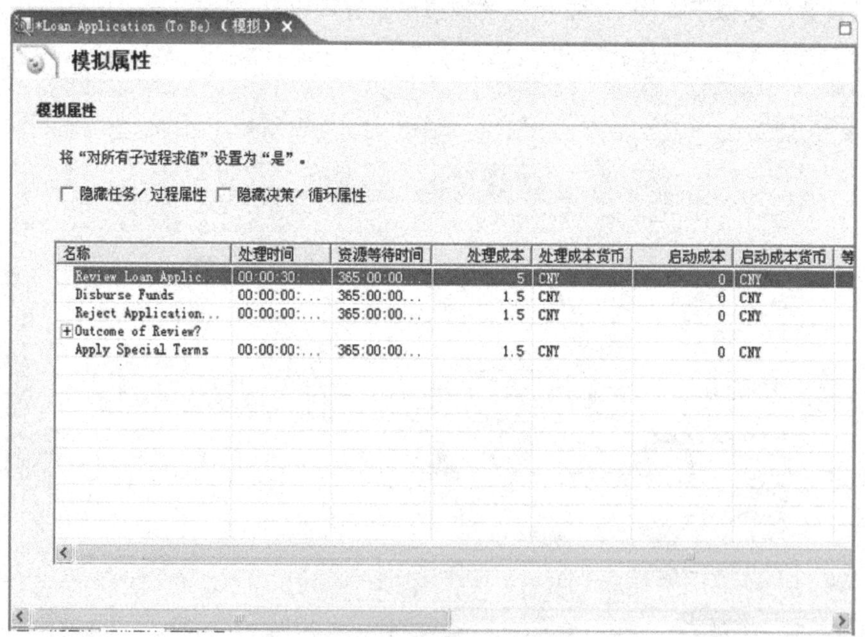

图 10-63　设置特定任务的模拟属性

更新该特定任务设置后，即指明完成“Review Loan Application”任务将花费 5.00 元。而根据先前在模块中设置的模拟首选项，完成过程中的所有其他活动仍将花费 1.50 元。

此时，在模块中已经更新了模拟首选项、快照设置以及过程和任务设置。现在，可以开始第二次运行模拟，然后分析结果。

运行修订的模拟

运行修订的模拟能够在修改模拟的属性之后，观察过程结果的任何变化。

在运行修订的模拟之前，先花一些时间来回顾到目前为止所完成的工作。其一，在本模块的前段，将每个任务的成本更新为 1.50 元时，设置了业务建模“首选项”窗口中的首选项。其二，创建模拟快照并基于这些全局首选项运行模拟。其三，通过将令牌束之间的时间间隔指定为 20 分钟来修改快照设置。其四，创建一个新的模拟概要文件，它继承了这些更新。其五，通过将令牌数量更改为 15 来修改过程设置，通过将“Review Loan Application”任务的成本更新为 5.00 元来修改任务设置。现在，已经准备好根据所创建的模拟概要文件来运行已修订的模拟，这个修订的模拟将包含所有已修改的首选项和属性。

要运行“Loan Application（To Be）”过程的已修订模拟，请完成下列步骤。

- 确保创建并修改了的模拟概要文件在模拟编辑器中是打开的。如果没有打开，请在项目树中双击模拟概要文件以打开。
- 在属性视图顶部，单击【**模拟控制面板**】选项卡。这会打开模拟控制面板。
- 在控制面板工具栏上，单击【**运行**】图标▶。模拟将根据提供的属性，启动并运行至完成。请留意“模拟”视图中显示的动画，其中数据和控制通过过程流从一个活动传递到另一个活动。任务顶部的数值表示等待处理的令牌的数量。
- 可以通过单击模拟控制面板工具栏中的各种图标来控制模拟。
  - ◆ 要暂停模拟，单击【**暂停**】图标⏸。
  - ◆ 要停止模拟，单击【**停止**】图标■。
  - ◆ 要以步进方式运行模拟，单击【**步进**】图标。（注：在本教程中不需要按步进方式运行模拟。有关步进的更多信息，请参阅帮助文档中有关运行模拟的主题。）

当模拟完成时，动画停止并且在控制面板中显示模拟的结果，如图 10-64 所示。

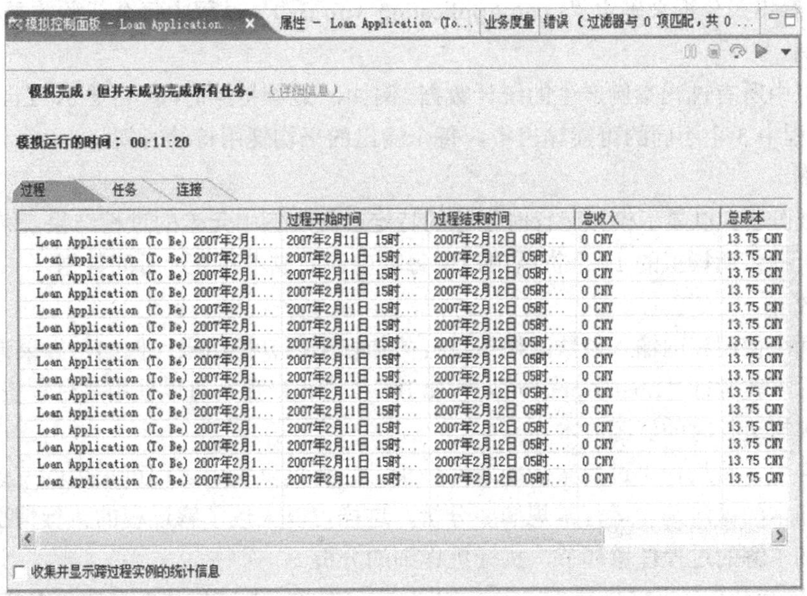

	过程开始时间	过程结束时间	总收入	总成本
Loan Application (To Be) 2007年2月1...	2007年2月11日 15时...	2007年2月12日 05时...	0 CNY	13.75 CNY
Loan Application (To Be) 2007年2月1...	2007年2月11日 15时...	2007年2月12日 05时...	0 CNY	13.75 CNY
Loan Application (To Be) 2007年2月1...	2007年2月11日 15时...	2007年2月12日 05时...	0 CNY	13.75 CNY
Loan Application (To Be) 2007年2月1...	2007年2月11日 15时...	2007年2月12日 05时...	0 CNY	13.75 CNY
Loan Application (To Be) 2007年2月1...	2007年2月11日 15时...	2007年2月12日 05时...	0 CNY	13.75 CNY
Loan Application (To Be) 2007年2月1...	2007年2月11日 15时...	2007年2月12日 05时...	0 CNY	13.75 CNY
Loan Application (To Be) 2007年2月1...	2007年2月11日 15时...	2007年2月12日 05时...	0 CNY	13.75 CNY
Loan Application (To Be) 2007年2月1...	2007年2月11日 15时...	2007年2月12日 05时...	0 CNY	13.75 CNY
Loan Application (To Be) 2007年2月1...	2007年2月11日 15时...	2007年2月12日 05时...	0 CNY	13.75 CNY
Loan Application (To Be) 2007年2月1...	2007年2月11日 15时...	2007年2月12日 05时...	0 CNY	13.75 CNY
Loan Application (To Be) 2007年2月1...	2007年2月11日 15时...	2007年2月12日 05时...	0 CNY	13.75 CNY
Loan Application (To Be) 2007年2月1...	2007年2月11日 15时...	2007年2月12日 05时...	0 CNY	13.75 CNY
Loan Application (To Be) 2007年2月1...	2007年2月11日 15时...	2007年2月12日 05时...	0 CNY	13.75 CNY
Loan Application (To Be) 2007年2月1...	2007年2月11日 15时...	2007年2月12日 05时...	0 CNY	13.75 CNY
Loan Application (To Be) 2007年2月1...	2007年2月11日 15时...	2007年2月12日 05时...	0 CNY	13.75 CNY

图 10-64　在控制面板中显示模拟的结果

- 在“模拟控制面板”中，单击【过程】选项卡。为每个通过过程的令牌显示一行数据。显示整个过程的数据，包括开始时间和结束时间、总收入、总成本及总利润。
- 在“模拟控制面板”中，单击【任务】选项卡。显示过程中每个任务的数据，包括累计的任务收入、成本和利润。
- 在“模拟控制面板”中，单击【连接】选项卡。显示在每个过程中元素之间传送的令牌总数。

从“模拟控制面板”显示的统计数据中，可以看到在本案例先前的练习中所完成更新的结果。请注意，在“过程”选项卡中有15个令牌通过本过程，对于每个令牌，过程启动时间相隔20分钟。如果单击“任务”选项卡并展开每一个过程结果，将看到“Review Loan Application”任务的执行成本比过程中的其他任务多，因为我们更新了任务模拟属性并且有一个资源与该任务关联。

显示在“模拟控制面板”中的模拟结果提供了有关过程及其组件任务的关键信息。但是，WebSphere® Business Modeler为分析模拟结果提供了一个功能更强大的工具。在下一个练习中，将执行动态分析，以进一步细分模拟产生的统计数据。

分析模拟结果

可以对模拟的结果进行详细分析，以提取与时间安排、成本、输出相关的信息以及其他与过程有关的统计数据。

模拟会产生大量数据，但如果不进行详细分析，则这些数据的作用有限。要从模拟数据中获得更多价值，需要对结果执行动态分析。

动态分析允许根据过程模拟的结果有针对性地抽取信息。可以用WebSphere® Business Modeler执行4种类型的动态分析。

聚集

确定模拟期间生成的所有过程实例中使用的活动和资源的相关信息。例如，可以通过运行“平均成本”聚集式分析来确定“Loan Application（To Be）”过程中每个任务的平均成本。

过程案例

显示模拟中所有过程案例产生的统计数据。例如，“过程持续时间”将显示“Loan Application（To Be）”过程中3个不同的可能输出中，每个输出的平均耗用持续时间。

过程实例

执行摘要分析，以显示模拟运行时创建的特定过程实例中元素的过程结果。例如，“过程实例摘要”分析提供所模拟的15个贷款申请中每项申请的成本和持续时间数据。

过程比较

比较这两个使用相同输入参数的模拟过程的加权平均分析结果。例如，如果调整Kim Lee的时薪，然后重新运行“Loan Application（To Be）”过程，那么可以使用“过程资源成本比较”来比较两次模拟运行时的资源成本。

在本练习中，将执行“过程案例摘要”分析，它将提供关于过程可采用的三条可能路径的详细信息。通常的做法是先运行常规摘要分析，这样可以大致了解过程的执行情况。然后，可以针对要详细了解的过程任意环节，执行更详细的分析。

“过程案例摘要”分析将显示“Loan Application（To Be）”过程是否导致更多贷款申请获批。还可以观察整个过程或单个任务的其他详细信息，例如平均成本和平均耗用持续时间。

要执行“过程案例摘要”分析，请完成下列步骤。

- 在“项目树”中，展开刚运行的模拟概要文件文件夹。现在，该文件夹包含模拟的结果，其中带有显示模拟何时开始运行的日期和时间戳记。
- 右键单击模拟结果，然后单击**【动态分析】→【过程案例分析】→【过程案例摘要】**选项。
- 在“过程案例摘要”窗口中，确保选中**【所有过程实例】**单选按钮，然后单击**【完成】**按钮。这会打开“动态分析”视图，并显示关于“Loan Application（To Be）”过程的 3 个可能案例中每个案例的数据。
- 在“动态分析”视图中，展开每个案例的节点，检查刚刚执行的动态分析的结果。请注意，当选择一个案例或案例中的数据行时，将在模拟图中突出显示该案例。过程中的每个案例都一一列出，并显示案例中任务或其他元素的数据。（注：请记住，可以通过双击视图的标题栏或编辑器的选项卡，使视图或编辑器最大化，以便于查看分析结果。再次双击可将它恢复成先前的大小。）

“过程案例摘要”结果表示大多数申请正在接受审核。检查“过程实例的数量”和“分布”列以查看过程中每条路径上的贷款申请数量和百分比。“平均任务总成本”列显示大多数任务的平均处理成本为 1.50 元。请注意，这是早先在该教程中添加到首选项的成本。

还应该注意：在该过程中“Review Loan Application”任务的平均成本最高。之前已将该任务的成本更新为 5.00 元。另请注意，“Review Loan Application”任务会在“平均已分配资源成本”列中显示值。该任务具有与之关联的已分配资源 Kim Lee。Kim Lee 资源有自己的关联成本，该成本包括在需要利用 Kim Lee 资源的任何任务的成本中。

现在已经生成了动态分析结果，可以报告的形式打印这些结果。

打印分析结果

可以打印“分析视图”中显示的所有动态分析的结果。

对“Loan Application（To Be）”模拟结果运行动态分析之后，可以将这些结果直接发送到打印机。该分析报告将包含已生成的数据，以及定义的一些公司的信息。

要打印“Loan Application（To Be）”的动态分析报告，请完成下列步骤。

- 在显示动态分析结果的“动态分析”视图表中单击鼠标右键，然后选择**【打印】**选项。这会打开一个对话框。
- 因为**【过程案例摘要】**报告模板是唯一可用于分析结果的报告，所以默认情况下将选择它。单击**【确定】**按钮。（注：可能会看见一个窗口，询问是否要为报告装入字体。由于没有必要为本教程装入任何特殊字体，所以可以单击**【取消】**按钮。）这会打开一个对话框。
- 可以输入要出现在打印报告上的定制信息：
    - ◆ 在**【参数字段】**列表中，选择**【公司名称】**选项。
    - ◆ 在**【参数值】**字段中，输入以下值：Quickstart Finance。
    - ◆ 返回到**【参数字段】**列表并选择**【公司地址】**选项。
    - ◆ 在**【参数值】**字段，输入以下值：123 Main Street。
    - ◆ 返回到**【参数字段】**列表并选择**【公司电子邮件】**选项。
    - ◆ 在**【参数值】**字段中，输入以下值：myemail@qsproject.com。
    - ◆ 单击**【确定】**按钮。这会打开打印预览窗口。

- 单击【文件】→【打印】选项以打印该报告。

已打印的报告不但包含模拟产生的动态分析数据，而且包含公司的名称和地址信息，以及关于产生这些数据的模拟的详细信息。该信息可以帮助跟踪特殊模拟快照和概要文件的结果。但是如果需要生成数据并将其导出到不同的文件格式，那么该怎么办呢？在下一练习中，将在PDF文件中生成数据。

导出分析结果

可以将动态分析结果导出到一个单独文件中。

专业人员常常需要与同事或客户共享其分析数据。WebSphere® Business Modeler 提供了将分析结果导出为PDF格式的能力。

要将“Loan Application”分析结果导出到PDF文件，请完成下列步骤。

- 在显示动态分析结果的“分析视图”表中单击鼠标右键，然后选择【**生成并导出报告**】选项。这会打开一个向导。
- 因为【**过程案例摘要**】报告模板是唯一可用于分析结果的报告，所以默认情况下将选择它。单击【**确定**】按钮。（注：可能会看到一个窗口，询问是否要为报告装入字体。由于没有必要为本教程装入任何特殊字体，所以可以单击【**取消**】按钮。）这会打开一个对话框。
- 可以输入要出现在报告中的定制参数：
    - ◆ 在【**参数字段**】列表中，选择【**公司名称**】选项。
    - ◆ 在【**参数值**】字段中，输入以下值：Quickstart Finance
    - ◆ 返回到【**参数字段**】列表并选择【**公司地址**】选项。
    - ◆ 在【**参数值**】字段，输入以下值：123 Main Street。
    - ◆ 返回到【**参数字段**】列表并选择【**公司电子邮件**】选项。
    - ◆ 在【**参数值**】字段中，输入以下值：myemail@solidproject.com。
    - ◆ 单击【**确定**】按钮。
- 在【**导出格式**】下拉列表中，选择【**PDF 文件（.pdf）**】选项。
- 在【**导出目标位置**】字段中，选择要保存PDF文件的位置。
- 选择【**导出后显示预览对话框**】复选框，然后单击【**完成**】按钮。将分析结果的PDF文件导出到所选位置中。这会打开一个打印预览窗口并显示报告。可以选择打印该报告或关闭预览窗口。

现在，可以打开PDF文件。其中包含了输入的公司信息，以及有关模拟和分析数据的详细信息。

5. 小结

在本节中，已经对模型运行了模拟、更新了模拟首选项和设置、分析了模拟统计信息、打印了分析结果并将结果导出为不同的文件格式。

至此，应该看到过程模型的构建块（资源、组织、业务项、成本和时间表）如何组合在一起构成模拟的基础。还应该了解模拟在理解各种“假定”案例以及规划应急措施方面的价值。在运行自己的模拟时，请回顾在该案例中所掌握的经验：创建模拟概要文件、运行模拟、建立模拟方案、更新模拟设置、分析模拟统计数据、打印分析结果、导出分析结果。

当掌握了如何调整各种模拟设置和运行模拟时，可以花些时间来运行各种可用的动态分析。让自己熟悉一下可用的报告类型，并记住那些将为自己的公司运行的报告类型。重复该教程的一些步骤，测试数据，并添加一些有意义的属性。

如何模拟组织过程？请记住，影响业务操作的任何事情都可以在模拟中考虑：成本、资源分配、时间表和利润。

有了强健、准确的模型元素作为基础，就可以创建实际过程模拟并生成分析，该分析将帮助我们了解组织的当前状态和未来方向。

·第 4 篇·

电子商务模式创新

本篇讲述社会、经济和 IT 变化引发的电子商务模式创新，这些都是这些年来的大事件，给传统领域带来了深刻的变化。

第 11 章　金融服务电子商务模式

11.1 互联网金融

互联网金融（Internet Finance / On Line Financial）是指借助于互联网技术、移动通信技术实现资金融通、支付和信息中介等业务的新兴金融模式，既不同于商业银行间接融资，也不同于资本市场直接融资的融资模式。互联网金融包括 3 种基本的企业组织形式：网络小贷公司、第三方支付公司和金融中介公司。商业银行普遍推广的电子银行、网上银行、手机银行等也属于此类范畴。

互联网金融与传统金融的区别不仅仅在于金融业务所采用的媒介不同，更重要的在于它是传统金融行业与互联网精神相结合的新兴领域，参与者深谙互联网“开放、平等、协作、分享”的精髓，将其往传统金融业态渗透。通过借助互联网、移动互联网等工具，使得传统金融业务具备透明度更强、参与度更高、协作性更好、中间成本更低、操作上更便捷等一系列特征。

数据产生、数据挖掘、数据安全和搜索引擎技术是互联网金融的有力支撑。社交网络、电子商务、第三方支付、搜索引擎等形成了庞大的数据量。云计算和行为分析理论使大数据挖掘成为可能。数据安全技术使隐私保护和交易支付顺利进行。而搜索引擎使个体更加容易获取信息。这些技术的发展极大减少了金融交易的成本和风险，扩大了金融服务的边界。其中利用技术实现所需的数据，几乎成为互联网金融的代名词。在这种金融模式下，支付便捷、搜索引擎和社交网络降低了信息处理成本，资金供需双方直接交易，可达到与资本市场直接融资和银行间接融资一样的资源配置效率，并在促进经济增长的同时大幅减少交易成本。

互联网金融在国内的主要模式有如下 3 种。

第一种模式是大家熟悉的传统金融借助互联网渠道为大家提供服务的网银。互联网在其中发挥的作用是渠道。

第二种模式类似阿里金融，电子商务平台提供信贷服务创造的有利于其他放贷人的条件，互联网在其中发挥的作用是信用。

第三种模式为网络贷的模式（P2P），这种模式更多是提供中介服务，把资金出借方与需求方结合在一起。

11.2 第三方支付

第三方支付是具备一定实力和信誉保障的独立机构，采用与各大银行签约的方式，提供与银行支付结算系统接口的交易支持平台的网络支付模式。在“第三方支付”模式中，买方选购商品后，使用第三方平台提供的账户进行货款支付，并由第三方通知卖家货款到账、要求发货；买方收到货物，并检验商品进行确认后，就可以通知第三方付款给卖家，第三方再将款项转至卖家账户上。第三方支付作为目前主要的网络交易手段和信用中介，最重要的是起到了在网上商家和银行之间建立起连接，实现第三方监管和技术保障的作用。

美国的第三方支付产业起源于 20 世纪七八十年代的独立销售组织制度（International Sales Organization，ISO）。该制度是第三方支付企业的雏形，从事信用中介和端口接入的业务。至 20 世纪 90 年代末期，美国的信息技术和互联网、金融服务等行业发展迅速，企业之间、企业与个人、个人与个人之间的网上交易十分频繁，原有的销售组织不再适用。1996 年，美国第一家第三方支付企业诞生，在网上交易充当中间商的角色，建立起独立的信用和结算体系，并凭借较低的交易成本优势迅速占领了市场。PayPal 以及亚马逊旗下和雅虎旗下的支付企业等都是业内的代表者。其中，PayPal 的地位更是举足轻重。

我国的第三方支付行业兴起于 20 多年前，是金融创新与互联网行业商务模式创新的综合实践。我国的第三方支付最初是为了服务商户对于网络支付的便捷性和安全性的要求。经历了以下 4 个阶段。

第一个阶段是统一网络接口时期。始于 1999 年的支付网关模式。2000 年前后，网上银行得到了迅猛发展。各大商业银行纷纷推出网上银行业务，但出于排他性的考虑，它们提供的均是各自独有的支付接口。但交易中对异地跨行交易产生了庞大的需求，需要第三方支付来为商户提供统一的跨行线上支付接口，以提高使用的便捷性，并开始培养用户的网络支付习惯。

第二个阶段是电子商务业务的信用中介时期。始于 2005 年。该年中国网民数量首次超过 1 亿人，宽带网络的入户率达到 45%，中国电子商务的技术基础和用户基础已趋向成熟；同年，《中华人民共和国电子签名法》出台，为电子交易和支付提供了安全认证的法律支持。为了推动电子商务网购业务的发展，减少买卖双方不诚信事件发生率，第三方支付企业开始提供付款担保，建立网络交易的信用体系。

第三个阶段是创造交易的时期。始于 2008 年。第三方支付企业不再满足于一般的购物业务，而是主动地创造支付需求，渗透到消费者生活的方方面面，如提供公共服务缴费、信用卡还款、电话账单缴费等便民支付功能。第三方支付从被动地为网购交易服务，到主动地创造更多交易和支付机会。第三方支付市场体量快速增长，行业竞争者日益增多，为规范行业经营秩序，央行于2011年开始颁发非金融机构《支付业务许可证》，第三方支付企业需持牌经营并接受监管，这一时期也是第三方支付行业的规范化时期。

第四个阶段是电子商务发力倒逼银行时期。始于2012年，第三方支付企业凭借电子商务用户群的优势，开始向银行的传统领域发起攻势，向中小微企业提供贷款、储蓄等业务，如阿里的余额宝等。

11.3 供应链金融

供应链金融（Supply Chain Finance，SCF）的实质为一种金融服务方案，该方案由商业银行在充分研究供应链用户、企业（产、销、供及终端用户）资金需求的基础上，通过向供应链用户、企业开展综合性金融（融资）服务的方式实施。它的服务对象覆盖广，涵盖供应链核心企业及其周边企业、产品终端用户，服务内容综合度高，包括融资、理财、结算、信息服务等。供应链金融从银行层面角度说是商业银行信贷业务的一个专业领域，从企业层面角度说是企业尤其是中小企业的一种融资渠道。

供应链金融脱离了单个企业、项目、贸易的思维范式，将融资问题置于全产业链的背景下加以考察，赋予这项传统金融业务更高的立意、更广的视角。它的操作流程为：商业银行选定某个产业加以分析，以其产业链的核心环节及核心企业为抓手，按研究所得的关联逻辑，通过既有的对核心企业的授信，将融资业务拓展至上下游企业。因此，供应链金融为中小企业融资难问题的解决提供了新的可能性。它从供应链开始突破，强化契合供应链特点的融资产品的开发，为中小企业融资设计高效可行的融资方案。

供应链金融给业界带来了全新的思维冲击，同时也提供了一种跨行业整合的可能性，将金融业与物流业融合起来。它实现了金融资本与商业资本的有机结合，因此供应链金融业务的健康发展直接关系到我国实现经济的可持续发展，其在国民经济中发挥着不可替代的作用，它为银行、第三方物流供应商、制造商、经销商带来“多赢”的局面。供应链金融能帮助银行有效降低业务风险、提高营收能力和增强产品创新能力，而且已经有个别银行成功进行了公司业务的转型，因此是值得国内银行尝试的一条转型道路。此外，供应链金融为解决我国长期以来的中小企业融资难问题提供了可行的方案，对完善国内金融体系也能起到一定的作用。

深圳发展银行是我国首家推出“供应链金融”服务的金融机构，它们于2006年通过资源整合，为这种新业务构建了本外币、离在岸一体化的链式服务模式。此举使得深圳发展银行贸易融资客户及其业务量获得50%的高速增长，并且保持将不良贷款率控制在1%以下。

11.4 易货贸易

在资金缺乏的情况下易货贸易是一种选择。电子易货贸易是通过基于Internet上的易货交易平台，利用易货额度（而不是现金）及特殊的易货交易软件，打破时间和空间的限制，实现企业与企业之间B2B甚至是B2C商品或服务的自由交换。

电子易货贸易有如下特征。

（1）电子商务平台。易货贸易凭借国际互联网特有技术与平台优势，解决了信息不对称的问题，突破了传统易货的地域和时间限制，实现贸易渠道全球日夜畅通。

（2）创造了新的交易媒介。

（3）交易对象多样化。通过现代易货，不仅实物产品可以交换，旅店客房、机位船位、广告版面等服务以及商标、专利权等无形资产也可交换，并可在全球范围寻找交换的伙伴。

电子易货作为区别于现金交易的另外一个市场，企业可以在易货市场上“易出”其现金市场所卖不出去的东西，同时又能“易入”原本需要花现金才能买回的东西，从而解决了现金交易中所解决不了的问题。作为现金交易方式的一种补充，现代易货贸易不会取代货币经济，但随着现代经济以及技术的发展，世界经济将进入货币经济和易货经济并行的时代，它将与货币经济一起共同铸造世界经济的繁荣。

现代易货贸易发展的主要因素产生于如下几个方面。

（1）多边交易的诞生。传统交易方式是一方以货币换取对方的商品必须严格遵从货币的价值认定，属于单向交易。而多向交易是在一个共用平台上进行多边交易，不仅发生在生产商和消费者之间，也发生在生产商与生产商之间、消费者与消费者之间，而且许可不同属性的货物、货币和产权参加交易，其中以额度作为虚拟货币进行虚拟交易，并以协议的形式完成其交易环节。现代易货正是利用多边交易这种交易方式，进行多边易货。

（2）电子商务技术的发展。通过技术发展使易货交易不再局限于点对点的交易方式，而是实现了多边的、网络化的自由交易，弥补了传统点对点易货匹配成功率低的缺点，克服了传统易货的结算难题。此外，通过搭建交易平台，并通过专业易货经纪人去组织撮合，可帮助企业有效解决销售不畅、资金短缺、产能过剩和库存积压等难题。

（3）大量库存商品积压。市场状况瞬息万变，所有企业都可能遇到库存积压，天气变化、科技进步、潮流改变，都会造成产品过剩。国家统计局数据显示：2005年我国生产资料库存1.2万亿元，流通领域有1.8万亿元，共3万亿元，相当于2005年国内生产总值的16.17%，而且我国库存商品数量还在继续扩大。“十五”期间我国的GDP一直保持9.5%的增长速度，GDP的增长包括国内企业的生产规模扩大、固定资产投入加大、外贸出口增加等，因此，GDP的增加往往导致企业库存增加。尤其是自1996年以来买方市场态势已经成为一种常态，在一些区域性市场销售不旺、库存问题严重。近年我国轻工业增加值平均以15%的速度增长，而全国社会消费品零售总额却以平均13%的速度增长。这在一定层面上也能反映库存商品增长速度。库存商品的特点就是在一定的时间内不能形成交易，不能兑换成货币，所谓“有货无币”。这样就产生了易货额度这个媒介，解决库存问题。

（4）现代企业经营思想的转变。现代易货贸易不仅是一种交易方式，更是一种经营思想。首先，现代易货将销售和采购融为一体，通过采购实现销售。参与现代易货贸易的产品并非不畅销产品，很多畅销产品也积极参与易货。比如，汇源集团用自己的果汁产品换取澳柯玛公司价值几千万元的冰箱和展示柜等产品，汇源通过易货交易，节省了购买这些必需设备的现金支出，降低了财务成本，而且销售了产品，实现了利润。澳柯玛把易货得到的汇源果汁作为冰柜、冰箱的促销礼品，同样也是一箭双雕。其次，对于中小企业而言，资金紧张通常都是一大难题，而通过现代易货平台，企业可以凭借企业信誉或者通过现有商品甚至未来生产能力的抵押、预售，获得易货额度，优先采购企业生产所需要的原材料和设备等物资，从而达到融资的效果。

（5）经济低迷。在国际上，现代易货的形成、生长、成熟和发展似乎总是与经济低迷相关联，比如美国"9·11"事件、阿根廷经济危机、1997 年的亚洲金融危机等。在阿根廷，随着经济陷入似乎永无止境的衰退，失业率上升至约 15%，越来越多的阿根廷人退回到古老的以物易物的交易方式。据统计，近 20 万居民通过以物易物来补充收入，民间调查则说真实的数字接近 40 万，现在阿根廷全国有 800 个易货贸易俱乐部（是一年前的两倍），这种交易方式已经成为一个有 4 亿美元交易额的行业。

（6）买方市场的出现。全球经济已从短缺经济时代进入过剩经济时代，生产商制造商品的能力超过了人们购买商品的能力。这种生产能力过剩表现在从原材料到高科技产品的广泛领域。技术发展也使产品生命周期越来越短，曾流行的个人计算机款式很快过时。2006 年，在我国 600 种主要消费品中，供求基本平衡的商品 170 种，占 28.3%；供过于求的商品 430 种，占 71.7%，没有供不应求的商品。2006 年下半年 600 种主要消费品的供求趋势与上半年调查结果相比，供过于求的比例下降 4 个百分点，供求平衡的比例提高 4 个百分点，仍然没有供不应求的商品。

（7）国际贸易的发展。易货在北美、澳大利亚、西欧和中东地区，建立了稳固的国际贸易。首先，通过国际易货贸易可以更加有效地参与同周边国家和地区的区域性经济开发，形成稳定的周边环境也有助于扩大出口、解决部分国内产品积压和生产能力过剩，进一步解决国内的经济结构问题，这符合我国的长远发展利益。易货贸易目前已经成为中国与中亚五国之间主要的贸易形式。中国与俄罗斯、朝鲜、越南、泰国、马来西亚等国的易货交易也有不同程度的发展。其次，发展国际易货贸易有利于实施市场多元化战略，改变单纯集中在若干发达国家市场的被动局面。通过国际易货贸易可以加强与发达国家及其他发展中国家的联系，大力开发各地市场，使我国在国际分工的格局中居于更有利的位置。另外，利用易货贸易的便利，带动我国工业原料、零部件及半成品的出口，通过引资、建立合资企业等形式在进口国市场进行深加工，推进我国"走出去"战略的实施。

（8）规避金融风险。在货币经济快速发展的今天，市场也给人们带来越来越难以控制的汇率风险，东南亚金融危机就是很好的例证。而现代易货贸易不涉及现金，可以规避汇率风险，作为现金与信用的替代方式。当出现金融风险时，可以通过易货贸易进口产品，同时为出口企业的过剩产品提供需要的海外市场和分销渠道。易货公司可以为跨国公司的全球广告计划提供媒介，也可以帮助出口企业向软通货国家销售产品而获得硬通货。由于国际金融存在流通风险，这就使在贸易中获得硬通货更为安全，从而给易货贸易带来了发展的空间。

（9）解决资金不足。在一些地区存在资金不足的困难，企业难以获得足够的资金。也有一些地区中小微企业因为信用度不足或者政策限制，难以获得贷款。因此，采用易货贸易可以解决资金不足的难题。

易货贸易与期货交易的区别。易货贸易是以易货额度为交易和支付媒介的非货币性交易，其显著特点是在会员群体中流通的每一元易货额度背后都有相同价值的实物或服务支撑；换言之，会员手中的每一元额度，在同一群体中的其他会员手上一定存在等值的可用于易货的商品或服务。从这个角度来看，易货在本质上是使用易货额度为支付媒介的现货交易。在交易方式上，现代易货与普通现货交易一样，一般通过一对一谈判进行，根据合同商定的付款方式易进、易出商品/服务。而期货交易只需支付押金，通过商品交易所买进或卖出期货合同，所以，期货交易具有以小博大和投机性质，而易货则没有。另外，易货交易规则中也明确限定易货额度与人民币货币保持固定的比例，所以会员单位主要是将易货作为有效利用富余产能或存货的渠道，而非像期货交易那样用作套期保值或套期图利。

第 12 章　共享经济电子商务模式

12.1　共享经济

12.1.1　共享经济的概念

从美国到中国，全球都在探讨共享经济的热潮。在美国，以 Uber、Airbnb 为代表的共享经济企业正在改变人们的出行、居住等生活习惯。Uber 估值迅速飙升，媲美全球最大租车集团企业号控股集团（Enterprise Holdings）；Aribnb 的估值不断飙升，赶超世界最大的连锁酒店——希尔顿酒店。在中国，共享经济企业也受到用户和投资者的高度关注。

共享经济又称分享经济，是指将商品、服务、资源、人才、技能等闲置资源的使用权让渡给他人，让渡者获取回报，被让渡者利用他人分享的闲置资源创造价值。共享经济的商务模式包括租赁、易物、借贷、赠送、交换等。简单来说，共享经济就是充分利用闲置资源，将它给有需要的人。

共享经济的发展历程可以追溯到 18 世纪末，原本是指公司职工买下本公司的股份，拥有公司的部分产权，共同成为企业的所有者，参与企业的经营和管理。

这种雇员股份制可以追溯到 18 世纪末的美国，当时的经济学家阿伯特·格来丁主张将分享的精神延伸到经济生活中。后来这种想法一直被经济学家所提倡。进入 20 世纪 70 年代后，在西方发达国家中，雇员股份制发展得比较快，这种共享公司股份的做法成为一种普遍现象。

云计算、大数据、宽带网络与智能终端这 4 种力量的聚合，催生着“共享经济”的新形态，它改变着我们传统的“拥有”“产权”等核心观念，转变为“使用”“信任”“合作”。

移动互联网的快速发展以及相关信息技术的创新推动了共享经济的发展。资源闲置是共享经济发展的前提，供需相对平衡、长尾效应相同是共享经济发展的必要条件。在移动互联网时代，人们可以根据自己的需求订制房间、汽车、游艇等各种产品和服务，而更多的用户、消费者可以利用自己的闲置物品赚钱。可以说，人们正处于一个全面共享、分享的社会环境中。

形成共享经济的方式需要具备一定的条件，具体包括以下 5 个方面。

（1）存在闲置资源。Uber 也好，Airbnb 也罢，作为打车和租房平台，它们却没有一辆车、一间房。那么，为什么我们能通过 Uber 在大街上顺利搭乘 Uber 汽车？为什么我们能够通过 Airbnb 在外地顺利租到当地民宿？这是因为 Uber 和 Airbnb 将闲置的汽车和房屋资源拿来做分享。国内的滴滴打车、神州专车和曾经出现过的木马短租、依依短租、魔法衣橱等也是基于这一条件形成的商务模式。因此，形成共享经济的首要条件是要有足够的闲置资源。这种资源不仅包括汽车、房屋，还包括技能、服务、时间、人才等。

（2）供给和需求在中长期的场景中形成长尾局面。换句话说，如果供需两方一头大、一头小，那么在这样的格局下是不可能发展出真正的共享经济的。

（3）移动互联网是实现共享经济的重要条件。要想做共享平台，必须具备移动互联网这个重要条件。Uber 是通过手机应用实现的，Airbnb 的手机客户端订单也远超 PC 端……因此，移动互联网是实现共享经济的重要条件。

（4）移动支付。支付宝、微信支付、Apple Pay 等移动支付平台的出现，也为共享行为带来了极大的便利。人们在手机上获取共享信息，然后可以随时随地支付。对于需求方和供应方而言，这些移动支付平台可以帮助他们实现实时付款和收款。

随着移动设备的普及，人们已习惯用手机上网、共享信息，由此带来的移动支付渠道也被迅速打开，这种移动支付场景的盛行必然会推动共享经济的发展。

（5）良好的信用机制和监管。当全世界所有物品都能共享时，人们最担心的就是信用问题。企业要想走共享经济的发展道路，就必须建立良好的信用机制。只有加大监管力度，让共享更加安全和可靠，才能吸引更多的用户，将共享经济做得更好。

12.1.2 共享经济的本质

共享经济的本质是整合线下的闲置资源，然后将它们以较低的价格提供给有需要的人。从这一点来看，供给方通过在特定时间内让渡物品的使用权或提供服务来获得一定的回报。对需求方来说，不是直接拥有物品的所有权，而是通过租、借等共享方式使用物品。因此，共享经济的本质可以归纳为以下 3 点。

（1）共同拥有而不占有。2015 年初，“共享经济”被正式收录进牛津英文字典。它的定义十分通俗易懂。在一个经济体系中，通过免费或收费的方式，将资产或服务在个人之间进行共享。信息以互联网的方式传播。因为有了共享经济，你可以在自己的条件范围内将闲置资源如汽车、房屋、车位甚至 Wi-Fi 等出租给他人，让资源得到充分利用。“共同拥有而不占有”，是共享经济的最重要的本质。

（2）互助和互利。共享经济的理念是将闲置的资源调配，并以最高效率利用它们。因此，共享经济的另一个本质是互助和互利。互助就是互相帮助。比如，你的汽车因限号而不能出行，所以你在公司的车位可能就闲置了。这样一来，你可以在汽车限号期间将车位免费提供或出租给有需求的人。这样就形成了一个互助的局面。

对分享者来说，他需要获得一定的收益才可以将共享行为持续下去，因此，互利是共享经济的核心本质之一。这种简单的互利，可以让手艺人在空闲时间充分发挥他们的一技之长，然后从中获取一定的报酬。这也是共享经济本质的体现。

（3）只有商业合作伙伴，没有雇佣关系。共享经济从出现到现在，合作的理念已经渗透到各个领域中。尤其是在“互联网+”时代，企业需要建立一个共享平台，整合更多的闲置资源，然后将这些资源共享给有需求的用户使用。在这个过程中，提供资源的一方就是企业的商业伙伴。从这一点来看，双方不是雇佣关系，而是商业合作伙伴。这也是共享经济的重要本质。

从住宿、出行到技能分享，当今世界有无数领域的创新和创业正是源于共享经济的核心思想。在这个过程中，商品或服务的生产者和消费者出现了边际模糊现象，产销者也因此出现。从过去传统的商对客的模式，到现在的个人对个人的一对一模式，企业提供的仅仅是平台、中介和交易保障服务。

12.1.3 共享经济的优势

在共享经济下，供给端的创造力逐渐被激发出来，供给端更倾向于向用户提供非标准化的产品和服务，以形成个人独特的产品品牌。在共享经济下，个人和企业都能通过灵活多变的方

式盈利。那么，共享经济具有哪些优势呢？

（1）整合线下资源。共享经济的最大优势是能够充分整合线下资源。以Uber为例，Uber将线下闲置的汽车资源聚集到Uber平台上，然后通过培训让汽车驾驶员具备Uber品牌的理念和服务特色；最后通过LBS定位技术将平台上需要用车的乘客与距离最近的Uber司机匹配，为用户带来更便利、更便捷的服务。

比如，你家里有一辆汽车，你又是一位自由职业者，不需要每天按时打卡上班，你就可以成为Uber司机。平日空闲时，你可以开着家里闲置的汽车，通过Uber平台将匹配到的乘客送到目的地，从中获得收入。这种方式放大了供给方的优势；对需求者来说，在急需出租车的情况下能够快速搭乘你的顺风车，自身需求也得到了满足。

（2）降低成本。在共享经济下，企业可以降低成本，提升资源配置效率。共享经济降低了供给和需求两方的成本，极大地提升了资源对接和配置的效率。这不仅体现在金钱成本上，还体现在时间成本上。

首先，共享经济供给产生的方式与传统的方式不一样。在共享经济中，供给是一种闲置资源的社会化利用，而传统的方式则是以营利为目的的经营性活动。因此，共享经济看待成本的方式与传统经营方式有区别。例如，酒店给客房定价时，通常会把租赁、装修、培训、设备、人员工资等加在一起作为成本；而对于一位房主来说，即便是以10元的价格出租闲置房间，房主也是赚钱的。

其次，共享经济的主体是个人或小型经营组织，这就在很大程度上降低了大型经营性组织的管理成本。

（3）提供非标准化的产品。很多企业提倡共享经济的主要目的是服务用户，充分利用各种闲置资源。因此，共享经济的一个优势就是可以提供非标准化的产品和服务。

举例来说，Airbnb以独特的民宿体验已经成为重要的共享平台之一。Airbnb并非致力于提供标准的酒店房间，而是为用户提供更具本地化和人性化的住宿体验。例如，Airbnb在瑞士的雪山上提供豪华套房，让用户可以在雪山上享受到北欧雪山的美景；Airbnb还会在美国旧金山提供搭建在树上的树屋，让用户享受到当地风情。这些都是标准化的酒店所不能提供的。

（4）建立个人品牌。共享平台所建立的机制更能体现个人的品牌和信誉。供给方不再使用商业组织的头衔，而是直接面向用户提供服务。这样会让企业或个人在商业组织中获得一定的影响力，他们通过提供优质和个性化的服务获得商业地位和知名度，更有利于建立个人品牌。

12.2 共享汽车电子商务模式

出租汽车是现代交通体系的重要组成部分，尤其是现代城市交通体系的重要组成部分。随着经济的快速增长，城市化进程的加快和人们出行需求的增长及其多样化格局的形成，20世纪90年代以来，我国出租汽车行业出现了高速增长的局面（国务院发展研究中心发展战略和区域经济研究部课题组，2008）。

传统汽车租赁服务一般分为代驾出租和自驾出租两种类型。从目前来看，自驾市场的潜力越发显现出来。事实上，“互联网+”正在颠覆传统产业，新型汽车租赁模式开始发展（张晓昕，

2017)。

"汽车共享"最早出现于20世纪40年代，由瑞士人发明。加拿大、美国、新加坡等国家近年来也兴起了汽车共享服务。近年来，随着国家"互联网+"发展战略的施行，在城市缓解交通拥堵、减少碳排放的发展诉求下，国内基于信息技术的汽车共享行业发展正适逢其时（朱学杰，2016）。

汽车共享是在消费者不拥有汽车的情况下，通过汽车共享组织借用汽车，以满足自身机动化出行的需要，使用后根据使用情况支付费用并归还车辆的一种以汽车使用权代替拥有权的新型交通模式。简而言之，就是多人共用一辆车，进行共同出行或分时分段拥有汽车的使用权，从而减少汽车总量，达到缓解交通状况、减轻空气污染的目的。

目前，汽车出租的电子商务模式主要有3种。

12.2.1 分时租赁

这种模式主要基于互联网的汽车共享平台，用户可以通过手机App查询附近汽车租用网点，租用停在该网点的汽车，自驾到目的地附近的网点还车，然后根据个人用车需求按小时甚至分钟来付费（陈小敏，2016）。

分时租赁作为租车行业一种新型的租车模式，消费者可以按照小时或者天数来随意租赁车辆，按需付费，随借随还，方便快捷，在北京、上海等限行城市非常受欢迎。基于互联网的汽车共享平台，通过"自驾+互联网"的运营模式，汽车分时租赁有望打破"代驾+互联网"的租车模式。

12.2.2 P2P租车

这种模式是指通过平台的网站和手机客户端，车主可以将闲置车辆租借给需要用车的人，获得相应收入，以补贴自己的日常用车开支；租车人可以通过搜索就近租到需要的车辆，方便出行。P2P汽车租用流程如图12-1所示。

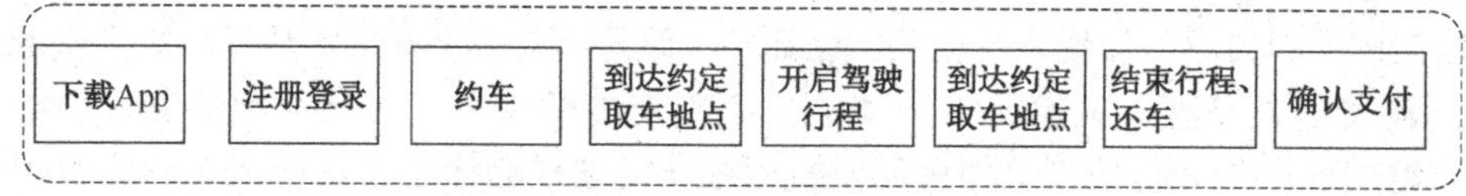

图12-1 P2P汽车租用流程

12.2.3 服务共享、拼车合乘

用户在平台发布自己的拼车路线，拼车软件就可以智能匹配行程相似的车主或乘客。乘客搭乘"顺风车"，节省了打车成本，在一定程度上也避免了打不到车的尴尬；车主将空余的座位分享出来，得到一定的用车费用，可以降低自己的用车成本。而且用户的真实信息不会被泄露，因为在每次服务时，车主和用户双方都使用平台上的虚拟联系方式，而一次服务结束之后车主和用户都不能再成功联系对方，很好地解决了信息泄露这一普遍担心的问题。另外，用户可以在平台上发布自己对本次行程的评价，监督车主提升自己的服务质量。

Uber是共享经济的鼻祖之一，是一个将乘客和雇佣司机连接起来的移动平台。司机自己提供汽车，在Uber登记上线。乘客有搭载需求时可通过App叫车，Uber就近将任务派发给司机。Uber以最简单最优雅的方式，使轿车司机网络化。

12.3 共享单车电子商务模式

12.3.1 共享单车

自行车（Bicycle）又称脚踏车或单车，通常是二轮的小型陆上车辆。人骑上车后，以脚踩踏板为动力，是绿色环保的交通工具。

曾几何时，中国是自行车王国，自行车是大众的主要出行工具，如图 12-2 所示。截至 2019 年，我国自行车社会保有量已近 4 亿辆，电动自行车近 3 亿辆。

图 12-2　自行车是大众的主要出行工具

那时自行车是自有的，需要自行保管，不可能在任何时候、任何地点都能随身携带。在“最后一公里”的长途和短途切换时极为不便。

传统的单车出租一般是以实体店的形式，如图 12-3 所示。客户到出租门店内选择想要租用的车辆，然后和店主签协议，存证件，交押金，取车，在完成一系列手续后方可离店。最后还要通过一系列烦琐的手续完成还车过程：店主检查自行车有无破损，允许还车之后开始核对租车时间，计算租金，然后结算租金，最后退还证件和押金。

图 12-3　传统自行车租赁实体店

共享单车是指企业与政府合作，在校园、地铁站点、公交站点、居民区、商业区、公共服务区等提供自行车单车共享服务，是共享经济的一种新形态。以互联网技术为依托构建平台，主要服务于市民片区中短距离出行和公共交通接驳换乘的自行车系统。共享单车和公共自行车非常相似，都致力于解决市民出行的“最后一公里”问题，但是不同的是，共享单车借力于互联网的发展，是一种新型的“互联网+公共自行车”模式。

公共自行车租赁源自欧洲，是一种绿色低碳、经济便捷的城市公共交通方式。1965 年，荷兰首先推出了第一代公共自行车租赁系统。到 20 世纪 90 年代末，欧洲的公共自行车租赁行业开始采用迅速发展的计算机、无线通信和互联网技术，实现了数字化管理和运营，被称为第三代公共自行车租赁系统。荷兰自行车租赁服务点如图 12-4 所示。

图 12-4　荷兰自行车租赁服务点

2007 年，具备一定实用价值的智能化运营管理公共自行车系统开始进入中国。共享单车的形成如图 12-5 所示。2010 年，永安行公司成立并承接浙江台州、苏州、上海松江公共自行车系统项目并运行。2014 年，OFO 共享单车成立，提出“单车共享”的概念，2016 年获滴滴出行巨额融资。同年，摩拜单车进入市场。由此这种借助互联网信息技术的智能扫码解锁的自行车租赁方式爆发式地出现在中国，它继承了传统的单车租赁模式，但又颠覆性地改变了这种传统模式。

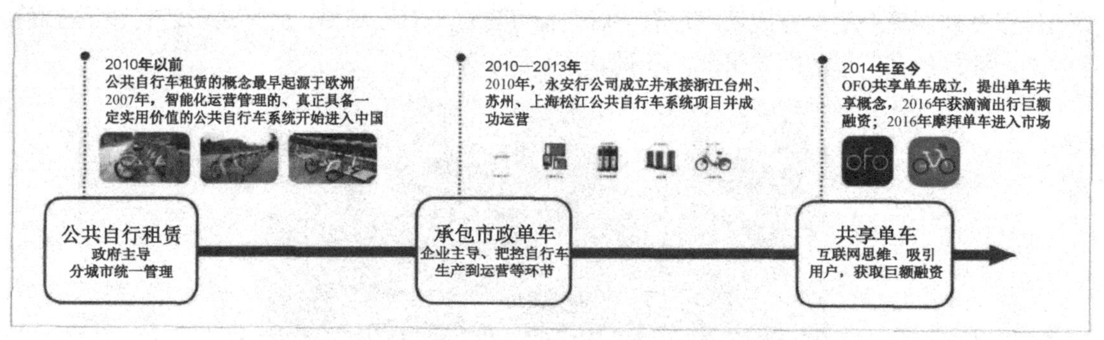

图 12-5　共享单车的形成

这种新的单车租赁方式是用户在租用单车时，可以随时随地通过手机 App 地图查看自己附近的自行车车辆信息，包括车辆是否可用、实时距离等。然后到达附近租车点自助完成租车流程，如图 12-6 所示。而合作经营或加盟连锁的商家，可运用互联网信息化技术对车辆、人员、财务、网点进行管理，自行车就能实现共享了。

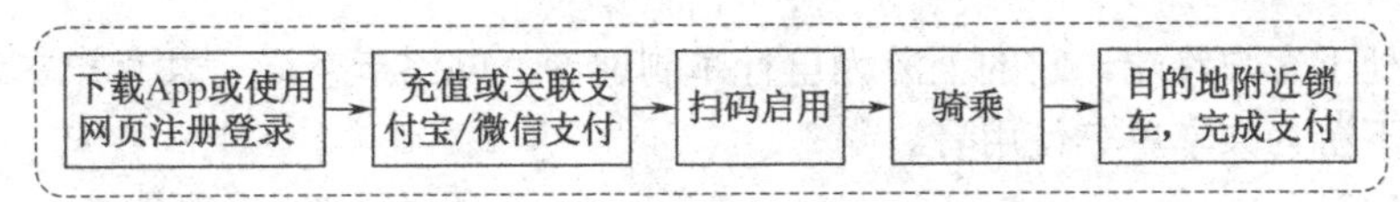

图 12-6 自助完成租车流程

12.3.2 共享单车的电子商务模式

1. 市场定位及市场划分

市场定位即针对具有的某些共性确定目标消费者群体。市场划分或市场细分即明确定义和细分消费者群体及其服务目标的过程。

自行车使用者多为一般大众，共享单车使得人们不必自行购买自行车，随地取用、随地还车。共享单车的方便性也使短距离驾车者因停车不便而选择使用。

共享单车多在城市使用，而且具有一定区域性。使用共享单车的多为年轻人。

2. 价值主张

对用户而言，共享单车具有：① 方便性，可以随时随地取用和停放；② 经济性，收费不高，比自己购买自行车性价比更高，不占用固定资本，对外地出差的人更为经济。

投资方：获取租金，获得投资基金支持，获得数据。

3. 收益模式

共享单车的收益来源有大数据使用费、广告费，也有现代互联网的点击率、关注度、粉丝数等。

大数据。移动互联网行业，谁能更有效、更准确地将一条条位置信息、流量数据还原成为对一个人行为的描述，谁就有话语权，也就是说在大数据时代掌握了消费者终端数据就掌握了市场。通过竞争累积用户，然后收集数据，通过这些数据可以分析人的很多消费习惯和生活方式，从而完善自身产品服务，锁定忠诚客户并提供针对性服务，或者进一步还原交通状况监测，影响用户出行决策。

广告费。通过和其他相关公司合作，在 App 界面推送广告进行周边产品推广，从中收取广告费，实现盈利。

共享单车软件血拼不仅是为了打压对方，更重要的是先进入市场培养消费者出行模式选择的消费习惯，占据市场份额，先行垄断从而排挤新兴对手，在扩大市场份额的同时保存市场份额才能真正在竞争中获利。

4. 核心能力

资源。包括各商家的品牌、自行车设计制造能力。城市中的布控、维护需要协调政府部门和地方组织，这也需要有一定的资源。

竞争力。共享单车具有很强的资本投入能力，有快速的市场占有率能力，有从数据获取收益的能力等。它对公共汽车、出租车、网约车具有一定的冲击性。

竞争优势。共享单车成本低，数量巨大，使用方便，使用者易于接受，用户人群大。但共享单车的技术门槛不高、仿制容易，所以模仿赶超时间短。大多在供应链上的各个环节控制成本。

5. 价值链网络结构及企业定位

电子商务模式涉及的公司之间为有效地提供价值并实现其商业化而形成合作关系网络，网络结构可能是分布式的，也可能是商业联盟等。网络中的角色包括上游厂商/供应商、下游厂商/分销商、合作伙伴等。

共享单车处于客户终端，它的上游为自行车制造商、网络运营商、共享单车城市区域管理维护人员等，下游为共享单车使用者。

6. 业务流程

寻车（在离自己最近、最方便的地方）→**扫码开锁**（用手机扫描开锁，过去要注册、交押金，现在可用支付宝、微信等信用支付工具）→**骑行**（记录行车轨迹）→**还车**（就近停车区域内停放，落锁，自动扣费）

对于商家还需：① 投放，整理整齐，根据地段分布情况调整、投放自行车；② 收集损坏的自行车，进行维修，重新投放；③ 给电子锁充电等。

12.4 "互联网+"共享医疗

全国首家Medical Mall在杭州开业（经济参考，2017），建在大型商业综合体——杭州大厦501城市生活广场内部，将购物和医疗有机结合起来，其中地下1层至地上5层为购物区，6层至22层则全部是医疗机构。"购物+医疗"的业态也可以为医疗机构聚集客户资源，在商业基础上，为医疗机构筛选出有消费能力和需求的目标群体。人们可以在逛街购物的同时享受医疗服务，杭州大厦的核心客户群和稳定人流量，成为Medical Mall接诊量的重要保证。Medical Mall简单来说就是"医疗商场"，也是一家由多个医疗机构"拼"起来的医院。该"医疗商场"不仅有浙江大学医学院附属邵逸夫医院的国际医疗中心，还精选了多家国内知名专科诊所，如张强医生集团思俊外科诊所、唯儿诺儿科、方回春堂中医门诊等共13家医疗机构入驻。Medical Mall实现了在医疗资源上的集聚，对患者形成一定的吸引力。杭州全程健康医疗门诊部为其提供检验、病理、超声、医学影像等医技科室及药房、手术室等共享服务。Medical Mall侧重于改善客户体验，重视服务过程中的舒适度，这会让大医院感受到竞争压力，进而提高改善医疗服务的积极性和自觉性。Medical Mall作为市场竞争中的"鲇鱼"，对医疗行业服务水平提升非常有意义。

在广州，医生多点执业政策催生一个共享医生平台，该平台可容纳2 000名医生入驻；腾讯企鹅医院宣布正式开业，并已在北京、成都、深圳落地。未来自助化的检验、检测项目将像共享单车一样，放在用户可以快速触碰到的地方。

医疗资源的共享，为老百姓得到一站式的医疗服务提供了便利选择，降低了社会资本办医的投入和运营成本。共享医疗仍存在医保体系尚未打通等难题。真正检验这项改革能否取得成功，还要看百姓是否认可，对不同层次的医疗服务是否接受，医生是否愿意在其中执业，质量安全是否能够保障。

"共享医疗"目前至少还存在三方面难点亟待解决：一是多点执业政策落地困难；二是医保体系尚未打通，大部分医疗共享活动尚未纳入社会基本医疗保险体系，成为制约其发展的重要因素；三是政策法规亟待完善，现有的管理规定大多按照传统医疗机构的要求设置，在执业类型、资质审批、医疗规范和技术要求等方面，一些规定不适用于"共享医疗"新业态。

"医疗商场"在国际市场上早已存在，20世纪80年代美国建立了第一家医疗商场。到目前为止，在美国、新加坡、日本、新西兰等国家已出现了不少模式，包括"医疗+商业综合体""医疗+医学研究""诊所大楼""医药商城"等。

12.5 "互联网+"度假租赁

对于假期的安排，目前人们不是只选择旅游和酒店，入住民宿成了一种新的选择。于是像Airbnb、途家网这样的基于民宿的"互联网+"平台应运而生。

12.5.1 Airbnb 案例

（1）创立。2007 年，在美国旧金山的 Brian Chesky 与 Joe Gebbia 为付不起房租而困扰。他们计划将阁楼出租。传统的做法是在 Craigslist 网站发帖子，然而效果不佳，于是他们尝试自己动手建网站。恰好城里正在办一个设计展，周边的旅馆都被订满。他们快速搭建了一个简易的网站，招徕"家庭旅店"。提供空气床垫和早餐服务，于是陆续收到了世界各地的邮件，初步获得了成功。随后，他们扩展到其他展会。到 2014 年，Airbnb 拥有超过 1 000 万名用户、55 万间房间、100 亿美元的估值。

（2）网络推广。当时，在该领域最大的竞争对手为 Craigslist，拥有海量的用户基数。于是Airbnb 允许用户在 Airbnb 发布信息的同时将信息复制一份发布到 Craigslist。Airbnb 通过计算机技术手段复制地址，选择投递到 Craigslist 的哪个分类目录下，选择一个当前所在的地理位置，对匿名地址进行屏蔽，绕过禁止 HTML 代码限制等。用户只要轻松地单击链接即可实现将信息发到 Craigslist，从而增加收入。这样从 Craigslist 回流撑起了 Airbnb 的人气，习惯去 Craigslist发布信息的用户变成了 Airbnb 的用户。

（3）帮助房主提高宣传能力。Airbnb 最初租借了高档相机，为房主拍照，并给房主群发邮件教会他们拍照，并给他们评估打分。还在网站上帮助房主提高文案编写水平。

（4）社交网。为提高用户的信任，Airbnb 开放了社交网络链接功能，允许用户接入他们的Facebook 账号。人们可以看到与房主之间的共同好友是谁，哪些人曾经租住了这间房。人们也可以根据房主的地理位置、性别等参数进行搜索，找出感兴趣的房源。人们得以轻松的考察房屋的背景资料，选择适合的入住对象。

（5）改造原有设计。Airbnb 团队希望通过优化房屋的原有设计来探索更多的可能性，寻求是否还有提升空间。他们对心愿列表（Wish Lists）进行改造，将代表收藏共生的"星"形图标修改为一颗"心"。从简单的功能价值过渡到了情感价值。人们不仅可以用它来标记自己中意的房间，以便进行对比，还可以观看精美的图片。这样让用户的使用率提高了 30%，4 个月后 45%的用户使用过这项功能，累计创建了超过 10 万个心愿列表。

（6）转向移动。2013 年底，Aribnb 允许通过移动设备发布信息和上传照片，随后在 App的改版中添加了动态图片、地图定位、搜索目的地等功能，并不断持续改进。

（7）对现有资源挖掘潜力。Airbnb 调研了此前的数据，通过数据分析和测试，认真研究每一个推介与被推介用户的使用行为及留存情况，预测什么样的人会转化成真实的用户。与有成功案例的公司交流，研究好的执行力包含哪些要素。研究 E-mail、Twitter、Facebook 等外部流量特征。对文案进行调整，确保推介上像"给朋友优惠"，在推介内容中加入发送者的照片，提升好友间的感受。通过调用通讯录获得的联系有更高的转化率。

12.5.2 途家网案例

途家管家服务采用美国斯威登酒店管理体系，为异地不动产持有者提供入户管家服务。途家管家服务采用开放式托管服务合约，在不限制业主自住时间的前提下，将空余时间实现出租，最大限度地实现资产增值。通过会员制，客户可用房产入住权益置换分布在全国的度假公寓入住权，提供交换入住分享体验。从而在 Airbnb 和 HomeAway 两大短租平台中找到了自己的定位和核心价值。与携程合作，取得千万会员的优势，建立信息对称体系，取得客户和房东双方的信任。2015 年，途家储备的房源达 500 个项目，超过 50 万套住房，数千万名注册用户。

12.6 “互联网+”共享充电宝

共享充电宝是指企业提供的充电租赁设备。用户使用移动设备扫描设备屏幕上的二维码交付押金，即可租借一个充电宝，充电宝成功归还后，押金可随时提现并退回账户，流行的各种共享充电宝如图 12-11 所示。

2014 年 8 月，来电科技成立，提供街头共享充电宝。随后，有了接二连三的入局者。2017—2020 年是共享充电宝的发展兴盛时期。截至 2021 年 3 月，共享充电宝行业形成了“三电一兽（街电、小电、来电、怪兽）”+美团的市场格局，他们的市场占有率达到 96.3%。

该模式的价值主张在于在便利的地点获得手机等设备的移动充电能力，因为目前的移动智能设备需要电能支持，而这些设备的电池储备因尺寸限制能力有限，需要不时地充电。人们不一定携带充足的充电电池和设备，存在获取充电能力的需求。

图 12-11 流行的各种共享充电宝

共享充电宝的市场定位在于移动充电，可以在一定的地域、一定的时间段，在能够找到提取点和归还点的范围，在移动时间内完成充电。传统充电是在家里，或者找到电源插座的地点用充电器和连接线为智能设备充电，不能移动。

共享充电宝的收益模式通过租赁时间网络收费直接获取，由平台、商家和代理商分润，一般平台 20%，商家和代理商 80%。

共享充电宝的核心能力在于在商铺、商场、车站、旅店等商家布点的能力，包括设备、维护、签约等。

共享充电宝的借取流程大致可以分为四步，扫码→注册→付款→借出。归还方式则类似于共享单车，用户可以在公众号平台上根据充电宝的 GPS 定位，就近归还。

第 13 章　跨境电子商务模式

13.1 基本概念

跨境电子商务是指分属不同关境的交易主体，通过电子商务平台达成交易、进行支付结算，并通过跨境物流送达商品、完成交易的一种国际商业活动。

跨境电子商务与一般传统电子商务相比有如下 3 个主要特点。

（1）语言障碍和文化差异。Sargent & Kelly（2010）通过对 1 000 个主要网站调查人们对商品语言的偏好时，得出 72%以上的消费者称他们愿意购买产品信息是自己母语的产品，56.2%的人说产品信息是母语比价格更重要。目前全球在使用的语言有 6 912 种，其中 83 种覆盖全球 80%的人口。仅使用一种语言的网站能覆盖总在线人口的比率不会超过 30%。很明显，如果网站只使用一种语言将会严重限制客户的数量。客户与电子商务网站网页界面的语言问题，解决的方法主要有 3 种：要么懂得对方的语言，要么采用英语之类的中介语言，还有就是通过翻译。然而，如果想与商家通过即时通信软件交流的话，语言问题就显得重要了。解决的方法参考凤羽翚（2014，2016）的论文和自然基金课题的有关信息。跨国的电子商务还涉及国家之间的文化差异，它基于社会规范、地方标准、宗教信仰及语言等要素。在网络上它表现为拼读的差异（如美式英语和英式英语的差异）、信息格式的差异（如是月/日/年，还是日/月/年，或是年-月-日）、标志和符号的差异（如邮箱形状国与国之间不同）、度量衡标准的差异（如是公制还是英制）、货币的差异、颜色的使用、时间标准（如当地时间和格林尼治标准时间，夏时制）、导航方式（如中东国家喜欢从右到左）以及网络主页信息的集中度（如亚洲一些国家喜欢塞满五颜六色的各种信息，而美国等喜欢主题鲜明、简洁）。

（2）海关通关。跨境的货物有至少两次的海关通关工作，包括通关手续、商品检验检疫、关税征收、退税结汇等业务。

（3）跨境物流。货物在不同国家的物流体系中运送，存在管理模式的差别，导致运输方式、速度、信息透明度等以及可控力度的差异。

跨境电子商务 To B 和 To C 有显著的区别。中国 To B 的商务模式主要是企业间的电子商务，它有较为成熟的业务模式及其流程，采用信息技术的重点在于解决跨组织协同，提高办事效率。而 To C 主要解决面向终端客户的交易实现。要帮助客户实现跨平台购物所带来的语言和购物流程问题，购物后物流是直接运输还是转运等物流问题。因此，它是整个流通领域的供应链协同活动的业务过程。跨境电子商务不再只是零售过程，它是结合中介、保税仓、物流及电子商务平台一起操作的协同商务模式。

13.2 跨境电子商务的发展

电子商务发源于互联网技术和商业应用最发达的美国，最具代表性的平台如 Amazon、eBay 等。Amazon 自 1995 年 7 月 6 日成立以来，从一家网上书店发展到包括云平台的综合平台企业。在跨境业务上，Amazon 也面向世界各国的商家运营、全球开店业务，实现全球化的采购与销售。eBay 于 1995 年 9 月 4 日创立，是一家从事 C2C 的跨境电子商务平台。

美国作为电子商务的发源地，由于市场经济成熟，传统商业基础设施和配套服务较为完善，其跨境电子商务行业具有发达国家电子商务的一般特点，即线上线下业务同时进行。与中国以专门从事跨境电子商务业务的企业不同，美国的电子商务跨境业务几乎是本土电子商务国际化发展和全球化布局的产物。美国具有语言的便利，全球性市场经济和美元的世界性货币地位，美国电子商务跨境业务进入国际化市场比较方便，其跨境电子商务平台也大多具有世界范围的影响力，跨境电子商务将电子商务与国际贸易的有机融合，引领了世界各国跨境电子商务的发展。其他一些市场经济发达国家的跨国电子商务也是全球化经营的线上扩展。

中国跨境电子商务经历了传统外贸→外贸电子商务→跨境电子商务的发展历程。

传统外贸在 1949 年后经历了三个阶段。

第一阶段，新中国成立。确立了社会主义独立自主的对外贸易体系。实行对外贸易的管制，并采用对外贸易保护政策，明确指出中国对外贸易政策的保护倾向。采取高度集中统一的经营体制。1949—1978 年，根据我国国情并借鉴苏联经验，建立了高度集中统一的外贸经营管理体制，国家集外贸经营、管理于一体，统负盈亏。具体来说，根据 1949 年 9 月通过的《中国人民政治协商会议共同纲领》中“实行对外贸易的管制，并采取保护贸易政策”的规定，我国确定了“独立自主、集中统一”的外贸工作原则和方针。1950 年 12 月，政务院颁布了《对外贸易管理暂行条例》，贸易部颁布了《对外贸易管理暂行条例实施细则》，奠定了我国对外贸易的基础。1957 年对私营进出口企业的社会主义改造基本完成以后，我国的进出口业务全部由国营外贸专业公司垄断经营，结束了不同所有制企业并存经营的对外贸易格局，建立起高度集中统一、政企合一的外贸体制。进出口严格按照国家计划进行，出口实行收购制，进口实行拨交制，盈亏由国家统负。

第二阶段，改革开放。中国外贸体制经历了由指令性计划管理到发挥市场机制的基础性作用、由经营权高度垄断到全面放开、由企业吃国家“大锅饭”到自主经营和自负盈亏的转变，倡导贸易自由化。1978 年，党的十一届三中全会明确指出了对外贸易在中国经济发展中的战略地位和指导思想，由于中国从计划经济转变成了商品经济，中国的对外贸易政策也跟着发生了变化。

① 采取出口导向战略，鼓励和扶持出口型产业，并进口相应的技术设备，实施物资分配、税收和利率等优惠，组建出口生产体系；实行外汇留成和复汇率制度；限制外资企业商品的内销；开始实行出口退税制度；建立进出口协调服务机制等一系列措施。

② 实施较严格的传统进口限制措施，通过关税、进口许可证、外汇管制、进口商品分类经营管理等措施实施进口限制。

③ 鼓励吸收外国直接投资的政策，鼓励利用两种资源、两个市场和引进先进技术。在这一阶段，国家放开部分贸易经营权（包括对外资企业），以及贸易公司自主化改革，这样加上对外

贸易政策的变化，增强了运用经济杠杆调节宏观经济的能力，并为外贸企业利用市场机制，自主经营创造了外部环境。与改革开放前的对外贸易政策相比，这一阶段的贸易政策更注重奖出与限入的结合，实行的是有条件的、动态的贸易保护手段，因此称此阶段的对外贸易政策为国家统治下的开放型贸易保护政策。

第三阶段，加入 WTO。2001 年 12 月 11 日，历经 16 年谈判，中国成为世界贸易组织第 143 个成员。根据加入世界贸易组织的承诺，中国扩大了在工业、农业、服务业等领域的对外开放，加快推进贸易自由化和贸易投资便利化。在履行承诺过程中，中国深化外贸体制改革，完善外贸法律法规体系，减少贸易壁垒和行政干预，理顺政府在外贸管理中的职责，促进政府行为更加公开、公正和透明，推动开放型经济进入一个新的发展阶段。实现有管理的贸易自由化。具体政策如下：

① 加快对外经济贸易法治建设。

② 进一步降低关税，削减非关税措施。

③ 全面放开外贸经营权。

④ 进一步扩大服务市场开放。

⑤ 营造更为公平的市场竞争环境。

截至 2010 年，中国加入世界贸易组织的所有承诺全部履行完毕。中国认真履行承诺的实际行动得到世界贸易组织大多数成员的肯定。2006 年、2008 年和 2010 年，中国政府接受了世界贸易组织的三次贸易政策审议。世界贸易组织所倡导的非歧视、透明度、公平竞争等基本原则已经融入中国的法律法规和有关制度。市场意识、开放意识、公平竞争意识、法治精神和知识产权观念等在中国更加深入人心，推动了中国经济进一步开放和市场经济体制进一步完善。中国俨然已成世界贸易大国。

外贸电子商务是从外贸信息化发展而来。最初为办公自动化，解决了文档的电子化传递，数据的存储和统计。后来开发了一些管理信息系统，提高了业务处理的效率。随后逐步开展了基于互联网的电子商务。1996 年 7 月，原对外贸易经济合作部（以下简称外经贸部）成立了信息化工作领导小组，负责协调解决外贸信息化工作面临的各种重大问题。储节旺（2002）回顾了这段发展：1998 年 2 月，国家正式批准外经贸专用网作为国家重点工程立项。同年 10 月，该工程正式被我国政府列为“国际电子商务技术研究与示范工程”。经国务院批准，原信息产业部于 2000 年 1 月正式下文，批准中国国际电子商务中心成为中国计算机网络国际联网的互联单位，负责组建中国国际经济贸易互联网（简称中国经贸网）。国家重大信息化工程——“金关工程”取得显著成果，进出口配额许可证管理、进出口统计、出口退税、出口收汇和进口付汇核销管理四个计算机管理应用系统建设基本完成，初步实现了部委间的网络互联和信息共享。1997 年初，外经贸部通过中国国际电子商务网，实现了与海关总署联网传输进出口统计原始数据，每月加工制成 60 多种统计分析报表，保证外经贸宏观管理工作的需要。1998 年初，在与美国、欧盟、加拿大等国纺织品配额联网核查的基础上，采用专线方式实现了与中华人民共和国海关总署的联网，并从当年 3 月开始逐日向海关传送许可证签证数据。1998 年 2 月，外经贸部和国家出入境检验检疫局、贸促会联合发文，通过中国国际电子商务网的交换平台，实施原产地证书的联网签发、核查和统计等管理工作，并规范了管理办法和标准。1998 年 3 月，外经贸部率先在国际互联网上创建了外经贸部站点、在线中国出口商品交易会站点、中国商品交易市场站点、中国技术出口交易会站点、中国招商站点等几个重要的外经贸专业站点，并已成为国际互联网上的知名站点。1998 年 5 月，进出口许可证联网申领系统开始在全国推广使用。1998 年 10 月，外经贸部通过中国国际电子商务网实现了纺织品被动配额电子招标。从 1999 年 1 月起，外经贸部所有出口招标商品全部实现了网上电子招标。1999 年外贸行业还初步建立了标准化体系。《中华人民共和国进出口企业代码规范》（WM 1-1999）作为国家"金关工程"和外经贸行业的重要标准已在我国外经贸和相关领域得到应用，汇集了 150 多个国家和行业标准的外经贸信息化标准体系初步形成。1999 年 2 月，完成国家"九五"重中之重科技攻关项目"商业电子信息安全认证系统"，并顺利通过科学技术部和原国家密码管理委员会的技术鉴定。它不仅解决了外经贸专用网上的信息安全问题，也为商贸、金融、保险等领域的信息安全提供了解决方案。1999 年 6 月 1 日起，外经贸部通过中国国际电子商务网，实现了全国加工贸易联网审批管理。当前，正加快实现与海关总署的联网监管。与此同时，各地的外经贸信息化工作取得长足进展。各地外经贸委（厅、局）相继成立了信息化工作领导机构，组织、指导和协调本地区的外经贸信息化工作。一些地方的外经贸管理部门会同进出口商会创建了外经贸信息的专业网站，开展外经贸商情信息服务。

跨境电子商务时代从互联网时代开始，随着互联网技术的发展，参与的组织和个人的介入，迅速发展起来。下面从福步外贸论坛（2015）的一篇文章了解一下这个发展。

跨境电子商务 1.0 阶段（1999—2003）

跨境电子商务 1.0 时代的主要商务模式是网上展示、线下交易的外贸信息服务模式。跨境电子商务 1.0 阶段第三方平台主要的功能是为企业的信息及产品提供网络展示平台，并不在网络上涉及任何交易环节。

此时的盈利模式主要是通过向进行信息展示的企业收取会员费（如年服务费）。跨境电子商务 1.0 阶段发展过程中，也逐渐衍生出竞价推广、咨询服务等为供应商提供一条龙的信息流增值服务。

在跨境电子商务 1.0 阶段，阿里巴巴国际站、环球资源网为典型的代表平台。其中，阿里巴巴成立于 1999 年，以网络信息服务为主，线下会议交易为辅，是中国最大的外贸信息黄页平台之一。环球资源网 1971 年成立，前身为 Asian Source，是亚洲较早的提供贸易市场资讯者，并于 2000 年 4 月 28 日在纳斯达克证券交易所上市。

在此期间还出现了中国制造网、韩国 EC21 网、Kellysearch 等大量以供需信息交易为主的跨境电子商务平台。跨境电子商务 1.0 阶段虽然通过互联网解决了中国贸易信息面向世界买家的难题，但是依然无法完成在线交易，对于外贸电子商务产业链的整合仅完成信息流整合环节。

跨境电子商务 2.0 阶段（2004—2012）

2004 年，跨境电子商务 2.0 阶段来临。这个阶段，跨境电子商务平台开始摆脱纯信息黄页的展示行为，将线下交易、支付、物流等流程实现电子化，逐步实现在线交易平台。相比较第一阶段，跨境电子商务 2.0 更能体现电子商务的本质，借助于电子商务平台，通过服务、资源整合有效打通上下游供应链，包括 B2B（平台对企业小额交易）平台模式和 B2C（平台对用户）平台模式两种。跨境电子商务 2.0 阶段，B2B 平台模式为跨境电子商务主流模式，通过直接对接中小企业商户实现产业链的进一步缩短，提升商品销售利润空间。

在跨境电子商务 2.0 阶段，第三方平台实现了营收的多元化，同时实现后向收费模式，将"会员收费"改以收取"交易佣金"为主，即按成交效果来收取百分点佣金。同时还通过在平台上营销推广、支付服务、物流服务等获得增值收益。

2004—2007 年：在这个年代，很多人，确切地说有一批海外留学的人在 eBay、亚马逊上卖游戏币，赚到了人生的第一桶金。2006 年后，网络游戏开始没那么流行了，随之 2007 年 eBay 宣布不再从事虚拟的游戏币交易，这个阶段也就随之终止了。

2008—2011 年：这个阶段我们称之为假货盛行的时代。最早的那一批留学生开始了最早的中国制造交易。也就是大家都知道的，华强北拿货，在网上售卖。当然，在这个时代，很多底层也随之发家了。现在大部分的大电子商务都是从那个时代过来的，卖假货、仿货，而且利润高得吓人。

2012 年：这时，到处都能听到"跨境电子商务"这个词语了。国家开始非常重视，一条条法规颁布出来，各个地区政府的扶持力度加强。当然，竞争也越来越激烈。有传统的行业转型进入，如线下供应商、物流商、服务商；还有阿里系的卖家越来越多地涌入速卖通等渠道。

跨境电子商务 3.0 阶段（2013— ）

2013 年成为跨境电子商务重要转型年，跨境电子商务全产业链都出现了商务模式的变化。随着跨境电子商务的转型，跨境电子商务 3.0"大时代"随之到来。

首先，跨境电子商务 3.0 具有大型工厂上线、B 类买家成规模、中大额订单比例提升、大型服务商加入和移动用户量爆发五方面特征。与此同时，跨境电子商务 3.0 服务全面升级，平台承载能力更强，全产业链服务在线化也是 3.0 时代的重要特征。

在跨境电子商务 3.0 阶段，用户群体由草根创业向工厂、外贸公司转变，且具有极强的生产设计管理能力。平台销售产品由网商、二手货源向一手货源好产品转变。

对于 3.0 阶段的主要卖家群体正处于从传统外贸业务向跨境电子商务业务艰难转型期，生产模式由大生产线向柔性制造转变，对代运营和产业链配套服务需求较高。另外，3.0 阶段的主要平台模式也由 C2C、B2C 向 B2B、M2B 模式转变，批发商买家的中大额交易成为平台主要订单。

13.3 中国跨境电子商务模式

中国跨境电子商务经历快速发展之后，跨境电子商务大平台不断壮大，专注细分市场的中小跨境电子商务不断成熟，与之相应的跨境电子商务物流业逐步分化，出现了跨境电子商务大平台的自建物流和中小平台的第三方综合服务物流共存的局面。税制新政使得跨境电子商务的价格优势减弱，竞争转向比拼供应链和物流。

中国跨境电子商务的进口流程如图 13-1 所示，各种跨境电子商务模式的不同主要体现在物流及海关业务办理方面。

目前跨境电子商务物流主要有五大模式：邮政包裹物流模式、国际快递跨境运输模式、国内快递跨境物流模式、跨境专线物流模式和海外仓储服务模式。

1. 邮政包裹物流模式

邮政包裹是指中国邮政提供的邮政物流服务。

邮政物流业务分为三种。

（1）普通邮政包裹，从收件至到达需用 7～20 天。

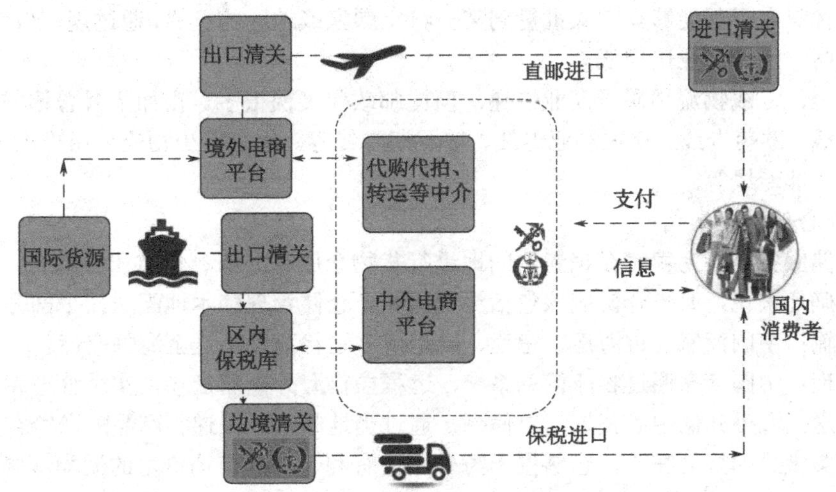

图 13-1 中国跨境电子商务的进口流程

（2）普通邮政快递包裹，从收件至到达需用 4～7 天。

（3）全球特快专递，也就是 EMS（Express Mail Service）业务。国内到达 3～4 天，国外到达 7～10 天。

从服务和收费来看，第一种最便宜，第二种稍贵，第三种最贵。大部分地区前两种是不负责送到收件人手里，少部分地区快递也负责送到。EMS 则是专人专递，并亲自送到收件人手里。

邮政包裹网络基本覆盖全球，比其他物流渠道都要广。据不完全统计，中国出口跨境电子商务 70%的包裹是通过邮政系统投递的，其中中国邮政占据 50%左右。因此，目前跨境电子商务物流还是以邮政的发货渠道为主。

2. 国际快递跨境运输模式

国际快递跨境物流主要是通过国家之间的边境口岸和海关对快件进行检验放行的运送方式，如 UPS（United Parcel Service）、FedEx（Federal Express）、DHL、TNT（Thomas National Transport）等国际快递公司通过多年自建的全球网络，利用强大的 IT（Information Technology）系统和遍布世界各地的本地化服务，提供安全性高的全程跟踪物流服务。

该方式由于成本高，一般商户只有在客户时效性要求很强的情况下才会使用国际商业快递来派送商品。

3. 国内快递跨境物流模式

国内快递主要指 EMS、顺丰和“四通一达”（上海申通物流有限公司、上海圆通速递有限公司、中通速递服务有限公司、百世物流科技（中国）有限公司、上海韵达货运有限公司）。在跨境物流方面，“四通一达”中申通和圆通布局较早，中通、汇通、韵达则是后来才启动跨境物流业务。

顺丰的国际化业务则要成熟些，目前已经开通美国、澳大利亚、韩国、日本、新加坡、马来西亚、泰国、越南等国家，发往亚洲国家的快件一般 2～3 天可以送达。EMS 可以直达全球 60 多个国家，费用相对四大快递巨头要低。此外，中国境内的出关能力很强，到达亚洲国家是 2～3 天，到达欧美也只需 5～7 天。

4. 跨境专线物流模式

跨境专线物流一般是先通过航空包舱方式运输到国外，再通过合作公司进行目的国的派送。专线物流的优势在于其能够集中大批量到某一特定国家或地区的货物，通过规模效应降低成本。因此，其价格一般比商业快递低。

在时效上，专线物流稍慢于商业快递，但比邮政包裹快很多。市面上最普遍的专线物流产品是美国专线、欧美专线、澳大利亚专线、俄罗斯专线等。也有不少物流公司推出了中东专线、南美专线、南非专线等。

5. 海外仓储服务模式

海外仓储服务是指为卖家在销售目的地进行货物仓储、分拣、包装和派送的一站式控制与管理服务。确切来说，海外仓储应该包括头程运输、仓储管理和本地配送三个部分。

头程运输：中国商家通过海运、空运、陆运或联运将商品运送至海外仓库。

仓储管理：中国商家通过物流信息系统，远程操作海外仓储货物，实时管理库存。

本地配送：海外仓储中心根据订单信息，通过当地邮政或快递将商品配送给客户。

选择这类模式的好处在于，仓储置于海外不仅有利于海外市场价格的调配，同时还能降低物流成本。拥有自己的海外仓库，能从买家所在国发货，从而缩短订单周期，完善客户体验，提升重复购买率。结合国外仓库当地的物流特点，可以确保货物安全、准确、及时地到达终端买家手中。

然而，这种海外仓储模式虽然解决了小包时代成本高昂、配送周期漫长的问题，但是值得跨境电子商务卖家考虑的是，此模式最适宜库存周转快的热销单品，其他产品极容易造成压货。同时，这种模式对卖家在供应链管理、库存管控、动销管理等方面也提出了更高的要求。

第 14 章　新技术引发的电子商务模式

14.1　社会网络引发的电子商务模式

14.1.1　发展历史

早期**社会网络**（Social Network）是指社会个体成员之间因为互动而形成的相对稳定的关系体系，社会网络关注的是人们之间的互动和联系，社会互动会影响人们的社会行为。它是由许多节点构成的一种社会结构，节点通常是指个人或组织，社会网络代表各种社会关系，经由这些社会关系，把从偶然相识的泛泛之交到紧密结合的家庭关系的各种人们或组织串联起来。社会关系包括朋友关系、同学关系、生意伙伴关系、种族信仰关系等。如果从网络图的角度看待**社交网络**，那它就是由多个节点（可以是个人，也可以是群体或组织）联系在一起组成的社交圈。这些节点由一个或多个相互依存的关系（如价值观、愿景、理念、经济交往、友谊、亲密关系、对某种事物的厌恶、冲突、生意往来等）连接在一起。现实中，社交圈的结构往往十分复杂，社交网络结构示意图如图 14-1 所示。

图 14-1　社交网络结构示意图

一个多世纪以来，社会科学家都在使用“社会网络”表示各种复杂的社会关系。然而直到 20 世纪 50 年代他们才开始系统化而自知地使用这一词汇表示一种不同于传统意义上的有边界的社会群体（比如村庄和家庭）和将人看作分离的个体的社会类别（比如性别与种族）的联系方式。自 1960 年代中期开始，一种详尽的学说开始出现来帮助我们理解人们是如何以网络化方式相互连接的。“社会网络”这一概念的兴起，源于其对社会互动的恰当描述。如果将咖啡馆里的人、一起工作的同事或者在互联网上互动的人认为是一个有边界的社会群体，就会错误地认为他们是相互认识的，而对共同群体有归属感。然而事实上人们是在不断地进入和退出一个社会网络，而这种社会网络又具有复杂的结构，其中一些重要联结又往往是越过网络边界的。

互联网兴起之后，越过有边界的社会网络使得社交的跨度扩展在虚拟世界形成无界的联结。于是出现了**社交计算**（social computing），也就是信息技术与社会行为的融合，它通过各种计算机及网络工具实现社交活动。

最初的计算机网络社交的起点是**电子邮件**，它只是早期联网计算机 UNIX 操作系统附带的一个信息传播的软件。互联网兴起后 **E-mail** 解决了远程邮件传输的问题，至今它仍然是有着邮件传统的国家在互联网上最普及的应用。

BBS 则更进了一步，把“群发”和“转发”常态化，理论上实现了向所有人发布信息并讨论话题的功能（边界是 BBS 的访问者数量）。互联网上的**网络论坛**把网络社交推进了一步，从单纯的点对点交流成本的降低，推进到了点对面交流成本的降低。

随着互联网计算能力的提高，Web 2.0 的术语便由 O’Reilly Media 公司在 2004 年提出，指的是二代互联网工具及互联网服务的升级，使得人们能用新的方式帮助用户编制、控制信息，相互合作，分享信息。Web 2.0 则更注重用户的交互作用，用户既是网站内容的浏览者，也是网站内容的制造者。所谓网站内容的制造者是说互联网上的每一个用户不再仅仅是互联网的读者，同时也成为互联网的作者。在模式上由单纯的“读”向“写”以及“共同建设”发展；由被动接收互联网信息向主动创造互联网信息发展，从而更加人性化。

例如，**即时通信（IM）**和**博客（Blog）**这两个社交工具，IM 提高了即时效果（传输速度）和同时交流能力（并行处理）；Blog 则开始体现社会学和心理学的理论——信息发布节点开始体现越来越强的个体意识，因为在时间维度上的分散信息开始可以被聚合，进而成为信息发布节点的“形象”和“性格”。比如从 RSS、Flickr 到 YouTube、Digg、Mini-feed、Twitter、Fetion、Video-Mail 都解决或改进了单一功能，是丰富网络社交的工具。

于是**网络社交**（social networking），也就是以 Web 2.0 技术为基础的各种交流活动在不断演进。交友是社交网络的一个开端，就像 Google 的开端只是每个网页的 Backlinks 那么普通一样，社交网络的开端只是获取个人资料和好友列表。**社交网络服务网站**（Social Networking Services，SNS）为人们提供网络空间，供他们免费搭建主页，提供各种工具，方便人们在网上开展各种活动。例如，15 岁的菲律宾小歌手 Pempengeo，在 2006 年的一次地方歌手大赛被淘汰出局，她的音乐生涯也许就此结束。但有人将她模仿美国歌手 Jennifer Holliday 演唱的歌曲“我告诉你我不走”（I’m Telling You I Am not Going）的视频放到了 You Tube，引起了电视节目主持人 Ellen DeGeneres 和格莱美获奖金曲出版商 David Foster 的注意。于是，Pempengeo 在网络上获得了自己的歌星之路。

社交网络大体经历了这样一个发展过程：早期概念化阶段——Six Degrees 代表的六度分隔理论；结交陌生人阶段——Friendster 帮人建立弱关系从而带来更高社会资本的理论；娱乐化阶段——MySpace 创造丰富的多媒体个性化空间吸引注意力的理论；社交图阶段——Facebook 复制线下真实人际网络进行线上低成本管理；云社交阶段——把大量的社会资源统一整合和评测，构成一个资源有效池向用户按需提供服务。

小贴士 1

Backlinks 是一个依靠交易链接传递 PageRank 来赚钱的广告服务商，类似于 Text Link Ads 的网站链接买卖平台，并且其运作方式也与之类似。Blog 作者可以注册为 Publisher 账户，随后你就可以把获取的代码放置到 Blog 模板中，Wordpress 用户还可以获取相应的 WP 插件，当完成此步骤并通过审核后就可等待广告商购买你的链接了。

PageRank 为网页排名，又称网页级别、Google 左侧排名或佩奇排名，是一种根据网页之间相互的超链接计算的技术，而作为网页排名的要素之一，以 Google 公司创办人拉里·佩奇（Larry Page）之姓来命名。Google 用它来体现网页的相关性和重要性，在搜索引擎优化操作中是经常被用来评估网页优化的成效因素之一。Google 的创始人拉里·佩奇和谢尔盖·布林于 1998 年在斯坦福大学发明了这项技术。

Text Link Ads（TLA）是国外一个提供文字链接的广告服务平台，通过这个交易平台可以出售自己网站上的链接来获取相应的收益，也可以通过购买别人网站上的链接来获取流量。购买到的链接除了带来流量之外还有助于搜索引擎优化。出售自己网站上的链接只要在网页里插入由 Text Link Ads 平台提供的相应代码，平台就会在自己出售的链接位置显示文字广告链接。

WP 插件是为开源博客程序 WordPress 添加各种功能的扩展组件。WordPress 之所以成为目前使用最广泛的博客程序之一，正是因为它拥有非常多的插件。仅 Wordpress 官网已收录的插件就有一万多个。如果算上没有被 WordPress 官网收录的插件，说有十万个，一点也不夸张。有了这数量庞大的 WordPress 插件，让 WordPress 程序可以扩展出各种各样的功能。

WordPress 是一种使用 PHP 语言开发的博客平台，用户可以在支持 PHP 和 MySQL 数据库的服务器上架设自己的网站，也可以把 WordPress 当作一个内容管理系统（CMS）来使用。

小贴士 2

六度分隔（Six Degrees of Separation）理论。Christopher（2002）提到，1967 年，哈佛大学心理学教授 Stanley Milgram 想要描绘一个联结人与社区的人际联系网，做过一次连锁性实验，结果发现了“六度分隔”现象，即：“你和任何一个陌生人之间所间隔的人不会超过六个，也就是说，最多通过六个人你就能够认识任何一个陌生人。”用数学来解释的话，如果每个人平均认识 260 人，其六度就是 260^6 = 1 188 137 600 000。消除一些节点重复，那也几乎覆盖了整个地球人口若干倍。

“六度分隔”说明了社会中普遍存在的“弱纽带”现象，它发挥着非常强大的作用。人们在找工作时会体会到这种弱纽带的效果，通过弱纽带人与人之间的距离变得非常“相近”。

14.1.2 社交网络工具

网络社交离不开社交软件（social software）。利用各种社交软件，人们可以进行互动，分享信息。在工作和生活中用这些计算机软件辅助完成沟通和协调已经十分普遍。国际上主要的社交软件见表 14-1。

表 14-1 国际上主要的社交软件

在线沟通工具	社 交 电 视	虚 拟 存 在
即时通信（Instant Messaging）	媒体分享（YouTube、Youku）、图片分享（Flickr）	Web 2.0 移动工具
VoIP、Skype 网络语音通信	社交标签	个人应用工具
协同实时编辑	社交引证	个性化
网络论坛（Internet Forums）	社交图书馆	定制化
博客、视频博客、微博（Twitter）	虚拟世界、多人网络游戏（MMOG）	搜索
微客（Wikis）	非游戏虚拟世界	裁剪工具
预测市场	其他专用社交应用	聚合网站
服务类型	社交游戏	文档分享工具

续表

在线沟通工具	社交电视	虚拟存在
社交网络服务 SNS	传媒页	Web 2.0 开发工具
商务社交网络、专业社交网络	内容管理工具	网络混搭技术
社交网络搜索引擎	新兴技术	Web Service 通用服务平台
企业社交网络	P2P 社交网络	

下面对部分工具做一解释。

标签（Tag）是为一则信息（如互联网书签、数字图片、视频片段以及各种计算机文档）设计的关键词，这些“元数据”（指为数据而编辑的数据）可以帮助人们用关键词来描述文档，方便利用浏览器搜索，网页中的标签如图 14-2 所示。标签的设定没有一定规律，由文档的创建者或是浏览者根据个人的偏好编制。在网站上有多人为多个文档编制标签，于是就出现了公众分类这一现象。

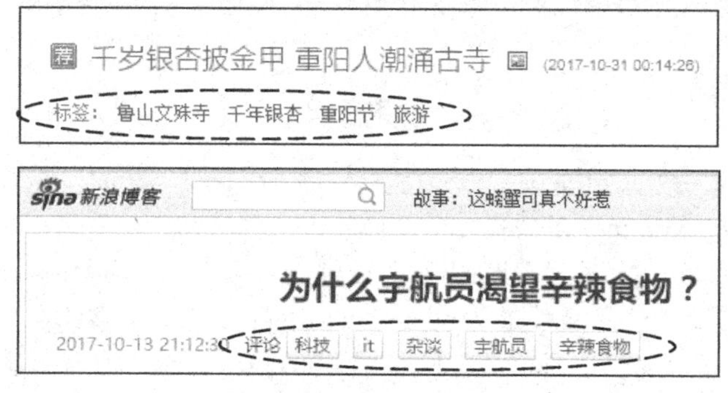

图 14-2 网页中的标签

公众分类（Folksonomy）也称协同设定标签（collaborative tagging），或社交设定标签（social tagging），是众人一起为内容创建、分类、管理标签。公众分类不是由专家规定，而是由内容创建者和使用者一起参与。标签的设定没有一定规律，比较随意。

混搭（Mashup）是由两个或多个网站合并在一个网站上展示，展示的某个网站的内容可以是整个网站的内容，或者是部分内容。这样，就可整合各网站选择的预定内容在一个网页上，构成新的应用。如将房地产信息与地图整合在一起，便于综合掌握房地产信息及地理信息。

社会书签（Social Bookmarking）是互联网用户利用“元数据”技术对网页的书签进行编辑、搜索、管理、储存。用户用社会书签技术收藏网页的链接，有的是为了与人分享，有的是为了将来浏览的方便。人们浏览网页的时候可以是按时间顺序，可以按分类，也可以按搜索的结果。

14.1.3 虚拟社区的社交网络

社区是指有共同兴趣爱好、聚集在一起的人群，他们相互之间有着沟通和交流。**虚拟社区（Virtual Community）**是指在计算机网络，特别是互联网上进行沟通、交流的社区。虚拟社区与实体社区（如邻居、协会、俱乐部等）的不同之处在于不是面对面的交流，而是在网络上的互动。他们不受时间、地域、组织归属的限制。

网络社区主要有以下几种类型。

（1）协会型。实体社区建立的自己的网站。如教师家长社区等。

（2）爱好者门户型。靠共同兴趣发展起来的社区。如业余爱好、技术兴趣、度假选择。

（3）性别社区型。如女性社区、育儿社区等。

（4）实践社区型。如医生、教授、工程师构成的社区，虚实都有。主要是分享某个专业领域的经验，成员在讨论组、论坛进行交流。如 Linux Online 社区，成员在开发 Linux 操作系统源代码。

（5）社交网络网站型。以社交为目的的大型网络社区。如 Facebook、LinkedIn、QQ 空间等。

（6）虚拟世界型。虚拟世界（Virtual World），也称为虚拟实境（Metaverse），是一种计算机模拟环境，用户在这样的环境中创建网络社区进行沟通交流，创造各种物品。以前多是 3D 游戏，现在人们在虚拟世界开展社交活动，甚至在虚拟世界中做交易。

14.1.4　商务社交网络

商务社交网络（Business-Oriented Social Networks）的主要目的就是促进商务活动。最典型的是领英，它帮助人们进行商务沟通，帮助企业招聘和个人寻找工作。

商务社交网络可以为企业做如下工作。

（1）鼓励消费者为产品打分、评价。

（2）帮助消费者围绕企业的产品开展交流，建立网络社区。

（3）雇佣博客写手或是安排内容编辑去引导人们写出企业期待的文章，引发讨论，这种讨论鼓励人们对企业和产品进行评论，但又不被客户牵着鼻子走。

（4）鼓励客户参与各种类型的竞争和比赛，参与产品、服务、营销方案的设计。

（5）鼓励用户制作有关产品、服务的视频，对优胜者给予奖励，充分发挥媒体的作用。

（6）用通信的形式发布有趣的故事。

社交网络可创新很多商务模式，如客户评价食品、体验某地生活、把娃娃打扮成各种明星、宠物爱好。

随着智能手机的普及和其上应用的深入，商务社交移到了手机上。**移动社交商务**（Mobile Social Business）是人们利用手机等移动设备开展社交活动的商务活动。

14.1.5　社交购物

社交购物（Social Shopping）是购物者在从事购买活动的时候，将自己亲朋好友的意见加入自己的体验中，或者与他人一起购物，也即用信息技术模拟商场中的人际互动，将社交媒体与电子商务结合在一起。它将社交网络中各种要素（如朋友、群、投票、评价、讨论等）结合在一起，促成购物活动。社交购物可以在社交网站、厂商开设的社交型门店、中介开的门店进行。购物者可在购物网站社区里写文章、编博客、介绍自己喜欢的商品。每件商品都有自己的编码，购物者不是在网店里挑选，因而社交购物者可以有针对性地搜索商品。例如，什么值得买分类推荐商品，客户还可以写商品体验、评测文章。也有试用报告。在社交购物社区的帮助下，消费者可以按照自己的偏好、所在位置、年龄、性别等特征聚集在一起，他们可以编写一份希望清单晒出来，以此吸引有相同兴趣的朋友。有的网站还开发了“购播”（shopcasting）功能，用户只要使用一个插件就可以将自己的发现写到博客中去。

人们在购物前都喜欢听听他人的意见，**社区购物**（Communal Shopping）把各种不同的人群召集在一起参与购买决策。这样购物者对商品或服务的判断会更加深入。如图 14-3 所示为什么值得买网站的客户体验好文。

图 14-3　什么值得买网站的客户体验好文

14.1.6　虚拟世界中的社交商务

虚拟世界（**Virtual World**）是一种 3D 仿真环境的网络社交平台和专业社交平台。人们在这个平台上创建社区，开展商务、教育和培训等活动。在虚拟世界里，用户可以用自己的替身进行交流沟通，还能体验虚拟商品并支付。

虚拟世界中的社交商务有着极强的现实感，可以在现实中随时随地通过虚拟世界完成商品的搜索、交易。例如，有一天你在去吃午饭的路上，见到一位美女穿了一件漂亮外套，你心里开始嘀咕，这是谁设计的？是什么款式的呢？于是你悄悄掏出手机飞快地扫一下那位女士的外套，很快你就知道某时装品牌电子商务平台正好有货，下单后同款外套就立即发货，很快将送到你手上。

小贴士

VR（**Virtual Reality，虚拟现实**）指利用计算机技术模拟产生一个为用户提供视觉、听觉、触觉等感官模拟的三度空间虚拟世界，用户借助特殊的输入/输出设备，与虚拟世界进行自然交互，用户进行位置移动时，计算机可以通过运算，将精确的三维世界视频传回产生临场感令用户及时、无限制地观察该空间内的事物，如身临其境一样。通俗地说，VR 所看到的图像全是计算机模拟出来的，因而全是虚构的。硬件有 Oculus Rift、PlayStation 等。

AR（**Augmented Reality，增强现实**）是一种实时计算摄影机影像位置及角度，并辅以响应图像的技术。这种技术可以通过全息投影，在镜片的显示屏幕中将虚拟世界与现实世界叠加，操作者可以通过设备互动。AR 看到的世界是半真半假的。硬件有 Google Class 等。

MR（**Mix Reality，混合现实**）是指结合真实和虚拟世界创造的新的环境和可视化三维世界，物理世界和数字对象共存并实时相互作用，用来模拟真实物体，是虚拟现实技术的进一步发展。它是真假难辨的环境。硬件有 Hololens 和 Magic Leap 等。

CR（**Cinematic Reality，影像现实**）是一种跟电影一样逼真的虚拟场景，观众凭肉眼就可观赏。典型案例是 Magic Leap 公司发布的在一间大型的体育馆内，一条鲸鱼凭空从地板中冲出，激起无数浪花的视频。其实，其也可归类于 MR。

企业可以利用虚拟世界为客户带来真实世界中没有的十分丰富的体验，还可以用虚拟世界为客户提供娱乐设施。许多企业（如 IBM、沃尔玛、丰田、西尔斯、国服银行等）在虚拟世界进行实验，例如产品测试、客户服务、员工培训、商品营销等。企业在虚拟世界里召开员工会议，与客户合作，还可以对新技术进行实验，吸引更多的用户来体验企业开展的活动。

虚拟世界的应用主要有 13 种形式。

（1）网络虚拟店堂在线销售。企业在虚拟世界搭建店铺，方便消费者使用商品；厂商搭建虚拟店堂，展示商品。

（2）虚拟办公及客服中心。客服中心的员工（在虚拟世界显示的是他们的化身）可以一整天在网站上提供形象的服务。

（3）广告及产品展示。虚拟世界的广告是立体的，其中的仿真任务会操作家用电器给消费者看。如果是花木，员工的化身还会向消费者示范如何养护它们。

（4）编制内容及传播内容。如在网站上展示音乐、游戏、绘画及其他互动内容。

（5）组织各类会议。网络用户可以通过自己的化身参加各种会议，可以实时互动。

（6）培训。参与人可以仿真模拟各种场景进行训练，如公司员工如何应对突发事件，解救人质，高速公路事故的出口处关闭、车辆改道、救治伤员等的操作。

（7）教育。高校可以构建仿真平台，进行模拟场景的互动教学。

（8）招聘。在企业的虚拟招聘办公室，招聘人员可以形象地介绍工作情况。

（9）旅游宣传。利用三维环境介绍景点。

（10）博物馆及艺术馆。

（11）信息咨询台。

（12）数据编制及展示。

（13）房地产。

阿里巴巴于 2016 年 6 月底测试了第一家网上虚拟现实展示店，这家网店仿真实体店的购物情景，消费者可以使用自己的虚拟现实耳机或者眼镜去店里闲逛。首先店内将有一位机器人向他们问候，并且根据顾客的购物历史和喜好向他们推荐新产品。消费者也可以向机器人询问某种产品如何使用或者穿戴。例如，顾客在最终购买前可以根据颜色、花纹和风格对裙子进行不同搭配。

另外，Buy+是阿里巴巴 VR 实验室当中的一项业务，也是阿里巴巴首次公开的 VR 战略项目。简单来说，Buy+将通过 360° 全景且实景的方式让用户足不出户体验购物的快乐。

进入手机淘宝的客户端之后，在“我的淘宝”中的“必备工具”里可以找到一个“VR 购物”的选项，点击即可进入 Buy+这个全新的世界，如图 14-4 所示。在进入 Buy+之前，App 会让用户选择是以全景模式还是 VR 模式进入，二者实际没有太大的区别，仅是是否进行分屏显示罢了。

图 14-4　Buy+手机淘宝进入点

短暂的过场动画后，出现在我们眼前的是一间面积不大、家居排列整齐的房间，如图 14-5 所示为虚拟购物首页（a）和日本秋叶原虚拟店铺（b）。此时屏幕上会显示一行字“点击墙上的动态图片进入店铺”，围着房间转了一圈，发现有一面墙挂满了各个国家的挂画，上面的内容还时不时产生变化。这些国家包括美国、日本、澳大利亚等著名的“代购国家”，点击即可进入相对应的国家。在一段科幻片中时常出现的时空穿梭特效之后，我们发现自己身处于一辆日本的电车之中，随着广播播报到站提示，电车缓缓停下。

（a）

（b）

图 14-5　虚拟购物首页（a）和日本秋叶原虚拟店铺（b）

随着屏幕一暗一亮，我们便出现在了一家日本秋叶原的虚拟店铺里，货架上摆着各式各样的商品，其中有一些商品上显示着一个蓝绿色的小圆点。

如果我们点击这个商品，商品的详情便会显示在我们面前，从左往右分别是商品的介绍、实物 360° 旋转照片、店铺名称以及加入购物车的按钮。使用过程中能够随时在全景模式和 VR 模式之间切换，店铺中的操作如图 14-6 所示。

图 14-6　店铺中的操作

回到之前的房间，点击美国的挂画，再度时空穿梭，这次我们出现在一辆敞篷车当中，一位长发的黑人大哥开着车，并时不时回头与我们交流。当我们到达目的地后，他还会下车为我们打开车门，并祝我们购物愉快。在美国的购物体验中，我们来到的是一家虚拟大型超市，如图 14-7 所示，这里有各式各样的日常用品。与日本不同的是，由于超市更大，我们能够在超市里来回行走，并看到更多的商品。

图 14-7　美国虚拟大型超市

14.1.7　众包

1. 众包的概念

"众包"（Crowdsourcing）这一概念是由美国《连线》杂志的记者杰夫·豪（Jeff Howe）在2006 年 6 月提出的，他对"众包"的定义是"一个公司或机构把过去由员工执行的工作任务，以自由自愿的形式包给一个大型的、没有清晰界限的大众网络群体去做。众包的任务通常由个人来承担，但如果涉及需要多人协作完成的任务，也有可能以依靠开源的个体生产的形式出现"。这种工作可以是开发一项新技术、完成一个设计任务、改善一个算法，或者是对海量数据进行分析等等。从外包（Outsourcing）、开源（Open-Sourcing）到众包（Crowdsourcing），形成了一个新的商务模式。

"众包"这一概念实际上是源于对企业创新模式的反思。传统的产品创新方法是，首先由生产商对市场进行调查，然后根据调查结果找出消费品的需求，最后根据需求设计出新产品，但这种创新的投资回报率通常很低，甚至血本无归。而如今，随着互联网越发普及，消费者的创新热情和创新能力越发彰显出更大的能力和商业价值，以"用户创造内容"（User-Generated Content）为代表的创新民主化正在成为一种趋势。

2. 众包的商务模式

众包的商务模式是集发包方、接包方和中介机构三位一体的经营模式。

（1）发包方。发包方通常是企业或者拥有工作任务需要解决的个人。对于发包方来说，其发布任务的方式有两种：一种方式是在公司网站上直接发布，以悬赏的方式吸引众多的网民来参与解决问题，这种方式避开了中介机构从而使问题解决的成本更低。如 2007 年 7 月，IBM 发起即兴创新的头脑风暴活动，为的是开发员工及其家属和客户的群体智慧，从而拓展创新领域。IBM 确定了四大主题，为每一主题提供交互式的背景信息，利用主持者使谈话不偏离主题。最终公司收集了 37 000 个创意，由员工对这些创意进行筛选。有 140 000 人在网上参与了第一阶段的创意，公司 CEO 帕米萨诺参与最终的评选，并计划拿出 1 亿美元用在有前景的创意上。另一种方式是通过中介机构，通常是网站社区协会等，发包方与新型网络签订合约，合约中包括了需要解决的问题、价格和售后服务条款等。

（2）接包方。接包方就是数量众多的互联网用户，在中国有一个特定的新名称，叫威客。他们既可以是专业人士，也可以是非专业的兴趣爱好者。标致汽车举办标致设计大赛，发动人们设计自己梦想中的汽车，2005 年的获奖作品 Moovie 就出自一名 23 岁的葡萄牙学生之手。全球范围内有兴趣和能力研究该难题的人或团队通过在中介机构上注册，认可有关优胜解决方案的选择、悬赏兑现以及知识产权处理办法等协议，就能成为"解题者"，实施解题活动，并借助互联网递交解决方案。

（3）中介机构。中介机构是沟通发包方和接包方的桥梁。如网络零售巨头亚马逊推出了提供众包服务的平台 Mechanical Turk（Beta 版），企业用户针对的是那些需要以数美分起价外包简单计算任务的公司，而个人用户将通过完成某项工作获得小额的报酬。Inno Centive 网站也是应用威客模式进行创新的典型代表。

拥有任务的企业或个人通过与中介机构（通常是网站）签订合约，并缴纳保证金，在中介平台——任务库中发布需要解决的任务、课题及其相关要求。威客通过注册的方式进入任务库寻找适合自己的课题并投标，课题完成后提出的解决方案由中介机构反馈到发包方，发包方对方案进行筛选并审核通过后，中介机构兑现奖金，若未通过则返回到任务库，进入下一个任务解决过程。

3. 众包的特点

（1）众包是对外包的颠覆。所谓外包，是指企业整合利用其外部最优秀的专业化资源，从而达到降低成本、提高效率、充分发挥自身核心竞争力和增强企业对环境的迅速应变能力的一种管理模式。它是社会专业化分工的必然结果，是专业化作用下规模经济的产物；强调的是高度专业化，主张企业“有所为、有所不为”；信赖的是专业机构和专业人士，主张“让专业的人干专业的事”。而众包则是互联网力量彰显的产物，强调的是社会差异性、多元性带来的创新潜力，倚重的是“草根阶层”，相信“劳动人民的智慧是无穷的”，主张“三个臭皮匠顶个诸葛亮”。正如宝洁公司负责科技创新的副总裁拉里·休斯敦（Larry Huston）所言，“人们认为众包就是外包，但这肯定是一种误解。外包是指我们雇佣人员提供服务，劳资双方的关系从发包、接包到结算完毕，其实和雇佣关系没什么不同。但众包是从外部吸引人才的参与，使他们参与到这广阔的创新与合作过程。这是两种完全不同的概念”。

（2）众包蕴含着“携手用户协同创新”的理念。众包意味着产品设计由原来的以生产商为主导逐渐转向以消费者为主导，这是因为没有人比消费者更早、更准确地了解自己的需求。因此，如果在产品设计过程中尽早吸收消费者的主观意见，尽早让消费者参与进来，企业的产品将更具创造力，也更容易适应市场需求并获得利润上的保证。位于美国芝加哥的“无线（Threadless）T 恤公司”饱尝了利用众包设计新 T 恤的甜头。该公司网站每周都会收到上百件来自业余“粉丝”或专业艺术家的设计，然后他们把这些设计放在网站上让用户“评头论足”，4～6 件得分最高的 T 恤设计将会进入量产备选名单，然而能否量产还要看公司是否收到足够多的预订单。这样一来，“三赢”局面基本形成：外部设计者的创意得到发挥，得分最高者除了获得奖牌和 2 000 美元奖金，其名字也将印在每件 T 恤上；消费者的参与度和满意度都大大提升；无线 T 恤不仅省下了雇佣专职设计师的费用，而且只生产获得足够预订量的产品，几乎是稳赚不赔。

（3）众包延伸了创新边界，借社会资源为己所用。以往，企业的研发和创新模式基本上都是“各搞各的，老死不相往来”。如今，越来越多的企业采用了“内外结合”的方式，纷纷放眼外部，借助社会资源来提升自身的创新与研发实力。创立于 2001 年的 InnoCentive 网站就是顺应这一需求而生的，目前已经成为化学和生物领域的重要研发供求网络平台。由宝洁、波音和杜邦在内的众多跨国公司组成的“寻求者（seeker）”阵营纷纷把各自最头疼的研发难题抛到“创新中心”上，等待隐藏在网络背后的 9 万多名自由科研人才组成的“解决者”（solver）阵营破译。一旦成功解决这些问题，这些“解决者”将获得 1 万～10 万美元的酬劳。宝洁公司通过充分借助“创新中心”以及 YourEncore 和 NineSigma 等外部研发人才交流平台，获得了丰硕的成果，内部研发人员依然维持在 9 000 人，但外部研发人员却高达 150 万人。外部创新比例从 2000

年的 15%提高到 2005 年的 50%，公司整体研发能力提高了 60%。

（4）在众包中，“草根”的创新越发成为主流。轰轰烈烈的软件开源运动充分证明，由网民协作网络写出的程序，质量并不低于微软、Sun 等大公司程序员开发的产品。由美国加州大学伯克利分校的空间科学实验室主办的 SETI@home 分布式计算项目，自 1999 年 5 月 17 日开始正式运行至 2004 年 5 月，已成功调动了世界各地近 500 万名参与者，积累了近 200 万年的 CPU 运行时间，进行了近 5×10^{21} 次浮点运算，处理了超过 13 亿个数据单元。

IBM、摩托罗拉和联想等跨国公司纷纷宣布大举“进军”印度，IBM 更是把每年一度的投资者大会，从纽约金碧辉煌的大酒店改在了万里之外的印度硅谷班加洛尔召开，而且，IBM 的印度员工人数在两年半内从 9 000 人增加到了 4.3 万人。低廉的人力成本使印度成为一块磁力巨大的“金砖”。托马斯在《世界是平的》一书中大力宣扬了铲平世界的十大“推土机”，其中外包是最大的一台。但是，现在另一条获得更廉价的人力、更有价值的途径正在形成——众包。

4. 众包的优势

（1）外行成为高手。社会上存在众多“闲暇”的科研人才。例如，57 岁的 Ed Melcarek 是一名物理学家，但是他却经常在一个小房间里倒腾一些化学瓶罐。他并非受雇于任何一家化学用品公司，而更像一名自由职业者，他所做的研发工作，完全是出于自己的兴趣，以及体现个人价值的需要。他也是“创新中心”网站的一名“解决者”。大多数的周六，他会走进这个小房间，倒上一杯酒，点上一支烟，然后开始向科研难题发起进攻。这些难题来自《财富》百强中的许多公司，曾一度困扰了他们的研发人员。

“创新中心”创立于 2001 年，最早由美国医药制造商礼来公司（Eli Lilly）资助，现在已经成为化学和生物领域的重要研发供求网络平台。公司成员（寻求者）除了需要向“创新中心”交付一定的会费，为每个解决方案支付的费用仅为 1 万至 10 万美元。“创新中心”上的难题破解率为 30%，“创新中心”的首席科技官 Jill Panetta 认为，在网上广招贤士的做法“和传统的雇佣研发人员的做法相比，效率要高出 30%”。

“创新中心”为 Melcarek 打开了一片全新的天地，在过去三年里，每周他都要登录到这个网站数次，看看上面贴出来的新难题，虽然他从没有受到过生物、化学专业的正式训练，但是这并不妨碍他成为一个化学专家。“在我看来，那些化学难题都可以用我所熟悉的电子机械知识来解决”，Melcarek 相当自信地说，“如果我思考了 30 分钟仍然没有头绪，我就放弃。”攻破一个难题，赚个上万美元，对他来说，“只需要花上几个星期，挺不错的”，Melcarek 轻轻地笑着说。

对那些苦苦寻求答案的公司来说，这同样是非常不错的交易，尤其是当它们面对日益高昂的研发费用。“我认识的每一个 R&D 高管都面临着类似的问题”，宝洁公司副总裁 Huston 说，“每年，研发的预算增长都超出了销售的增长率。‘创新中心’打破了目前的研发模式。”

2000 年以前，宝洁公司的研发成本不断攀升，然而销售业绩平平，股价也下跌了一半多，Huston 因而受命创新公司的研发之路，他放弃了裁减内部研发人员的做法，而决定从改变他们的工作方式入手。

Huston 发现公司很多成功的产品都是不同部门合作的结果，由此他想到，如果这样的“交叉授粉”范围扩大，将会催生更好的产品。同时，宝洁也树立了一个目标，把公司外部的创新比例从原来的 15%提高到 50%。六年过去了，据 Huston 介绍，宝洁的研发能力提高了 60%，股价也逐步回升至五年来的新高。“我们对公司组织的定义有了很大的改变”，Huston 说道，“我们目前有 9 000 多名研发员工，而外围网络的研发人员达到 150 万人，二者的界限很难界定。"

宝洁公司是"创新中心"最早的也是最好的企业用户之一，但"创新中心"并不是它使用的唯一研发人才交流平台，它同时还通过 YourEncore 和 NineSigma 等网站，抛出自己的研发课题，寻求外援。

（2）击溃专业精英门槛。美国国家卫生博物馆的负责人 Claudia Menashe 曾苦于找不到合适的图片来配合一次关于禽流感的展览，后来有一名自由职业摄影师 Mark Harmel 愿意提供照片，并且考虑到博物馆的非营利性质，开出了每张 150 美元的优惠价。Menashe 原本打算咬紧牙关购买四张，但是最后一刻她改变了主意，因为她在一个名为 iStockphoto 的网站上找到了需要的照片，关键是这些照片的价格低得惊人，每张只需要 1 美元！Menashe 当即一口气选了 56 张，这样的花费比 Mark Harmel 四张照片售价的十分之一还便宜。

Menashe 发现的这个像宝藏一样的 iStockphoto 原本是一个免费的图片共享和交流网站，现在每张图片价格仅在 1 美元到 5 美元之间（尺寸、像素非常大的图片最高售价也不超过 40 美元）。它之所以能提供如此廉价的图片作品，完全得益于它的 2.2 万名业余摄影爱好者的贡献，他们的照片每被使用一次，仅需支付几十美分。

iStockphoto 和其他类似的图片社曾一度引起了大型专业图片社的恐慌，2006 年 2 月，占据全球市场份额 30%的盖蒂图片社（Getty Images）以 5 000 万美元的价格收购了 iStockphoto。"如果有人要抢你的生意，最好把它变成你生意的一部分"，盖蒂的 CEO Jonathan Klein 总结道。现在，iStockphoto 收入的月增长率达到了 14%，其 2006 年被购买的图片数量达到 1 000 万张次，这将是盖蒂售出的昂贵的专业图片数量的几倍。现在，iStockphoto 的大客户不仅有很多小型设计公司，还包括 IBM、United Way 等大型公司和机构。

"现在看来，这是大堤上的一个漏洞啊，"专业摄影师 Harmel 过了好长时间才弄明白 iStockphoto 是怎么一回事。在 2000 年，他为图片社提供 100 张专业照片就能赚到 6.9 万美元，但是去年，他的收入减少了 1 万美元，为维护这个收入所提供的照片数量却是原来的 10 倍。这又岂止是事倍功半？

Harmel 并非唯一觉得受到威胁的摄影师，在图片社摄影师联盟的论坛上，艺术家的抱怨之声不绝于耳。"在我看来，专业自由摄影师是不会有什么前途了"，Harmel 无奈地说，他打算今后把工作重点放在命题作品上面。

（3）众包：天使还是魔鬼？美国麻省理工学院研究科技创新的讲师 Karim Lakhani 一直很关注"创新中心"的发展，"'创新中心'的力量源泉在于'解决者'多元化的知识背景"，在追踪调查了由 26 家公司张贴出来的 166 个问题后，Lakhani 得出这样的结论，"事实上我们发现，'解决者'越是对某个领域不熟悉，越是容易出成果。"先锋社会学家 Mark Granovetter 把这样的现象称为"松绑的力量"——最高效的网络，是那些联结了最广泛的信息、知识和经验的网络。

"解决者"来自世界四面八方，背景也是五花八门，在车库里做实验的大有人在，还有的是在校学生，破解化学难题的高手里面也不乏律师。

前面提到的 Melcarek 原来所学的专业是微粒加速器，由于经济上的压力，他不得不放弃深造的机会成为一名工程师，每天从事设计加热孔、工业喷漆机器人等工作，"朝九晚五的日子让我感觉很不好"，他感到自己的科学知识和探索的欲望完全没有得到充分的发挥。在"创新中心"，他终于找到了自己的舞台，他的得意之作之一，是为著名的日用品公司高露洁-棕榄公司提供了一个方案，用电子物理的方法解决了牙膏封装的难题。

"这个办法极其简单"，Melcarek 说，为什么高露洁没有想到呢？"他们的研发人员可能都

是和试管打交道的化学家，缺乏物理专业知识。”Melcarek 没花什么力气就赢得了 2.5 万美元，同样的课题，如果由高露洁公司自己的研发人员来解决，花费就可能是这个数字的几倍——前提是如果他们能解决。

Melcarek 对自己的业余成就和收入相当满意。但是，对 Melcarek 来说像天使降临一样的众包大潮，对于另一些人来说就如同魔鬼一样可怕。

5. 众包面临的问题

众包过程中真正发挥作用的其实是少部分埋头苦干的人，他们是痴迷于这个领域的人。其他人被组织起来提供帮助。“众人拾柴火焰高”是在于广泛收集数据一类的工作。

中国在利用众包模式上与国外存在的差距主要表现在没有上升到新商务模式，没有把它作为创新方式运用。

6. 众包对社会经济生活的积极影响

（1）能充分发挥人力资源的作用。首先能最大范围地利用人力资源。因为互联网是一个国际性的开放平台，不受地区、国别和民族等的限制，只要有能力完成相关的任务，就可以成为威客。其次能最大限度地利用人力资源。众包突破了固定工作地点和工作时间的限制，只是确定了完成工作任务的特定期限，从而使人们可以利用部分闲暇时间来完成某项任务。

（2）可以节约大量的成本。众包是以通过互联网发布任务的方式进行的，使企业、机关等任务发布方不需要专门招聘人员，不需要设立专门的办公场所，从而可以相应节约大量的成本。

（3）创造了一种新创业方式。网站会员可以通过建立一个类似于“A Swarm of Angels”依靠集体力量共同创作完成的众包项目，利用互联网进行任务分解、整合完成、上市交易、收益分配等过程，共同完成其创意，使众包成为一种新创业方式。

（4）有利于提高效率。由于众包突破了固定工作地点和工作时间的限制，可以最大限度和最大范围地利用社会的人力资源，那么，企业或相关的单位就可以将依靠本企业或本单位的力量，在短时间内难以完成的工作量大的任务，采取分解为若干工作量小的任务的方式，通过众包来完成。只要提供的悬赏金额足以吸引志愿者（B 型威客）来参与，企业面临的大多数工作任务，都是可以在短时间内完成的。因而，可以极大地提高效率。

（5）创造新的就业方式，有利于扩大就业。众包在创造新工作模式的同时，也创造了新的就业方式。由于众包突破了固定工作地点和固定工作时间的限制，从而产生一部分人不需要与某个企业或用人单位签订聘用合同，而采取自由职业者的方式，在自己家里通过网络不断以接受任务——完成任务——领取赏金的方式自主就业。

（6）能更好地满足人们的需要。由于众包通过发布任务和提供悬赏金额的办法来完成某项工作，并可以充分地利用社会的人力资源。因此，如果一个人遇到某种困难，只要他把自己面临的困难或需要解决的问题，通过在网上发布任务并提供相应的赏金，总是可以遇到对解决该项困难有兴趣，并具有解决该项困难能力的人，从而能使人们的不同需求得到更好的满足。

（7）突破了原有消费者与生产者之间的界限，为“大规模定制”创造了条件。众包打破了生产者与消费者之间存在着的严格界限，使消费者能直接对产品设计、性能和规格等提出自己的想法，生产企业可以通过众包的方式把意见集中起来，交给消费者去评估。然后，根据消费者评估的结果，实行“大规模定制”，极大地降低了产品的市场风险。

7. 众包对社会经济生活的消极影响

(1) 可能冲击正常的工作秩序。众包虽然有充分利用社会人力资源的积极影响，但也有冲击正常工作秩序的消极影响。一是会分散人们从事本职工作的精力。因为一旦接受众包网上的工作任务，就很难像以前那样全身心地投入本职工作中。二是可能损害职员所在工作单位的利益。有的职员经受不住高额赏金的诱惑，利用所在单位的专利或技术，通过变通的方式去完成众包网上的工作任务，增加了维护知识产权的成本，加大了知识产权保护的难度，势必冲击正常的工作秩序。

(2) 冲击正常的社会秩序。一是挑战社会道德。目前威客网站上发布的工作任务各式各样，如有的发布利用人脉关系悬赏调动工作的任务，赏金高达 5 万元；有的发布代写毕业论文和科研论文的工作任务等，直接冲击社会的道德底线。二是为违法犯罪提供方便。众包通过发布工作任务和向中标者提供悬赏金额的办法，也为化公为私、"洗钱"等犯罪行为提供了条件。

(3) 诚信缺乏保证。一是由客户（工作任务发布人）自己来确定中标者，就无法避免任务发布者自导自演，或只让自己亲近的人的作品中标。二是目前对任务发布方和众包网站泄露或在其他场合利用未中标的参与者的作品，缺乏有效的监督。三是目前对众包网站没有及时将参与者的作品提交给任务发布者而给参与者造成损失，缺乏有效的赔偿机制。

14.2 云计算、大数据、人工智能引发的电子商务模式

这一部分内容涉及较多的计算机概念，然而，我们认为这是重要的。因为：

公理 1： 电子商务是在以互联网为标志的 IT 环境中运行的。

公理 2： 现代电子商务的形成是 Internet 渗入零售业发展起来的，并逐渐深入供应链中。

推理 1： IT 的革新变化对电子商务的发展会产生显著影响。

公理 3： 成功的电子商务其模式设计都有自己的特色。

推理 2： 有独立特色的电子商务模式需要有独自设计的计算机系统来实现。

现实中，不少人做电子商务的观念，还是那种找一个现成的电子商城网站软件安装到租用的虚拟空间中，放上自己的东西，然后进行网络营销。然而，成功的电子商务不可能照搬别人的计算机系统或软件来实现自己的电子商务模式。如果当年阿里巴巴的电子商务网站挂在某电子商城里，那淘宝店铺是做不出来的。eBay 的电子商务模式是基于逆向拍卖的，没有哪家的电子商城软件有这个模式。Amazon 的电子商务网站也不是现成的电子商城的样子。当今成功的电子商务企业，很难找到一家是靠下载一个电子商城软件做成的。

所以，做电子商务，必须要懂得 IT 知识，并关注 IT 的发展。

14.2.1 云计算

1. 为什么需要云计算？

首先，举两个日常的例子。

例 1： 当我们写一个文档，在保存时，计算机出故障了，结果文档丢失。如果这个文档存到远程计算机中，则永不丢失。

例 2：在某个临时租借的计算机中，当我们需要使用办公软件时，需要下载，安装；使用 Matlab 软件时，需要下载，安装；使用 C++开发软件时，还需要下载，安装。这些如果有一个公共的平台在线提供，就简单了。

又如订票、地图、搜索，以及其他硬件租赁业务的互联网服务，随着服务内容和用户规模的不断增加，对于服务的可靠性、可用性的要求急剧增加，这种需求变化对计算机服务器的需要大大增加。多个服务器通过集群等方式构建很难满足要求，于是在各地建设数据中心来达成需求。对于像 Google、Amazon 这样有实力的大公司来说，有能力建设分散于全球各地的数据中心来满足各自业务发展的需求，而且还有富余的可用资源。于是 Google、Amazon 等就可以将自己的基础设施能力作为服务提供给相关的用户，这就是云计算的由来。在云计算的概念诞生后，从 IBM、Google、Amazon 到 Dell、微软等，这些公司都在不遗余力地推进云计算的发展，并且都从各自的角度诠释着云计算以及相关的应用。

2. 什么是云计算？

云计算（Cloud Computing）这个词语最早由 Google 首席执行官埃里克·施密特（Eric Schmidt）在 2006 年 8 月 9 日召开的搜索引擎大会（SES San Jose 2006）首次提出，它源于 Google 工程师克里斯托弗·比希利亚所做的“Google 101”项目的“云端计算”。

目前为止，云计算还没有得到一个公认的定义。采用较多的是美国国家标准与技术研究院（NIST）提出的：“云计算是一种按使用量进行付费的模式，这种模式提供可用的、便捷的、按需的网络访问，使用可配置的计算资源共享池，共享池的资源包括网络、服务器、存储、应用软件、服务等，这些资源能够通过云计算平台快速提供给客户，只需投入很少的管理工作，或与服务供应商进行很少的交互。”这个定义相对比较贴切，随着云计算技术的不断演进，我们对云计算的认识也在不断地深入，未来的定义还会更加恰当。

云计算是分布式计算（Distributed Computing）、并行计算（Parallel Computing）、效用计算（Utility Computing）、网络存储（Network Storage）、网格计算（Grid Computing）、虚拟化（Virtualization）、负载均衡等（Load Balance）传统计算机技术发展到一定阶段，和互联网技术融合发展的产物。其目的在于通过互联网把无数个节点（计算实体）整合成一个具有强大计算能力的“巨型机”系统，并借助 IaaS（Infrastructure as a Service，基础设施即服务）、PaaS（Platform as a Service，平台即服务）、SaaS（Software as a Service，软件即服务）等业务模式，把强大的计算能力提供给终端用户。云计算能够通过不断提高云计算平台的处理能力，减少用户终端的处理负担，使得用户终端可以简化成低配的计算终端，让用户享受到按需使用云计算平台的强大计算处理能力。

小贴士

分布式计算是把一个需要巨大的计算能力才能解决的问题分成许多小的部分，然后把这些小部分分配给网络上的多台计算机进行处理。

并行计算是用多个处理器来协同求解同一问题，即将被求解的问题分解成若干个部分，各部分均由一个独立的处理器来并行计算。

效用计算是 IT 资源的一种打包和计费方式，比如按照计算、存储分别计量费用，像传统的电力等公共设施一样。

网络存储是一种特殊的专用数据存储服务器，包括存储器件（例如磁盘阵列、CD/DVD 驱动器、磁带驱动器或可移动的存储介质）和内嵌系统软件，可提供跨平台文件共享功能。

网络存储通常在一个 LAN 上占有自己的节点，无须应用服务器的干预，允许用户在网络上存取数据，在这种配置中，网络存储集中管理和处理网络上的所有数据，将负载从应用或企业服务器上卸载下来，有效降低总拥有成本，保护用户投资。

网格计算是分布式计算的一种，由一群松散耦合的计算机组成的一个超级虚拟计算机，常用来执行一些大型任务。

虚拟化是指通过虚拟化技术将一台计算机虚拟为多台逻辑计算机。在一台计算机上同时运行多个逻辑计算机，每个逻辑计算机可运行不同的操作系统，并且应用程序都可以在相互独立的空间内运行而互不影响，从而显著提高计算机的工作效率。

负载均衡是将负载分摊到多个操作单元上进行执行。

IaaS 是一种通过网络按需提供给对所有设施的利用，包括处理、存储、网络和其他基本的计算资源，用户能够部署和运行任意软件，包括操作系统和应用程序。消费者不管理或控制任何云计算基础设施，但能控制操作系统的选择、储存空间、部署的应用，也有可能获得有限制的网络组件（例如防火墙、负载均衡器等）的控制。

PaaS 提供给消费者的服务是让客户采用提供的开发语言和工具（例如 Java、Python、.Net 等）开发的或收购的应用程序部署到供应商的云计算基础设施上去。客户不需要管理或控制底层的云基础设施，包括网络、服务器、操作系统、存储等，但客户能控制部署的应用程序，也可能控制运行应用程序的托管环境配置。

SaaS 提供给客户的服务是运营商运行在云计算基础设施上的应用程序，用户可以在各种设备上通过客户端界面访问，如浏览器。消费者不需要管理或控制任何云计算基础设施，包括网络、服务器、操作系统、存储等。

3. 云计算的发展

要真正理解云计算需要对云计算的由来及其特点有清晰的认识。

（1）概念的形成与发展。云计算的基础理论起源于半个世纪前。1966 年出版的《计算机普及的挑战》一书中写道，计算机的强大已经能为普通人提供信息和服务，但是设备又大又贵使人们（在未来）不得不以远程访问的形式使用。约翰·麦卡锡（John McCarthy）教授在 1961 年麻省理工学院百年校庆上讲道，“每位用户只需为实际使用的功能出钱，但是用户必须去了解一个巨大系统中的所有编程语言特性……某些用户可能会为其他用户提供服务……计算机公用事业会变成一个新兴重要行业的基础。”这个时代，效用计算问世。它意味着普通人也能获得计算资源，并且根据需要的计算资源实现按需付费。更重要的是，不像喝水要打井一样，人们使用计算资源时不再需要拥有自己的计算系统。“效用计算”这个概念，其核心借鉴了电厂模式，具体目标是整合分散在各地的服务器、存储系统以及应用程序来共享给多个用户，让用户能够像把灯泡插入灯座一样来使用计算机资源，并且根据其所使用的量来付费。但由于当时整个 IT 产业还处于发展初期，很多强大的技术还未诞生，比如互联网等，所以虽然这个想法一直为人称道，但是总体而言“叫好不叫座”。

随着计算机技术的发展，在云计算出现前发展出了网格计算。网格计算研究如何把一个需要巨大的计算能力才能解决的问题分成许多小的部分，然后把这些小部分分配给许多低性能的计算机来处理，最后把这些计算结果综合起来攻克大问题。可惜的是，由于网格计算在商务模式、技术和安全性方面的不足，使其并没有在工程界和商业界取得预期的成功。

这些概念在网络中出现的变化如图 14-8 所示，总之，旧概念在逐渐减少，新概念日益攀升。这里，蓝色线（从 2007 年开始右数从上往下的第三条）为云计算、红色线（右数从上往下第四条）为网格计算、黄色线（右数从上往下第五条）为效用计算、绿色线（右数从上往下第一条）为虚拟化。

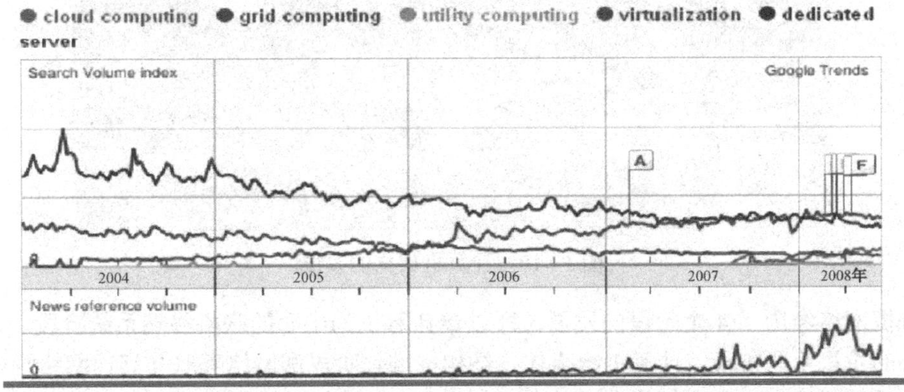

图 14-8　云计算、网格计算、效用计算、虚拟化概念在网络中出现的变化

（2）计算机 IT 支撑技术的发展。云计算需要有大量一定性能的计算机、分布式计算、互联网。这些技术的发展经历了一定的过程，目前已经成熟。

首先，计算机的发展已历经 4 代（如图 14-9 所示），性能按照摩尔定律（当价格不变时，集成电路上可容纳的元器件的数目，每隔 18～24 个月便会增加一倍，性能也将提升一倍）高速成长至今，超级计算机“神威·太湖之光”系统的峰值性能达到 12.5 亿亿次/秒，持续性能为 9.3 亿亿次/秒，普通计算机芯片 Intel Core i9 7900X 理论上可达 660 亿次/秒。

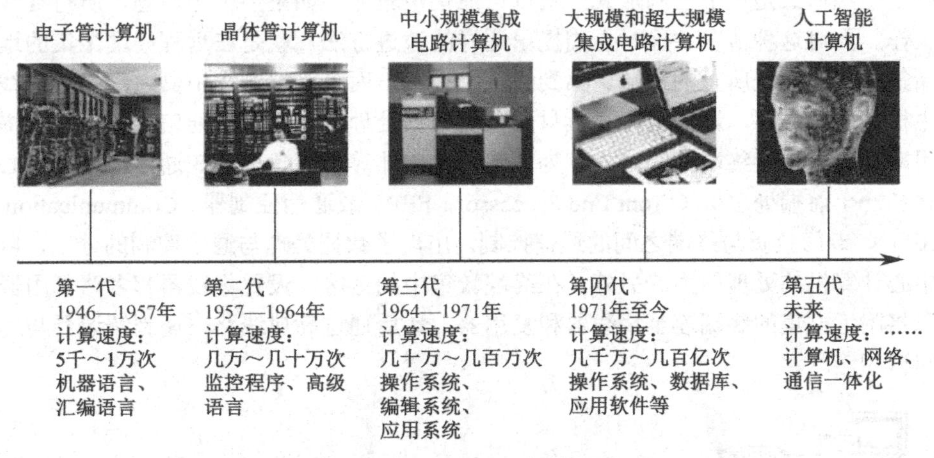

图 14-9　计算机的发展历程

计算机经历了集中式计算的主机时代、独立计算的中小型计算机/微型计算机时代，再到集中式的云计算时代，计算机架构的发展如图 14-10 所示。在独立的计算机时代，因网络的发起，特别是局域网的发展，使得需要更高性能的计算能力不必购买昂贵的中小型计算机，也能通过网络将多个微型计算机连接起来形成分布式计算的廉价方案实现。分布式计算使得预测某台计算机出故障前能够将计算任务在联网的计算机间迁移从而带来安全性和可靠性。分布式计算也能将网络中计算机不均衡的计算进行负载均衡操作，物尽其用。

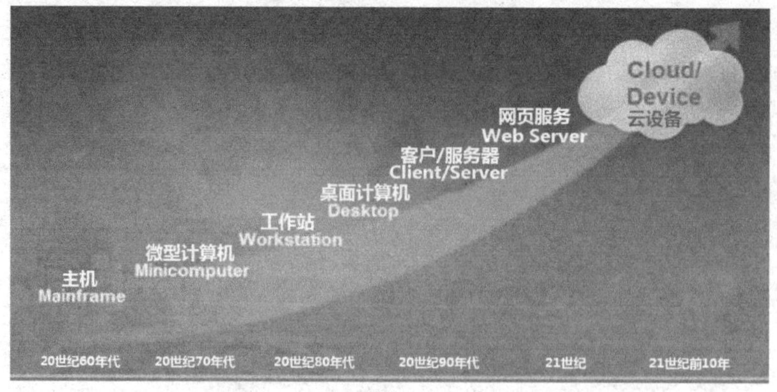

图 14-10　计算机架构的发展

计算机网络经历了 4 个阶段的发展，即以单计算机为中心的联机终端系统阶段、以通信子网为中心的主机互联阶段、计算机网络体系结构标准化阶段和网络互联与高速网络阶段。

以单计算机为中心的联机终端系统

在 20 世纪 50 年代以前，因为计算机主机相当昂贵，而通信线路和通信设备相对便宜，为了共享计算机主机资源和进行信息的综合处理，形成了第一代的以单计算机为中心的联机终端系统，如图 14-11 所示。所谓联机系统，即以一台中央主计算机连接大量在地理上处于分散位置的终端。所谓的终端通常指一台计算机的外部设备，包括显示器和键盘、无中央处理器（Central Processing Unit，CPU）和内存。

在第一代计算机网络中，由于所有的终端共享主机资源，因此终端到主机都单独占一条线路，使得线路利用率低；而且主机既要负责通信又要负责数据处理，因此主机的效率也低；由于这种网络组织形式是集中控制形式，所以可靠性也较低，如果主机出问题，所有终端都将被迫停止工作。面对这种情况，当时人们提出这样的改进方法，就是在远程终端聚集的地方设置一个终端集中器，再把所有的终端聚集到终端集中器，而且终端到集中器之间是低速线路，而终端到主机是高速线路，这样使得主机只要负责数据处理而不要负责通信工作，大大提高了主机的利用率。随着连接终端数的增加，为了减轻中心计算机的负担，在通信线路和中心计算机之间设置了一个前端处理机（Front End Processor，FEP）或通信控制器（Communication Control Unit，CCU），专门负责与终端之间的通信控制，出现了数据处理与通信控制的分工，以便更好地发挥中心计算机的处理能力。另外，在终端较集中的地区，设置集线器和多路复用器，通过低速线路将附近群集的终端连至集线器和复用器，然后通过高速线路、调制解调器与远程计算机的前端机相连。

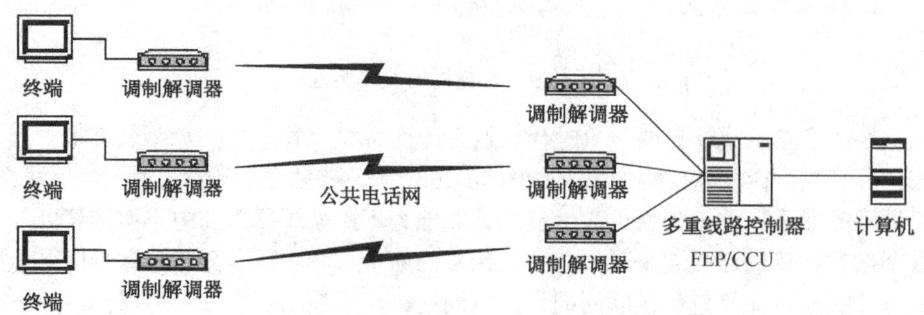

图 14-11　以单计算机为中心的联机终端系统

以通信子网为中心的主机互联

随着计算机网络技术的发展，到 20 世纪 60 年代中期，计算机网络不再局限于单计算机网络，许多单计算机网络相互连接形成了有多个单主机系统相连接的计算机网络系统，这时期的计算机网络体系有两个特点：多个终端联机系统互联，形成了多主机互联网络；网络结构体系由主机到终端变为主机到主机。这个变化开创了计算机与计算机通信的时代。

随后各大计算机公司都陆续推出了自己的网络体系结构，以及实现这些网络体系结构的软件硬件产品。1974 年 IBM 公司提出的 SNA（System Network Architecture）和 1975 年 DEC 公司推出的 DNA（Digital Network Architecture）就是两个著名的例子。但这些网络也存在不少弊端，主要问题是各厂家提供的网络产品实现互联十分困难。这种自成体系的系统称为“封闭”系统。因此，人们迫切希望建立一系列的国际标准，渴望得到一个“开放”系统，这正是推动计算机网络走向国际标准化的一个重要因素。

第二阶段典型的以多计算机为中心的网络结构如图 14-12 所示。这一阶段计算机网络的主要特点是：资源的多向共享、分散控制、分组交换，采用专门的通信控制处理机、分层的网络协议，这些特点往往被认为是现代计算机网络的典型特征。但这个时期的网络产品彼此之间是相互独立的，没有统一的标准。

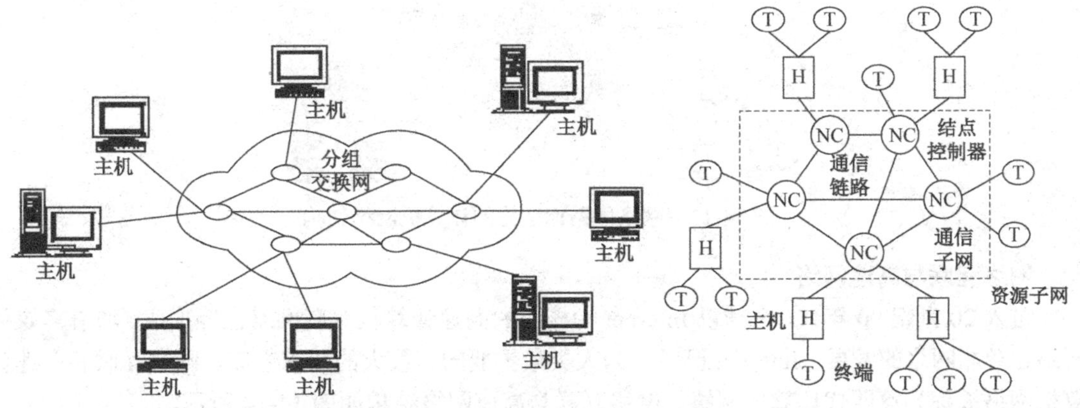

图 14-12　以多计算机为中心的网络结构

计算机网络体系结构标准化阶段

20 世纪 70 年代中期，计算机网络的逐渐普及，各种计算机网络怎么连接起来就显得相当复杂。因此需要把计算机网络形成一个统一的标准，使之更好地连接，所以网络体系结构标准化就显得相当重要。

1984 年，国际化标准组织 ISO 正式颁布了一个开放系统互连参考模型的国际标准 OSI 7498。模型分为七个层次，有时也被称为 ISO/OSI 七层参考模型。从此网络产品有了统一的标准，同时也促进了企业的竞争，尤其为计算机网络向国际标准化方向发展提供了重要依据。

另一个事实上的标准是 1969 年美国国防部高级研究计划署 DARPA（Defence Advanced Research Projects Agency）提供经费，联合计算机公司和大学共同研制而发展起来的 ARPAnet 网络。最初 ARPAnet 主要用于军事研究，它主要是基于这样的指导思想：网络必须经受得住故障的考验而维持正常的工作，一旦发生战争，当网络的某一部分因遭受攻击而失去工作能力时，网络的其他部分应能维持正常的通信工作。作为 Internet 的早期骨干网，ARPAnet 的试验奠定了 Internet 存在和发展的基础，较好地解决了异种机网络互联的一系列理论和技术问题，其

TCP/IP RM（TCP/IP 参考模型，四层协议体系结构）的开发和利用随着 Internet 后来的普及成了事实上的网络互联标准。

20 世纪 80 年代，随着微型机的广泛使用，局域网获得了迅速发展。美国电气与电子工程师协会（IEEE）为了适应微机、个人计算机（PC）以及局域网发展的需要，于 1980 年 2 月在旧金山成立了 IEEE 802 局域网络标准委员会，并制定了一系列局域网络标准。在此期间，各种局域网大量涌现。新一代光纤局域网——光纤分布式数据接口（FDDI）网络标准及产品也相继问世，从而为推动计算机局域网络技术进步及应用奠定了良好的基础。这一阶段典型的网络体系标准化的计算机网络结构如图 14-13 所示，通信子网的交换设备主要是路由器和交换机。

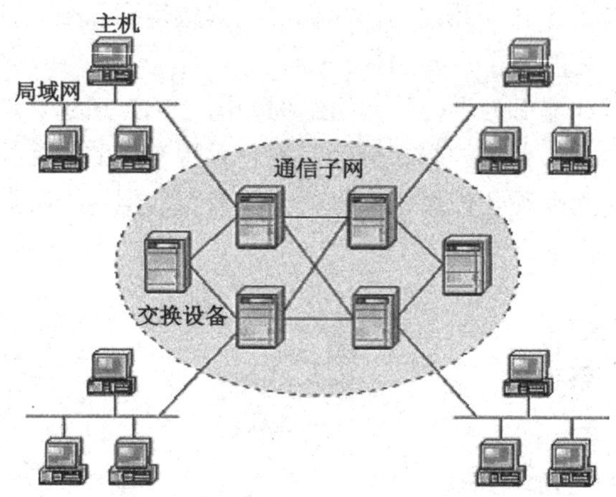

图 14-13　网络体系标准化的计算机网络结构

网络互联与高速网络

进入 20 世纪 90 年代，全球以 Internet 为核心的高速计算机互联网络已经形成。随着多媒体网络、智能网络的发展，Internet 已经成为人类最重要的、最大的知识宝库。网络互联和高速计算机网络被称为第四代计算机网络。网络互联与高速网络结构如图 14-14 所示。

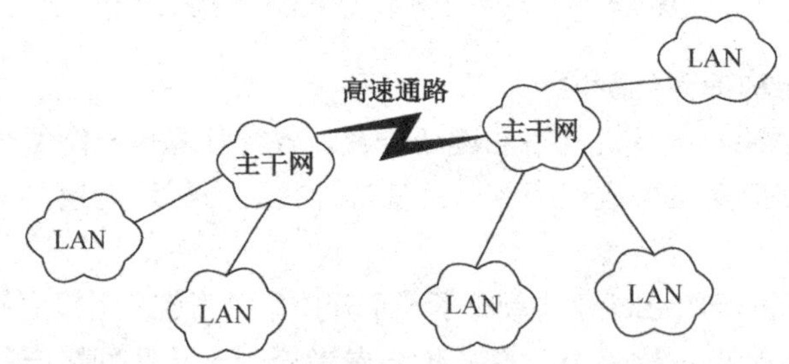

图 14-14　网络互联与高速网络结构

互联网的发展如图 14-15 所示。

4. 云计算的特点

云计算是通过使计算分布在大量的分布式计算机上，而非本地计算机或远程服务器中，企业数据中心的运行将与互联网更相似。这使得企业能够将资源切换到需要的应用上，根据需求访问计算机和存储系统。

云计算之所以称为"云"，是因为它在某些方面具有现实中云的特征：云一般都较大；云的规模可以动态伸缩，它的边界是模糊的；云在空中飘忽不定，无法也无须确定它的具体位置，但它确实存在于某处。

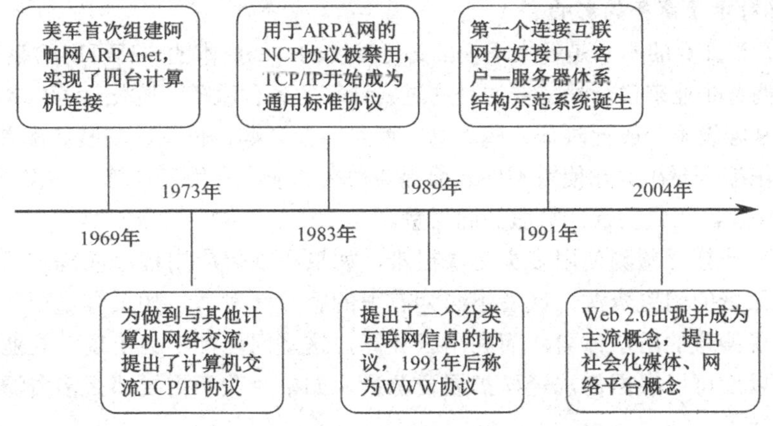

图 14-15　互联网的发展

被普遍接受的云计算特点如下。

（1）超大规模。“云”具有相当的规模，Google 云计算已经拥有 100 多万台服务器，Amazon、IBM、微软、Yahoo 等的“云”均拥有几十万台服务器。企业私有云一般拥有数百上千台服务器。“云”能赋予用户前所未有的计算能力。

（2）虚拟化。云计算支持用户在任意位置、使用各种终端获取应用服务。所请求的资源来自“云”，而不是固定的有形的实体。应用在“云”中某处运行，但实际上用户无须了解，也不用担心应用运行的具体位置。只需要一台笔记本或者一个手机，就可以通过网络服务来实现我们需要的一切，甚至包括超级计算这样的任务。

（3）高可用性。“云”使用了数据多副本容错、计算节点同构可互换等措施来保障服务的高可用性，使用云计算比使用本地计算机提供更高的高可用性。高可用性（High Availability，H.A.）指的是通过尽量缩短因日常维护操作（计划）和突发的系统崩溃（非计划）所导致的停机时间，以提高系统和应用的可用性。

（4）通用性。云计算不针对特定的应用，在“云”的支撑下可以构造出千变万化的应用，同一个“云”可以同时支撑不同的应用运行。

（5）高可扩展性。“云”的规模可以动态伸缩，满足应用和用户规模增长的需要。

（6）按需服务。“云”是一个庞大的资源池，可按需购买，可以像自来水、电、煤气那样计费。

（7）极其廉价。由于“云”的特殊容错措施可以采用极其廉价的节点来构成云，“云”的自动化集中式管理使大量企业无须负担日益高昂的数据中心管理成本，“云”的通用性使资源的利用率较之传统系统大幅提升，因此用户可以充分享受“云”的低成本优势，经常只要花费几百美元、几天时间就能完成以前需要数万美元、数月时间才能完成的任务。

（8）潜在的危险性。云计算服务除了提供计算服务外，还必然提供存储服务。但是云计算服务当前垄断在私人机构（企业）手中，而他们仅仅能够提供商业信用。所以政府机构、商业机构（特别像银行这样持有敏感数据的商业机构）对于选择云计算服务应保持足够的警惕。一旦商业用户大规模使用私人机构提供的云计算服务，无论其技术优势有多强，都不可避免地让这些私人机构以“数据”（信息）的重要性挟制整个社会。对于信息社会而言，“信息”是至关重要的。另外，云计算中的数据对于数据所有者以外的其他用户是保密的，但是对于提供云计算的商业机构确实毫无秘密可言。

5. 云计算对电子商务的影响

如上所述，云计算的本质是超大规模的、可扩展的、低成本的、高可用的服务器集群系统。对于中小电子商务企业来说，最重要的是通过云计算的各种服务，降低运营成本。

建立本地基础设施一般耗时长、成本高，而且涉及订购、付款、安装和配置昂贵的硬件，而所有这些工作都需要在实际使用硬件之前提前很久完成。利用云计算，不需要花时间做这些事情，只需要按实际用量向云计算服务商付费。

企业新应用计划要预测使用多少资源很难，如果在部署应用程序前确定了容量，则一般可以避免出现昂贵的闲置资源，或者不必为有限的容量而发愁。如果容量用尽，则在获取更多资源前会出现糟糕的用户体验。而利用云计算，这些问题都不会出现。企业可以预配置所需的资源量，以后可以根据需求轻松扩展资源量。如果企业不需要那么多资源，则减少它们并调整付费就行了。

更快速和更灵敏地开发和部署应用程序。利用传统基础设施，需要花数周时间才能采购、交付并运行服务器，较长的时间可能扼杀了创新。利用云计算，可以根据需要预配置资源量，企业可以在几分钟内部署数百个甚至数千个服务器。这种自助服务环境的变化速度与开发和部署应用程序一样快，可让企业团队更快、更频繁地进行试验。

云计算为企业节省了数据中心及工程投资和运营所需的资源，企业可以专注在业务发展的项目上。

对于巨型电子商务企业，例如亚马逊和阿里巴巴，则可通过出售富裕的计算资源获取高额的利润。

AWS（Amazon Web Services）是亚马逊提供的专业云计算服务，于2006年推出，以Web服务的形式向企业提供 IT 基础设施服务。亚马逊所提供的云服务包括亚马逊弹性计算云（Amazon EC2）、亚马逊简单储存服务（Amazon S3）、亚马逊简单数据库（Amazon SimpleDB）、亚马逊简单队列服务（Amazon Simple Queue Service）及 Amazon CloudFront 等，如图 14-16 所示。AWS 已经为全球 190 个国家/地区内的成百上千家企业提供支持。数据中心位于美国、欧洲、巴西、新加坡和日本。2016 年 AWS 营收总额为 36.6 亿美元。2017 年第一季度的净收入为8.9 亿美元，公司整体净收入为 10.1 亿美元。《纽约时报》指出，“Amazon 公司在云计算服务领域获得的利润要远远超过其零售销售额，这也帮助这家总部位于西雅图的企业由货币亏损者转化为一家值得依赖的吸金大厂”。

阿里云是阿里巴巴集团旗下云计算品牌，全球卓越的云计算技术和服务提供商。创立于2009 年，在杭州、北京、硅谷等地设有研发中心和运营机构。阿里云服务着制造、金融、政务、交通、医疗、电信、能源等众多领域的领军企业，包括中国联通、12306、中石化、中石油、飞利浦、华大基因等大型企业客户，以及微博、知乎等明星互联网公司。在天猫双 11 全球狂欢节、12306 春运购票等极富挑战的应用场景中，阿里云保持着良好的运行纪录。阿里云通过如图 14-17 所示的服务获得较大的收益，2016 年，阿里云以 55.6 亿元全年营业收入位居云计算厂商第一。

图 14-16 AWS 提供的云服务

图 14-17 阿里云提供的服务

云计算可提供的主要服务如下。

（1）SaaS。这种类型的云计算通过浏览器把程序传给成千上万的用户。在用户看来，这样会省去在网络、系统软件授权和应用软件开发上的开支。从供应商角度来看，同一系统可供多次使用收取多次使用费，这样能够实现效益最大化。SaaS 在人力资源管理程序和 ERP 中比较常用，Google Apps 和 Zoho Office 是类似的服务。

（2）实用计算（Utility Computing）。这个主意很早就有了，但是直到后来才在 Sun、IBM 和其他提供存储服务和虚拟服务器的公司中诞生。这种云计算是为 IT 行业创造虚拟的数据中心使得其能够把内存、I/O 设备、存储和计算能力集中成为一个虚拟的资源池来为整个网络提供服务。

（3）网络服务。同 SaaS 关系密切，网络服务提供者能够提供 API 让开发者开发更多基于互联网的应用，而不是提供单机程序。

（4）平台即服务。另一种 SaaS，这种形式的云计算把开发环境作为一种服务来提供，可以使用中间商的设备来开发自己的程序，并通过互联网和其服务器传到用户手中。

（5）MSP（管理服务提供商）。最古老的云计算运用之一，这种应用更多的是面向 IT 行业而不是终端用户，常用于邮件病毒扫描、程序监控等。

（6）商业服务平台。这是 SaaS 和 MSP 的混合应用，该类云计算为用户和提供商之间的互动提供了一个平台。比如用户个人开支管理系统，能够根据用户的设置来管理其开支并协调其订购的各种服务。

（7）互联网整合。将互联网上提供类似服务的公司整合起来，以便用户能够更方便地比较和选择自己的服务供应商。

小常识

过去在图中往往用云来表示计算机网络，特别是广域网。后来也用来表示互联网和底层基础设施的抽象。

14.2.2 大数据

1. 什么是大数据？

高德纳咨询公司（Gartner）对大数据（Big Data）的定义是，大数据是需要新处理模式才能具有更强的决策力、洞察发现力和流程优化能力来适应海量、高增长率和多样化的信息资产。

麦肯锡全球研究所给出的定义是：一种规模大到在获取、存储、管理、分析方面大大超出了传统数据库软件工具能力范围的数据集合，具有海量的数据规模、快速的数据流转、多样的数据类型和价值密度低四大特征。

迈尔-舍恩伯格（2013）认为，大数据不用随机分析法（抽样调查）这样的捷径，而采用所有数据进行分析处理。

总体来说，大数据是指无法在一定时间范围内用常规软件工具进行捕捉、管理和处理的数据集合，是需要新处理模式才能具有更强的决策力、洞察发现力和流程优化能力的海量、高增长率和多样化的信息资产。

大数据技术的战略意义不在于掌握庞大的数据信息，而在于对这些有意义的数据进行专业化处理。也就是说不是拥有大数据，而是分析这些数据，转化为领域洞察，为人所用。换而言之，如果把大数据比作一种产业，那么这种产业实现盈利的关键在于，提高对数据的“加工能力”，通过“加工”实现数据的“增值”。有人把数据比喻为蕴藏能量的煤矿。煤炭按照性质有焦煤、无烟煤、肥煤、贫煤等分类，而露天煤矿、深山煤矿的挖掘成本又不一样。与此类似，大数据并不在“大”，而在于“有用”。价值含量、挖掘成本比数量更为重要。对于很多行业而言，如何利用这些大规模数据是赢得竞争的关键。

现在的社会是一个高速发展的社会，科技发达，信息流通，人们之间的交流越来越密切，生活也越来越方便，大数据就是这个高科技时代的产物。阿里巴巴创办人马云在演讲中就提到，未来的时代将不是 IT 时代，而是 DT 时代，DT 就是 Data Technology（数据科技），显示大数据对于阿里巴巴集团来说举足轻重。

2. 大数据有什么特点

IBM 提出的大数据 5V 特征，如图 14-18 所示。

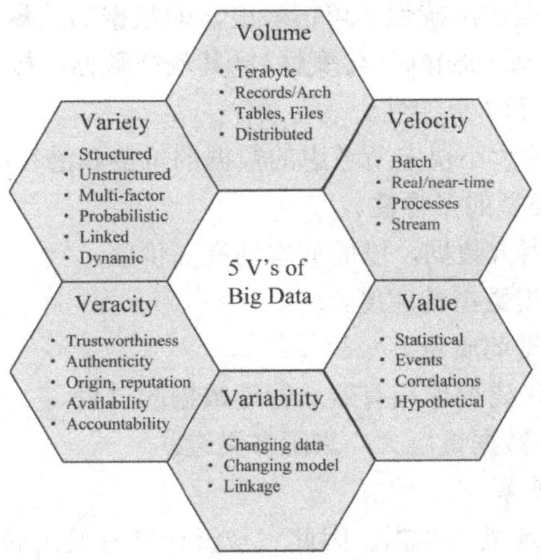

图 14-18　IBM 提出的大数据 5V 特征

Volume（容量）：数据量大，包括采集、存储和计算的量都非常大。大数据的起始计量单位至少是 PB（1 000 个 T）、EB（100 万个 T）或 ZB（10 亿个 T），如图 14-19 所示为数据存储单位。

1 Byte（字节）= Binary Digit（二进制位）
8 bit = 2^3 = 1 Byte（字节）
1 KB（Kilobyte）= 2^{10} = 1 024 Bytes = 8 192 bit
1 MB（Megabyte）= 2^{20} = 1 024 KB
1 GB（Gigabyte）= 2^{30} = 1 024 MB
1 TB（Terabyte）= 2^{40} =1 024 GB
1 PB（Petabyte）= 2^{50} =1 024 TB
1 EB（Exabyte）= 2^{60} = 1 024 PB
1 ZB（Zettabyte）= 2^{70} = 1 024 EB
1 YB（Yottabyte）= 2^{80} = 1 024 ZB
1 BB（Brontobyte）= 2^{90} = 1 024 YB
1 NB（Nonabyte）= 2^{100} = 1 024 BB
1 DB（Doggabyte）= 2^{110} = 1 024 NB
1 CB（Corydonbyte）= 2^{120} = 1 024 DB

图 14-19　数据存储单位

Variety（种类）：种类和来源多样化。包括结构化、半结构化和非结构化数据，具体表现为网络日志、音频、视频、图片、地理位置信息等多类型的数据。这就对数据的处理能力提出了更高的要求。

Value（价值）：数据价值密度相对较低，或者说是浪里淘沙却又弥足珍贵。随着互联网以及物联网的广泛应用，信息感知无处不在，信息海量，但价值密度较低，如何结合业务逻辑并通过强大的机器算法来挖掘数据价值，是大数据时代最需要解决的问题。

Velocity（速度）：数据增长速度快，处理速度也快，时效性要求高。比如搜索引擎要求几分钟前的新闻能够被用户查询到，个性化推荐算法尽可能要求实时完成推荐。这是大数据区别于传统数据挖掘的显著特征。

Veracity（真实性）：数据的准确性和可信赖度，即数据的质量。

在图 14-18 中还有一个 Variability（可变性），其表征数据、模式、链接是在变化之中的。

也有人提出大数据有以下 7 个特性。

容量（Volume）：数据的大小决定所考虑的数据的价值和潜在的信息。

种类（Variety）：数据类型的多样性。

价值（value）：合理运用大数据，以低成本创造高价值。

速度（Velocity）：指获得数据的速度。

真实性（Veracity）：数据的质量。

可变性（Variability）：妨碍处理和有效地管理数据的过程。

复杂性（Complexity）：数据量巨大，来源多渠道。

3. 大数据与云计算的关系

由于大数据需要高性能地处理数据，因此它与云计算有很大的联系。

从技术上看，大数据与云计算的关系就像一枚硬币的正反面一样密不可分。大数据必然无法用单台的计算机进行处理，必须采用分布式架构。它的特色在于对海量数据进行分布式数据挖掘。但它必须依托云计算的分布式处理、分布式数据库和云存储、虚拟化技术。

随着云时代的来临，大数据也吸引了越来越多的关注。大数据通常用来形容一个公司创造的大量非结构化数据和半结构化数据，这些数据在下载到关系型数据库用于分析时会花费过多时间和金钱。大数据分析常和云计算联系到一起，因为实时的大型数据集分析需要像 MapReduce 一样的框架来向数十台、数百台或甚至数千台电脑分配工作。

大数据需要特殊的技术，以有效处理大量的容忍经过时间内的数据。适用于大数据的技术，包括大规模并行处理（MPP）数据库、数据挖掘、分布式文件系统、分布式数据库、云计算平台、互联网和可扩展的存储系统。

4. 大数据对电子商务的影响

（1）为大量消费者提供产品或服务的企业可以利用大数据进行精准营销。

（2）做小而美模式的中小微企业可以利用大数据做服务转型。

（3）面临互联网压力之下必须转型的传统企业需要与时俱进充分利用大数据的价值。

（4）基于大数据处理的信息检索服务。例如，淘宝网络平台上的商品都具备十余种属性的展示，主要包括视频、图像等多媒体数据，用户可以通过价格、商品品牌甚至颜色等属性来智能检索与过滤信息，随后精准定位产品。而且用户在线购买商品后还会实时呈现订单结果，这些都是 Map Reduce 大数据实时处理模式所实现的结果。淘宝应用语言理解与知识推理能迅速准确地分析用户所提供的信息行为，最终得出符合用户需求的产品数据信息。

（5）利用大数据技术搭建新销售模式，以 Web 搜索作为核心引擎技术来展开大数据分析过程，挖掘消费者的实际购物兴趣，搭建信息推荐模式。

（6）大数据处理使电子商务数据资产化。数据作为信息时代的产物将占据越发重要的地位，数据化竞争将引领未来的商业竞争，而企业制胜的关键将以其对数据的掌握来衡量。越来越多有关数据的业务应运而生，如对数据分析、可视化的业务和众包模式等。大数据将发展成为一项产业，为企业创造更多的利益。

不过，“大数据”在经济发展中的巨大意义并不代表其能取代一切对于社会问题的理性思考，科学发展的逻辑不能被湮没在海量数据中。

在这个快速发展的智能硬件时代，困扰应用开发者的一个重要问题就是如何在功率、覆盖范围、传输速率和成本之间找到那个微妙的平衡点。企业组织利用相关数据和分析可以帮助它们降低成本、提高效率、开发新产品、做出更明智的业务决策等。例如，通过结合大数据和高性能的分析，下面这些对企业有益的情况都可能会发生。

（1）及时解析故障、问题和缺陷的根源，每年可能为企业节省数十亿美元。

（2）为成千上万的快递车辆规划实时交通路线，躲避拥堵。

（3）分析所有 SKU（Stock Keeping Unit，库存量单位），以利润最大化为目标来定价和清理库存。

（4）根据客户的购买习惯，为其推送他可能感兴趣的优惠信息。

（5）从大量客户中快速识别出金牌客户。

（6）使用点击流分析和数据挖掘来规避欺诈行为。

5. 大数据的实现

大数据涉及的三个层面如图 14-20 所示。

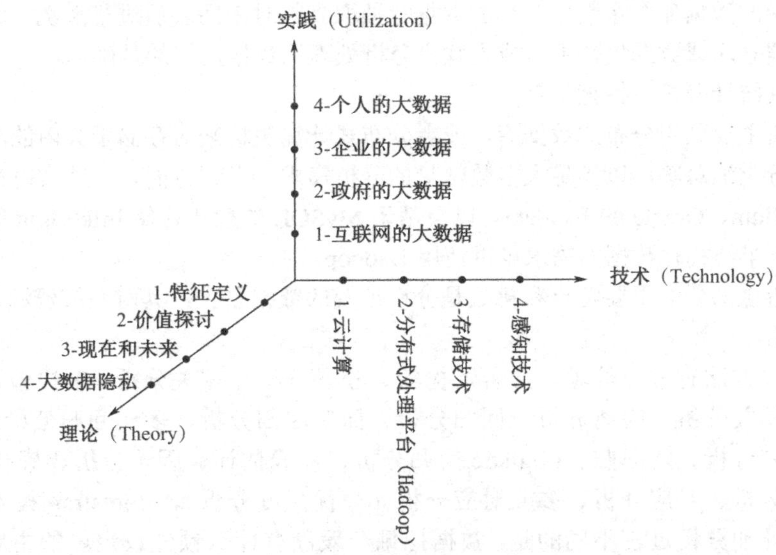

图 14-20　大数据涉及的三个层面

第一层面是理论，理论是认知的必经途径，也是被广泛认同和传播的基线。可以从大数据的特征定义理解行业对大数据的整体描绘和定性；从对大数据价值的探讨来深入解析大数据的珍贵所在；洞悉大数据的发展趋势；从大数据隐私这个特别而重要的视角审视人和数据之间的长久博弈。

第二层面是技术，技术是大数据价值体现的手段和前进的基石。可以从云计算、分布式处理技术、存储技术和感知技术的发展来说明大数据从采集、处理、存储到形成结果的整个过程。

第三层面是实践，实践是大数据的最终价值体现。可以从互联网的大数据、政府的大数据、企业的大数据和个人的大数据四个方面来描绘。

大数据处理的普遍流程至少包括数据采集、数据存储（导入）、数据处理（统计分析、挖掘)、数据展现（可视化，报表和监控）这四个步骤，才能算得上是一个比较完整的大数据处理。

数据采集

大数据的采集是指利用多个数据爬虫来接收发自客户端（Web、App或者传感器形式等）的数据。比如，电子商务会使用Redis和MongoDB这样的NoSQL数据库来存储每一笔事务数据，有的还会使用传统的关系型数据库MySQL和Oracle等来存储。在大数据的采集过程中，其主要特点和挑战是并发数高，同时有可能会有成千上万的用户来进行访问和操作，如火车票售票网站和淘宝，它们并发的访问量在峰值时可达到上百万，所以需要在采集端部署大数据量的数据库系统才能支撑。并且如何在这些数据库之间进行负载均衡和分片的确是需要深入思考和设计的。

数据存储（导入）

虽然采集端本身会有很多数据库，但是如果要对这些海量数据进行有效的分析，还是应该将这些来自前端的数据导入一个集中的大型分布式数据库，或者分布式存储集群，并且可以在导入基础上做一些简单的清洗和预处理工作。导入与预处理过程的特点和挑战主要是导入的数据量大，每秒钟的导入量经常会达到百兆，甚至千兆级别。也有一些用户会在导入时使用来自Twitter的Storm对数据进行流式计算，以满足部分业务的实时计算需求。ETL工具负责将分布的异构数据源中的数据如关系数据、平面数据等抽取到临时中间层后进行清洗、转换、集成，最后加载到数据仓库或数据集市中，成为联机分析处理、数据挖掘的基础。

数据处理（统计分析、挖掘）

统计与分析主要利用分布式数据库，或者分布式计算集群来对存储于其内的海量数据进行普通的分析和分类汇总等，以满足大多数常见的分析需求。在这方面，一些实时性需求会用到EMC的GreenPlum、Oracle的Exadata，以及基于MySQL的列式存储Infobright等，而一些批处理，或者基于半结构化数据的需求可以使用Hadoop。

统计与分析这部分的主要特点和挑战是分析涉及的数据量大，其对系统资源，特别是I/O会有极大的占用。

用到的统计方法有假设检验、显著性检验、差异分析、相关分析、T检验、方差分析、卡方分析、偏相关分析、距离分析、回归分析、简单回归分析、多元回归分析、逐步回归、回归预测与残差分析、岭回归、Logistic回归分析、曲线估计、因子分析、聚类分析、主成分分析、判别分析、对应分析、多元对应分析（最优尺度分析）、Bootstrap技术等。

与前面统计和分析过程不同的是，数据挖掘一般没有什么预先设定好的主题，主要是在现有数据上进行基于各种算法的计算，从而起到预测（Predict）的效果，实现一些高级别数据分析的需求。比较典型的算法有用于聚类的Kmeans、用于统计学习的SVM和用于分类的NaiveBayes，主要使用的工具有Hadoop的Mahout等。该过程的特点和挑战主要是用于挖掘的算法很复杂，并且计算涉及的数据量和计算量都很大，常用数据挖掘算法都以单线程为主。

挖掘的方法有分类（Classification)、估计（Estimation)、预测（Prediction)、相关性分组或关联规则（Affinity grouping or association rules)、聚类（Clustering)、描述和可视化（Description and Visualization)、复杂数据类型挖掘（Text、Web、图形图像、视频、音频等)、预测模型、机器学习、建模仿真。

数据展示

各种图表、图示、标签云等。

6. 大数据的技术架构

大数据的技术架构如图 14-21 所示。底层为大数据源层，获取来自所有渠道的、所有可用于分析的数据。存储的数据格式可以是文本、图像、音视频、空间数据、状态时间、文档、关系数据及域实体的结构化、半结构化或非结构化的数据。数据可以源自数据库、文档（字处理、电子表格）、智能设备、日志、企业应用系统（ERP、CRM、人力资源、Web App 等）、地理信息系统、社会媒体（社交媒体、电子邮件、博客、在线信息）、传感器（环境、气候、湿度、光照、位置、角度、地点、距离、速度、加速度、化学、压力、流速、流量、力、密度、电流、电压、声音、导航、汽车、运输、温度、光亮度等）。

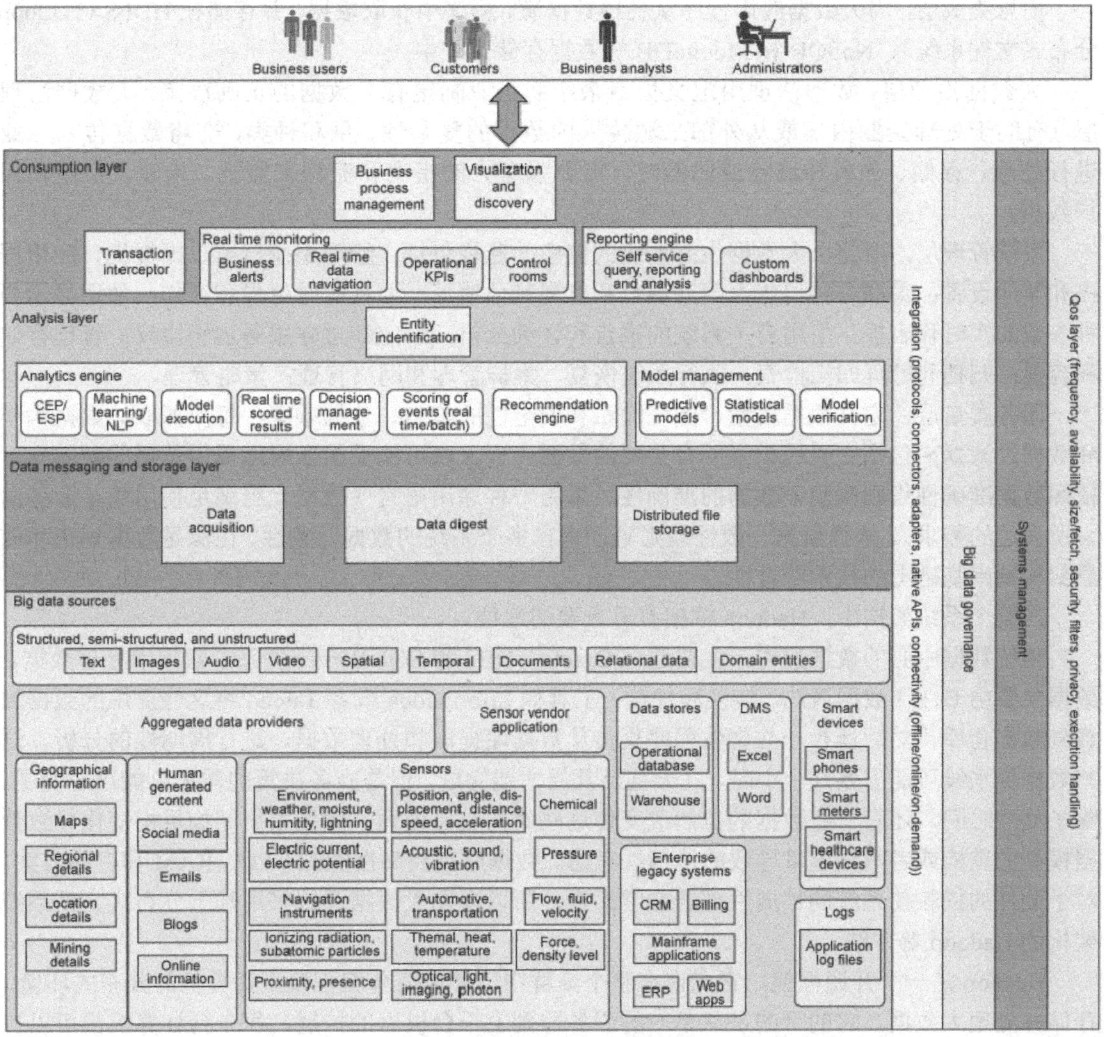

图 14-21　大数据的技术架构

第二层为数据消息和存储层，负责从数据源获取数据，并在必要时将它转换为适合数据分析方式的格式。包括数据获得、数据消化、分布式文件存储。

第三层为分析层，负责读取数据消息和存储层整理（digest）的数据。在某些情况下，分析层直接从数据源访问数据。该层包括实体识别、数据引擎、模型管理。分析引擎可能有复杂事件处理 CEP（Complex Event Processing）/事件流处理 ESP（Event Stream Processing）、机器学习/自然语言处理 NLP（Natural Language Processing）、模型执行、实时评分结果、决策管理、时间评分（实时/批处理）、推荐引擎。模型管理包括预测模型、统计模型、模型验证。

第四层为应用层，接收分析层所提供的输出。使用者可以包括业务流程管理、可视化和发现、事物侦听器、实时监控（业务警告、实时数据导航、运营绩效指标、控制室）、报告引擎（自服务查询、报告和分析、客户化仪表板）。

外部接口可以是商业用户、消费者、商务分析师和管理者。

垂直层，影响逻辑层（大数据源层、数据消息和存储层、分析层）的所有组件的各方面都包含在垂直层中，包括信息集成、大数据治理、系统管理、服务质量。

信息集成层，用大数据应用程序从各种数据源、程序中获取数据，并存储在 HDFS（Hadoop 分布式文件系统）、NoSQL 和 MongoDB 等数据存储系统中。

大数据治理层，数据治理用定义指南来帮助企业制定有关数据的正确决策。大数据治理层，有助于处理企业内部或从外部来源传入的数据的复杂性、量和种类，在将数据传入企业进行处理、存储、分析和清除或归档时，需要强有力的指南和流程来监视、构建、存储和保护数据。

系统管理层，对整个大数据生态系统的健康的监视包括：管理系统日志、虚拟机、应用程序和其他设备；关联各种日志，帮助调查和监视具体情形；监视实时警告和通知；使用显示各种参数的实时仪表板；引用有关系统的报告和详细分析；设定和遵守服务水平协议；管理存储和容量；归档和管理归档检索；执行系统恢复、集群管理和网络管理；策略管理。

服务质量层，定义数据质量、围绕隐私和安全性的策略、数据频率、每次抓取的数据大小和数据过滤器，包括完整地识别所有必要的数据元素、以可接受的新鲜度提供数据的时间轴、依照数据准确性规则来验证数据的准确性、采用一种通用语言（数据元组满足使用简单业务语言所表达的需求）、依据数据一致性规则验证来自多个系统的数据一致性、在满足数据规范和信息架构指南基础上的技术符合性。

在整个系统架构中，Hadoop 框架有着重要的地位。

传统数据中心的数据架构。主要通过 Oracle、DB2 和 SQL Server 关系型数据库处理数据。数据主要由 ETL（数据清洗、转换和加载）工具如 Informatica 或者 Talend 将这些提炼的数据加载到数据仓库，然后运行一些脚本程序直接从数据库提取和处理数据，进行周期性的分析。这些数据流水线可能需要几个小时、几天甚至几周才能完成，但是商务决策的需求可能已经变了。除了处理时间，还有一些数据的自然改变使这些架构难以处理，例如数据结构重构变化导致数据模型的重构或者数据容量导致的伸缩性考虑。数据库需要高性能的 CPU、RAM 和存储方案，对于硬件的依赖使系统的扩展性部署非常昂贵。所以现在大数据系统采用基于分布式文件系统架构的 Hadoop 等方法。

Hadoop 是一个开源框架，它允许在整个集群中，使用简单编程模型计算机的分布式环境，存储并处理大数据。它的目的是从单一的服务器到上千台机器的扩展，每一台计算机都可以提供本地计算和存储。

Hadoop 原本来自谷歌一款名为 MapReduce 的编程模型包。谷歌的 MapReduce 框架可以把一个应用程序分解为许多并行计算指令，跨大量的计算节点运行巨大的数据集。Hadoop 由 Apache Software Foundation 公司于 2005 年秋天作为 Lucene 的子项目 Nutch 的一部分正式引入。2006 年 3 月，Map/Reduce 和 Nutch Distributed File System（NDFS）分别纳入 Hadoop 项目中。

Hadoop 的框架最核心的设计就是：HDFS 和 MapReduce。HDFS（Hadoop Distributed File

System，Hadoop 分布式文件系统）设计用来为海量的数据提供存储，它可部署在低廉的（Low-Cost）硬件上，提供高吞吐量（High Throughput）和高容错性的访问数据，适合那些有着超大数据集（Large Data Set）的应用程序。MapReduce 为海量的数据提供了计算。

Hadoop 工作流程示意图如图 14-22 所示，数据通过 Hadoop 的集群处理后得到结果。

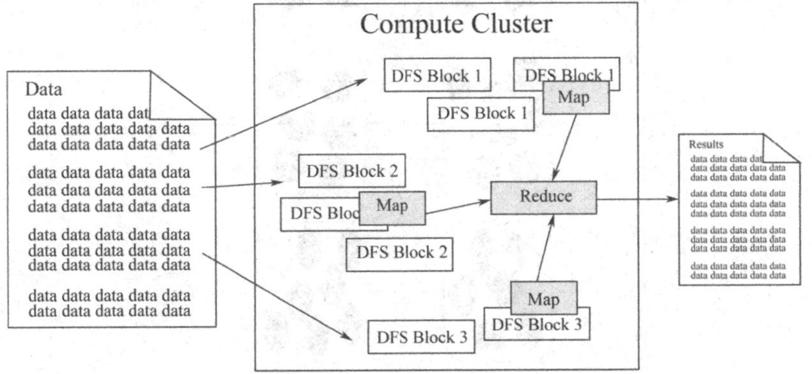

图 14-22　Hadoop 工作流程示意图

文件储存：大文件被分成默认 64 MB 一块的数据块。Block 存储在集群中各机器的分布式文件系统中，如 DFS Block 1、DFS Block 2、DFS Block 3。如文件 data1 被 split（分割成）1、2、3，data2 分割成 4、5，以冗余镜像的方式分布到不同机器的 DataNode 中，如图 14-23 所示。

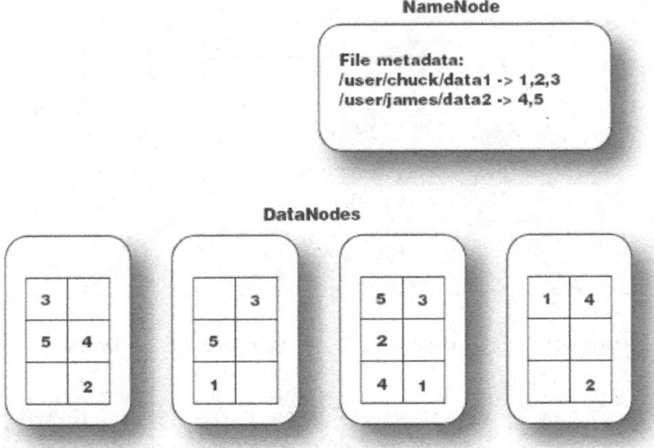

图 14-23　文件被分割到各个 DataNode 中

MapReduce 通过 Map（映射）和 Reduce（化简）来实现大规模数据（TB 级）的并行计算。可以简单理解为，通过 Map（映射）函数，把一组键值对映射成一组新的键值对；指定并发的 Reduce（化简）函数，用来保证所有映射的键值对中的每一个共享相同的键组。然后就可以使用大量服务器来执行 Map 程序，并将待处理的庞大数据切割成很多的小份数据，由每台服务器分别执行 Map 程序来处理分配到的那一小份数据，接着再将每一个 Map 程序分析出来的结果，通过 Reduce 程序进行合并，最后则汇集出完整的结果。如图 14-24 所示为 MapReduce 处理，Hadoop 将一个 Job（作业）分为一个个 Input Split，并为每一个 Input Split 创建一个 Task（任务）调用 Map 计算，在此 Task 中依次处理此 Split 中的一个个记录（Record）。Map 会将结果以 Key-Value 的形式输出。Hadoop 负责按 Key 值将 Map 的输出整理后作为 Reduce 的输入，

Reduce Task 的输出为整个 Job 的输出，保存在 HDFS 上。

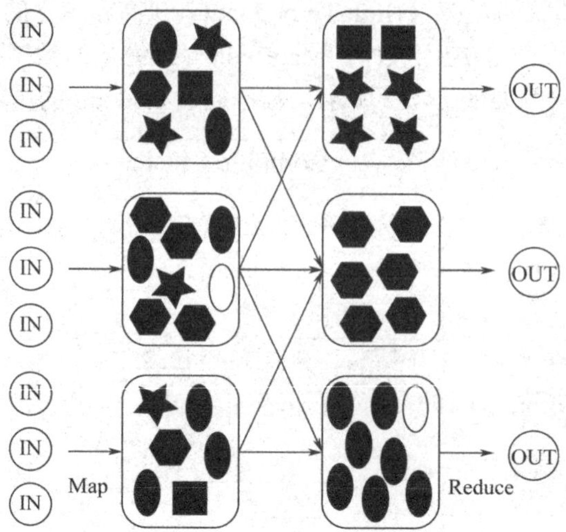

图 14-24 MapReduce 处理

Hadoop 集群主要由 NameNode、DataNode、Secondary NameNode、JobTracker 和 TaskTracker 组成，如图 14-25 所示。

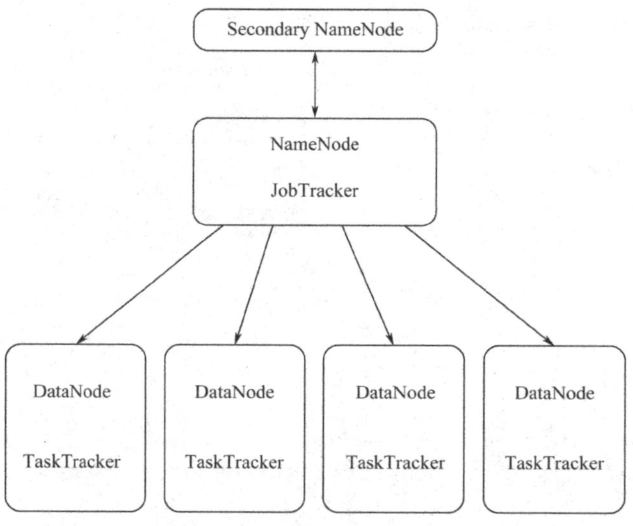

图 14-25 Hadoop 集群

NameNode 中记录了文件是如何被拆分成 Block 以及这些 Block 都存储到了那些 DateNode 节点。NameNode 同时保存了文件系统运行的状态信息。

DataNode 中存储的是被拆分的 Blocks。

Secondary NameNode 帮助 NameNode 收集文件系统运行的状态信息。

当有任务提交到 Hadoop 集群的时候，JobTracker 负责 Job 的运行，负责调度多个 TaskTracker。

TaskTracker 负责某一个 Map 或者 Reduce 任务。

HDFS 和 MapReduce 只是打造 Hadoop 平台最基本的核心套件，在 Apache 基金会的网站中还有其他的相关开源套件，共同组成了一个 Hadoop 体系（Hadoop Ecosystem）及 Hadoop

系统架构层次，如图 14-26、图 14-27 所示。其中重要的周边方案包括 HBase、Hive、ZooKeeper、Pig、Mahout、Avro 和 Sqoop。

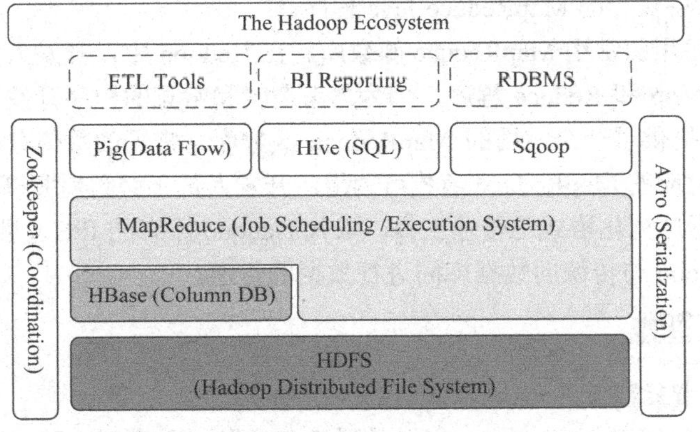

图 14-26　Hadoop 体系

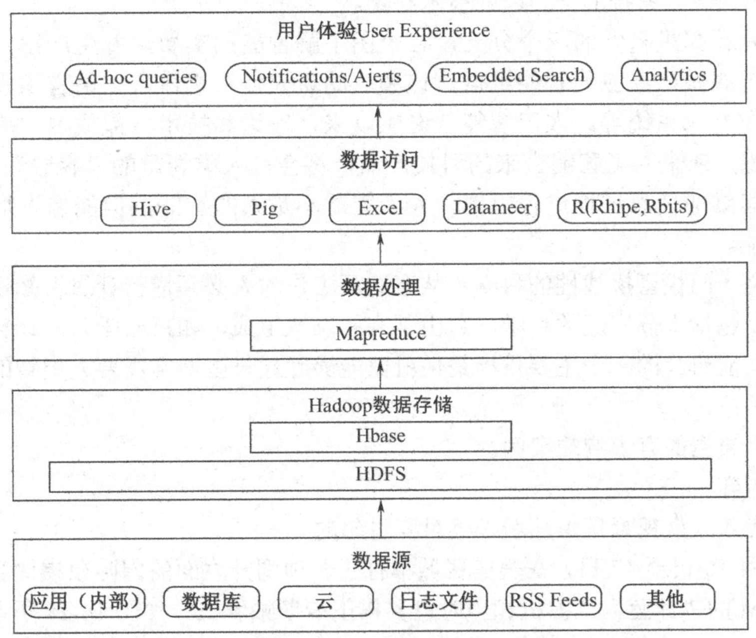

图 14-27　Hadoop 系统架构层次

HBase：能容纳 PB 数据量的分布式 NoSQL 数据库。HBase 是专门用于 Hadoop 文件系统上的数据库系统，采取 Column-Oriented 数据库设计，不同于传统的关系式数据库，例如没有表、Schema 数据架构等功能，而是采用 Key-Value 形式的数据架构，每笔数据都有一个 Key 值对应到一个 Value 值，再通过多维度的对应关系来建立类似表格效果的数据架构。如此就能采取分布式储存方式，可以扩充到数千台服务器，以应对 PB 等级的资料处理。

Hive：基于 Hadoop 构建在 HDFS 上的一个数据仓库工具，可以将结构化的数据文件映射为一张数据库表，并提供完整的 SQL 查询功能，可以将 SQL 语句转换为 MapReduce 任务执行。

ZooKeeper：分布式锁，让 Hadoop 内部服务器能协同运作。Zookeeper 是监控和协调 Hadoop 分布式运作的集中式服务，可提供各个服务器的配置和运作状态资讯，用于提供不同 Hadoop 系统角色之间的工作协调。

Pig：大数据数据流分析平台，为用户提供多种接口。不懂 Java 开发也能写 MapReduce，Pig 提供了一个 Script 语言 Pig Latin，可用来编写 MapReduce 程序。Pig 会自动将这些脚本程序转换为能在 Hadoop 中执行的 MapReduce Java 程序。

Mahout：即时可用的常用 MapReduce 函数库。在 Hadoop 中，开发人员必须将数据处理拆解成可分散运算的 Map 和 Reduce 程序，因为思考逻辑和常见的程序开发逻辑不同，所以开发难度很高。Mahout 提供了一个常用的 MapReduce 函数库，常见的数值分析方法、会聚分类和筛选方式都已经有对应的 MapReduce 函数可调用，开发人员不必再重复开发一次。

Avro：新的数据序列化格式与传输工具，取代 Hadoop 原有的 IPC（进程间通信）机制。

Sqoop：在 Hadoop 与传统的数据库间进行数据的传递。

14.2.3 人工智能

1. 什么是人工智能？

人工智能（Artificial Intelligence，AI）是研究、开发用于模拟、延伸和扩展人的智能的理论、方法、技术及应用系统的一门新的技术科学。

人工智能是计算机科学的一个分支，它企图了解智能的实质，并生产出一种新的能与人类智能相似的方式做出反应的智能机器，该领域的研究包括机器人、语言识别、图像识别、自然语言处理和专家系统等。人工智能从诞生以来，理论和技术日益成熟，应用领域也不断扩大，可以设想，未来人工智能带来的科技产品，将会是人类智慧的“容器”。人工智能可以对人的意识、思维的信息过程进行模拟。人工智能不是人的智能，但能像人那样思考，也可能超过人的智能。

人工智能是一门极富挑战性的科学，从事这项工作的人必须懂得计算机知识、心理学和哲学。人工智能是包括十分广泛的科学，它由不同的领域组成，如机器学习、计算机视觉等。总的说来，人工智能研究的一个主要目标是使机器能够胜任一些通常需要人类智能才能完成的复杂工作。

这里举两个典型的有影响的案例。

（1）人机对弈

人工智能走入大众视野是由几场人机对弈引起的。

1996 年 2 月 10 日至 17 日，在美国费城举行了一项别开生面的国际象棋比赛，报名参加比赛者包括了 IBM 的“深蓝”计算机和当时世界棋王卡斯帕罗夫，如图 14-28 所示。

图 14-28　IBM 的“深蓝”计算机对弈卡斯帕罗夫

1996 年 2 月 17 日，国际象棋比赛最后一天，世界棋王卡斯帕罗夫对垒“深蓝”计算机。

在这场人机对弈的 6 局比赛中，棋王卡斯帕罗夫以 4∶2 战胜计算机“深蓝”，获得 40 万美元高额奖金。人胜计算机，首次国际象棋人机大战落下帷幕。但到了 1997 年 5 月 11 日，卡斯帕罗夫却以 2.5∶3.5（1 胜 2 负 3 平）输给了计算机“深蓝”。

“深蓝”重量达 1.4 吨，有 32 个节点，每个节点有 8 块专门为进行国际象棋对弈设计的处理器，平均运算速度为每秒 200 万步。总计 256 块处理器集成在 IBM 研制的 RS6000/SP 并行计算系统中，从而拥有每秒超过 2 亿步的惊人速度。它不会疲倦，不会有心理上的起伏，也不会受到对手的干扰。它的缺陷是没有直觉，不能进行真正的思考。但是比赛过程表明，“深蓝”无穷无尽的计算能力在很大程度上弥补了这些缺陷。IBM 研制小组向“深蓝”输入了 100 年来所有国际特级大师开局和残局的下法。自 1996 年在 6 局对抗赛中以 2∶4 败给卡斯帕罗夫之后，“深蓝”的运算速度又提高了一倍，美国特级大师本杰明加盟“深蓝”小组，将他对象棋的理解编成程序教给“深蓝”。每场对局结束后，小组都会根据卡斯帕罗夫的情况相应地修改特定的参数。“深蓝”算法的核心是基于暴力穷举：生成所有可能的走法，然后执行尽可能深的搜索，并不断对局面进行评估，尝试找出较佳走法。“深蓝”的象棋芯片包含三个主要的组件：走棋模块（Move Generator）、评估模块（Evaluation Function）、搜索控制器（Search Controller）。各个组件的设计都服务于“优化搜索速度”这一目标。走棋模块负责生成可能的走法。走棋模块的核心是一个 8×8 的组合逻辑电路阵列，代表棋盘的 64 个格子。国际象棋的走棋规则以硬件电路的方式嵌入阵列之中，因此走棋模块可以给出合法的走法。在核心之外还有附加的逻辑电路用于探测和生成特殊走法（例如“吃过路兵”和“王车易位”）。评估模块是整个芯片中最主体的部分，占据了芯片上 2/3 的面积、超过半数的逻辑三极管和 80%以上的存储三极管。评估模块又分为三部分：棋子位置评估、残局评估、慢速评估。棋子位置评估对盘面上所有棋子当前所处的位置计分，不同棋子处于不同位置的分值由软件预先计算好后写入硬件。芯片中输入了大约 8 000 种不同的“模式”，并针对每种模式赋予了一定的分值。残局评估也预存了一系列专门针对残局的估值规则，例如“王在棋盘中央有利”（King centralization bonus）的规则。残局评估子模块还以 8×8 组合逻辑电路阵列的形式跟踪所有兵所处的位置，并计算兵是否越过了对方的王、是否能一路冲到对方底线晋级。由于逻辑嵌入在硬件中，棋子位置评估和残局评估都只需要一个时钟周期就可以完成计算。“深蓝”的软件也是专门设计用于与硬件协同工作的。软件部分负责调度最多 32 个象棋芯片并行搜索，并负责对大范围规划的局面进行软件评估。“深蓝”的软件还连接了“仅剩 5 子”的残局数据库，一旦出现仅剩 5 子的残局，就会直接从这个数据库中搜索较佳走法。软件中还包含了从 30 万局棋中抽取出来的开局书，并且工程师还不断优化其中记录的开局走法。

20 年后，Google AlphaGo 再度掀起人机围棋比赛。2015 年 10 月，AlphaGo 在没有任何让子的情况下，以 5∶0 的悬殊比分击溃欧洲围棋冠军樊麾二段。2016 年 3 月 9 日到 15 日，最后以 4∶1 战胜韩国选手李世石。2016 年 12 月 29 日晚到 2017 年 1 月 4 日晚，该程序在中国棋类网站上以“大师”（Master）为注册账号与中日韩数十位围棋高手进行快棋对决，连续 60 局无一败绩。2017 年 5 月，在乌镇围棋峰会上，柯洁在 23 日、25 日和 27 日各与 AlphaGo 交锋一局，结果 0∶3 落败。如图 14-29 所示为 Google AlphaGo 对弈韩国选手李世石和中国选手柯洁，AlphaGo 压倒性胜利再次使人工智能成为热议焦点。

更为震惊的是，北京时间 2017 年 10 月 19 日 1:00 时，DeepMind 团队公布了代号 AlphaGo Zero 版本。关键是 AlphaGo Zero“自学成才”，从一张白纸开始零基础自主学习，从没有接触过人类棋谱，研发团队只是让它自由随意地在棋盘上下棋，然后进行自我博弈。经过短短 3 天的训练，对阵曾赢下韩国棋手李世石那版 AlphaGo，取得了 100∶0 的压倒性战绩。经过 40 天

的训练，完成了近 500 万盘的自我博弈后，AlphaGo Zero 又打败了 AlphaGo Master 版本，最终击败了此前所有版本的 AlphaGo。AlphaGo 此前的版本结合了数百万人类围棋专家的棋谱，以及强化学习的监督学习进行了自我训练，使用了多台机器和 48 个 TPU（谷歌专为加速深层神经网络运算能力而研发的芯片）。而 AlphaGo Zero 它只用到了一台机器和 4 个 TPU。2017 年 DeepMind 团队将关于 AlphaGo Zero 的相关研究刊发在了《自然》杂志上。这个版本的意义在于，它不再受到人类知识的限制，可以向围棋领域里最高的选手 AlphaGo 自身学习。从单一神经网络开始，通过神经网络强大的搜索算法，进行自我对弈。随着训练的深入，DeepMind 团队发现，AlphaGo Zero 还独立发现了游戏规则，并走出了新策略，为围棋这项古老游戏带来了新的见解。对于 DeepMind 来说，围棋并不是 AlphaGo 的终极奥义，他们的目标是要利用 AlphaGo 打造通用的、探索宇宙的终极工具。AlphaGo Zero 的提升，让 DeepMind 看到了利用人工智能技术改变人类命运的突破。

图 14-29 Google AlphaGo 对弈韩国选手李世石和中国选手柯洁

在一局围棋中，平均每一步的下法大约有 200 种可能。围棋棋盘上出现的可能局面数远大于宇宙中的原子总数，如图 14-30 所示。因此，通过暴力穷举手段预测所有的可能情况并从中筛选出最优势走法的思路，并不适用于围棋 AI。

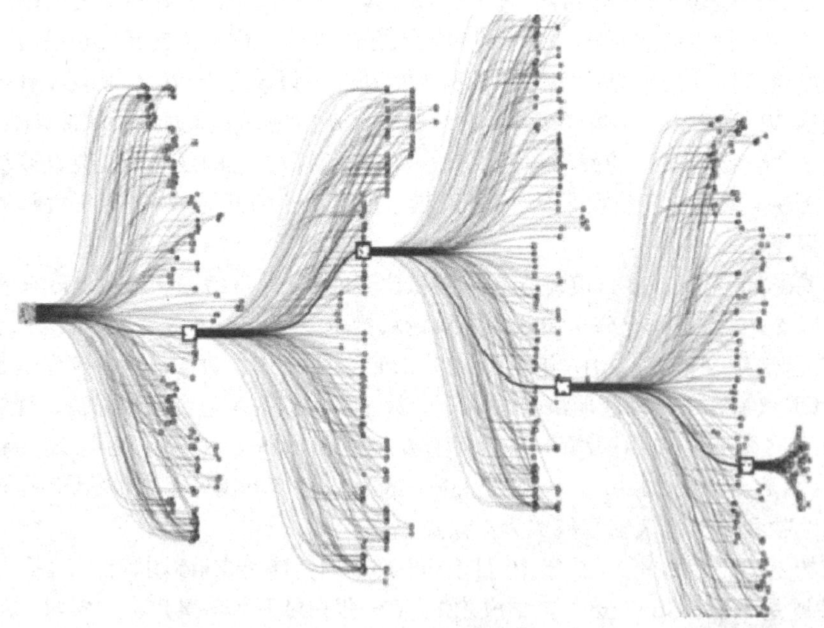

图 14-30 围棋棋盘上出现的可能局面数远大于宇宙中的原子总数

AlphaGo 系统主要由 4 个部分组成。

① 走棋网络（Policy Network）：给定当前局面，预测/采样下一步的走棋，选择下棋步法。

② 快速走子（Fast Rollout）：目标和①一样，但在适当牺牲走棋质量的条件下，速度要比 1 快 1 000 倍。

③ 估值网络（Value Network）：评估棋盘位置，给定当前局面，估计是白胜还是黑胜。

④ 蒙特卡罗树搜索（Monte Carlo Tree Search，MCTS）：把以上这 3 个部分连起来，形成一个完整的系统。在蒙特卡洛树搜索（MCTS）中嵌入深度神经网络来减少搜索空间。

其主要工作原理是人工智能的"深度学习"，即多层的人工神经网络和训练它的方法。一层神经网络会把大量矩阵数字作为输入，通过非线性激活方法取权重，再产生另一个数据集合作为输出。这就像生物神经大脑的工作机制一样，通过合适的矩阵数量，多层组织连接一起，形成神经网络"大脑"进行精准复杂的处理，就像人们识别物体标注图片一样。

采用的方法有 3 个：深度神经网络、监督/强化学习、蒙特卡罗树搜索。

深度神经网络是包含超过一个认知层的计算机神经网络。对于人工智能而言，世界是用数字的方式呈现的。人们将人工智能设计出不同的"层"，来解决不同层级的认知任务。这种具备许多"层"的神经网络，称为深度神经网络。AlphaGo 包含两种深度神经网络：价值网络和策略网络。价值网络使得 AlphaGo 能够明晰局势的判断，左右全局"战略"，抛弃不合适的路线；策略网络使得 AlphaGo 能够优化每一步落子，左右局部"战术"，减少失误。两者结合在一起，使得 AlphaGo 不需要过于庞大的计算也能够走出精妙的棋局，就像人类一样。

监督/强化学习是机器学习方式的不同种类。监督学习是指机器通过人类输入的信息进行学习，而加强学习是指机器自身收集环境中的相关信息做出判断，并综合成自己的"经验"。在初始阶段，AlphaGo 收集研究者输入的大量棋局数据，学习人类棋手的下法，形成自己独特的判断方式。之后，在不计其数的自己与自己模拟对弈，以及每一次与人类棋手对弈中，AlphaGo 都能根据结果来总结并生成新的范式，实现自我提高。

蒙特卡洛树搜索是一种搜索算法。AI 在利用它进行决策判断时，会从根节点开始不断选择分支子节点，通过不断的决策使得游戏局势向 AI 预测的最优点移动，直到模拟游戏胜利。AI 每一次的选择都会同时产生多个可能性，它会进行仿真运算，推断出可能的结果再做出决定，AlphaGo 中的蒙特卡罗树搜索流程如图 14-31 所示。

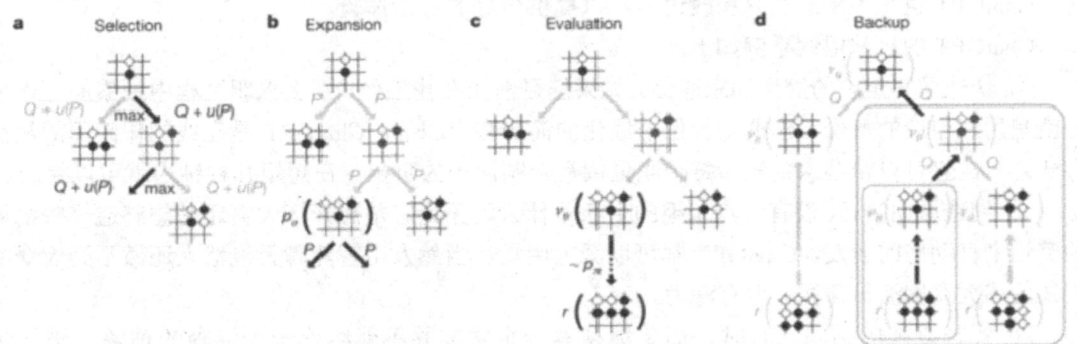

图 14-31　AlphaGo 中的蒙特卡罗树搜索流程

AlphaGo 集当今计算机技术的最新发展于一身，它包括：

$$\text{AlphaGo} = \sum \begin{matrix} \text{深度学习} \\ \text{大数据} \\ \text{高性能计算} \end{matrix}$$

它将20世纪还认为是复杂的人工智能问题在当今取得突破。它是搜索算法和深度学习相结合的高性能实现。它给我们带来如下启示：通过搜索与优化、机器自学习的突破使得计算机智能可能超越人类智能；在3 000万棋谱智慧中的大数据中发现知识，从而体现群体智能；人工智能是否能改变世界，AlphaGo是一个标志。它的诞生，意味着人们对人工智能的探索已经到达了一个新的阶段。造就AlphaGo的学习模式，将被推广到各种领域，如面孔识别、语音识别等。DeepMind研制的AI已经在为谷歌公司服务了，他们出品的人工智能帮助谷歌减少了40%在机房冷却系统上的花费。他们还希望能够与英国国家电网合作，利用人工智能将英国的能耗减少10%。AlphaGo和它的同伴能走多远？这件事，可能还要时间给我们答案。不管你愿不愿意承认，人工智能的时代已经慢慢到来了，在你所知道的任何一个领域，都会慢慢涌现出能够代替人类的人工智能。

（2）ChatGPT

ChatGPT（Chat Generative Pre-trained Transformer）是2022年11月30日由OpenAI开发并推出的聊天机器人，基于GPT-3.5架构的大型语言模型推出后引起了世界轰动。ChatGPT拥有强大的自然语言处理能力和高级的语言生成准确性，可以模拟逼真的自然语言交互，使人机交互自然流畅。同时，它还拥有强大的预测能力，能够自主进行推理和思考，从而更好地理解人类的意图和需求。

ChatGPT是一个受过训练的大型语言模型。ChatGPT开发目的是在各种对话场景中提供智能的对话体验。在训练过程中使用了大规模的文本数据集，包括维基百科、新闻文章、小说、科技报告等。通过这些数据，ChatGPT学习了自然语言处理的各个方面，包括语法、语义、上下文理解等。在对话中可以根据用户的输入生成回复，这些回复可以是文本、图像，甚至是语音等形式。能够理解各种语言，并且可以进行翻译和语音合成。此外，ChatGPT还可以完成一些简单任务，如查询天气、播放音乐等。由于ChatGPT的设计目的是与人类进行对话，因此ChatGPT尽可能地模仿人类的语言习惯，比如使用口语化的表达方式、避免歧义和重复等。同时，ChatGPT也在不断地学习和改进中，以提供更好的对话体验。

ChatGPT的日常用途举例如下。

① 快速撰写定制的简历和求职信。如果您目前正在找工作，那么求职过程中最累的工作之一就是为您申请的每份工作撰写一份个性化的简历和求职信。ChatGPT是在线制作简历的最快方式之一，它可以帮助您减轻为每个职位撰写定制简历的负担，在短短几秒钟内就可以完成。

② 创造原创笑话。没有一点乐趣的生活是什么？无论您是想开怀大笑还是想制造一些搞笑的笑话来打动您的朋友，ChatGPT都可以派上用场。当然人工智能聊天机器人还做不到像众所周知的伟大喜剧演员那样，但有潜力。

③ 解释复杂的话题。有时，简单地搜索一个主题并不能给你一个清晰的理解。想一想虫洞、暗物质以及所有那些来自您的学位课程的令人头晕目眩的理论；这可能是一项您不了解的奇怪运动，感觉它的规则毫无意义，ChatGPT可能有助于以通俗易懂的方式解释它们。

④ 逐步解决棘手的数学问题。无论您是要解决复杂的代数问题还是难以理解的数学问题，ChatGPT在处理数学方面都特别强大。为了获得最佳结果，您需要清楚、简洁地展示您的问题。

⑤ 获得关系建议。ChatGPT就像任何人工智能系统一样，无法准确理解情绪。然而，它仍

然可以为管理与朋友、家人和爱人的关系提供有用的技巧。如果您给出正确的提示，它可以成为您的私人治疗师或关系专家。

⑥ 创作几乎任何类型的音乐。ChatGPT 的最大优势之一是其“习得的创造力”。与某些 AI 解决方案不同，ChatGPT 精通创造性的工作，包括创作音乐，它几乎可以写出大多数主要音乐流派的任何歌曲。

⑦ 编写、调试和解释代码。无论您是经验丰富的程序员还是新手，都不可避免地会在代码编写中遇到一些错误。ChatGPT 可以帮助您缩小代码中的问题范围，从而节省寻找错误定位的时间，它还可以从头开始编写完整的功能代码片段块。

⑧ 用多种语言创建内容。如果希望创建覆盖更广泛受众的内容，ChatGPT 对于创建多语言内容可能非常有用。当然我们已有翻译程序软件，但用一种语言写作并翻译成另一种语言会有很多上下文和语言特定的语境可能会丢失，ChatGPT 可以直接用多种语言创建内容。

⑨ 准备工作面试。ChatGPT 凭借其在多个领域的丰富知识，能够帮助您准备求职面试。您可以使用它来生成求职面试中的假设场景、可能的问题、对可能问题的智能回复以及许多其他有用的面试准备技巧。

⑩ 几乎可以就任何话题写论文。ChatGPT 可以就广泛的主题撰写精彩的论文，甚至是最复杂的主题。

⑪ 聊天伴侣。ChatGPT 是一个人工智能聊天机器人，它的用例几乎无穷无尽，它是一个非常随和的伙伴。

2. 人工智能对社会经济的影响

现在我们可以看到的是：

Uber 是一家软件公司，它没有拥有汽车，却能够让你“随叫随到”有汽车坐，现在，它已是全球最大的出租汽车公司了。

Airbnb 也是一家软件公司，它没有拥有任何旅馆，但它的软件让你能够住进世界各地愿出租的房间，现在，它已是全球最大的旅馆了。

IBM 的 Watson 计算机软件能够在几秒内回答出具有 90%准确性的法律问题，比只有 70%准确性的人类律师既便捷又便宜。Watson 也已经能够帮患者检验癌症，而且比医生正确 4 倍。

我们用一张思维导图来总结人工智能对社会经济的影响，如图 14-32 所示。

总之，人工智能对社会的正面影响是更好地在预测模型中提高准确性和实时性；极大地提升某些需要大量人力的任务的效率；给哪些需要快速实施决策的地理空间产业带来大量的机会，如保险业、采矿业、边境管制和智慧城市等。人工智能也有其负面影响，如做出的决策很难解释；使得人们需要掌握更多的与人工智能有关的技能，如采集数据、使用和分析数据及共享数据等，会引起工作岗位的变动，可能导致失业。

3. 人工智能技术

人工智能的发展如图 14-33 所示，该图揭示了人工智能发展的 4 个阶段。人工智能的概念如图 14-34 所示。

人工智能（Artificial Intelligence，AI）的研究领域包括机器人、语言识别、图像识别、自然语言处理和专家系统等。

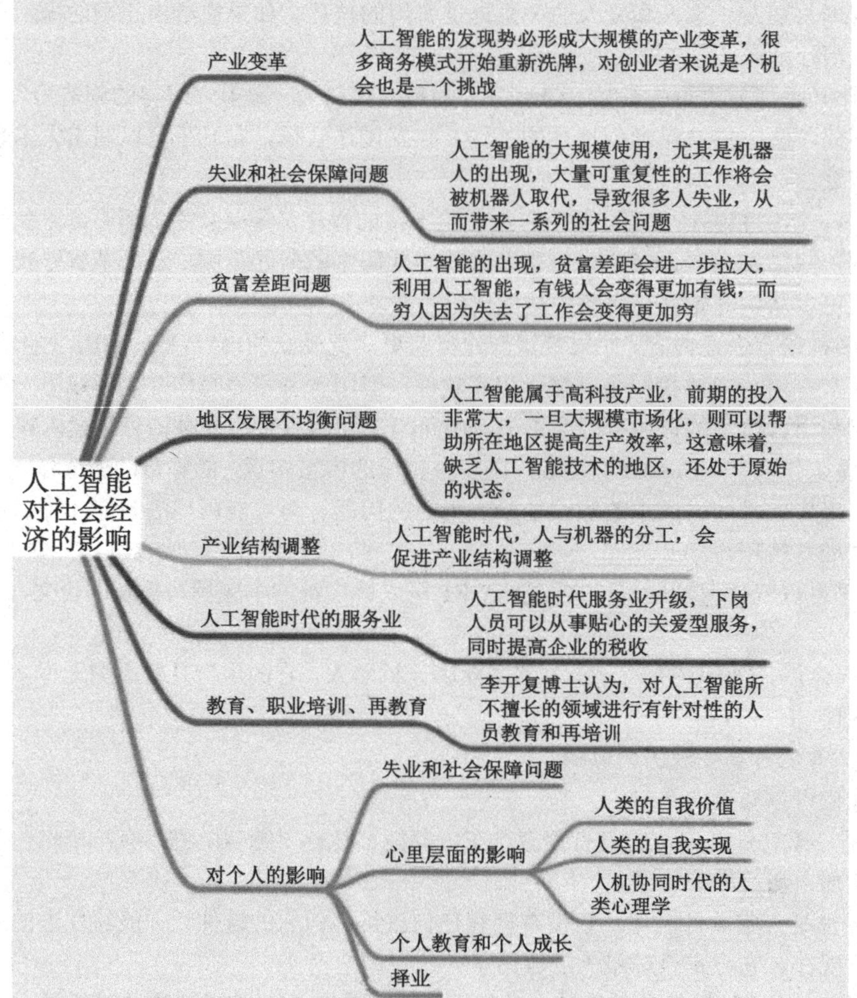

图 14-32　人工智能对社会经济的影响

人工智能主要有下述研究方法。

大脑模拟。20 世纪四五十年代许多研究者探索神经病学、信息理论及控制论之间的联系，经常在普林斯顿大学和英国的 RATIO CLUB 举行技术协会会议。到 60 年代，大部分人已经放弃这个方法。

符号处理。20 世纪 50 年代后，数字计算机研制成功，研究者开始探索人类智能是否能简化成符号处理。认知模拟经济学家赫伯特·西蒙和艾伦·纽厄尔研究人类问题解决能力和尝试将其形式化，为人工智能的基本原理打下基础。如认知科学、运筹学和经营科学。他们的研究团队使用心理学实验的结果开发模拟人类解决问题方法的程序。他们在斯坦福大学的实验室致力于使用形式化逻辑解决多种问题，包括知识表示、智能规划和机器学习。

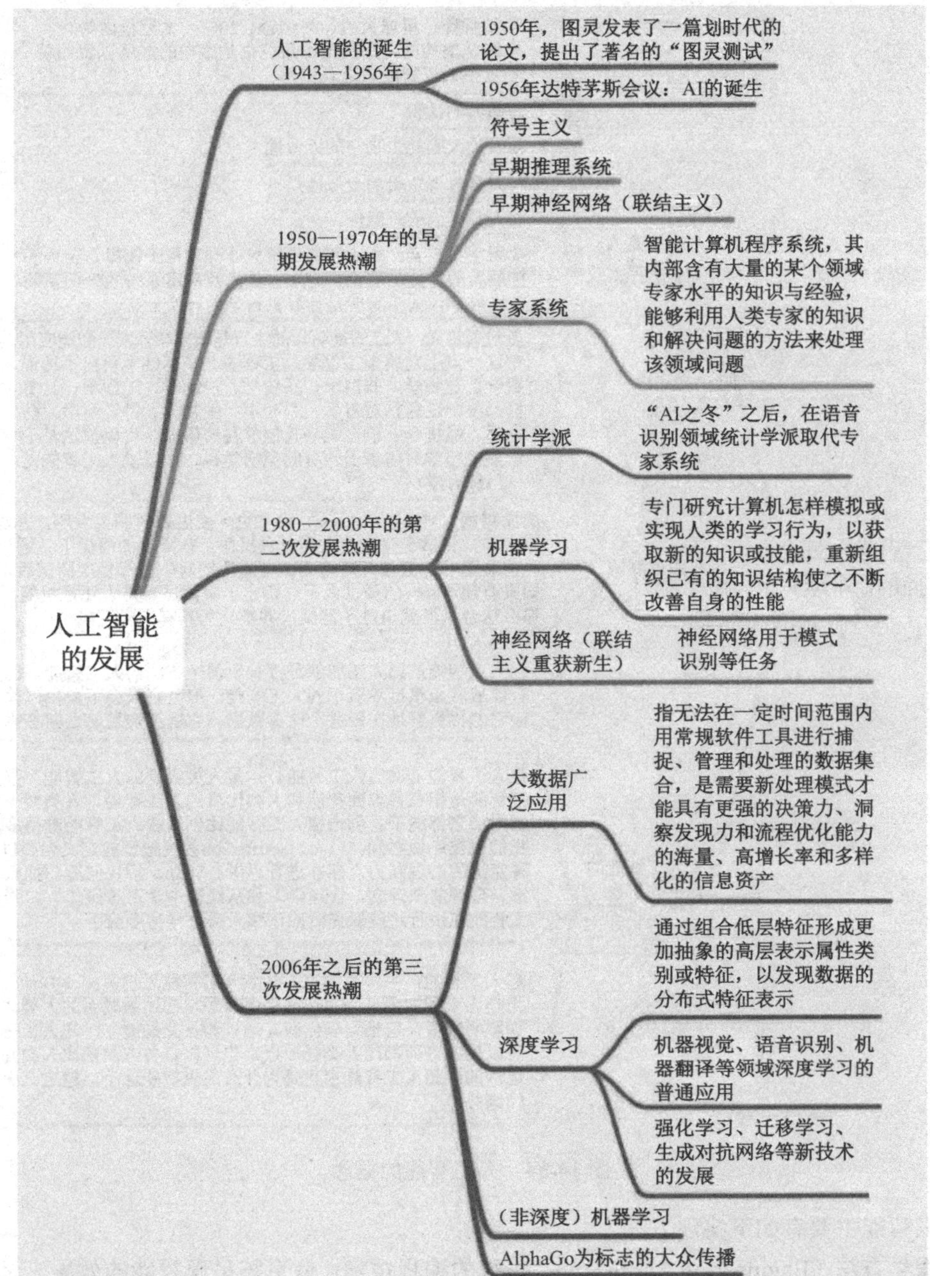

图 14-33　人工智能的发展

统计学法。用复杂的数学工具来解决特定的分支问题。

集成方法。智能 AGENT：一个会感知环境并做出行动以达成目标的系统。

智能模拟。机器视、听、触、感觉及思维方式的模拟（指纹、人脸、视网膜、虹膜、掌纹）识别，专家系统，智能搜索，定理证明，逻辑推理，博弈，信息感应与辩证处理。

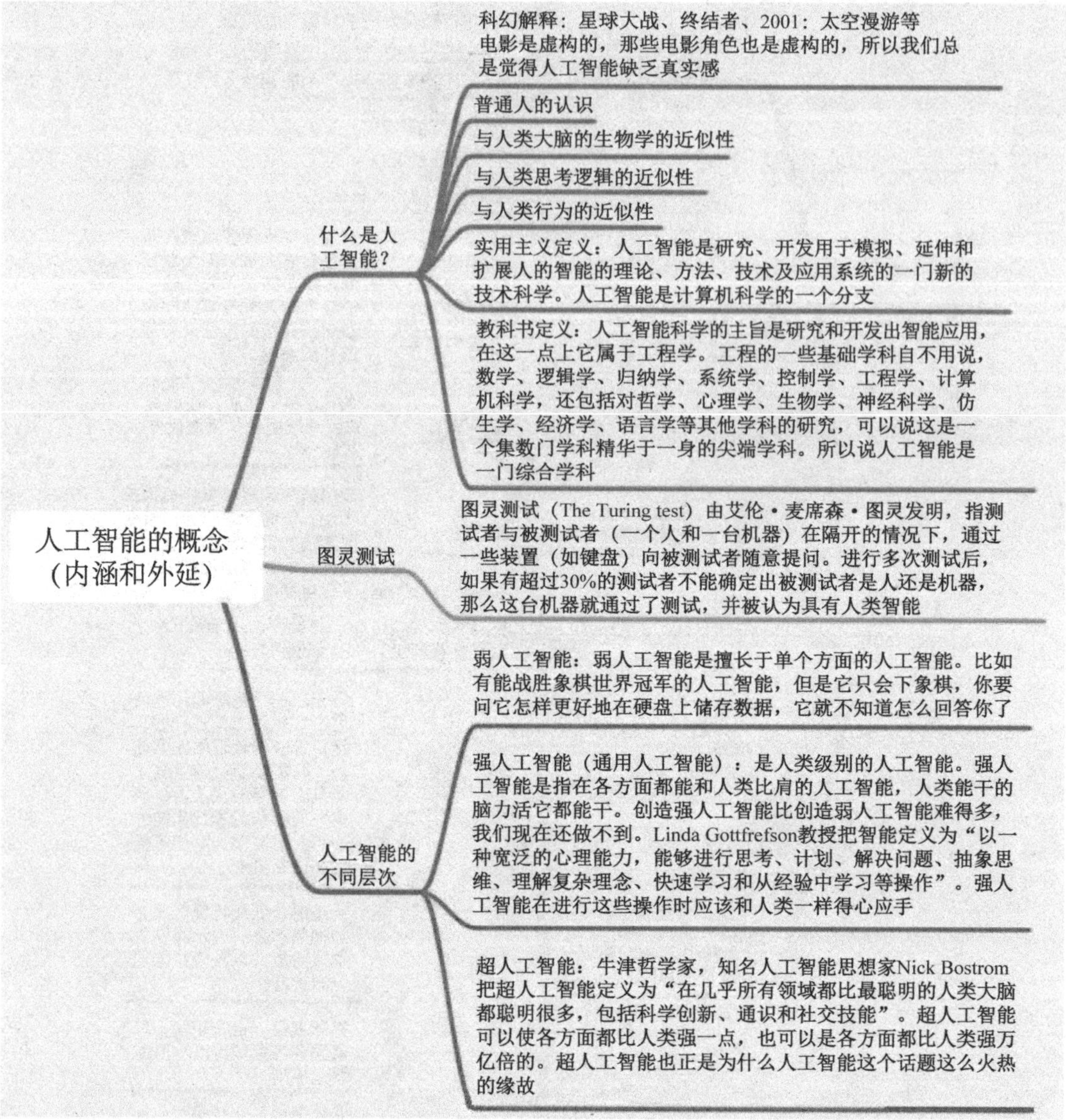

- 人工智能的概念（内涵和外延）
  - 什么是人工智能？
    - 科幻解释：星球大战、终结者、2001：太空漫游等电影是虚构的，那些电影角色也是虚构的，所以我们总是觉得人工智能缺乏真实感
    - 普通人的认识
    - 与人类大脑的生物学的近似性
    - 与人类思考逻辑的近似性
    - 与人类行为的近似性
    - 实用主义定义：人工智能是研究、开发用于模拟、延伸和扩展人的智能的理论、方法、技术及应用系统的一门新的技术科学。人工智能是计算机科学的一个分支
    - 教科书定义：人工智能科学的主旨是研究和开发出智能应用，在这一点上它属于工程学。工程的一些基础学科自不用说，数学、逻辑学、归纳学、系统学、控制学、工程学、计算机科学，还包括对哲学、心理学、生物学、神经科学、仿生学、经济学、语言学等其他学科的研究，可以说这是一个集数门学科精华于一身的尖端学科。所以说人工智能是一门综合学科
  - 图灵测试
    - 图灵测试（The Turing test）由艾伦·麦席森·图灵发明，指测试者与被测试者（一个人和一台机器）在隔开的情况下，通过一些装置（如键盘）向被测试者随意提问。进行多次测试后，如果有超过30%的测试者不能确定出被测试者是人还是机器，那么这台机器就通过了测试，并被认为具有人类智能
  - 人工智能的不同层次
    - 弱人工智能：弱人工智能是擅长于单个方面的人工智能。比如有能战胜象棋世界冠军的人工智能，但是它只会下象棋，你要问它怎样更好地在硬盘上储存数据，它就不知道怎么回答你了
    - 强人工智能（通用人工智能）：是人类级别的人工智能。强人工智能是指在各方面都能和人类比肩的人工智能，人类能干的脑力活它都能干。创造强人工智能比创造弱人工智能难得多，我们现在还做不到。Linda Gottfrefson教授把智能定义为"以一种宽泛的心理能力，能够进行思考、计划、解决问题、抽象思维、理解复杂理念、快速学习和从经验中学习等操作"。强人工智能在进行这些操作时应该和人类一样得心应手
    - 超人工智能：牛津哲学家，知名人工智能思想家Nick Bostrom把超人工智能定义为"在几乎所有领域都比最聪明的人类大脑都聪明很多，包括科学创新、通识和社交技能"。超人工智能可以使各方面都比人类强一点，也可以是各方面都比人类强万亿倍的。超人工智能也正是为什么人工智能这个话题这么火热的缘故

图 14-34　人工智能的概念

人工智能主要有如下实现方法。

工程学方法（Engineering Approach）：传统的编程技术，使系统呈现智能的效果，而不考虑所用方法是否与人或动物机体所用的方法相同。在一些领域内做出了成果，如文字识别、计算机下棋等。

模拟法（Modeling Approach）：和人类或生物机体所用的方法相同或相类似。

遗传算法（Generic Algorithm，GA）：模拟人类或生物的遗传—进化机制。需要人工详细规定程序逻辑。如果游戏简单，还是方便的。如果游戏复杂，角色数量和活动空间增加，相应的逻辑就会很复杂（按指数式增长），人工编程就非常烦琐，容易出错。而一旦出错，就必须修改源程序，重新编译、调试，最后为用户提供一个新的版本或提供一个新补丁，非常麻烦。

人工神经网络（Artificial Neural Network，ANN）：是模拟人类或动物大脑中神经细胞的活动方式。编程者要为每一角色设计一个智能系统（一个模块）来进行控制，这个智能系统（模

块）开始什么也不懂，但它能够学习，能渐渐地适应环境，应对各种复杂情况。这种系统开始也常犯错误，但它能吸取教训，下一次运行时就可能改正，至少不会永远错下去，不用发布新版本或打补丁。

近年掀起的人工智能热潮将引发一场新的技术革命。在研究方法上，从过去单一研究人工智能，变为自然智能、人工智能、集成智能的协同研究。从人工智能的独立研究变为脑科学、认知科学等学科交叉研究。新的人工智能处于信息环境的重大变化，如互联网与移动终端的普及、传感网的渗透、大数据的涌现和网上社区的兴起等。

人工智能可升级的新技术有大数据智能、跨媒体智能、自主智能、人机混合增强智能和群体智能等。

人工智能的新应用目标有智能城市、智能经济、智能制造、智能医疗、智能家居、智能驾驶等。

新一代人工智能有如下特征。

① 从传统知识表达技术到大数据驱动知识学习，转向大数据驱动和知识指导相结合方式，其中机器学习不但可以自主学习，还可以进行解释。

② 从分类型处理多媒体数据（如视觉、听觉、文字等）迈向跨媒体认知、学习和推理的新水平。

③ 从追求“智能机器”到高水平的人机协同融合，走向混合性增强智能的新计算形态。

④ 从聚焦研究“个体智能”到基于互联网的群体智慧，形成在网上激发组织群体智慧的技术与平台。

⑤ 将研究理念从机器人转向更加广阔的智能自助系统，从而促进改造各种机械、装备和产品，走上智慧化之路。

2017 年 7 月，《国务院关于印发新一代人工智能发展规划的通知（国发〔2017〕35 号）》给出了 8 项关键共性技术。

① 知识计算引擎与知识服务技术。

② 跨媒体分析推理技术。

③ 群体智能关键技术。

④ 混合增强智能新架构和新技术。

⑤ 自主无人系统的智能技术。

⑥ 虚拟现实智能建模技术。

⑦ 智能计算芯片与系统。

⑧ 自然语言处理技术。

4. 人工智能对电子商务的影响

（1）决定最优价格。传统模式下，企业要依靠数据和自身的经验来完成商品价格制定。但是，随着电子商务规模的迅速扩大，每个采销人员需要管理的商品种类不断增加，面对的数据量也日趋庞大，要实现精细管理必须投入更多的精力和资源。同时，电子商务平台的“造节”风潮，也增加了定价的难度。有了具备快速处理大数据能力的人工智能，现在已有不少企业通过此项技术，基本解决了大量商品的自动定价，如图 14-36 所示为阿里智慧供应链中台。当生产要素的成本日益提高时，企业也面临着极大的效率提升压力。经过多年的发展，国内的电子商务行业已经逐渐走进下半场。在定价上，大型电子商务企业亟须批量定价，以及避免经验定价带来的不合理。智能决策系统则能辅助梳理产品数据，建立起动态定价和清仓定价的模型。通过人工智能决策，可帮助其将成本降低超过 20%。

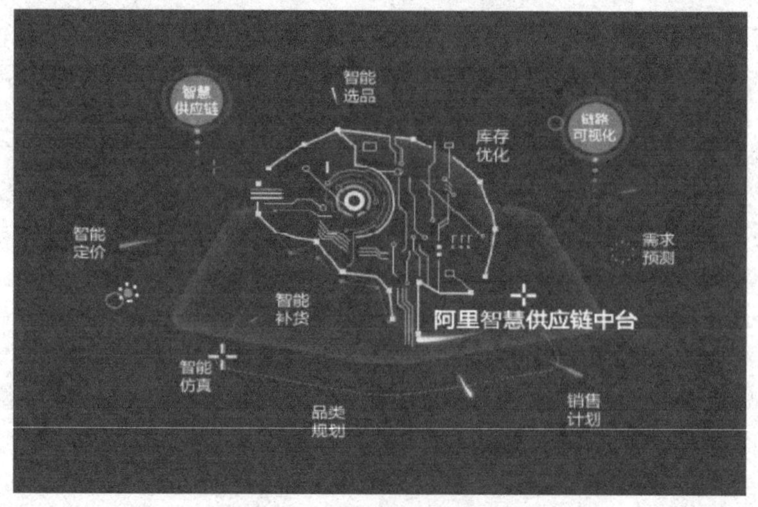

图 14-35 阿里智慧供应链中台

（2）智能客服。2016 年 3 月，阿里巴巴发布人工智能服务机器人“店小蜜”，这款面向淘系千万商家的智能客服，经过商家授权、调试，可以取代部分客服，从而降低了人工客服的工作量。2016 年“双 11”期间，店小蜜曾邀请 Apple、小米、森马等 9 个品牌的天猫旗舰店参与内测，最终，店小蜜一天内接待消费者近百万，节省了近一半的客服人力。与之类似的产品还有京东自 2012 年下半年起上线的智能机器人 JIMI。其累计服务用户已经破亿，并于 2016 年 9 月 7 日正式发布开放平台，免费向第三方开放使用。

（3）无人仓库。人工智能最直接影响的是后端的供应链和物流环节。通过人工智能，实现系统自动预测、补货、下单、入仓和上架，如图 14-36 所示为京东无人仓内的 Shuttle 货架穿梭车。在物流仓储环节，阿里巴巴和京东都已经发布了其无人仓储系统。仓储物流的自动化带来的直接结果是，这一原本电子商务最重的环节效率提高，成本优化，进而创造了更大的利润空间。人工智能技术在仓储的运用对于生鲜电子商务而言可能更有价值。业界普遍认为，生鲜电子商务运营之难，在于供应链，而供应链之难，又在于销售预测。对于前置仓模式来说，要同时把数百种商品科学分配到几十个仓库，库存管理难度又进一步增加。生鲜电子商务 U 掌柜通过数据挖掘和机器学习，将损耗率从 12%降低到 8%，其销售预测与实际结果的匹配度已经达到了 93%。在人工智能神经网络模型的支持下，U 掌柜可以较好地控制进货量，进而降低了损耗率和缺货率。

（4）让商家更懂消费者。无限分析（Infinite Analytics）CEO 和人工智能专家巴蒂亚曾说，“如果公司能够把深度学习整合进自己的电子商务网站，那么这能显著提高用户的搜索能力”。例如，一个妇女可能有一张裙子的照片，她很喜欢这个裙子，于是她把照片上传到购物网站的搜索栏，借助人工智能，购物网站可以立即分析这张照片，理解这种裙子的款式、大小、颜色、品牌和其他的特征，可以立即找到自己想要的东西。现在通过“计算机视觉+深度学习”打造的人工智能模型 ProductAI 已能够为电子商务平台实现拍照找商品、商品属性管理等功能。“有电子商务平台客户上线这个功能 2 个月，订单量增加 20%，节省了 25 个人力。”ProductAI 还能够把图片中服装的色彩、材质、风格等要素提取出来，形成时尚趋势数据。这项功能对于电子商务供应商更重要，以往供应商想要为消费者提供更符合个性化需求的产品，不得不耗费大量的时间、寻找不同方式进行调查测试。现在，通过人工智能技术，能让商家更理解消费者。

图 14-36　京东无人仓内的 Shuttle 货架穿梭车

在 2017 世界电子商务大会上，致力于人工智能交互技术的智齿科技联合创始人彭伟称，“目前，机器人已经可以为电子商务企业的用户解决 40%～60%的问题。当机器人遇到处理不了的问题交给人工处理的过程中，机器人还可以继续为人工做辅助，从而可以提升 60%的服务效率，而将人工服务的成本降低 30%”。

案例　阿里巴巴的人工智能

阿里巴巴 2017 年的“双 11”达到 1 682 亿交易额，还做得轻松，“如丝般顺滑的交易”工程师以“简单平静的心态”“喝着茶度过双 11”，背后有这么一些人工智能黑科技做支撑。

1. 智能客服“阿里小蜜”、安娜、小俊和糖糖

这些智能机器人可以理解口语化问题、分辨问题焦点、理解上下文而且可以自我学习，服务效率是人工客服的 60 倍。阿里人工智能客服系统可以对用户问题进行提前猜测、主动提问、智能提醒。比如，当用户登录支付宝页面“我的客服”，还没开始提问，智能客服就能通过用户以往的行为轨迹、服务需求、浏览页面等数据，提前将对应问题准备好。此外，支付宝用户在操作遇到问题时，即便没有向客服求助，智能客服系统也会先对客户做一个观察，然后根据算法，通过弹窗的形式，将解决方案展现在用户面前。本次“双 11”当天，店小蜜直接承载超过 600 万的服务量，主要功能在于帮助淘宝天猫服务消费者，直接为消费者提供各种红包支付、相关问题解决方法的咨询服务。

2. 菜鸟物流

淘宝和天猫的订单通过菜鸟智能仓配系统，由机器人和流水线根据算法自动完成拣选和包装。“双 11”的快递签收“第一单”在 4 分钟内商品就被贴上菜鸟电子面单后从仓库发出，12 分 18 秒签收成功。如此效率的背后，是菜鸟遍布浙江嘉兴、湖北武汉、广东惠阳、广东增城、天津武清等地的无人仓群，这些仓群由菜鸟自主研发的中控系统连接，形成了对仓库环节物流链路的全局把控。其次，菜鸟网络通过人工智能技术，分析海量历史数据，对爆品在不同城市的销量做出预测，并据此建立前置仓，提前将商品布局在离消费者最近的仓库。包括宝洁、全棉时代等商家都提前进入前置仓，消费者尚未下单的商品，可能已在距离其 100 千米的地方等着了。从源头上讲，物流行业必然要解决的一个问题就是供应链优化，主要优化点在于，从传统快递行业的一仓发全国模式，变成根据前台电子商务对消费者的洞察，进而理解消费需求的分布，这样就能够让库存更合理地提前下沉到离消费者最近的地方。订单确定后，菜鸟需要完成的就是优化工作。通过存储分配进行优化，即订单分拣优化。通过前

置仓和订单分拣两类优化，大幅提高整个仓库作业效率。货物出仓之后，菜鸟网络还会进行运输优化，可以使快递物流在运输网络内更高效地执行投递任务。

3. AI 设计师鲁班

2017 年 5 月，阿里巴巴公布了人工智能设计师“鲁班”，同时公布：2016 年“双 11”期间 1.7 亿张 banner（横幅）全靠它完成。这 1.7 亿个素材至少需要 100 个设计师连续做 300 年才能完成。“鲁班”AI 设计师智能设计平台是一套使机器人通过自学达到设计认知能力的系统，和人类学习设计的过程类似，包括“风格学习—行动器—评估网络”三大核心模块。目前“鲁班”已经学习了百万级的设计师创意内容，实现了一天制作 4 000 万张海报的能力，并且没有一张会完全一样。整个鲁班智能系统实际着重于两件事情——设计生成与精准投放。鲁班会机动性搭配颜色和谐、细节不同的方案。不同方案的底色、结构等在滤镜下是基本上一样的，但它底色的配色、文字的搭配颜色、按钮等细节，都是根据不同商品图像的特点搭配出来的。

除此之外，还有很多其他领域内黑科技：

人脸识别佐罗，由蚂蚁金服宣布其独立科技平台 ZOLOZ（中文名为蚂蚁佐罗）研发，定位金融级人脸识别，解决用户身份识别问题，全面应用于账户安全保护。

菜鸟机器人拣货员，具备人力 3 倍以上拣货能力，提升拣货效率。

菜鸟智能配送机器人“小 G”“小 G 2 代”、基普拉斯，末端配送机器人矩阵、无人驾驶技术。

可视化人工智能平台 DT PAI。DT PAI 平台可供开发者通过简单拖曳的方式完成对海量数据的分析挖掘，以及对用户行为、行业走势的预测等。

智能运维机器人“天巡”，于阿里巴巴张北数据中心上岗工作，全天 24 小时巡检，接替了运维人员 30%以上的重复性工作。

2016 年 4 月，小 Ai 成功预测出《我是歌手》的比赛结果。人工智能程序小 Ai 主要基于神经网络、社会计算（social computing）、情绪感知等原理工作。在第四季《我是歌手》六进三演唱 PK 环节，小 Ai 准确预测出获胜者张信哲、黄致列、李玟。在最终歌王争霸环节，小 Ai 以 42%的胜率命中总决赛歌王李玟，在三轮比赛中成功预测出结果。

阿里巴巴旗下广告交易平台阿里妈妈图像团队的 OCR（图中文字识别）技术刷新了 ICDAR Robust Reading 竞赛数据集的全球最好成绩。其中，阿里妈妈图像团队能够以 95%的超高准确率识别图中违规文字信息，有效过滤了商家恶意推广，2015 年累计屏蔽了 4 600 万条恶意推广。

14.3 移动技术引发的电子商务模式

14.3.1 移动计算技术

传统的计算环境一般包括台式计算机、网络、服务器，以及外部设备如打印机等。这样的计算环境就把使用者限定在固定的位置，无法保证用户随时随地使用计算机。有些人（如销售员、现场服务人员、执法人员、市场调研人员、公共事业服务人员或是经常出差的管理人员）需要在工作场所或是在旅途中使用信息技术，这样能够提高工作效率。解决的办法就是**无线移动计算技术**（Wireless Mobile Computing，或称 Mobile Computing），这种技术能够让移动设备

与计算机网络（或是另一台计算机设备）进行实时的连接，不受时空的限制。移动商务主要依靠**移动网络**来实施。所谓的移动网络，是指利用移动设备连接互联网，或是利用移动设备中的浏览器连接互联网。

移动计算环境中有许多硬件设备和软件支持。首先是移动设备（如智能手机），用户可以利用它连接移动网络。其次还需要能够支持无线连接的条件，如网络接入点，或是 Wi-Fi。还有就是通过连接可以传递的服务，如 GPS 定位器。最后是支持移动商务运行的一些条件，如网络服务器、数据库服务器和企业应用服务器。这些服务器既能向连线的计算机提供服务，也能向无线设备提供同样的服务。只有一个不同，那就是一个是有线连接，而另一个是无线连接。移动设备有着自己的特征，如屏幕较小、内存少、带宽不大、数据接收速度较慢，等等。这就要求硬件及软件的设计者要考虑到用户的特殊需求，无线系统在设计的时候也要考虑这些特点。

14.3.2 移动设备

移动设备有各种形状、各种规格，如手提电脑、轻薄的笔记本电脑、薄片式计算机、随身电脑、超便携移动个人电脑等。其实这些设备的基本功能都是相似的（如支持音频和视频、电子邮件、互联网浏览器、Wi-Fi 接入等），能够区分这些移动设备的只是它们的外表。常见的移动设备有以下几种。

（1）**个人数字助理**（Personal Digital Assistant，PDA，也称为掌上电脑）。个人数字助理可以帮助我们完成在移动中工作、学习、娱乐等。按使用领域可分为工业级 PDA 和消费品 PDA。工业级 PDA 主要应用在工业领域，常见的有条码扫描器、RFID 读写器、POS 机等；消费品 PDA 包括的比较多，如智能手机、平板电脑、手持的游戏机等。

掌上电脑最大的特点是具有开放式的操作系统，支持软硬件升级，集信息的输入、存储、管理和传递于一体，具备常用的办公、娱乐、移动通信等强大功能。因此，PDA 完全可以称作一个移动办公室。当然，并不是任何 PDA 都具备以上所有功能；即使具备，也可能由于缺乏相应的服务而不能实现。但可以预见，PDA 发展的趋势和潮流就是计算、通信、网络、存储、娱乐、电子商务等多功能的融合。

（2）**智能手机**（Smartphone）。智能手机就是一款能接入互联网的手机，同时它又具备 PDA 或 PC 的一些功能，如电子邮件、网络浏览、多媒体、通讯录、日程管理、计算器、阅读 Word 和 PDF 文档、数字照相等。智能手机中的操作系统也是各种各样，如 iOS、Android、Windows、BlackBerry、Symbian、Other 等。

市场上几乎每天都有新款的智能手机问世，功能也是层出不穷。结合 4G 通信网络的支持，智能手机已经成为一个功能强大，集通话、短信、网络接入、影视娱乐于一体的综合性个人手持终端设备。2017 年智能手机操作系统的市场份额变化如图 14-37 所示。

（3）**平板电脑**（Tablet）。2010 年，苹果电脑公司在市场推出了 iPad（平板电脑），在全世界掀起了平板电脑热潮。而且随着平板电脑热度的升温，不同行业的厂商，如消费电子、PC、通信、软件等厂商都纷纷加入平板电脑产业中来。就目前的平板电脑来说，最常见的操作系统是 Windows 操作系统、Android 操作系统和 iOS 操作系统，还有像 Windows CE 操作系统。

（4）**可穿戴设备**（Wearable Device）。可穿戴设备即直接穿在身上，或是整合到用户的衣服或配件中的一种便携式设备。可穿戴设备不仅仅是一种硬件设备，更是通过软件支持以及数据交互、云端交互来实现强大的功能，主要类别有智能眼镜、智能手表、智能手环等。

目前，智能手机的出货量远远超出笔记本电脑和平板电脑，而可穿戴设备也在迅速地扩大市场。可以预见，在未来智能手机和可穿戴设备将在移动智能设备中占据越来越重要的位置。

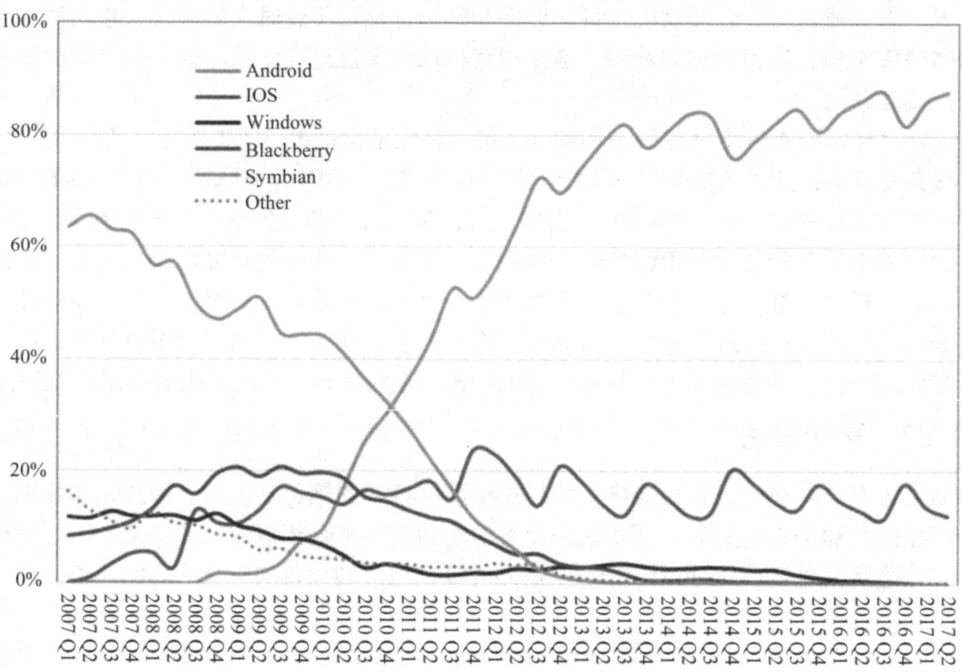

图 14-37　2017 年智能手机操作系统的市场份额变化

14.3.3　移动应用

移动应用（Mobile Application，App）是指基于特定软件设计规范开发出来的、在移动终端操作系统平台中运行的应用程序。移动设备用户可通过无线网络连上移动软件应用程序商店免费或付费下载使用移动软件应用程序。移动软件应用程序商店除可通过网页浏览器如一般网络商店般浏览与交易外，通常也制作专属的 App，让用户能一键进入，界面也较网页更方便。首先采用此商务模式的厂商是美国苹果电脑公司针对其移动设备 iPhone、iPad 经营的“App Store”。之后谷歌也随其移动操作系统 Android 一同推出自行经营的 App 商店 Google Play。iOS 应用程序商店 App Store（如图 14-38 所示）以及 Google Play 是目前营收和下载量的前两大 App 商店。其他包括操作系统厂商微软公司、独立移动设备厂商黑莓公司与亚马逊公司、Android 设备厂商如三星电子、Windows 10 Mobile 设备厂商如诺基亚、互联网服务供应商等，亦有独立经营者。

面对市场需求的呼唤，越来越多的企业投入资源开发 App 以迎合时代发展的需要。如今大多数人已不只拥有一部智能终端，手机 App 似乎成为生活中的必需品，这为各行业能够“移动”起来提供了良好的土壤，而时效性、精准性、广泛性的信息推送与品牌展示也让众多企业能够在纷繁复杂的竞争中脱颖而出，抢占行业竞争先机。

对于企业尤其是中小企业，App 可以为其提供更有效的客户资源管理模式，能够更有效地管理客户、挖掘客户需求、推广产品及服务。同时，由于互联网营销的高效与低成本，企业可以通过 App 开发营销、提升业绩、降低成本，还可以利用互联网强大的传播能力，以优秀的 App 为卖点，迅速提升企业的品牌知名度及影响力。

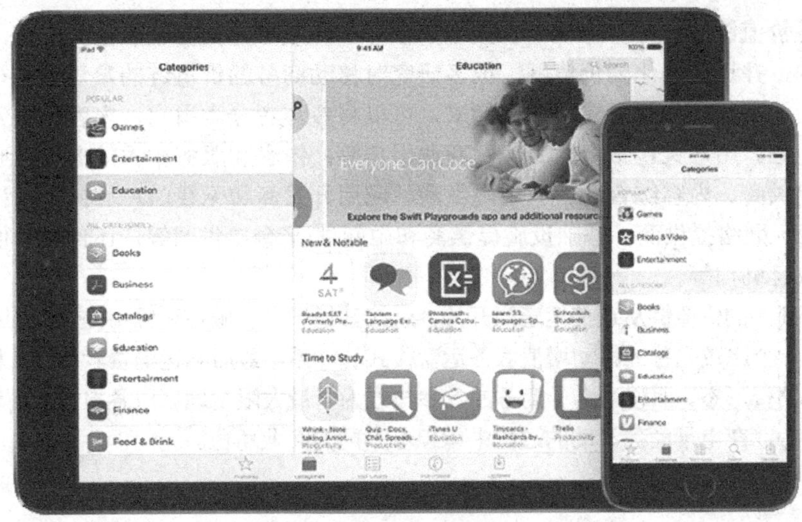

图 14-38　iOS 应用程序商店 App Store

14.3.4　移动电子商务及其价值链

随着基于 Internet 的电子商务被广为应用，移动技术也取得了很大的发展，移动商务也随之兴起。基于无线的移动商务凭借技术上的优势，开始成为传统电子商务的有益补充，其几倍于互联网的用户群使得无线商务有着更大的前景和巨大的商机。与传统的电子商务相比，移动电子商务具有以下四个明显的特征：**移动性、即时性、私人性、方便性**。移动性又称为无处不在性，此特征是相对服务对象而言的，移动商务的移动性不仅仅表现为终端的移动性，还包括服务的对象和服务都是移动的；即时性是指移动用户能够即时地获取所需要的各种信息和服务；私人性通常是对服务终端而言的，移动商务的服务终端主要是智能手机等工具，具有极强的私人性，这为移动服务的发展带来独特的优势，使移动商务发展与私人身份认证相结合的业务具有了得天独厚的先天优势；方便性通常是相对于服务方式而言，移动商务要求服务形式简单，响应迅速。移动商务的这些特点决定了其在未来的发展前景将异常广阔。

目前，随着通信技术、互联网技术的发展，移动电子商务技术已经发展到了第四代，如移动电子商务技术发展的主要特点见表 14-2。

表 14-2　移动电子商务技术发展的主要特点

移动电子商务	主 要 特 点
第一代移动电子商务	以短信为基础的访问技术，这种技术存在着很多严重的缺陷，其中最严重的问题是时效性较差，查询请求不会立即得到回答
第二代移动电子商务	基于 WAP 技术，主要通过手机浏览器的方式访问 WAP 网站，来实现信息的查询，缺陷主要表现在 WAP 网页访问的交互能力较差
第三代移动电子商务	融合了无线移动通信、移动互联网、智能终端、数据同步、VPN、身份认证等多种移动通信、信息处理和计算机网络的最新前沿技术，以专网和无线通信技术为依托，使得系统的安全和交互能力有了极大的提高，为电子商务人员提供了一种安全、快速的现代化移动商务机制
第四代移动电子商务	融合了光纤接入和分布网络，超高的非对称数据传输加密为高速移动用户提供高质量的影像服务，集多种无线技术和无线 LAN 系统于一体的综合系统，移动用户可以实现无线漫游，进一步提高了其利用率，满足了高速率、大容量的业务需求，为移动电子商务的发展提供了更加可靠的机制保障

移动商务价值链（Value Chain）在技术、法律和环境等方面面临着巨大变革，价值链逐渐被拆分和重构，并逐渐演化为价值网。很多研究对移动商务的价值链的参与者进行了识别与分析，同时给出了不同的分类方式。综合起来，可以将参与者分为用户、内容和服务相关、技术相关以及其他等。用户又包括个人用户、商业用户等；内容和服务相关的参与者通常指网络运营商、内容提供商、内容综合商、应用提供商、应用开发商和无线门户等；技术相关的参与者指设备提供商、网络提供商、基础设施提供商和中间件/平台提供商等，还包括其他的参与者如法律机构和政府机构等。

移动电子商务的价值链从通信运营商开始，连接其他平台、服务和应用提供商，通过一系列流通活动，形成一个比较完善的移动增值服务运营模式和体系，最后到达消费者，这从根本上改变了消费者传统的消费形态。而移动电子商务的各参与方为了最大限度地获取各自的商业利益，以消费者的需求为中心，在电子商务活动的过程中承担着不同的商业角色。

小贴士

价值链理论是由哈佛大学商学院教授迈克尔·波特于1985年提出的概念，波特认为，“每一个企业都是在设计、生产、销售、发送和辅助其产品的过程中进行种种活动的集合体。所有这些活动可以用一个价值链来表明”。企业的价值创造是通过一系列活动构成的，这些活动可分为基本活动和辅助活动两类，基本活动包括内部后勤、生产作业、外部后勤、市场和销售、服务等；而辅助活动则包括采购、技术开发、人力资源管理和企业基础设施等。这些互不相同但又相互关联的生产经营活动，构成了一个创造价值的动态过程，即价值链。

WAP（Wireless Application Protocol，无线应用通信协议）是一个使移动用户使用无线设备（如移动电话）随时使用互联网的信息和服务的开放的规范。WAP的主要意图是使袖珍无线终端设备能够获得类似网页浏览器的功能，因此其功能有限。

VPN（Virtual Private Network，虚拟专用网络）可以通过特殊的加密通信协议与连接在Internet上的位于不同地方的两个或多个企业内部网之间建立一条专有的通信线路，就好比是架设了一条专线一样，但是它并不需要真正去铺设光缆之类的物理线路。

14.3.5 移动电子商务模式

移动电子商务模式是由移动商务价值链中的某几个部分相互合作而逐步形成的盈利模式。在移动电子商务模式形成过程中需要考虑很多因素，如技术的标准、终端处理能力和带宽不足、消费者对于无形产品的消费态度、使用移动终端的环境、市场需求及其他的参与者和竞争者等。

移动电子商务模式随着技术的升级而不断扩充、完善和成熟，经历了从简单、种类少到复杂、种类多的变化。最大的变化就是从没有内容提供商的参与到内容提供商在整个商务模式中逐渐占据主要地位。现在大多数移动商务模式中，内容提供商是移动商务内容和服务的来源，也是移动商务实现商业价值的根本。同时，移动运营商的地位也发生了变化，由整个价值链的拥有者和管理者变成了简单的通信服务提供者，逐步失去了其在移动商务中的主导地位。最后只能通过向内容提供商出租网络资源生存，通过在内容提供商提供产品和服务的过程中收取佣金获得利润。以下是两种常见的移动电子商务应用形式。

1. 移动信息服务

移动信息服务是指基于通信网络平台，通过各种移动设备，以无线接入网络的方式实现信息的双向传播。由于移动通信真正消除了时空限制，同时手机等移动通信设备可以随身携带，

移动用户通过无线技术和 3G、4G 技术，可以真正随时获取需要的个人信息服务。根据移动信息技术的演变，可以将移动信息服务分成如下发展阶段。

（1）传统移动信息服务。比如无线广播电台、流动售报、图书馆流动服务等，都是基于传统无线电、机械技术或人工操作而实现的。

（2）移动通信服务。狭义上指移动终端通过移动通信网络进行通信，广义上指手持移动终端通过各种无线网络进行通信。

（3）移动通信增值服务。基于移动通信网络实现的短信息、彩信、互动式语音应答（IVR）、彩铃等移动数据服务。

（4）移动互联网服务。移动通信与互联网的结合产生了移动互联网。相应地，以移动通信网络作为接入网就是狭义上的移动互联网，以各种无线网络作为接入网就是广义上的移动互联网。

移动信息服务已经渗透到各个行业，以及用户生活的方方面面，其内容模式包括通信（接入互联网、IM、视频通话、邮件等）、移动社交（社区、博客、微博等）、信息服务（新闻、搜索、广告、地图、位置、移动教育、出版、图书馆等）、娱乐（手机游戏、音乐、视频等）、移动电子商务（银行、炒股、购物、交易、手机广告、企业 WAP 站点等）、移动政务（办公、管理等）等。基于外部因素影响关系的角度，移动信息服务模式主要有即时服务模式、基于位置的服务模式、个性化服务模式等。

即时服务模式是指根据用户在移动环境下的即时性信息需求依托移动信息服务系统为用户提供所需的信息内容与信息服务，比如新闻、金融行情、比赛实况、即时交流与处理等，是移动服务特色非常显著的信息内容服务模式。各类即时服务 App 如图 14-39 所示。

图 14-39　各类即时服务 App

基于位置的服务模式（LBS）是移动信息服务者根据用户在移动环境下所处的地理位置依托移动信息服务系统为用户提供所需的地理信息、与地理位置相关的其他信息服务，比如与位置结合的手机新闻服务、天气、社区、聊天交友、微博、商务等，也是具有显著移动服务特色的信息内容服务模式，如图 14-40 所示。

个性化服务模式是指移动信息服务者根据手机等移动终端的隐私性、身份可识别性，利用移动信息服务系统建立用户的信息需求模型，面向用户的个性化需求提供有针对性的信息服务，比如个性化门户、个性化检索、个性化收藏服务、个性化订阅服务等。注重个性化和社交体验的阅读产品——Flipboard 如图 14-41 所示。

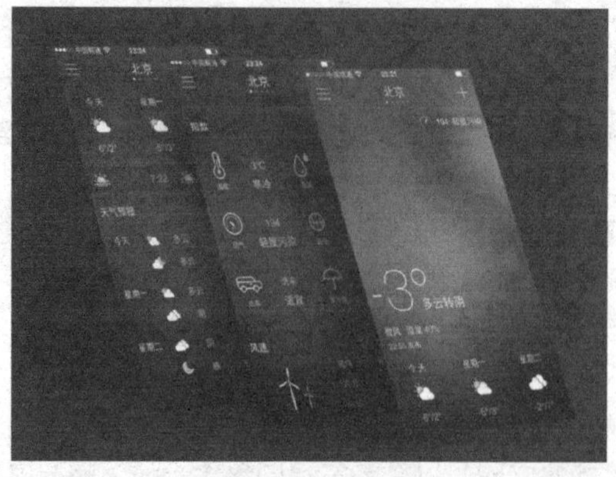

图 14-40　基于 LBS 的天气类移动应用服务

图 14-41　注重个性化和社交体验的阅读产品——Flipboard

2. 移动支付

移动支付是指消费者通过移动终端（通常是智能手机、PAD 等）对所消费的商品或服务进行账务支付的一种支付方式。客户通过移动设备、互联网或者近距离传感直接或间接向银行金融企业发送支付指令产生货币支付和资金转移，实现终端设备、互联网、应用提供商以及金融机构的融合，完成货币支付、缴费等金融业务。

移动支付具有以下三个方面的特点。

（1）移动性。由于移动终端具有其特定服务实现的随身性和极好的移动性，可以使消费者从长途奔波到指定地点办理业务的束缚中解脱出来，摆脱支付实现的营业厅特定地域限制。

（2）实时性。移动通信终端和互联网平台的交互取代了传统的人工操作，使移动支付不再仅受限于相关金融企业、商家的营业时间限制，实现了 7×24 小时的便捷服务。移动支付的实现使消费者可以足不出户，也避免了毫无价值的排队等候。

（3）快捷性。移动支付同时还具有缴费准确、无须兑付零钱、快捷、多功能、全天候服务、网点无人值守的快捷性。

随着以智能手机为代表的移动终端日益普及，移动互联网蓬勃兴起，人们越来越多地使用各种移动终端从事电子商务，由此促进了移动电子商务的繁荣。而作为移动电子商务主要支付手段的移动支付，也得到了迅猛发展。

移动支付的模式有不同的划分标准，比较常用的有如下几种。

（1）根据支付账户不同，移动支付可分为：

① 银行卡账户支付：用户在移动终端上操作银行卡账户进行支付。

② 话费账户支付：用户在移动终端上操作手机话费账户进行支付。

③ 中间账户支付：用户在移动运营商或第三方支付企业开通自有账户，先充值后消费，用户在移动终端上操作自有账户。

（2）根据运营主体不同，移动支付可分为：

① 移动运营商为主体的移动支付：移动支付平台由移动运营商建设、运行、维护及管理。

② 银行系为主体的移动支付：银行为用户提供付款途径，通过可靠的银行系统进行鉴权、支付。移动运营商只为银行和用户提供信息通道，不参与支付过程。

③ 第三方支付企业为主体的移动支付：移动支付平台由第三方支付企业建设、运行、维护和管理。国内领先的第三方支付平台“支付宝”如图 14-42 所示。

（3）根据技术手段不同，移动支付可分为：

① 远程支付：用户使用移动终端，通过短信、WAP、IVR、App 等方式远程连接到移动支付后台系统，实现账户查询、转账、信用卡还款、订单支付等功能。

② 现场支付：用户使用移动终端和配套的受理终端，通过 NFC、RF-SIM、SIMpass 等近距离非接触式技术，实现对商品或服务的现场支付。苹果 NFC 支付应用——Apple Pay 如图 14-43 所示。

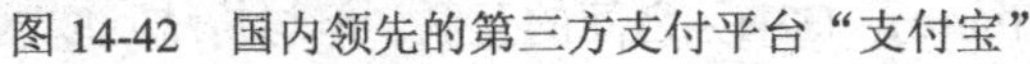

图 14-42 国内领先的第三方支付平台“支付宝”

图 14-43 苹果 NFC 支付应用——Apple Pay

小贴士

IVR（Interactive Voice Response，互动式语音应答）是一种基于电话的语音增值业务的统称。电话用户只要拨打移动运营商所指定号码，就可根据语音操作提示收听、点播或发送所需的语音信息以及参与聊天、交友等互动式服务。

NFC（近距离无线通信技术）是由非接触式射频识别（RFID）及互联互通技术整合演变而来，在单一芯片上结合感应式读卡器、感应式卡片和点对点的功能，在短距离内与兼容设备进行识别和数据交换。

RF-SIM 是可实现中近距离无线通信的手机智能卡，专利技术是一个可代替钱包、钥匙和身份证的全方位服务平台。它的最大特点是不需换手机，现有手机换一张智能卡后就成了有类似 NFC 功能的手机。

SIMpass 技术融合了 DI 卡技术和 SIM 卡技术，或者称为双界面 SIM 卡。SIMpass 是一种多功能的 SIM 卡，支持接触与非接触两个工作接口，接触界面实现 SIM 功能，非接触界面实现支付功能，兼容多个智能卡应用规范。

14.4 物联网、传感网、可穿戴智能设备引发的电子商务模式

14.4.1 物联网

1. 概念

物联网（Internet of Things，IoT）是新一代信息技术的重要组成部分，也是“信息化”时代的重要发展阶段。

美国麻省理工学院 Auto-ID 研究中心 1999 年最早提出物联网，将其定义为：把所有物品通过射频识别（Radio Frequency Identification，RFID）和条码等信息传感设备与互联网连接起来，实现智能化识别和管理功能的网络。RFID 标签可谓是早期物联网最为关键的技术与产品环节，利用 RFID 技术，通过计算机互联网实现物品或商品的自动识别和信息的互联与共享。

Kevin（1999 年）提出：物联网是通过射频识别（RFID“+互联网”）、红外感应器、全球定位系统、激光扫描器、气体感应器等信息传感设备，按约定的协议，把任何物品与互联网连接起来，进行信息交换和通信，以实现智能化识别、定位、跟踪、监控和管理的一种网络。

中国物联网校企联盟将物联网定义为：物联网是当下几乎所有技术与计算机、互联网技术的结合，实现物体与物体之间，以及环境和状态信息的实时共享，智能化地收集、传递、处理和执行。广义上说，当下涉及信息技术的应用，都可以纳入物联网的范畴。

国际电信联盟（ITU）发布的 ITU 互联网报告，对物联网做了如下定义：物联网是通过二维码识读设备、射频识别装置、红外感应器、全球定位系统和激光扫描器等信息传感设备，按约定的协议，把任何物品与互联网相连接，进行信息交换和通信，以实现智能化识别、定位、跟踪、监控和管理的一种网络。物联网主要解决物品与物品（Thing to Thing，T2T）、人与物品（Human to Thing，H2T）、人与人（Human to Human，H2H）之间的互联。但与传统互联网不同的是，H2T 是指人利用通用装置与物品之间的连接，从而使得物品连接更加简化，而 H2H 是指人与人之间不依赖 PC 而进行的互连。因为互联网并没有考虑到对于任何物品连接的问题，故我们使用物联网来解决这个传统意义上的问题。物联网顾名思义就是连接物品的网络，许多学者在讨论物联网时，经常会引入一个 M2M 的概念。M2M 可以解释成人到人（Man to Man）、人到机器（Man to Machine）、机器到机器（Machine to Machine）。从本质上而言，在人与机器、机器与机器的交互中，大部分是为了实现人与人之间的信息交互。

简而言之，物联网是物物相连的互联网。这里有两层意思：其一，物联网的核心和基础仍然是互联网，是在互联网基础上延伸和扩展的网络；其二，其用户端延伸和扩展到了任何物品与物品之间，进行信息交换和通信，也就是物物相息。物联网通过智能感知、识别技术与普适计算等通信感知技术，广泛应用于网络的融合中，也因此被称为继计算机、互联网之后世界信息产业发展的新一次浪潮。物联网是互联网的应用拓展，与其说物联网是网络，不如说物联网是业务和应用。因此，应用创新是物联网发展的核心，以用户体验为核心的创新 2.0 是物联网发展的灵魂。

2. 应用

目前人们在供应链、产品质量、物流、支付、安防、农业（畜牧业、林业）等环节及领域做了应用研究。

主要的应用场景有如下几个方面。

（1）优化供应链，改善经营管理。可对产品在供应链流通过程进行监督和信息共享，还可对产品在供应链各阶段的信息进行分析和预测，帮助电子商务企业估计出未来的趋势或意外发生的概率，从而及时采取补救措施或预警。

（2）产品质量监控、追溯与售后服务。电子商务交易中，顾客与商家信息不对称，对产品及质量不放心。物联网使得产品在生产完成时即被厂家贴上 EPC（Electronic Product Code）标签，标签上记录了产品的生产厂商、生产日期、生产过程、检验标准等相关信息，而这些信息一经写入将不得改变。商家只需将 EPC 标签上的信息传输到互联网上，顾客就可以查询到该产品的相关信息，从而避免了顾客对产品质量的顾虑。

厂商无论采用什么方式销售产品，消费者都能很容易地和厂商取得联系，享受合理的售后服务。同时，厂商也可以通过读取商品上的 RFID 芯片来辨别商品是否为该厂生产，以此来决定是否要承担售后服务的责任。

（3）实时监控物流全过程，提升物流服务水平。通过对包裹进行统一的 EPC 编码，并在包裹中嵌入 EPC 标签，在物流配送途中通过无线射频技术读取 EPC 编码信息，并将信息传输到处理中心供企业和消费者查询，实现对物流全过程的实时监控。方便企业或消费者实现对包裹的实时跟踪，及时发现物流过程中出现的问题，有效提高物流服务水平，提升消费者网络购物的满意程度。

可借助 RFID 技术，将配送包裹进行统一的产品电子标签编码，并在包裹中嵌入电子标签。在物流途中通过 RFID 技术读取商品信息，而 GPS 技术可以将车辆的实时位置传递至电子商务物流系统，系统可将商品的位置、状态信息提交给用户。让消费者、网上零售商户和物流公司三方实时获悉货物的流通状态，一旦发现异常，可及时与商家联系。

（4）RFID 技术应用于支付环节。支付方面的安全问题具体表现为支付的确认、货款支付、第三方支付平台与银行之间的链接。在网络支付时，通常需要输入用户信息及密码信息，由于互联网的开放性和交易的真实性，导致网上支付存在极大的安全隐患。在支付环节，金融机构、网上零售商可加强与电信运营商之间的合作，探索比较合理的新商务模式，发展多样化的移动支付业务，借助电信运营商分布极广的充值渠道，增加支付操作的便捷性，降低用户的使用门槛。而高频 RFID 技术非接触性、短距离识别的特点非常适合在小额支付领域应用。可以将 RFID 芯片植入手机中，使通信工具和支付功能结合，使其成为现场支付或小额支付的工具，真正实现移动电子支付。

用户购物时，可以扫描商品二维码查询商品价格及对不同商场进行比价，这些都使用户的消费变得快捷简单。

（5）安防。物联网可提供如下安防功能。

① 门控。无紧急情况时，依据需求远程控制开启每个疏散门。利用电磁铁断电后磁性消失的特性，将电磁锁和插销分别设置于门框上端或底部。当主控机向无线通信系统发送信号时，无线通信系统向门控系统发送相应指令，通过电磁控制系统控制门是否锁死。

② 报警。当门被意外打开或电磁设备被破坏时，电磁传感器通过无线通信系统向主控机发送信号，主控机上运行的上位机同时执行控制指令和数据库查询存储指令，打开声音、灯光报警设备。并通过相应的 GSM 通信模块，发送短信或拨打机主电话，实时监听门附近的声音。

③ 智能安全出口标志。在安全出口，每个安全指示方向上设置一个可编程彩灯，如当路线指示左拐时，左边的灯显示绿色，右边的灯显示红色。楼内人员可通过指示灯的颜色判断正确的逃生路线，避开危险。与此同时，紧急情况信息传送至主控机。在人员集中位置放置大屏幕，

显示最佳疏散路线图，协助楼内人员逃生。

④ 不间断供电系统。借助平时大楼内的应急灯电源，在没有断电的情况下进行充电。突发停电后，不间断供电系统启动，仍持续工作，防止非法进入楼内等情况发生。监测到火灾则自动打开所有的应急门，且不间断系统立即启动，防止设备断电。

⑤ 单人通过系统。在大楼入口处设置旋转大门，门口采用人脸识别技术，提前采集预允许进入楼内人员的脸部数据信息加入数据库。通过认证后可进入，其他人则被阻拦。对于需要带外来人员进入的场合，可对某些人员设置特权，特权人员验证通过后，设置当次进入人员的数量，同时对外来人员进行人脸影像记录。无人阶段不录像，减少视频数据冗余。（田颖，2017）

火灾监测的基本原理是利用火灾发生后会产生一定的火光、烟雾或者热量等，通过使用温度传感器、烟雾传感器及光强度传感器等监测不同位置的温度、烟雾及光强度信息，然后判断是否发生火灾，如果发生火灾，则将报警信号发送到监控中心。

安防系统可包含火灾探测系统、自动灭火系统、视频监控系统、GPS 定位系统、船舶人员定位跟踪系统、智能航行系统、逃生指示系统等。

门禁系统由读卡器、控制器、电锁、出门开关、门磁、电源、处理中心 7 个模块组成，无线物联网门禁将设备简化到了极致：一把电池供电的锁具。除了门上面要开孔装锁外，门的四周不需要任何辅助设备。整个系统简洁明了，不仅大幅缩短施工工期，还能降低后期维护的成本。无线物联网门禁系统的安全与可靠首要体现在以下两个方面：无线数据通信的安全性和传输数据的稳定性。上海浦东国际机场防入侵系统中应用了物联网传感器产品。系统铺设了 3 万多个传感节点，覆盖了地面、栅栏和低空探测，可以防止人员的翻越、偷渡、恐怖袭击等攻击性入侵。

物联网在指挥中心已得到很好的应用，物联网智能控制系统可以指挥中心的大屏幕、窗帘、灯光、摄像头、DVD、电视机、电视机顶盒、电视电话会议，可以调度马路上的摄像头图像到指挥中心，可以控制摄像头的转动，可以通过网络进行控制，可以多个指挥中心分级控制，可以联网控制，可以显示机房温度湿度，还可以远程控制需要控制的各种设备开关电源。

（6）畜牧业。

① 设施养殖是国内最常规的养殖模式。在特定养殖环境下，采用物联网的传感器技术、短距离无线通信技术、生长感知技术等集成化应用，建设精细化养殖的体系结构。对于生长环境控制、饲料喂养、疾病监控和诊断、生长繁殖、粪便清理等各个环节实现自动化操作和管理，同时，也为产品溯源系统提供最初的信息，为消费者提供安全保障。

② 草原畜牧养殖，草原环境因素是不可控的，除了养殖动物本身的疾控监控和诊断、生长繁殖、粪便处理等环节，还必须对农业资源环境状态进行统一的监控和管理。利用传感技术、识别技术、智能分析等技术，建立养殖动物和其生长环境质量的监测评价体系，并实现资源环境数据的智能采集、动物生长监控与跟踪等。草原畜牧养殖的质量溯源系统需同时对产地环境质量与养殖动物进行评估，保障产品的可信赖度和特色性。

③ 肉类溯源，将物联网应用于畜牧业肉类从生产到流通的各个环节，确保每个环节的可视化管理，每个环节的节点都可以深入追溯。利用 RFID 技术、EPC 编码技术以及管理和传送产品数据的分布式网络软件系统等关键物联网技术，对于畜牧业养殖以及肉类的生产、加工、存储、物流、配送全程的跟踪标识，构建从产地到餐桌的全过程追溯，从养殖到消费的全流程集中管控与质量认证检测体系。

（7）公共管理。ZigBee 路灯控制系统点亮济南园博园。ZigBee 无线路灯照明节能环保技术的应用是此次园博园中的一大亮点。园区所有的功能性照明都采用了 ZigBee 无线技术达成的无线路灯控制。

3. 影响

（1）硬件将具备两种智能属性。

① 功能属性的优化。比如智能汽车可以通过识别驾驶人，自动调整驾驶环境，可以通过识别行驶环境，自动调整驾驶状态，比如在雪地里行驶和在平路上行驶一定是不同的状态（雷本祖，2017）。智能汽车如图 14-44 所示。

② 拥有执行非功能属性应用服务的能力。比如衣服可以当电话、桌子可以当计算机、冰箱可以买菜等，要实现这个变革，需要先实现操作系统的变革，改变人机交互的方式。

（2）操作系统的分裂。云操作系统与嵌入式操作系统并存与联动。物联网终端比较小，比如手表、手环等，容不下那么大的操作系统，需要云端的支持以减小嵌入端的需求，实现瘦客户端。当然，这也得益于通信技术的发展，否则无法实现实时响应的问题。智能交互操作环境如图 14-45 所示。

图 14-44　智能汽车

图 14-45　智能交互操作环境

（3）物联网带来的终极变革是数据取代货币成为一般等价物。数据将具有极大的价值，使得大数据交易和数据银行成为可能。

4. 关键技术

"物联网"可以理解为将万物连接至网内。而万物并非生来就能够被连入网络，如何连接、连入何种网络都需要解决。为了解决这些问题，各种技术便应运而生。下面介绍与物联网相关的一些技术。

（1）RFID 射频识别技术。RFID 射频识别技术分为以下三点。

① RFID 电子标签：存储了物品信息的电子标签。

② RFID 读写器：可以用来读取或者写入附着在电子标签上的信息。

③ RFID 天线：用于 RFID 读写器和 RFID 电子标签之间的信号传递。

（2）传感器技术。传感器技术可以作为 RFID 射频识别技术的补充，用于更有价值的信息。物联网运行的环境千变万化，一旦在恶劣环境下运行，传感器将面临更大的考验，对传感器的环境适应要求也更加严苛。如今，传感器已被作为不少装备和信息系统采集信息的手段，只有灵敏、精确的信息检测、交替、捕获，才能为后台提供精准的数据采集，则后台输出的信息才能够准确，整套系统才有意义。

（3）网络通信技术。网络通信作为"物联网"中的网，重要性不言而喻。其包含众多重要技术。其中，M2M（Machine to Machine）近来备受瞩目。该技术应用广泛，能够实现远距离、近距离的技术衔接。未来，在航空航天、医学等领域的 M2M 实现将显得尤为关键。

（4）嵌入式系统技术。集计算机软硬件、传感器技术、集成电路技术、电子应用技术于一体的复杂技术。经过几十年的演变，以嵌入式系统为特征的智能终端产品随处可见，小到人们身边的MP3，大到航天航空的卫星系统。嵌入式系统正在改变着人们的生活，推动着工业生产及国防工业的发展。如果把物联网用人体做一个简单比喻，传感器相当于人的眼睛、鼻子、皮肤等感官，网络就是神经系统用来传递信息，嵌入式系统则是人的大脑，在接收到信息后进行分类处理。

（5）基于云计算平台的物联网电子商务运营体系。该系统能够对海量的物联网数据进行高性能的分析处理与优化。例如，Amazon 使用弹性计算云等为企业提供计算及数据等接入式服务，是其增长最快的业务，IBM的“蓝云”计算平台，使用户能够实现对即买即用的云计算平台的使用。Google已许可用户在其云计算上运行大型并行式的应用程序，并公开教授云计算程序。在国内，中国移动科学院已完成云计算中心的试验，阿里巴巴下属的阿里软件建立了国内首个“电子商务云计算中心”，世纪互联推出CloudEx产品线，提供个人及企业进行云备份的数据保障服务。

14.4.2 传感网

以互联网为代表的计算机网络技术是20世纪计算机科学的一项伟大成果，它给我们的生活带来了深刻的变化，然而，网络功能再强大，网络世界再丰富，也终究是虚拟的，它与我们所生活的现实世界还是相隔的，在网络世界中，很难感知现实世界，很多事情还是不可能的，时代呼唤着新的网络技术。传感网正是在这样的背景下应运而生的全新网络技术，它综合了传感器、低功耗、通信及微机电等技术，可以预见，在不久的将来，传感网将给我们的生活方式带来革命性的变化。

传感器网络，是由许多在空间上分布的自动装置组成的一种计算机网络，这些装置使用传感器协作监控不同位置的物理或环境状况（比如温度、声音、振动、压力、运动或污染物）。无线传感器网络的发展起源于战场监测等军事应用，而现今无线传感器网络则被应用于很多民用领域，如环境与生态监测、健康监护、家庭自动化以及交通控制等。

所谓传感器网络是由大量部署在作用区域内的、具有无线通信与计算能力的微小传感器节点通过自组织方式构成的、能根据环境自主完成指定任务的分布式智能化网络系统。传感网络的节点间距离很短，一般采用多跳（multi-hop）的无线通信方式进行通信。传感器网络可以在独立的环境下运行，也可以通过网关连接到Internet，使用户可以远程访问。

传感器网络综合了传感器技术、嵌入式计算技术、现代网络及无线通信技术、分布式信息处理技术等，能够通过各类集成化的微型传感器协作实时监测、感知和采集各种环境或监测对象的信息，通过嵌入式系统对信息进行处理，并通过随机自组织无线通信网络以多跳中继方式将所感知的信息传送到用户终端，从而真正实现“无处不在的计算”理念。

传感器网络节点的组成和功能包括如下4个基本单元：传感单元（由传感器和模数转换功能模块组成）、处理单元（由嵌入式系统构成，包括CPU、存储器、嵌入式操作系统等）、通信单元（由无线通信模块组成），以及电源部分。此外，可以选择的其他功能单元包括定位系统、运动系统以及发电装置等。

在传感器网络中，节点通过各种方式大量部署在被感知对象内部或附近。这些节点通过自组织方式构成无线网络，以协作的方式感知、采集和处理网络覆盖区域内特定的信息，可以实现对任意地点信息在任意时间的采集、处理和分析。一个典型的传感器网络的结构包括分布式传感器节点（群）、Sink（基站节点）、互联网和用户界面等。

传感器节点之间可以相互通信，自己组织成网并通过多跳的方式连接至Sink，Sink节点收到数据后，通过网关（Gateway）完成和公用Internet的连接。整个系统通过任务管理器来管理

和控制这个系统。传感器网络的特性使得其有着非常广泛的应用前景，其无处不在的特点将使其在不远的未来成为我们生活中不可缺少的一部分。

传感器网络主要包括 3 个方面：感应、通信、计算（硬件、软件、算法）。其中的关键技术主要有无线数据库技术及用于和其他传感器通信的网络技术，特别是多次跳跃路由协议。例如，摩托罗拉使用在家庭控制系统中的 ZigBee 无线协议。

1. 传感网与物联网

通过感知识别技术，让物品“开口说话、发布信息”，是融合物理世界和信息世界的重要一环，是物联网区别于其他网络的最独特的部分。物联网的“触手”是位于感知识别层的大量信息生成设备，包括传感网、定位系统等。刘云浩（2011）认为传感网所感知的数据是物联网海量信息的重要来源之一。中国物联网校企联盟认为，传感网的飞速发展对于物联网领域的进步、实现物联化具有重要的意义。

有许多人把传感网的含义扩大为包括物联网，这样的说法有一定道理，但目前看来，人们更趋向于用物联网这个词。物联网四大技术与应用如图 14-46 所示，物联网和 M2M 的使用频率比传感网要高，英文的 Google 趋势图也显示了同样的结果。

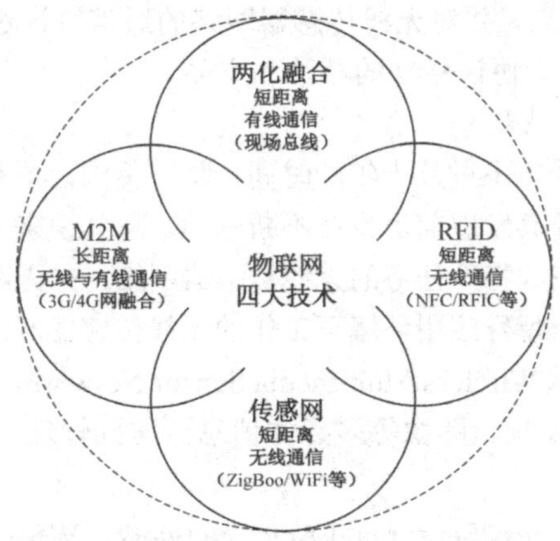

图 14-46　物联网四大技术与应用

2. 传感器网络与传感器

传感器网络中传感节点的系统组成如图 14-47 所示。一般可以将传感节点分解为传感模块、微处理器最小系统、无线通信模块、电源模块和增强功能模块 5 个组成部分，其中增强功能模块为可选配置。

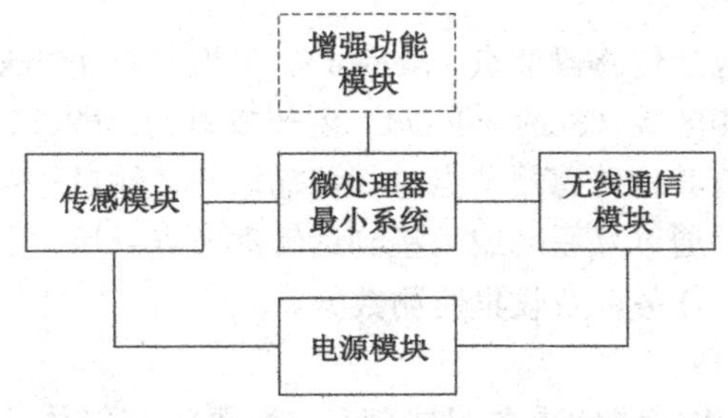

图 14-47　传感器网络中传感节点的系统组成

可以把传感模块和电源模块看作传统的传感器，如果再加上微处理器最小系统就可对应于智能传感器，而无线通信模块是为了实现无线通信功能而比传统传感器新增加的功能模块。增强功能模块是可选配置，如时间同步系统、卫星定位系统、用于移动的机械系统等。

从传感节点的系统组成上看，传感器网络可以看作是多个增加了无线通信模块的智能传感器组成的自组织网络。而从功能上看，传感器和传感器网络大致相同，都是用来感知监测环境信息的，不过显然传感器网络具备更高的可靠性。

3. 传感器网络的发展

最早的传感器网络可以追溯到20世纪70年代美军在战争中使用的“热带树”传感器。这是一种振动和声响传感器，当车队经过时传感器探测到振动和声响即向指挥中心发送感知信号，美军收到信号后即组织轰炸。

“热带树”传感器之间没有通信能力，所以实际上还称不上网络的概念。20世纪80年代以来，美国军方陆续与高校开展传感器网络方面的研究合作，旨在建立能够用于军事用途的自组织的无线传感器网络，这期间在硬件、软件、标准化和产品化等方面取得了一系列的重大进展。

2000年，美国加州大学伯克利分校发布了传感器节点专用操作系统 TinyOS，后续又推出专用程序设计语言 nesC。2001年，伯克利分校又推出 Mica 系列传感器节点产品。TinyOS 和 Mica 取得了巨大的成功，直到今天它们仍然在广泛地应用。

2001年，ZigBee 联盟成立，并对无线传感器网络的通信协议进行了全面的标准化，后续多家公司发布了多款符合 ZigBee 协议标准的芯片和产品。

4. 传感器网络未来的发展趋势

传感器网络技术诞生至今也不过几十年的时间，除了美国，更是得到了欧洲、中国和日本、韩国等国的重视和关注，目前其发展前沿也在不断延伸。总体说来，大致可以将其发展趋势划分为两大类：其一是设计用于完成特殊任务的无线传感器网络，如无线多媒体传感器网络和无线传感执行网络。其二是设计用于特殊应用环境下工作的无线传感器网络，如水下环境和地下环境。

无线多媒体传感器网络（Wireless Multimedia Sensor Network，WMSN）在传感器节点上借助多媒体传感单元将音频、视频、图像等多媒体信息传送到管理节点，能够实现对复杂多变环境的监测。

无线传感执行网络（Wireless Sensor and Actor Network，WSAN）在 WSN 的基础上加入了执行节点（Actor），执行节点根据收集到的监测信息做出决策并执行相关操作，从而在对环境监测的基础上进一步实现对环境的控制。

水声无线传感器网络（Underwater Acoustic Sensor Network，UW-ASN）采用水声无线通信技术实现水下传感器节点之间的通信连接，能够完成海洋采样、环境监测、水下开采、辅助航行等任务。

5. 传感器网络体系结构

传感器网络系统通常包括传感器节点（Sensor）、汇聚节点（Sink Node）和管理节点。大量传感器节点随机部署在监测区域（Sensor Field）内部或附近，能够通过自组织方式构成网络。传感器节点监测的数据沿着其他传感器节点进行传输，在传输过程中监测数据可能被多个节点处理，再到汇聚节点，最后通过互联网或卫星到达管理节点。用户通过管理节点对传感器网络进行配置和管理，发布监测任务以及收集监测数据。

6. 传感器网络与物联网

传感器网络已被视为物联网的重要组成部分，如果将智能传感器的范围扩展到 RFID 等其他数据采集技术，从技术构成和应用领域来看，泛在传感器网络等同于现在我们提到的物联网。

14.4.3　可穿戴式智能设备

“穿戴式智能设备”是应用穿戴式技术对日常穿戴进行智能化设计，开发出可以穿戴的设备的总称，如眼镜、手套、手表、服饰及鞋等。

广义穿戴式智能设备包括功能全、尺寸大、可不依赖智能手机实现完整或者部分的功能（如智能手表或智能眼镜等），以及只专注于某一类应用功能，需要和其他设备（如智能手机）配合使用，如各类进行体征监测的智能手环、智能首饰等。随着技术的进步以及用户需求的变迁，可穿戴式智能设备的形态与应用热点也在不断地变化。

穿戴式技术在国际计算机学术界和工业界一直都备受关注，只不过由于造价成本高和技术复杂，很多相关设备仅仅停留在概念领域。随着移动互联网的发展、技术进步和高性能低功耗处理芯片的推出等，部分穿戴式设备已经从概念化走向商用化，新式穿戴式设备不断传出，谷歌、苹果、微软、索尼、奥林巴斯、摩托罗拉等诸多科技公司也都开始在这个全新的领域深入探索。

可穿戴式设备应当具备最重要的两个特点：一是可长期穿戴，二是智能化。可穿戴式设备必须是延续性地穿戴在人体上，并能够带来增强用户体验的效果。这种设备需要有先进的电路系统，能无线联网并且最少具有一个低水平的独立处理能力。如通过手机蓝牙传输信号的穿戴式智能设备时代的来临意味着人的智能化延伸，通过这些设备，人可以更好地感知外部与自身的信息，能够在计算机、网络甚至其他人的辅助下更为高效率地处理信息，能够实现更为无缝的交流。应用领域可以分为两大类，即自我量化与体外进化。

在自我量化领域，最为常见的即两大应用细分领域，一个是运动健身户外领域，另一个是医疗保健领域。在前者，主要的参与厂商是专业户外运动厂商及一些新创公司，以轻量化的手表、手环、配饰为主要形式，实现运动或户外数据如心率、步频、气压、潜水深度、海拔等指标的监测、分析与服务，代表厂商如 Suunto、Nike、Adidas、Fitbit、Jawbone 以及咕咚等。而后者，主要的参与厂商是医疗便携设备厂商，以专业化方案提供血压、心率等医疗体征的检测与处理，形式较为多样，包括医疗背心、腰带、植入式芯片等，代表厂商如 BodyTel、First Warning、Nuubo、Philips 等。

在体外进化领域，这类可穿戴式智能设备能够协助用户实现信息感知与处理能力的提升，其应用领域极为广阔，从休闲娱乐、信息交流到行业应用，用户均能通过拥有多样化的传感、处理、连接、显示功能的可穿戴式设备来实现自身技能的增强或创新。主要的参与者为高科技厂商中的创新者以及学术机构，产品形态以全功能的智能手表、眼镜等形态为主，不用依赖智能手机或其他外部设备即可实现与用户的交互。代表者如 Google、Apple 以及麻省理工学院等。

穿戴式智能设备也引发了相关争论。业内有一种普遍观点认为，正如智能手机毁灭了翻盖手机、平板电脑毁灭了传统个人电脑一样，穿戴式智能设备的崛起必将毁灭智能手机和计算机。独立市场研究机构 Forrester Research 判断，可穿戴的科技会引领下一场计算革命。“它让人们以不同的方式看待技术，人们正迈向一个新世界，即技术与人们互动。人们不仅仅是盯着屏幕，它会提出建议。例如，你该出去散步或购物了。这是计算机和智能手机都很难做到的。”不过，穿戴式智能设备也引发了人们的种种忧虑。比如，会让人们过度地依赖科技。就像智能手机曾经做到的那样，这样的设备将对人们的交流、导航和效率等方面产生重要影响，但也让人们更加迷恋科技，更容易忽略周围的存在。当人们与数字世界互动的门槛降低之后，人们肯定会花更多时间在上面。又如，穿戴式智能设备可能会涉及一些隐私和个人安全问题。开车的时候打电话是危险的举动，但如果开车的时候玩几下智能手表或者看一眼智能眼镜呢，那就更加危险了。美国西弗吉尼亚州议会已经提出了某现有法案的一个修正案，目的是把“在驾驶机动车时使用带有头戴显示器的穿戴式电脑定为违法行为"。就像任何一次重大技术变革一样，穿戴式智能设备的出现肯定会引发各种问题，因为新的技术总会走在法律和人们的礼节之前。但不管人们是否准备好了，穿戴式智能设备的时代已经到来了。

14.5 普适计算的电子商务

14.5.1 普适计算的概念

普适计算最早起源于1988年Xerox PARC研究中心实验室的一系列研究计划。在该计划中Mark Weiser首先提出了普适计算的概念。Mark Weiser（1999）正式提出了普适计算（Ubiquitous Computing），他指出："最奥妙的技术是那些不显现的技术，它们将自己编织到日常生活常见的物品结构之中，直到它们与之无法区分。"

1999年，IBM也提出称为Pervasive Computing（普及计算）的概念，即无所不在的、随时随地的可以进行计算的一种方式。跟Weiser一样，IBM也特别强调计算资源普存于环境当中，人们可以随时随地获得需要的信息和服务。

1999年欧洲研究团体ISTAG提出了环境智能（Ambient Intelligence）的概念，其实这是个跟普适计算类似的概念。

普适计算的核心思想是小型、便宜、网络化的处理设备广泛分布在日常生活的各个场所，计算设备将不只依赖命令行、图形界面进行人机交互，而更依赖"自然"的交互方式，计算设备的尺寸将缩小到毫米甚至纳米级。

在普适计算的环境中，无线传感器网络将广泛普及，在环保、交通等领域发挥作用，人体传感器网络会大大促进健康监控以及人机交互等的发展。各种新型交互技术（如触觉显示、OLED等）将使交互更容易、更方便。

普适计算的目的是建立一个充满计算和通信能力的环境，同时使这个环境与人们逐渐融合在一起。在这个融合空间中人们可以随时随地、透明地获得数字化服务。在普适计算的环境下，整个世界是一个网络的世界，数不清的为不同目的服务的计算和通信设备都连接在网络中，在不同的服务环境中自由移动（郭承霞等，2016），如图14-48所示为通过网络连接的万物示意图。

图14-48 通过网络连接的万物示意图

普适计算的含义十分广泛，所涉及的技术包括移动通信技术、小型计算设备制造技术、小型计算设备上的操作系统技术及软件技术等。

普适计算是无形的，但不是设备无形，而是设备不像台式或手持电脑那样显形，它是嵌入在其他物品中，编织在日常生活的千丝万缕中，趋于无形，无处不在，不被人们注意。人们不会去思考该如何操作物品中的微处理器。

间断连接与轻量计算（即计算资源相对有限）是普适计算最重要的两个特征。普适计算的软件技术就是要实现在这种环境下的事务和数据处理。

14.5.2　普适计算的原理

普适计算的基本原理有 4 个。

1. 分散性

计算的分散性开始于中央计算机向个人电脑的转换，这种转换，将随着普适计算的发展而继续。未来的计算设备将不再是计算机，而是标签、感应器以及形形色色的普通物品。它们共同构成了提供服务的基础设施。

2. 多样性

过去的计算机技术是一台计算机具备多种功能，未来的计算机技术是各种计算设备具备各自独特的功能。一个用户或许会拥有多种设备，其中设备的功能各不相同，但是又有重复的成分。

3. 关联性

各种计算设备（如货物标签、感应器等）能够与网络或只是在设备间近程无缝对接。这样的关联需要开放的、互通的标准来支持。

4. 简洁性

计算设备是简单的。包括直观的界面、语音识别、图像识别、单手操作、迅速连接、不断线等。如此，普适计算才能得到普及。

14.5.3　情景感知计算

情景感知计算（Context-Aware Computing）是使用用户环境、动作、连接方式中的各种信息，对感知到的信息做出响应（如发送网络广告）。这里的用户指客户、业务伙伴、员工等。情景感知系统有的是预测用户的需求，有的是经询问用户有这样的需求，然后用个性化的内容、产品、服务去满足用户。情景感知设备及应用典型的是定位技术的延伸，它不只是感应人们所在的位置，还感知人本身。

例如，情景感知设备感知到中午时间，你已经有几个小时没有离开座位，你一般是 12:30 吃午餐，所以设备提醒你该起身用餐了。只要你触动到设备，设备会显示你过去几周去用餐的地方，同时它会计算这些餐馆最新的客户评价记录并做出推荐。它还会根据下午的日程，推荐餐馆和路线。它还会获知餐馆等候人员情况，估算时间。甚至还会根据天气提示带伞，叫出租车等。

情景感知计算的商务模式在于感知和预测用户需求，进而整合各种相关信息提供决策参考服务。

14.5.4　智能应用

1. 智能电网

智能电网（Smart Grid）指用数字技术对电网进行管理，也就是用双向数字沟通的方式由供电企业向消费者供电、控制消费者家里的用电设备。

智能电网的运行必须有感应装置、计量装置、控制设备。用双向沟通连接生产、传输、配送、消费各个环节。电网的每个组成部分都会将电网运行的情况传输给系统的用户、管理者和自动连接的各种设备，使其能动态地呼应电网环境的变化。

智能电网的主要特征：智能计量、智能充电、断电自我修复、消费者积极参与需求管理。智能电表持续记录用户的用电量，将数据传输给电网公司。利用这样的自动计量技术，供电管理机构就可以实时调整负载，并调整电价来抑制或鼓励用电消费。

2. 智能家庭

在智能家庭里，家用电脑、电视机、照明设备、空调、冰箱、微波炉、电磁炉、洗衣机、安保系统等设备通过家庭内联网连接在一起，再通过各种设备进行控制。

（1）照明。用户可按照自己的需求，依照一定的舒适要求及安全要求为照明设备的开关、明暗设定程序。

（2）能源管理。家庭内的供暖、通风及温度调节装置可以预先设置程序，做到最大限度地节能。而且可以用开关或手机控制。

（3）生活用水控制。家庭里可以使用一种湿度感应设备监控家里的潮湿点，一旦感应到有潮湿点，就意味着管道有渗漏，感应器会通过无线网络发送信号给控制器，控制器立即关闭进水总闸。

（4）家庭安全及通信。家里通过一个联网的控制器，可以自动操控窗帘、车库门、大门、烟雾报警器、家庭防盗系统等。

（5）家庭娱乐设施。家里可以安装各种音频及视频装置，共享音视频数据，也可切换各种监控设备。如在看视频的同时，可以切换到婴儿房了解一下孩子做什么。

3. 智能无人驾驶汽车

如今的汽车一般都有 20 多个微处理器隐藏在引擎罩下、仪表盘后、车门里、座位中以及底盘下。他们控制着发动机的工作状况，控制着音响系统，判断着何时换挡，记忆不同的驾驶员座位的高低抑扬以及车内高度。但它们目前是独立工作的。现在有一种趋势，就是让一些微处理器联合发挥作用，如通用汽车公司与德尔福（Delphi）汽车公司合作开发了汽车防碰撞系统，利用雷达、视频、感应器、GPS 等监视交通、行驶和驾驶员状况，及时做出规避。另一个趋势是将车载微处理器与互联网或是移动网络连接在一起，提供救援、道路指引、电子邮件等即时通信。如通用汽车开发的 OnStar 系统利用手机通信网络及卫星传播系统将车辆与服务中心连接在一起，提供 24 小时服务，包括气囊展开自动显示、道路指引、被盗车辆跟踪、车门遥控闭锁，并将在防碰撞等提供服务。

谷歌智能驾驶汽车。谷歌无人驾驶汽车项目是斯坦福大学人工智能实验室的主任、谷歌工程师和谷歌街景地图服务的创造者之一塞巴斯蒂安-特龙（Sebastian Thrun）领导的一个谷歌团队所研发的。车辆使用照相机、雷达感应器和激光测距机来"看"其他的交通状况，并且使用详细地图根据前方道路状况来为汽车导航。谷歌说，这些车辆比有人驾驶的车更安全，因为它们能更迅速、更有效地做出反应。然而，在所有的测试中，都有人坐在驾驶座上于必要时随时控制车辆。2012 年 4 月 1 日，Google 展示了他们使用自动驾驶技术的赛车，命名为 10^{100}（十的一百次方，也就是 googol，"google"这个单词的词源）。2012 年 5 月 8 日，在美国内华达州允许无人驾驶汽车上路 3 个月后，机动车驾驶管理处（Department of Motor Vehicles）为 Google 的无人驾驶汽车颁发了一张合法车牌。由于城市道路的各种目标比较繁杂，因此对于自动驾驶汽车而言，城市道路的驾驶，要比高速公路复杂。谷歌无人驾驶汽车经过升级的最新软件系统，可以同时对"数百个目标"保持监测，其中包括行人、公共汽车、一个做左转手势的自行车骑

行者，以及一个保护学生过马路的人举起的停车指示牌，等等。

无人驾驶公路列车。沃尔沃汽车公司开发了汽车公路自动安全列队驾驶科研项目，目标是向市场推出半自动的公路用汽车。这些汽车行驶的时候以列车的形式出现，每一列都有一位资深的司机领头，按照预先设定的路线行驶，速度也预先设定好。只要加入了车辆队列，车载计算机就能自动操控方向盘和变速杆，跟着前方的车辆前进。

14.5.5　普适计算的电子商务模式

如上所示，普适计算给客户提供的价值主张是随时随地对日常物品的计算，使我们能够让物品根据人的需要提供智能的服务，并以物联网的方式共享数据。它的收益来源在于物品的价值增值和附加的服务。核心能力表现为以技术为主导，以挖掘客户需求为商业洞察力的创新能力。

例如，一件普通的户外运动装，加上温度传感器和风扇，就可调节人体的温度。再加上 GPS 记录人的活动轨迹、计算人的运动量，并将数据发到社交网，与他人进行评比。如此一来，原本定位为年轻人的户外运动装的价值从 100 多元便可提升到 400 多元。技术开发团队利用自己的设计能力整合了传感网和移动定位技术，不仅经众筹拿到了生产资金，而且自己的技术设计能力也得到了价值体现。

参考文献

[1] Afuah A, Tucci C. Internet Business Models and Strategies[M]. New York: McGraw-Hill International Editions, 2001.

[2] Afuah A, C L Tucci. Internet Business Models and Strategies, 2nd ed[M]. New York: McGraw-Hill, 2003.

[3] Alexander Osterwaider, Yves Pigneur. Business Model Generation[M]. Wiley, 2010.

[4] Alexander Osterwalder,Yves Pigneur, Alan Smith．商业模式新生代[M]．王帅，译．北京：机械工业出版社，2011.

[5] Allan Afuah. Business Models: A Strategic Management Approach[M]. Boston: McGraw-Hill/ Irwin, 2003.

[6] Andrews P P, Hahn J. Transforming supply chains into value webs[J]. Strategy & Leadership, 1998, 26(3).

[7] B. Mahadevan. Business Models for Internet-Based E-Commerce: An Anatomy[J]. California Management Review, 2000(4):55-69.

[8] Berger S, Dore R P. National diversity and global capitalism[M]. Cornell University Press, 1996.

[9] Biscotti F，Fulton R．Infrastructure and applications worldwide software market definitions (Gartner Dataquest Guide)[EB/OL]. http://www.gartner.com/ DisplayDocument?doc-ed-106528, 2002-06-10.

[10] Bovet D, Martha J. Value Nets: Reinventing the Rusty Supply Chain for Competitive Advantage[J]. Strategy & Leadership, 2000, 28(4):21-26.

[11] Carney M, Gedajlovic E. Corporate Governance and Firm Capabilities: A Comparison of Managerial, Alliance, and Personal Capitalisms[J]. Asia Pacific Journal of Management, 2001, 18(3):335-354.

[12] Carrentals.co.uk. Self driven road trains near completion[EB/OL]. (2010-11-26) [2017-10-04]. http://news.carrentals.co.uk/self-driven-road-trains-near-completion-34225707.html

[13] Chesbrough H, Rosenbloom R S. The Role of the Business Model in Capturing Value from Innovation: Evidence from XEROX corporation's Technology Spin-off Companies[J]. Industrial and Corporate Change, 2002,(11):529-555.

[14] Choi S Y , Stahl D O , Whinston A B. The Economics of Electronic Commerce[M]. Macmillan Technical Publishing, 1997.

[15] Christopher Alexander. A Pattern Language[M]. Oxford University Press, 1997.

[16] Coase R H. The Nature of the Firm[J]. Economica, 1937, 4(16):386-405.

[17] Currie,W. Value Creation from E-Business Models[M]. Burlington, MA: Butterworth-Heinemann, 2004.

[18] E. F.Konczal. Models Are For Managers, Not Mathematicians[J]. Journal of Systems Management, 1975,26(1):12.

[19] Efraim Turban, David King．电子商务：管理视角：第 5 版[M]．严建援，等译．北京：机械工业出版社，2010.

[20] F.A. Dottore. DataBase Provides Business Model[J]. Computerworld,1977,11:44.

[21] Frank Leymann, Dieter Roller. 在 Web 服务世界中的业务流程[EB/OL]. http://www.ibm. com/ developerworks/cn/webservices/ws-bpelwp.

[22] GB/T 26839—2011.电子商务仓单交易模式规范[S]．中国标准出版社，2011,11,01.

[23] Geert Van de Putte, Tony Benedetti, Daniel Gagic. 企业内部业务流程管理[EB/OL]. IBM 红皮书. http://www.redbooks.ibm.com/redboks/SG246173.

[24] Gulati R. Does familiarity breed trust? The implications of repeated ties for contractual choice in alliances[J]. Academy of Management Journal, 1995, 38(1):85-112.

[25] Henry Chesbrough, Richard S. Rosenbloom. The Role of the Business Model in Capturing Value from lnnovation:Evidence from Xerox Corporation's Technology Spinoff Companies[Z/OL]. http://www.hbs.edu/ dor/papers2/0001/0l-002.pdf, 200l-11-16.

[26] Hines P, Rich N, Bicheno J, et al. Value Stream Management[M]. //Value stream management: Financial Times/Prentice Hall, 2000:25-42.

[27] Hishleifer J. On the economics of transfer pricing[J]. The Journal of Business, 1956, 29(3): 172-184.

[28] J.Hedman and Thomas Kalling. The business model: A means to understand the business context of information and communication technology[Z]. Working paper,200l-9.

[29] Lambert D M, Pohlen T L. Supply Chain Metrics[J]. International Journal of Logistics Management, 2001, 12(1):1-19.

[30] Linder J C, Cantrell S. Changing Business Models: Surveying the Landscape[M]. Institute for Strategic Change, Accenture, 2000.

[31] Lynda M. Applegate, Emerging e-Business Models: Lessons from the Field[Z/OL]. http://www. stuart.iit.edu/ courses/ecom530/fall2001/bmodels2.pdf, 2001-07-26.

[32] Mckey J., P. Marshall. Strategic Management of E-Business. Milton, Qld[M]., Australia: John Wiley and Sons, 2004.

[33] Osterwalder A, Pigneur Y. An E-business Model Ontology for Modeling E-business. Proceedings of the 15th bled Electronic Commerce Conference-eReality: Constructuring the eEconomy[C]. Bled, Slovenia, 2002.

[34] Petrovic O, Kittl C, Teksten R D. Developing Business Models for E-business. Proceedings of the International Conference on Electronic Commerce[C]. Vienna, Austria, 2001.

[35] Prabakar Kathandaraman, David T Wilson.The Future of Competition: Value-creating Networks[J]. Industrial Marketing Management. 2000(30):177-194.

[36] Rainer A1t , Hans-Dieter Zimmermann. Preface: Introduction to Special Section-Business Models[J]. Electronic Markets, 2001,11(1):3-9.

[37] Russell Thomas, Business Value Analysis: Coping with Unruly Uncertainty[J]. Strategy & Leadership，2001,29(2):16-23.

[38] SB/T 10518—2009. 电子商务模式规范[S]. 中国标准出版社，2009.8.1.

[39] Srinivas S, Wu Z, Chen C M, et al. Dominant effects of RET receptor misexpression and ligand- independent RET signaling on ureteric bud development[J]. Development, 1999, 126(7): 1375.

[40] Timmers P. Business Models for Electronic Markets[J]. Electronic Markets, 1998, 8(2):3-8.

[41] Weiser M. The Computer for the 21st Century[J]. IEEE Pervasive Computing, 1999, 1(1):19-25.

[42] Williamson O E, Wachter M L, Harris J E. Understanding the Employment Relation: The Analysis of Idiosyncratic Exchange[J]. Bell Journal of Economics, 1975, 6(1): 250-278.

[43] Well,P., M.R.Vitale. Place to Space: Migrating to eBusiness Models[M]. Boston:Harvard Business School Press,2001.

[44] Yuhui Feng,Zhiwu Dou. Research on the Digital Enterprise e-Business Model[C]. 2010 International Conference on Management Science Information Engneering, 2010, 12(v2): 164-167.

[45] Yuhui Feng, Meiyun Hua. Research on Non-verbal Graphic Symbol Communication of Cross-Border e-Commerce. Digital Services and Information Intelligence[R]. Springer Berlin Heidelberg, 2014: 251-263.

[46] Yves Pigneur. The e-Business Model Handbook[Z/OL]. http://inforge.unil.ch/yp/Pub/oo-ebmh.pdf, 2002.

[47] 埃弗雷姆·特班. 电子商务——管理与社交网络视角：第 7 版[M]. 北京：机械工业出版社，2014.

[48] 白雪. 农业电子商务模式研究[D]. 武汉：华中师范大学，2011.

[49] 白瑛，蔡建峰. 基于可持续竞争力的电子商务模式研究[J]. 情报杂志，2007,10:44-47.

[50] 蔡剑，叶强，廖明玮. 电子商务案例分析[M]. 北京：北京大学出版社，2011.

[51] 蔡军. 基于虚拟价值链的电子商务模式研究[J]. 价值工程，2011,29:22-23.

[52] 曹定晖，胡俊杰. 基于供应链管理的电子商务模式探讨[J]. 企业经济，2007,8:113-115.

[53] 曹冬. 电子商务模式研究[D]. 北京：对外经济贸易大学，2002.

[54] 曹云忠，王莉，周蓓．基于管理协同理论的电子商务模式研究[J]．江苏商论，2011,2:59-61.

[55] 岑薇．基于价值链的移动电子商务模式探析[J]．中外企业家，2009,7:39-41.

[56] 曾庆丰，黄丽华，赵卫东．基于价值网的医药行业电子商务模式研究[J]．科技导报，2005,5:28-30.

[57] 曾庆丰，王欢，黄丽华．制造企业的电子商务模式识别研究[J]．计算机集成制造系统，2004,8: 1008-1014.

[58] 陈昌．B2B 电子商务模式的探讨[J]．企业技术开发，2007,4:89-91.

[59] 陈国青，熊辉，曹永知，等．新兴电子商务：深度模式分析与不确定性建模[M]．北京：清华大学出版社，2013.

[60] 陈康懿．基于淘宝的社交化 B2C 电子商务探索[D]．上海：上海外国语大学,2013.

[61] 陈守冲．基于电子商务模式的餐饮连锁企业经营管理存在的问题及对策分析[J]．商业文化（下半月），2012,10:63-64.

[62] 陈威如，余卓轩．平台战略：正在席卷全球的商业模式革命[M]．北京：中信出版社，2013.

[63] 陈小敏．新能源汽车共享商业模式及案例研究[J]．交通与港航，2016(5):20-23.

[64] 陈圆．基于消费者需求的 C2B 电子商务模式研究[J]．科技创业月刊，2013,6:33-35.

[65] 陈志浩．汽车后市场新电子商务平台模式研究[D]．上海：华东理工大学，2012.

[66] 成保梅．探析物联网技术在电子商务中的应用策略[J]．农业网络信息，2013(11):101-103.

[67] 程愚．商务模式原理[M]．北京：北京经济科学出版社，2010.

[68] 储节旺，郭春侠．外贸信息化的发展与举措[J]．情报杂志，2002, 21(5):48-50.

[69] 储新民，李琪．发展我国农业电子商务：制度重于技术——基于国内研究文献的述评与思考[J]．情报杂志，2009,8:6-9,5.

[70] 邓美秋．电子商务模式下的网络营销渠道研究[J]．中国商贸，2012,3:134-135.

[71] 董恒．基于价值链的电子商务模式研究[D]．无锡：江南大学，2007.

[72] 窦平安，靖继鹏．基于信息混搭的电子商务模式研究[J]．情报科学，2009,5:783-787.

[73] 杜航．电子商务模式分析过程研究[J]．华北科技学院学报，2010,3:79-81.

[74] 段钊．电子商务模式交易成本的经济学分析[J]．情报科学，2007,9:1419-1422.

[75] 樊西峰．鲜活农产品流通电子商务模式构想[J]．中国流通经济，2013,4:85-90.

[76] 方晶晶，孙建红．B2B 电子商务模式选择[J]．经营与管理，2012,11:125-127.

[77] 方孜，王刊良．电子商务模式分析与方法创新[J]．西安交通大学学报（社会科学版），2002,2:65-69.

[78] 冯稚进．云南农产品电子商务发展研究[D]．昆明：昆明理工大学，2007.

[79] 冯涛．物联网的关键技术和发展趋势[J]．电子技术与软件工程，2017(19):14.

[80] 福步外贸论坛（FOB Business Forum）．详解跨境电子商务的发展史[EB/OL]．（2015-11-20）[2017- 08-23]. http://bbs.fobshanghai.com/thread-6217199-1-1.html?frameon=no.

[81] 付蕾．线上与线下交易行为浅究——从中国中小企业 B2B 电子商务模式分析[J]．天津商务职业学院学报，2013,1:34-37.
[82] 傅翠晓，秦敏，黄丽华．企业向平台型 B2B 电子商务模式的转型策略研究[J]．商业经济与管理，2011,8:14-22.
[83] 傅荣，胡湘云，张喜征，等．基于价值的电子商务模式表示与分析：以知识资源网站为例[J]．科技管理研究，2006,8:204-206.
[84] 高嘉勇，乐春霞．电子商务模式从 O2O 到 F2F 的蜕变[J]．商业时代，2012,27:35-36.
[85] 高茜玲，张凯茗，王贝贝，等．B2C、C2C 电子商务模式的物流实施及发展战略研究——基于南京市物流配送企业调研[J]．电子商务，2013,9:36-37.
[86] 高述涛．电子商务模式中的虚拟价值链构建[J]．中国市场，2011,10:71,73.
[87] 高雪．基于原子模式的企业电子商务模式选择研究[D]．长春：吉林大学，2007.
[88] 葛龙涛，吴博今，宋丽丽，等. 中美医药电子商务模式简析[J]. 中国药业，2008,8:13-14.
[89] 勾强．C 公司电子商务合作模式研究[D]．成都：电子科技大学，2011.
[90] 顾伟．云计算在电子商务行业的应用研究[D]．上海：上海外国语大学，2012.
[91] 官金华, 常有新. 美的小家电电子商务模式选择研究[C]// 信息技术,服务科学与工程管理国际学术会议. 2011.
[92] 郭承霞，朱锡海，曹奇英．移动 IPv6——普适计算的无缝安全策略[J]．计算机应用研究，2006, 23(4):118-120.
[93] 郭清兰．农产品电子商务模式问题研究——以黑龙江省为例[J]．价值工程，2010,04:32.
[94] 郭锐．企业电子商务模式创新绩效评价研究[D]．西安：西安电子科技大学，2013.
[95] 郭玉堂．B2C 电子商务模式下顾客感知价值、顾客满意与顾客忠诚关系的实证研究[D]．青岛：中国海洋大学，2012.
[96] 郭志杰．电子商务模式决策的支持模型设计[J]．中北大学学报（社会科学版），2007,4:71-73,77.
[97] 郭志杰．电子商务模式决策分析[J]．中北大学学报（社会科学版），2010,04:79-81.
[98] 国务院. 国务院关于积极推进"互联网+"行动的指导意见（国发〔2015〕40 号）[J]. 实验室科学，2015, 28(4):8-10.
[99] 国务院发展研究中心发展战略和区域经济研究部课题组，张军扩，高世楫，等．我国出租汽车行业管理和发展面临问题及对策建议[J]．改革，2008,(08):128-138.
[100] 晗狄技术观．最全人工智能图谱解析和视频[EB/OL]．（2017-10-27）[2017-12-10]. http://baijiahao. baidu.com/s?id=1581502594136000196&wfr=spider&for=pc.
[101] 何洁．基于价值链的移动电子商务的商务模式研究[D]．重庆大学，2012.
[102] 何鲁，叶小青，段明鸣，等．C2B 电子商务模式发展的可行性——从博弈经济学理论角度分析[J]．科技致富向导，2013,8:112-113.
[103] 何星剑．中小型生产制造企业应用 B to B to C 电子商务模式研究[D]．北京：北京交通大学，2011.
[104] 洪勇，张永美，彭万峰，等．电子商务模式案例[M]．北京：经济管理出版社，2013.

[105] 侯晴霏，侯济恭．以区域为核心的农村电子商务模式[J]．农业网络信息，2011,5:5-8.
[106] 胡桂红．山东省农产品电子商务模式研究[J]．黑龙江对外经贸，2011,7:80-81.
[107] 胡海清，许垒．电子商务模式对消费者线上购买行为的影响研究[J]．软科学，2011,10:135-140.
[108] 胡桃．电信行业B2B电子商务模式及构建研究[D]．北京：北京邮电大学，2011.
[109] 胡天石．中国农产品电子商务模式研究[D]．北京：中国农业科学院，2005.
[110] 华阳．主流电子商务模式对比分析[J]．新疆社科论坛，2012,2:68-70.
[111] 黄京华，赵纯均．企业电子商务模式建立方法初探[J]．清华大学学报（哲学社会科学版），2006,1:112-118.
[112] 黄毅．浅论基于价值网模型的第四方电子商务模式创新——社区服务连锁模式[J]．技术与市场，2010,6:32-33.
[113] 黄英．品牌服装网络直销电子商务模式的研究[D]．苏州：苏州大学，2008.
[114] 黄之晏．FBA电子商务模式在A公司的应用研究[D]．苏州：苏州大学，2012.
[115] 极客网．AWS给Amazon带来近90%的利润[EB/OL]．（2017-05-02）[2017-12-06]. http://www. fromgeek.com/wuyuzheng/93926.html.
[116] 纪翔．社会网络模式下的Web2.0电子商务[J]．图书情报知识，2006,4:94-97.
[117] 冀伟．不平衡视角下：对政府主导的区域电子商务模式的探讨及政策建议[J]．商场现代化，2010,24:106-108.
[118] 蒋桦．五种新型电子商务模式刍议[J]．科学咨询（科技·管理），2011,9:133-134.
[119] 蒋科蔚，高志标，孙德林．Web2.0环境下中国电子商务模式变革[J]．企业经济，2009,9:160-162.
[120] 蒋蔚．电子商务交易模式的创新[J]．贵阳学院学报（自然科学版），2008,3:39-42.
[121] 蒋元芳．直营连锁企业电子商务模式探索与实践[J]．企业经济，2013,1:113-115.
[122] 姜岩．复杂性科学视角下的学校道德教育[D]．济南：山东师范大学，2005.
[123] 金哲松，李军．中国对外贸易增长与经济发展[M]．北京：中国人民大学出版社，2008.
[124] 经济参考．共享经济延伸至医疗领域业内：不会冲击医院体系格局[EB/OL]．（2017-10-24）[2017-10-24]. http://www.jjckb.cn/2017-10/24/c_136701232.html.
[125] 柯瑞．网络购物商务模式及淘宝网成功经验[D]．厦门：厦门大学，2007.
[126] 柯旭清．电子商务市场中介模式的经济学分析[D]．北京：清华大学，2004.
[127] 劳帼龄，钟艳萍，覃正．基于智能小区的社区电子商务模式研究[J]．情报杂志，2007,4:39-41,44.
[128] 李东振，窦万峰．基于O2O电子商务的组织模式研究[J]．电子世界，2013,4:10-11.
[129] 李宽省．浅析物联网技术在畜牧业发展中的应用[J]．信息化建设，2016(1):90.
[130] 李礼．基于个性化服务的企业电子商务模式研究[D]．武汉：湖北工业大学，2012.
[131] 李立祥，柴跃廷，刘义．电子商务模式演化机制建模与经济分析[J]．清华大学学报（自然科学版），2012,11:1524-1529.
[132] 李娜．基于价值链的移动电子商务模式浅析[J]．中国科技信息，2007,5:177-179.
[133] 李培馨，谢伟．电子商务模式与价值创造[J]．科技管理研究，2011,11:167-170.

[134] 李全喜，马晓苗．电子商务模式及其发展趋势研究[J]．情报科学，2005,8:1138-1142.

[135] 李维安．中小企业发展电子商务的模式探析[D]．杭州：浙江工业大学，2008.

[136] 李新雨．民间传统手工艺品电子商务模式研究[J]．黑龙江对外经贸，2011,7:78-79.

[137] 李莹．B2C 电子商务模式下退货物流研究[D]．武汉：华中师范大学，2011.

[138] 李子路．电子商务环境下生鲜农产品的家庭配送模式及配送模型研究[D]．重庆：重庆大学，2011.

[139] 梁晓龙．当前电子商务发展模式的探讨[J]．中国商贸，2011,28:156-157.

[140] 梁益琳．基于价值链的移动商务模式研究[D]．济南：山东大学，2009.

[141] 廖斌，何跃，余方廷，等．基于 B2B 电子商务模式的供应链管理研究[J]．特区经济，2006,1:221-222.

[142] 雷本祖．物联网是什么？将带来哪些改变?[EB/OL]．（2017-01-19）[2017-12-28]. http://iot. ofweek.com/2017-01/ART-132209-11000-30093441_2.html.

[143] 林炳坤，吕庆华．F2C 电子商务模式创新文献述评[J]．科技管理研究，2013,3:1-3,9.

[144] 刘超．3G 环境下基于价值网理论的移动商务模式研究[D]．大连：东北财经大学，2011.

[145] 刘春凌．B2C 电子商务模式中的纠纷解决对策研究[J]．中国商贸，2013,11:78-79.

[146] 刘珏．电子商务模式下的标准信息服务的研究及应用[D]．南京：河海大学，2006.

[147] 刘迷，杨毅．浅论移动电子商务模式[J]．科技创业月刊，2007,4:96-97.

[148] 刘苗．电子商务模式及其发展策略分析[J]．中国商贸，2010,20:109-110.

[149] 刘敏，谈进．两种基于 Web 2.0 博客的电子商务模式[J]．商场现代化，2009,1:161.

[150] 刘鹏．O2O 本地生活服务电子商务模式研究[D]．北京：北京邮电大学，2012.

[151] 刘嵩．茶企电子商务模式的选择[J]．茶叶通讯，2009,3:46-48.

[152] 刘文华，阮值华．众包：让消费者参与创新[J]．企业管理，2009,7.

[153] 刘艳艳．中国建筑装饰行业电子商务模式研究[D]．北京：北京交通大学，2009.

[154] 刘云浩．物联网导论[M]．北京：科学出版社，2011.

[155] 刘宗斌．“互联网+”运营管理：商业模式创新到落地[M]．北京：清华大学出版社，2016.

[156] 刘祖斌．基于知识工程电子商务模式创新研究[J]．商业研究，2006,20:98-101.

[157] 柳俊，王求真，陈珲．基于内容分析法的电子商务模式定义研究[J]．浙江大学学报（人文社会科学版），2010,5:82-91.

[158] 柳俊，王求真，陈珲．基于内容分析法的电子商务模式分类研究[J]．管理工程学报，2011,3:200-205.

[159] 卢益清，李忱．云计算环境下的电子商务模式创新[J]．商业时代，2013,29:69-70.

[160] 鲁艳婷．企业电子商务模式选择研究[D]．哈尔滨：哈尔滨理工大学，2008.

[161] 陆岷峰，张兰．构建多元化中小企业融资模式的战略思考[J]．企业研究，2010(7):50-53.

[162] 陆阳．基于 3G 的移动商务模式研究[D]．大连：东北财经大学，2012.

[163] 罗汉洋．B2B 电子商务模式分析与思考[J]．商业研究，2004,15:150-153.

[164] 罗庆容，翟大昆．基于云计算的电子商务模式[J]．现代经济（现代物业下半月刊），

2008,8:49,110.
[165] 罗义芳．X 公司室内设计电子商务模式及营销研究[D]．昆明：云南大学，2013.
[166] 吕梁．电子商务模式有效性评价方法初探[J]．科学之友（B 版），2007,10:173-174.
[167] 吕世阳．基于 C2C 电子商务模式下商品推荐系统应用研究[D]．上海：东华大学，2012.
[168] 马红春．O2O 电子商务模式在我国的应用现状分析[J]．科技视界，2012,26:244-245,432.
[169] 马化腾．关于以“互联网+”为驱动推进我国经济社会创新发展的建议[J]．中国科技产业，2016(3):38-39.
[170] 马辉民，占若愚，钱若冰．继承式跨组织工作流设计在 B2B 电子商务模式中的应用[J]．系统工程，2005, 3:75-79.
[171] 马丽．基于 SNS 的 C2C 电子商务网站的盈利模式研究[D]．开封：河南大学，2012.
[172] 马帅．公共自行车租赁系统的模式分析及改进提案[J]．科技信息，2011(24):102.
[173] 马晓苗．基于价值链的电子商务模式研究[D]．长春：吉林大学，2005.
[174] 马啸波．电子商务的发展与电子商务模式分析[J]．中国-东盟博览，2013,9:75.
[175] 迈尔·舍恩伯格，库克耶．大数据时代：生活、工作与思维的大变革[M]．盛杨燕，等译．杭州：浙江人民出版社，2013.
[176] 满勤．基于 J2EE 的 B2C 电子商务系统的设计与实现[D]．成都：电子科技大学，2012.
[177] 孟祥梅．敦煌网 B2B 2.0 电子商务模式研究[D]．济南：山东大学，2012.
[178] 苗倩文，邓立国．电子商务模式研究[J]．信息与电脑（理论版），2011,5:155-157.
[179] 莫志材．广东塑料交易所电子商务模式研究[D]．广州：华南理工大学，2013.
[180] 牟静．农产品电子商务模式创新研究[J]．安徽农业科学，2011,25:15681-15682.
[181] 倪永强．面向消费者的电子商务模式创新动因的研究[D]．杭州：浙江理工大学，2013.
[182] 聂磊，傅翠晓，黄丽华．企业向平台型 B2B 电子商务模式的转型决策模型——基于企业能力视角[J]．上海经济研究，2012,9:127-136,146.
[183] 宁家骏．“互联网+”行动计划的实施背景、内涵及主要内容．电子政务 E-GOVERNMENT, 2015,6:150.
[184] 牛丽萍，苘英丽．基于价值链理论的电子商务模式分析[J]．现代企业教育，2009,5:82-83.
[185] 欧阳峰，赵红丹．电子商务模式可行性评价研究[J]．汕头大学学报（人文社会科学版），2009,02:72-76,95-96.
[186] 欧阳峰．基于 e3-value 的电子商务模式的结构化分析——以数据库服务提供商为例[J]．科学管理研究，2007,3:73-76.
[187] 欧阳凌翔．解读淘宝网的 C2C 电子商务模式[J]．信息与电脑，2008,7:37-41.
[188] 欧阳日辉．从“+互联网”到“互联网+”——技术革命如何孕育新型经济社会形态[J]．人民论坛·学术前沿，2015(10):25-38.
[189] 潘园园．安徽省农业电子商务发展及模式创新[D]．合肥：安徽农业大学，2012.
[190] 彭必源，钟鹏．论众包对社会经济生活的影响与应注意的问题[J]．企业活力，2009,1.

[191] 彭欣．中小企业第三方电子商务模式探究[J]．中国管理信息化，2006,1:51-53.

[192] 綦方中，郑婷婷，潘凤钗．基于第三方电子商务平台的农产品物流模式分析[J]．农业经济，2012,11:106-108.

[193] 钱亮亮，傅娟．电子商务模式对企业管理的影响分析[J]．商业时代，2013,2:43-44.

[194] 阙师鹏，姚珊．“最后一分钟交易”电子商务模式的可行性分析[J]．商业时代，2012,24:47-48.

[195] 饶广．基于物联网技术的智能船舶消防系统设计[J]．舰船科学技术，2016(14):124-126.

[196] 盛革．广东纺织服装行业协同电子商务模式的构建与研究[J]．上海纺织科技，2008,8:4-6.

[197] 盛革．面向制造业企业的协同电子商务模式研究[J]．改革与战略，2008,8:126-130.

[198] 施建华．林产品电子商务模式研究[D]．南京：南京林业大学，2009.

[199] 石鲁达．黑龙江省农产品电子商务发展对策研究[D]．哈尔滨：东北农业大学，2013.

[200] 舒昌俊，桂学文，李娜．混合型 B2B 电子商务模式——湖北玉立砂带集团电子商务案例[J]．管理案例研究与评论，2009,1:20-26.

[201] 宋杰，张敏，李清莲，等．移动互联网成功之道：关键要素与商业模式[M]．北京：人民邮电出版社，2013.

[202] 宋园林．国内 B2C 电子商务盈利模式分析[D]．大连：东北财经大学，2012.

[203] 孙百鸣，赵宝芳，郭清兰．我国农产品电子商务主要模式探析[J]．北方经济，2011,13:85-86.

[204] 孙飞．二维码在 O2O 电子商务模式中的应用[J]．科技信息，2013,19:87-88.

[205] 孙宏伟．制造业电子商务发展模式探析[D]．北京：北京交通大学，2011.

[206] 孙晓飞．保险业电子商务模式分析与构建[D]．济南：山东大学，2009.

[207] 孙学文，包金龙．中、美 C2C 电子商务模式创新发展的比较研究[J]．特区经济，2009,8:92-94.

[208] 孙娅彬，李欣．B2B 电子商务模式的研究[J]．山东省农业管理干部学院学报，2009,5:165-166.

[209] 孙艳霞．电子商务模式研究综述[J]．现代管理科学，2012,05:59-61.

[210] 孙悦，郭醒，徐欣欣．O2O 电子商务模式剖析[J]．电子商务，2013,11:5.

[211] 孙峥．基于信息经济学的 C2C 电子商务模式研究——以网络银行和淘宝结算体系为例[J]．经营管理者，2009,21:332.

[212] 谭晓林，谢伟，李培馨．电子商务模式的分类、应用及其创新[J]．技术经济，2010,10:6-11,18.

[213] 汤兵勇，熊励．中国跨境电子商务发展报告[M]．北京：化学工业出版社，2016.

[214] 汤萱．电子商务模式下三流运作演变机制分析[J]．物流工程与管理，2012,10:78-80.

[215] 唐嘉庚，楼天阳．团购电子商务模式案例分析[J]．商业时代，2006,30:77-78.

[216] 唐宙华．网络团购：一种新型的电子商务模式[J]．现代经济信息，2011,17:115-116.

[217] 腾讯科技．谷歌无人汽车新进度：可同时紧盯路面数百目标[EB/OL]．(2014-04-29)[2017-10-05]. http://tech.qq.com/a/20140429/009155.html.

[218] 田颖，杨思学，杨建春等. 基于物联网的安防疏散系统[J]. 科技经济导刊，2017(7):1.

[219] 汪静，姜艳静. 新型商务模式探讨——协同移动电子商务的应用研究[J]. 现代商贸工业，2011,1:252-253.

[220] 王崇锦. 我国农产品电子商务模式研究[D]. 武汉：华中师范大学，2013.

[221] 王江涛. 融合传统 ERP 的协同电子商务模式研究[J]. 商场现代化，2007,8:168.

[222] 王金云，高英. 中介电子商务模式分析[J]. 辽东学院学报，2005,5:96-100.

[223] 王娟，方逵. 长沙卷烟厂的电子商务模式分析[J]. 电子商务，2010,1:59-62.

[224] 王珐辉，冒海燕. 基于层次分析法的电子商务模式选择研究[J]. 情报科学，2007,4:526-529.

[225] 王珐辉，赵英才. 基于信息视角的电子商务模式创新模型[J]. 现代情报，2007,4:70-72,75.

[226] 王珐辉. 电子商务模式研究[D]. 长春：吉林大学，2007.

[227] 王瑞花. 移动电子商务价值链及其商务模式[J]. 经济导刊，2010,11:78-79.

[228] 王伟. 基于云计算的 CPFR 商业模式研究[D]. 苏州：苏州大学，2012.

[229] 王喜美. 面向专业市场的电子商务模式研究[D]. 重庆：重庆工商大学，2009.

[230] 王晓红. 农业产业化龙头企业电子商务模式应用研究[J]. 现代情报，2012,4:110-113.

[231] 王晓鸣. 3G 环境下的移动电子商务模式研究[D]. 大连：大连海事大学，2010.

[232] 王艳琴. 中小外贸企业电子商务模式研究[D]. 昆明：云南大学，2012.

[233] 王玉. 论 E 企业的协同电子商务模式[J]. 物流科技，2007,6:57-59.

[234] 吴晨，梅姝娥. 电子商务模式的多维分类体系研究[J]. 华东经济管理，2005,9:80-84.

[235] 吴珺. HJ 贸易公司电子商务 B2B 运作模式研究[D]. 成都：电子科技大学，2012.

[236] 吴理门. 物流案例与分析[M]. 天津：天津大学出版社，2011.

[237] 吴娜娜，郑力，甄磊. B2B2C 电子商务模式研究：以阿里巴巴为例[J]. 商场现代化，2010,32:131-132.

[238] 吴荣梅. 我国 C2C 电子商务模式的发展及对策研究[J]. 淮南师范学院学报，2013,02:19-21.

[239] 吴淑芳，孔令刚. 关于电子商务模式及其发展趋势的研究[J]. 中国商贸，2012,33:112-113.

[240] 吴卫华. “云计算”环境下电子商务发展模式研究[J]. 情报杂志，2011,5:147-151.

[241] 吴芝新. 简析 O2O 电子商务模式[J]. 重庆科技学院学报（社会科学版），2012,13:73-74.

[242] 夏召杰. 城乡社会化电子商务[D]. 大连：大连海事大学，2012.

[243] 肖美丽，朱荣. 电子商务模式中的渠道行为研究[J]. 市场周刊（财经论坛），2003,2:74-75.

[244] 肖明. 外贸服装企业创新电子商务模式研究[J]. 科技视界，2012,28:190-191.

[245] 肖伟，赖明勇. 全球供应链管理理论的流派分析[J]. 江西财经大学学报，2009,1:10-15.

[246] 徐迪. 商务模式创新复杂性研究[M]. 北京：经济管理出版社，2005.

[247] 徐菱，康友才，尹莉. 综合型物流电子商务模式研究[J]. 商业时代，2012,23:53-54.

[248] 徐瑞朝. 携程电子商务模式组成要素分析[J]. 电子商务，2007,1:63-66.

[249] 徐薇，陆桂英，玉满，等. 新型电子商务模式在现代企业中的应用——以广西糖网社会调查为例[J]. 沿海企业与科技，2008,9:102-104.
[250] 徐学民. 电子商务中供应链管理的分析与研究[D]. 杭州：浙江大学，2001.
[251] 徐莹. 财产保险公司的电子商务模式研究[D]. 成都：电子科技大学，2007.
[252] 许军. 知识共享与互动的企业间电子商务模式研究[J]. 统计与决策，2010,1:182-185.
[253] 许胜江. ERP：从制造企业管理信息系统到协同电子商务模式的变革[J]. 经济与社会发展，2004,3:50-53.
[254] 许艳辉. 我国 P2P 电子商务模式税收问题研究[D]. 济南：山东大学，2011.
[255] 许芸. 电子商务模式下的 ERP 系统[J]. 计算机工程与设计，2004,7:1091-1092,1095.
[256] 郇青. 电子商务物流发展模式研究[D]. 济南：山东大学，2012.
[257] 杨剑，杨汇智. 属地化电子商务模式建立过程的博弈分析[J]. 商场现代化，2006,31:99-100.
[258] 杨洁. 基于结构方程的 B2T 电子商务信任问题研究[D]. 北京：北京工业大学，2012.
[259] 杨利国. 移动电子商务商业模式研究[D]. 北京：华北电力大学，2012.
[260] 杨路明，张振. 中小型旅行社电子商务模式研究[J]. 科学决策，2010,8:49-58.
[261] 杨启尧. 基于物联网技术的船舶智能消防系统[J]. 浙江水利水电学院学报，2015(1):67-71.
[262] 杨洋. 基于中小企业的第三方电子商务模式研究[J]. 电子商务，2011,3:55-56.
[263] 姚友罡. 电子商务模式分类研究[J]. 中小企业管理与科技（上旬刊），2010,7:252.
[264] 叶乃沂. 电子商务模式分析[J]. 华东经济管理，2004,4:108-111.
[265] 叶郁，吴清烈. 移动电子商务的商务模式[J]. 现代管理科学，2005,10:65-66.
[266] 佚名. 单车共享经济大爆发[J]. 经理人，2017,(01):28-29.
[267] 宁涛，翟慧娟. 移动互联网时代的汽车共享[J]. 交通与港航，2016(5):14-15.
[268] 易法敏，马亚男. 电子商务平台形态演进与互联网商务模式转换[J]. 中国流通经济，2009,10:42-45.
[269] 易英. 价值结构对电子商务模式的影响评价[J]. 商业时代，2005,2:67-68.
[270] 殷锋社，李选芒. 农产品电子商务模式分析与研究[J]. 电子设计工程，2011,12:32-34.
[271] 于平，逯燕玲. 我国旅游电子商务模式创新研究与平台设计[J]. 计算机与现代化，2011,7:179-182.
[272] 俞荣建. 基于网络技术的电子商务模式创新[J]. 江苏商论，2007,09:31-33.
[273] 喻朝熙. 基于顾客满意的 B2C 在线销售电子商务模式研究[D]. 武汉：华中科技大学，2006.
[274] 喻光继. 关于第四方电子商务模式研究[J]. 特区经济，2007,12:139-141.
[275] 张晨洪. 基于价值链的电子商务模式创新方法[J]. 科技信息，2007,2:93.
[276] 张道远，周建华，谭晓林. 电子商务模式创新中的消费者因素[J]. 中国总会计师，2012,4:67-69.
[277] 张芬. 基于 B2C 电子商务模式的退货物流问题的研究[D]. 合肥：安徽工业大学，2011.

[278] 张健．区块链：定义未来金融与经济新格局[M]．北京：机械工业出版社，2016.
[279] 张伟．电子商务模式下的中国化肥流通方式研究[J]．中国农资，2011,6:54-55.
[280] 张炜一．O2O 电子商务模式下中国大众用户接受行为影响因素探究[D]．北京：北京邮电大学，2013.
[281] 张晓红．中小旅行社电子商务模式研究[D]．哈尔滨：哈尔滨商业大学，2012.
[282] 张晓昕．汽车租赁有望迎来“共享”热潮[N]．工人日报，2017-02-08(008).
[283] 张燕，杨克斯．基于供应链管理的区域电子商务模式研究[J]．商业时代，2004,26:59-60.
[284] 张燕．基于 SCM 的区域 B2C 电子商务模式研究[D]．南宁：广西大学，2004.
[285] 张志宏，寇纪淞，陈富赞，等．基于 C2B 智能商务模式战略分析[J]．软科学，2010,4:53-59.
[286] 张志宏．电子商务模式下的顾客行为特征提取及利润挖掘[D]．天津：天津大学，2010.
[287] 章宁，王天梅，许海曦，等．电子商务模式研究[J]．中央财经大学学报，2004,2:68-70.
[288] 章小初．移动商务客户价值创造机制研究[D]．杭州：浙江大学，2012.
[289] 章彰，许柏鸣．基于 O2O 电子商务模式的家具企业发展现状及趋势分析[J]．家具与室内装饰，2012,11:64-65.
[290] 赵芳．物联网在电子商务中的应用研究[J]．湖北工业大学学报，2013, 28(3):45-47.
[291] 赵礼强，高燕．B2C 电子商务模式下多渠道运作的库存策略分析[J]．工业工程，2010,5:40-44.
[292] 赵礼强，郭亚军．B2C 电子商务模式下多渠道分销系统研究综述[J]．管理评论，2010,2:69-78,85.
[293] 赵凌冰．日本电子商务模式研究[D]．长春：吉林大学，2005.
[294] 赵卫东，黄丽华．电子商务模式：第二版[M]．上海：复旦大学出版社，2011.
[295] 赵霞．我国农业第三方电子商务模式探析[D]．武汉：华中师范大学，2011.
[296] 赵玉婷．我国 B2C 电子商务商业模式创新的风险管理研究[D]．北京：中国海洋大学，2012.
[297] 郑定予．S 公司电子商务模式研究[D]．厦门：厦门大学，2009.
[298] 郑楠．基于价值链的电子商务模式创新研究[J]．商场现代化，2011,12:80-82.
[299] 郑晓颖．旅游电子商务模式评价体系初探[D]．上海：华东理工大学，2013.
[300] 郑亚琴，胡成杰．携程和春秋旅游电子商务模式比较[J]．安庆师范学院学报（社会科学版），2011,4:48-51.
[301] 中金在线．中国云计算公司收入排名：阿里云怎么这么赚钱？[EB/OL].（2017-02-27）[2017-12-06]. http://news.cnfol.com/it/20170221/24324988.html.
[302] 周力．浅析淘宝网的电子商务模式[J]．东方企业文化，2011,24:76.
[303] 周霞．D2S：电子商务发展的未来商业模式[J]．江苏商论，2010,4:43-45,86.
[304] 周小勇，吴玉萍．桂林旅游电子商务发展模式与创新策略探析[J]．桂林航天工业高等专科学校学报，2011,1:41-43.
[305] 周兴龙．基于 SNS 的 B2C 电子商务模式研究[D]．大连：东北财经大学，2012.

[306] 周璇. 基于试用的品牌推广电子商务模式研究——以《喜试网》为例[J]. 商场现代化，2011,14:77-78.

[307] 周璇. 以微博为媒介的新型电子商务模式分析[J]. 现代商贸工业，2011,14:222-223.

[308] 朱学杰. 国内汽车共享行业发展现状及趋势探讨[J]. 科技创新与应用，2016(29):75-76.

[309] 壮文英，苏勇. 电子商务模式与价值链理论应用[J]. 上海经济，2002,1:51-53.

[310] 邹国良，仲婕. 我国 C2C 电子商务模式研究——基于淘宝模式的分析[J]. 特区经济，2010,6:283-284.

反侵权盗版声明

举报电话：（010）88254396；（010）88258888

传　　真：（010）88254397

E-mail:　　dbqq@phei.com.cn

通信地址：北京市万寿路 173 信箱

电子工业出版社总编办公室

邮　　编：100036